中华人民共和国
新法规汇编

2016
第4辑

国务院法制办公室　编

中国法制出版社

编辑说明

一、《中华人民共和国新法规汇编》是国家出版的法律、行政法规汇编正式版本，是刊登报国务院备案的部门规章的指定出版物。

二、本汇编收集的内容包括：上一个月内由全国人民代表大会及其常务委员会通过的法律和有关法律问题的决定，国务院公布的行政法规和法规性文件，报国务院备案的部门规章，最高人民法院和最高人民检察院公布的司法解释。另外，还收入了上一个月内报国务院备案的地方性法规和地方政府规章目录。

三、本汇编所收的内容，按下列分类顺序编排：法律，行政法规，法规性文件，国务院部门规章，司法解释。每类中按公布的时间顺序排列。报国务院备案的地方性法规和地方政府规章目录按1987年国务院批准的行政区划顺序排列；同一行政区域报备两件以上者，按公布时间顺序排列。

四、本汇编每年出版12辑，每月出版1辑。本辑为2016年度第4辑，收入2016年3月份内公布的法律1件，行政法规1件，法规性文件7件，报国务院备案的部门规章22件，司法解释1件，补收2016年2月份内公布的法规性文件4件，2015年1月份至2016年2月份内公布的司法解释8件，共计44件。

五、本汇编在编辑出版过程中，得到了国务院有关部门和有关方面以及广大读者的大力支持和协助，在此谨致谢意。

国务院法制办公室

2016年4月

目　录

法　　律

行政法规

法规性文件

国务院部门规章

司法解释

法　律

中华人民共和国慈善法

（2016年3月16日第十二届全国人民代表大会第四次会议通过　2016年3月16日中华人民共和国主席令第43号公布　自2016年9月1日起施行）

目　录

第一章　总　　则

第一条　为了发展慈善事业，弘扬慈善文化，规范慈善活动，保护慈善组织、捐赠人、志愿者、受益人等慈善活动参与者的合法权益，促进社会进步，共享发展成果，制定本法。

第二条　自然人、法人和其他组织开展慈善活动以及与慈善有关的活动，适用本法。其他法律有特别规定的，依照其规定。

第三条 本法所称慈善活动，是指自然人、法人和其他组织以捐赠财产或者提供服务等方式，自愿开展的下列公益活动：

（一）扶贫、济困；

（二）扶老、救孤、恤病、助残、优抚；

（三）救助自然灾害、事故灾难和公共卫生事件等突发事件造成的损害；

（四）促进教育、科学、文化、卫生、体育等事业的发展；

（五）防治污染和其他公害，保护和改善生态环境；

（六）符合本法规定的其他公益活动。

第四条 开展慈善活动，应当遵循合法、自愿、诚信、非营利的原则，不得违背社会公德，不得危害国家安全、损害社会公共利益和他人合法权益。

第五条 国家鼓励和支持自然人、法人和其他组织践行社会主义核心价值观，弘扬中华民族传统美德，依法开展慈善活动。

第六条 国务院民政部门主管全国慈善工作，县级以上地方各级人民政府民政部门主管本行政区域内的慈善工作；县级以上人民政府有关部门依照本法和其他有关法律法规，在各自的职责范围内做好相关工作。

第七条 每年9月5日为“中华慈善日”。

第二章 慈善组织

第八条 本法所称慈善组织，是指依法成立、符合本法规定，以面向社会开展慈善活动为宗旨的非营利性组织。

慈善组织可以采取基金会、社会团体、社会服务机构等组织形式。

第九条 慈善组织应当符合下列条件：

（一）以开展慈善活动为宗旨；

（二）不以营利为目的；

（三）有自己的名称和住所；

（四）有组织章程；

（五）有必要的财产；

（六）有符合条件的组织机构和负责人；

（七）法律、行政法规规定的其他条件。

第十条 设立慈善组织，应当向县级以上人民政府民政部门申请登记，民政部门应当自受理申请之日起三十日内作出决定。符合本法规定条件的，准予登记并向社会公告；不符合本法规定条件的，不予登记并书面说明理由。

本法公布前已经设立的基金会、社会团体、社会服务机构等非营利性组织,可以向其登记的民政部门申请认定为慈善组织,民政部门应当自受理申请之日起二十日内作出决定。符合慈善组织条件的,予以认定并向社会公告;不符合慈善组织条件的,不予认定并书面说明理由。

有特殊情况需要延长登记或者认定期限的,报经国务院民政部门批准,可以适当延长,但延长的期限不得超过六十日。

第十一条 慈善组织的章程,应当符合法律法规的规定,并载明下列事项:

(一)名称和住所;

(二)组织形式;

(三)宗旨和活动范围;

(四)财产来源及构成;

(五)决策、执行机构的组成及职责;

(六)内部监督机制;

(七)财产管理使用制度;

(八)项目管理制度;

(九)终止情形及终止后的清算办法;

(十)其他重要事项。

第十二条 慈善组织应当根据法律法规以及章程的规定,建立健全内部治理结构,明确决策、执行、监督等方面的职责权限,开展慈善活动。

慈善组织应当执行国家统一的会计制度,依法进行会计核算,建立健全会计监督制度,并接受政府有关部门的监督管理。

第十三条 慈善组织应当每年向其登记的民政部门报送年度工作报告和财务会计报告。报告应当包括年度开展募捐和接受捐赠情况、慈善财产的管理使用情况、慈善项目实施情况以及慈善组织工作人员的工资福利情况。

第十四条 慈善组织的发起人、主要捐赠人以及管理人员,不得利用其关联关系损害慈善组织、受益人的利益和社会公共利益。

慈善组织的发起人、主要捐赠人以及管理人员与慈善组织发生交易行为的,不得参与慈善组织有关该交易行为的决策,有关交易情况应当向社会公开。

第十五条 慈善组织不得从事、资助危害国家安全和社会公共利益的活动,不得接受附加违反法律法规和违背社会公德条件的捐赠,不得对受益人附加违反法律法规和违背社会公德的条件。

第十六条 有下列情形之一的,不得担任慈善组织的负责人:

(一)无民事行为能力或者限制民事行为能力的;

（二）因故意犯罪被判处刑罚，自刑罚执行完毕之日起未逾五年的；

（三）在被吊销登记证书或者被取缔的组织担任负责人，自该组织被吊销登记证书或者被取缔之日起未逾五年的；

（四）法律、行政法规规定的其他情形。

第十七条 慈善组织有下列情形之一的，应当终止：

（一）出现章程规定的终止情形的；

（二）因分立、合并需要终止的；

（三）连续二年未从事慈善活动的；

（四）依法被撤销登记或者吊销登记证书的；

（五）法律、行政法规规定应当终止的其他情形。

第十八条 慈善组织终止，应当进行清算。

慈善组织的决策机构应当在本法第十七条规定的终止情形出现之日起三十日内成立清算组进行清算，并向社会公告。不成立清算组或者清算组不履行职责的，民政部门可以申请人民法院指定有关人员组成清算组进行清算。

慈善组织清算后的剩余财产，应当按照慈善组织章程的规定转给宗旨相同或者相近的慈善组织；章程未规定的，由民政部门主持转给宗旨相同或者相近的慈善组织，并向社会公告。

慈善组织清算结束后，应当向其登记的民政部门办理注销登记，并由民政部门向社会公告。

第十九条 慈善组织依法成立行业组织。

慈善行业组织应当反映行业诉求，推动行业交流，提高慈善行业公信力，促进慈善事业发展。

第二十条 慈善组织的组织形式、登记管理的具体办法由国务院制定。

第三章 慈善募捐

第二十一条 本法所称慈善募捐，是指慈善组织基于慈善宗旨募集财产的活动。

慈善募捐，包括面向社会公众的公开募捐和面向特定对象的定向募捐。

第二十二条 慈善组织开展公开募捐，应当取得公开募捐资格。依法登记满二年的慈善组织，可以向其登记的民政部门申请公开募捐资格。民政部门应当自受理申请之日起二十日内作出决定。慈善组织符合内部治理结构健全、运作规范的条件的，发给公开募捐资格证书；不符合条件的，不发给公开募捐资格证书并书面说明理由。

法律、行政法规规定自登记之日起可以公开募捐的基金会和社会团体，由民政部门直接发给公开募捐资格证书。

第二十三条 开展公开募捐，可以采取下列方式：

（一）在公共场所设置募捐箱；

（二）举办面向社会公众的义演、义赛、义卖、义展、义拍、慈善晚会等；

（三）通过广播、电视、报刊、互联网等媒体发布募捐信息；

（四）其他公开募捐方式。

慈善组织采取前款第一项、第二项规定的方式开展公开募捐的，应当在其登记的民政部门管辖区域内进行，确有必要在其登记的民政部门管辖区域外进行的，应当报其开展募捐活动所在地的县级以上人民政府民政部门备案。捐赠人的捐赠行为不受地域限制。

慈善组织通过互联网开展公开募捐的，应当在国务院民政部门统一或者指定的慈善信息平台发布募捐信息，并可以同时在其网站发布募捐信息。

第二十四条 开展公开募捐，应当制定募捐方案。募捐方案包括募捐目的、起止时间和地域、活动负责人姓名和办公地址、接受捐赠方式、银行账户、受益人、募得款物用途、募捐成本、剩余财产的处理等。

募捐方案应当在开展募捐活动前报慈善组织登记的民政部门备案。

第二十五条 开展公开募捐，应当在募捐活动现场或者募捐活动载体的显著位置，公布募捐组织名称、公开募捐资格证书、募捐方案、联系方式、募捐信息查询方法等。

第二十六条 不具有公开募捐资格的组织或者个人基于慈善目的，可以与具有公开募捐资格的慈善组织合作，由该慈善组织开展公开募捐并管理募得款物。

第二十七条 广播、电视、报刊以及网络服务提供者、电信运营商，应当对利用其平台开展公开募捐的慈善组织的登记证书、公开募捐资格证书进行验证。

第二十八条 慈善组织自登记之日起可以开展定向募捐。

慈善组织开展定向募捐，应当在发起人、理事会成员和会员等特定对象的范围内进行，并向募捐对象说明募捐目的、募得款物用途等事项。

第二十九条 开展定向募捐，不得采取或者变相采取本法第二十三条规定的方式。

第三十条 发生重大自然灾害、事故灾难和公共卫生事件等突发事件，需要迅速开展救助时，有关人民政府应当建立协调机制，提供需求信息，及时有序引导开展募捐和救助活动。

第三十一条 开展募捐活动，应当尊重和维护募捐对象的合法权益，保障募捐对象的知情权，不得通过虚构事实等方式欺骗、诱导募捐对象实施捐赠。

第三十二条 开展募捐活动，不得摊派或者变相摊派，不得妨碍公共秩序、企业生产经营和居民生活。

第三十三条 禁止任何组织或者个人假借慈善名义或者假冒慈善组织开展募捐活动，骗取财产。

第四章 慈善捐赠

第三十四条 本法所称慈善捐赠，是指自然人、法人和其他组织基于慈善目的，自愿、无偿赠与财产的活动。

第三十五条 捐赠人可以通过慈善组织捐赠，也可以直接向受益人捐赠。

第三十六条 捐赠人捐赠的财产应当是其有权处分的合法财产。捐赠财产包括货币、实物、房屋、有价证券、股权、知识产权等有形和无形财产。

捐赠人捐赠的实物应当具有使用价值，符合安全、卫生、环保等标准。

捐赠人捐赠本企业产品的，应当依法承担产品质量责任和义务。

第三十七条 自然人、法人和其他组织开展演出、比赛、销售、拍卖等经营性活动，承诺将全部或者部分所得用于慈善目的的，应当在举办活动前与慈善组织或者其他接受捐赠的人签订捐赠协议，活动结束后按照捐赠协议履行捐赠义务，并将捐赠情况向社会公开。

第三十八条 慈善组织接受捐赠，应当向捐赠人开具由财政部门统一监（印）制的捐赠票据。捐赠票据应当载明捐赠人、捐赠财产的种类及数量、慈善组织名称和经办人姓名、票据日期等。捐赠人匿名或者放弃接受捐赠票据的，慈善组织应当做好相关记录。

第三十九条 慈善组织接受捐赠，捐赠人要求签订书面捐赠协议的，慈善组织应当与捐赠人签订书面捐赠协议。

书面捐赠协议包括捐赠人和慈善组织名称，捐赠财产的种类、数量、质量、用途、交付时间等内容。

第四十条 捐赠人与慈善组织约定捐赠财产的用途和受益人时，不得指定捐赠人的利害关系人作为受益人。

任何组织和个人不得利用慈善捐赠违反法律规定宣传烟草制品，不得利用慈善捐赠以任何方式宣传法律禁止宣传的产品和事项。

第四十一条 捐赠人应当按照捐赠协议履行捐赠义务。捐赠人违反捐赠协议逾期未交付捐赠财产，有下列情形之一的，慈善组织或者其他接受捐赠的人可以要求交付；捐赠人拒不交付的，慈善组织和其他接受捐赠的人可以依法向人民法院申请支付令或者提起诉讼：

（一）捐赠人通过广播、电视、报刊、互联网等媒体公开承诺捐赠的；

（二）捐赠财产用于本法第三条第一项至第三项规定的慈善活动，并签订书面捐赠协议的。

捐赠人公开承诺捐赠或者签订书面捐赠协议后经济状况显著恶化，严重影响其生产经营或者家庭生活的，经向公开承诺捐赠地或者书面捐赠协议签订地的民政部门报告并向社会公开说明情况后，可以不再履行捐赠义务。

第四十二条 捐赠人有权查询、复制其捐赠财产管理使用的有关资料，慈善组织应当及时主动向捐赠人反馈有关情况。

慈善组织违反捐赠协议约定的用途，滥用捐赠财产的，捐赠人有权要求其改正；拒不改正的，捐赠人可以向民政部门投诉、举报或者向人民法院提起诉讼。

第四十三条 国有企业实施慈善捐赠应当遵守有关国有资产管理的规定，履行批准和备案程序。

第五章 慈善信托

第四十四条 本法所称慈善信托属于公益信托，是指委托人基于慈善目的，依法将其财产委托给受托人，由受托人按照委托人意愿以受托人名义进行管理和处分，开展慈善活动的行为。

第四十五条 设立慈善信托、确定受托人和监察人，应当采取书面形式。受托人应当在慈善信托文件签订之日起七日内，将相关文件向受托人所在地县级以上人民政府民政部门备案。

未按照前款规定将相关文件报民政部门备案的，不享受税收优惠。

第四十六条 慈善信托的受托人，可以由委托人确定其信赖的慈善组织或者信托公司担任。

第四十七条 慈善信托的受托人违反信托义务或者难以履行职责的，委托人可以变更受托人。变更后的受托人应当自变更之日起七日内，将变更情况报原备案的民政部门重新备案。

第四十八条 慈善信托的受托人管理和处分信托财产，应当按照信托目的，恪尽职守，履行诚信、谨慎管理的义务。

慈善信托的受托人应当根据信托文件和委托人的要求，及时向委托人报告信托事务处理情况、信托财产管理使用情况。慈善信托的受托人应当每年至少一次将信托事务处理情况及财务状况向其备案的民政部门报告，并向社会公开。

第四十九条 慈善信托的委托人根据需要，可以确定信托监察人。

信托监察人对受托人的行为进行监督，依法维护委托人和受益人的权益。信托监察人发现受托人违反信托义务或者难以履行职责的，应当向委托人报告，并有权以自己的名义向人民法院提起诉讼。

第五十条 慈善信托的设立、信托财产的管理、信托当事人、信托的终止和清算等事项，本章未规定的，适用本法其他有关规定；本法未规定的，适用《中华人民共和国信托法》的有关规定。

第六章 慈善财产

第五十一条 慈善组织的财产包括：

（一）发起人捐赠、资助的创始财产；

（二）募集的财产；

（三）其他合法财产。

第五十二条 慈善组织的财产应当根据章程和捐赠协议的规定全部用于慈善目的，不得在发起人、捐赠人以及慈善组织成员中分配。

任何组织和个人不得私分、挪用、截留或者侵占慈善财产。

第五十三条 慈善组织对募集的财产，应当登记造册，严格管理，专款专用。

捐赠人捐赠的实物不易储存、运输或者难以直接用于慈善目的的，慈善组织可以依法拍卖或者变卖，所得收入扣除必要费用后，应当全部用于慈善目的。

第五十四条 慈善组织为实现财产保值、增值进行投资的，应当遵循合法、安全、有效的原则，投资取得的收益应当全部用于慈善目的。慈善组织的重大投资方案应当经决策机构组成人员三分之二以上同意。政府资助的财产和捐赠协议约定不得投资的财产，不得用于投资。慈善组织的负责人和工作人员不得在慈善组织投资的企业兼职或者领取报酬。

前款规定事项的具体办法，由国务院民政部门制定。

第五十五条 慈善组织开展慈善活动，应当依照法律法规和章程的规定，按照募捐方案或者捐赠协议使用捐赠财产。慈善组织确需变更募捐方案规定的捐赠财产用途的，应当报民政部门备案；确需变更捐赠协议约定的捐赠财产用途的，应当征得捐赠人同意。

第五十六条 慈善组织应当合理设计慈善项目，优化实施流程，降低运行成本，提高慈善财产使用效益。

慈善组织应当建立项目管理制度，对项目实施情况进行跟踪监督。

第五十七条 慈善项目终止后捐赠财产有剩余的，按照募捐方案或者捐赠协议处理；募捐方案未规定或者捐赠协议未约定的，慈善组织应当将剩余财产用于目的相同或者相近的其他慈善项目，并向社会公开。

第五十八条 慈善组织确定慈善受益人，应当坚持公开、公平、公正的原则，不得指定慈善组织管理人员的利害关系人作为受益人。

第五十九条 慈善组织根据需要可以与受益人签订协议，明确双方权利义务，约定慈善财产的用途、数额和使用方式等内容。

受益人应当珍惜慈善资助，按照协议使用慈善财产。受益人未按照协议使用慈善财产或者有其他严重违反协议情形的，慈善组织有权要求其改正；受益人拒不改正的，慈善组织有权解除协议并要求受益人返还财产。

第六十条 慈善组织应当积极开展慈善活动，充分、高效运用慈善财产，并遵循管理费用最必要原则，厉行节约，减少不必要的开支。慈善组织中具有公开募捐资格的基金会开展慈善活动的年度支出，不得低于上一年总收入的百分之七十或者前三年收入平均数额的百分之七十；年度管理费用不得超过当年总支出的百分之十，特殊情况下，年度管理费用难以符合前述规定的，应当报告其登记的民政部门并向社会公开说明情况。

具有公开募捐资格的基金会以外的慈善组织开展慈善活动的年度支出和管理费用的标准，由国务院民政部门会同国务院财政、税务等部门依照前款规定的原则制定。

捐赠协议对单项捐赠财产的慈善活动支出和管理费用有约定的，按照其约定。

第七章 慈善服务

第六十一条 本法所称慈善服务，是指慈善组织和其他组织以及个人基于慈善目的，向社会或者他人提供的志愿无偿服务以及其他非营利服务。

慈善组织开展慈善服务，可以自己提供或者招募志愿者提供，也可以委托有服务专长的其他组织提供。

第六十二条 开展慈善服务，应当尊重受益人、志愿者的人格尊严，不得侵害受益人、志愿者的隐私。

第六十三条 开展医疗康复、教育培训等慈善服务，需要专门技能的，应当执行国家或者行业组织制定的标准和规程。

慈善组织招募志愿者参与慈善服务，需要专门技能的，应当对志愿者开展相关培训。

第六十四条 慈善组织招募志愿者参与慈善服务，应当公示与慈善服务有关的全部信息，告知服务过程中可能发生的风险。

慈善组织根据需要可以与志愿者签订协议，明确双方权利义务，约定服务的内容、方式和时间等。

第六十五条 慈善组织应当对志愿者实名登记，记录志愿者的服务时间、内容、评价等信息。根据志愿者的要求，慈善组织应当无偿、如实出具志愿服务记录证明。

第六十六条 慈善组织安排志愿者参与慈善服务，应当与志愿者的年龄、文化程度、技能和身体状况相适应。

第六十七条 志愿者接受慈善组织安排参与慈善服务的，应当服从管理，接受必要的培训。

第六十八条 慈善组织应当为志愿者参与慈善服务提供必要条件，保障志愿者的合法权益。

慈善组织安排志愿者参与可能发生人身危险的慈善服务前，应当为志愿者购买相应的人身意外伤害保险。

第八章 信息公开

第六十九条 县级以上人民政府建立健全慈善信息统计和发布制度。

县级以上人民政府民政部门应当在统一的信息平台，及时向社会公开慈善信息，并免费提供慈善信息发布服务。

慈善组织和慈善信托的受托人应当在前款规定的平台发布慈善信息，并对信息的真实性负责。

第七十条 县级以上人民政府民政部门和其他有关部门应当及时向社会公开下列慈善信息：

（一）慈善组织登记事项；

（二）慈善信托备案事项；

（三）具有公开募捐资格的慈善组织名单；

（四）具有出具公益性捐赠税前扣除票据资格的慈善组织名单；

（五）对慈善活动的税收优惠、资助补贴等促进措施；

（六）向慈善组织购买服务的信息；

（七）对慈善组织、慈善信托开展检查、评估的结果；

（八）对慈善组织和其他组织以及个人的表彰、处罚结果；

（九）法律法规规定应当公开的其他信息。

第七十一条 慈善组织、慈善信托的受托人应当依法履行信息公开义务。信息公开应当真实、完整、及时。

第七十二条 慈善组织应当向社会公开组织章程和决策、执行、监督机构成员信息以及国务院民政部门要求公开的其他信息。上述信息有重大变更的，慈善组织应当及时向社会公开。

慈善组织应当每年向社会公开其年度工作报告和财务会计报告。具有公开募捐资格的慈善组织的财务会计报告须经审计。

第七十三条 具有公开募捐资格的慈善组织应当定期向社会公开其募捐情况和慈善项目实施情况。

公开募捐周期超过六个月的，至少每三个月公开一次募捐情况，公开募捐活动结束后三个月内应当全面公开募捐情况。

慈善项目实施周期超过六个月的，至少每三个月公开一次项目实施情况，项目结束后三个月内应当全面公开项目实施情况和募得款物使用情况。

第七十四条 慈善组织开展定向募捐的，应当及时向捐赠人告知募捐情况、募得款物的管理使用情况。

第七十五条 慈善组织、慈善信托的受托人应当向受益人告知其资助标准、工作流程和工作规范等信息。

第七十六条 涉及国家秘密、商业秘密、个人隐私的信息以及捐赠人、慈善信托的委托人不同意公开的姓名、名称、住所、通讯方式等信息，不得公开。

第九章 促进措施

第七十七条 县级以上人民政府应当根据经济社会发展情况，制定促进慈善事业发展的政策和措施。

县级以上人民政府有关部门应当在各自职责范围内，向慈善组织、慈善信托受托人等提供慈善需求信息，为慈善活动提供指导和帮助。

第七十八条 县级以上人民政府民政部门应当建立与其他部门之间的慈善信息共享机制。

第七十九条 慈善组织及其取得的收入依法享受税收优惠。

第八十条 自然人、法人和其他组织捐赠财产用于慈善活动的，依法享受税收优惠。企业慈善捐赠支出超过法律规定的准予在计算企业所得税应纳税所得额时当年扣除的部分，允许结转以后三年内在计算应纳税所得额时扣除。

境外捐赠用于慈善活动的物资，依法减征或者免征进口关税和进口环节增值税。

第八十一条 受益人接受慈善捐赠，依法享受税收优惠。

第八十二条 慈善组织、捐赠人、受益人依法享受税收优惠的，有关部门应当及时办理相关手续。

第八十三条 捐赠人向慈善组织捐赠实物、有价证券、股权和知识产权的，依法免征权利转让的相关行政事业性费用。

第八十四条 国家对开展扶贫济困的慈善活动，实行特殊的优惠政策。

第八十五条 慈善组织开展本法第三条第一项、第二项规定的慈善活动需要慈善服务设施用地的，可以依法申请使用国有划拨土地或者农村集体建设用地。慈善服务设施用地非经法定程序不得改变用途。

第八十六条 国家为慈善事业提供金融政策支持，鼓励金融机构为慈善组织、慈善信托提供融资和结算等金融服务。

第八十七条 各级人民政府及其有关部门可以依法通过购买服务等方式，支持符合条件的慈善组织向社会提供服务，并依照有关政府采购的法律法规向社会公开相关情况。

第八十八条 国家采取措施弘扬慈善文化，培育公民慈善意识。

学校等教育机构应当将慈善文化纳入教育教学内容。国家鼓励高等学校培养慈善专业人才，支持高等学校和科研机构开展慈善理论研究。

广播、电视、报刊、互联网等媒体应当积极开展慈善公益宣传活动，普及慈善知识，传播慈善文化。

第八十九条 国家鼓励企业事业单位和其他组织为开展慈善活动提供场所和其他便利条件。

第九十条 经受益人同意，捐赠人对其捐赠的慈善项目可以冠名纪念，法律法规规定需要批准的，从其规定。

第九十一条 国家建立慈善表彰制度，对在慈善事业发展中做出突出贡献的自然人、法人和其他组织，由县级以上人民政府或者有关部门予以表彰。

第十章 监督管理

第九十二条 县级以上人民政府民政部门应当依法履行职责，对慈善活动进行监督检查，对慈善行业组织进行指导。

第九十三条 县级以上人民政府民政部门对涉嫌违反本法规定的慈善组

织，有权采取下列措施：

（一）对慈善组织的住所和慈善活动发生地进行现场检查；

（二）要求慈善组织作出说明，查阅、复制有关资料；

（三）向与慈善活动有关的单位和个人调查与监督管理有关的情况；

（四）经本级人民政府批准，可以查询慈善组织的金融账户；

（五）法律、行政法规规定的其他措施。

第九十四条 县级以上人民政府民政部门对慈善组织、有关单位和个人进行检查或者调查时，检查人员或者调查人员不得少于二人，并应当出示合法证件和检查、调查通知书。

第九十五条 县级以上人民政府民政部门应当建立慈善组织及其负责人信用记录制度，并向社会公布。

民政部门应当建立慈善组织评估制度，鼓励和支持第三方机构对慈善组织进行评估，并向社会公布评估结果。

第九十六条 慈善行业组织应当建立健全行业规范，加强行业自律。

第九十七条 任何单位和个人发现慈善组织、慈善信托有违法行为的，可以向民政部门、其他有关部门或者慈善行业组织投诉、举报。民政部门、其他有关部门或者慈善行业组织接到投诉、举报后，应当及时调查处理。

国家鼓励公众、媒体对慈善活动进行监督，对假借慈善名义或者假冒慈善组织骗取财产以及慈善组织、慈善信托的违法违规行为予以曝光，发挥舆论和社会监督作用。

第十一章　法律责任

第九十八条 慈善组织有下列情形之一的，由民政部门责令限期改正；逾期不改正的，吊销登记证书并予以公告：

（一）未按照慈善宗旨开展活动的；

（二）私分、挪用、截留或者侵占慈善财产的；

（三）接受附加违反法律法规或者违背社会公德条件的捐赠，或者对受益人附加违反法律法规或者违背社会公德的条件的。

第九十九条 慈善组织有下列情形之一的，由民政部门予以警告、责令限期改正；逾期不改正的，责令限期停止活动并进行整改：

（一）违反本法第十四条规定造成慈善财产损失的；

（二）将不得用于投资的财产用于投资的；

（三）擅自改变捐赠财产用途的；

（四）开展慈善活动的年度支出或者管理费用的标准违反本法第六十条规定的；

（五）未依法履行信息公开义务的；

（六）未依法报送年度工作报告、财务会计报告或者报备募捐方案的；

（七）泄露捐赠人、志愿者、受益人个人隐私以及捐赠人、慈善信托的委托人不同意公开的姓名、名称、住所、通讯方式等信息的。

慈善组织违反本法规定泄露国家秘密、商业秘密的，依照有关法律的规定予以处罚。

慈善组织有前两款规定的情形，经依法处理后一年内再出现前款规定的情形，或者有其他情节严重情形的，由民政部门吊销登记证书并予以公告。

第一百条 慈善组织有本法第九十八条、第九十九条规定的情形，有违法所得的，由民政部门予以没收；对直接负责的主管人员和其他直接责任人员处二万元以上二十万元以下罚款。

第一百零一条 开展募捐活动有下列情形之一的，由民政部门予以警告、责令停止募捐活动；对违法募集的财产，责令退还捐赠人；难以退还的，由民政部门予以收缴，转给其他慈善组织用于慈善目的；对有关组织或者个人处二万元以上二十万元以下罚款：

（一）不具有公开募捐资格的组织或者个人开展公开募捐的；

（二）通过虚构事实等方式欺骗、诱导募捐对象实施捐赠的；

（三）向单位或者个人摊派或者变相摊派的；

（四）妨碍公共秩序、企业生产经营或者居民生活的。

广播、电视、报刊以及网络服务提供者、电信运营商未履行本法第二十七条规定的验证义务的，由其主管部门予以警告，责令限期改正；逾期不改正的，予以通报批评。

第一百零二条 慈善组织不依法向捐赠人开具捐赠票据、不依法向志愿者出具志愿服务记录证明或者不及时主动向捐赠人反馈有关情况的，由民政部门予以警告，责令限期改正；逾期不改正的，责令限期停止活动。

第一百零三条 慈善组织弄虚作假骗取税收优惠的，由税务机关依法查处；情节严重的，由民政部门吊销登记证书并予以公告。

第一百零四条 慈善组织从事、资助危害国家安全或者社会公共利益活动的，由有关机关依法查处，由民政部门吊销登记证书并予以公告。

第一百零五条 慈善信托的受托人有下列情形之一的，由民政部门予以警告，责令限期改正；有违法所得的，由民政部门予以没收；对直接负责的主管人员和其他直接责任人员处二万元以上二十万元以下罚款：

（一）将信托财产及其收益用于非慈善目的的；

（二）未按照规定将信托事务处理情况及财务状况向民政部门报告或者向社会公开的。

第一百零六条 慈善服务过程中，因慈善组织或者志愿者过错造成受益人、第三人损害的，慈善组织依法承担赔偿责任；损害是由志愿者故意或者重大过失造成的，慈善组织可以向其追偿。

志愿者在参与慈善服务过程中，因慈善组织过错受到损害的，慈善组织依法承担赔偿责任；损害是由不可抗力造成的，慈善组织应当给予适当补偿。

第一百零七条 自然人、法人或者其他组织假借慈善名义或者假冒慈善组织骗取财产的，由公安机关依法查处。

第一百零八条 县级以上人民政府民政部门和其他有关部门及其工作人员有下列情形之一的，由上级机关或者监察机关责令改正；依法应当给予处分的，由任免机关或者监察机关对直接负责的主管人员和其他直接责任人员给予处分：

（一）未依法履行信息公开义务的；

（二）摊派或者变相摊派捐赠任务，强行指定志愿者、慈善组织提供服务的；

（三）未依法履行监督管理职责的；

（四）违法实施行政强制措施和行政处罚的；

（五）私分、挪用、截留或者侵占慈善财产的；

（六）其他滥用职权、玩忽职守、徇私舞弊的行为。

第一百零九条 违反本法规定，构成违反治安管理行为的，由公安机关依法给予治安管理处罚；构成犯罪的，依法追究刑事责任。

第十二章　附　　则

第一百一十条 城乡社区组织、单位可以在本社区、单位内部开展群众性互助互济活动。

第一百一十一条 慈善组织以外的其他组织可以开展力所能及的慈善活动。

第一百一十二条 本法自 2016 年 9 月 1 日起施行。

行政法规

全国社会保障基金条例

（2016年2月3日国务院第122次常务会议通过　2016年3月10日中华人民共和国国务院令第667号公布　自2016年5月1日起施行）

第一章　总　　则

第一条　为了规范全国社会保障基金的管理运营，加强对全国社会保障基金的监督，在保证安全的前提下实现保值增值，根据《中华人民共和国社会保险法》，制定本条例。

第二条　国家设立全国社会保障基金。

全国社会保障基金由中央财政预算拨款、国有资本划转、基金投资收益和以国务院批准的其他方式筹集的资金构成。

第三条　全国社会保障基金是国家社会保障储备基金，用于人口老龄化高峰时期的养老保险等社会保障支出的补充、调剂。

第四条　国家根据人口老龄化趋势和经济社会发展状况，确定和调整全国社会保障基金规模。

全国社会保障基金的筹集和使用方案，由国务院确定。

第五条　国务院财政部门、国务院社会保险行政部门负责拟订全国社会保障基金的管理运营办法，报国务院批准后施行。

全国社会保障基金理事会负责全国社会保障基金的管理运营。

第二章　全国社会保障基金的管理运营

第六条　全国社会保障基金理事会应当审慎、稳健管理运营全国社会保障基金，按照国务院批准的比例在境内外市场投资运营全国社会保障基金。

全国社会保障基金理事会投资运营全国社会保障基金，应当坚持安全性、收益性和长期性原则，在国务院批准的固定收益类、股票类和未上市股权类等资产种类及其比例幅度内合理配置资产。

第七条 全国社会保障基金理事会制定全国社会保障基金的资产配置计划、确定重大投资项目，应当进行风险评估，并集体讨论决定。

全国社会保障基金理事会应当制定风险管理和内部控制办法，在管理运营的各个环节对风险进行识别、衡量、评估、监测和应对，有效防范和控制风险。风险管理和内部控制办法应当报国务院财政部门、国务院社会保险行政部门备案。

全国社会保障基金理事会应当依法制定会计核算办法，并报国务院财政部门审核批准。

第八条 全国社会保障基金理事会应当定期向国务院财政部门、国务院社会保险行政部门报告全国社会保障基金管理运营情况，提交财务会计报告。

第九条 全国社会保障基金理事会可以将全国社会保障基金委托投资或者以国务院批准的其他方式投资。

第十条 全国社会保障基金理事会将全国社会保障基金委托投资的，应当选择符合法定条件的专业投资管理机构、专业托管机构分别担任全国社会保障基金投资管理人、托管人。

全国社会保障基金理事会应当按照公开、公平、公正的原则选聘投资管理人、托管人，发布选聘信息、组织专家评审、集体讨论决定并公布选聘结果。

全国社会保障基金理事会应当制定投资管理人、托管人选聘办法，并报国务院财政部门、国务院社会保险行政部门备案。

第十一条 全国社会保障基金理事会应当与聘任的投资管理人、托管人分别签订委托投资合同、托管合同，并报国务院财政部门、国务院社会保险行政部门、国务院外汇管理部门、国务院证券监督管理机构、国务院银行业监督管理机构备案。

第十二条 全国社会保障基金理事会应当制定投资管理人、托管人考评办法，根据考评办法对投资管理人投资、托管人保管全国社会保障基金的情况进行考评。考评结果作为是否继续聘任的依据。

第十三条 全国社会保障基金投资管理人履行下列职责：

（一）运用全国社会保障基金进行投资；

（二）按照规定提取全国社会保障基金投资管理风险准备金；

（三）向全国社会保障基金理事会报告投资情况；

（四）法律、行政法规和国务院有关部门规章规定的其他职责。

第十四条 全国社会保障基金托管人履行下列职责：

（一）安全保管全国社会保障基金财产；

（二）按照托管合同的约定，根据全国社会保障基金投资管理人的投资指令，及时办理清算、交割事宜；

（三）按照规定和托管合同的约定，监督全国社会保障基金投资管理人的投资；

（四）执行全国社会保障基金理事会的指令，并报告托管情况；

（五）法律、行政法规和国务院有关部门规章规定的其他职责。

第十五条 全国社会保障基金财产应当独立于全国社会保障基金理事会、投资管理人、托管人的固有财产，独立于投资管理人投资和托管人保管的其他财产。

第十六条 全国社会保障基金投资管理人、托管人不得有下列行为：

（一）将全国社会保障基金财产混同于其他财产投资、保管；

（二）泄露因职务便利获取的全国社会保障基金未公开的信息，利用该信息从事或者明示、暗示他人从事相关交易活动；

（三）法律、行政法规和国务院有关部门规章禁止的其他行为。

第十七条 全国社会保障基金按照国家规定享受税收优惠。

第三章 全国社会保障基金的监督

第十八条 国家建立健全全国社会保障基金监督制度。

任何单位和个人不得侵占、挪用或者违规投资运营全国社会保障基金。

第十九条 国务院财政部门、国务院社会保险行政部门按照各自职责对全国社会保障基金的收支、管理和投资运营情况实施监督；发现存在问题的，应当依法处理；不属于本部门职责范围的，应当依法移送国务院外汇管理部门、国务院证券监督管理机构、国务院银行业监督管理机构等有关部门处理。

第二十条 国务院外汇管理部门、国务院证券监督管理机构、国务院银行业监督管理机构按照各自职责对投资管理人投资、托管人保管全国社会保障基金情况实施监督；发现违法违规行为的，应当依法处理，并及时通知国务院财政部门、国务院社会保险行政部门。

第二十一条 对全国社会保障基金境外投资管理人、托管人的监督，由国务院证券监督管理机构、国务院银行业监督管理机构按照与投资管理人、托管人所在国家或者地区有关监督管理机构签署的合作文件的规定执行。

第二十二条 审计署应当对全国社会保障基金每年至少进行一次审计。审计结果应当向社会公布。

第二十三条 全国社会保障基金理事会应当通过公开招标的方式选聘会计师事务所,对全国社会保障基金进行审计。

第二十四条 全国社会保障基金理事会应当通过其官方网站、全国范围内发行的报纸每年向社会公布全国社会保障基金的收支、管理和投资运营情况,接受社会监督。

第四章 法律责任

第二十五条 全国社会保障基金境内投资管理人、托管人违反本条例第十六条、第十八条第二款规定的,由国务院证券监督管理机构、国务院银行业监督管理机构责令改正,没收违法所得,并处违法所得1倍以上5倍以下罚款;没有违法所得或者违法所得不足100万元的,并处10万元以上100万元以下罚款;对直接负责的主管人员和其他直接责任人员给予警告,暂停或者撤销有关从业资格,并处3万元以上30万元以下罚款;构成犯罪的,依法追究刑事责任。

第二十六条 全国社会保障基金理事会违反本条例规定的,由国务院财政部门、国务院社会保险行政部门责令改正;对直接负责的主管人员和其他直接责任人员依法给予处分;构成犯罪的,依法追究刑事责任。

第二十七条 国家工作人员在全国社会保障基金管理运营、监督工作中滥用职权、玩忽职守、徇私舞弊的,依法给予处分;构成犯罪的,依法追究刑事责任。

第二十八条 违反本条例规定,给全国社会保障基金造成损失的,依法承担赔偿责任。

第五章 附 则

第二十九条 经国务院批准,全国社会保障基金理事会可以接受省级人民政府的委托管理运营社会保险基金;受托管理运营社会保险基金,按照国务院有关社会保险基金投资管理的规定执行。

第三十条 本条例自2016年5月1日起施行。

法规性文件

国务院关于第二批取消152项中央指定地方实施行政审批事项的决定

(2016年2月3日　国发〔2016〕9号)

经研究论证,国务院决定第二批取消152项中央指定地方实施的行政审批事项。

各地区、各部门要抓紧做好取消事项的后续衔接工作,切实加强事中事后监管,特别是涉及安全生产和维护公共安全的,要进一步细化措施,明确责任主体和工作方法,做好跟踪督导工作。

以部门规章、规范性文件等形式设定的面向公民、法人和社会组织的审批事项已清理完毕。今后行政许可只能依据行政许可法的规定设定,不得把已取消的中央指定事项作为行政许可的设定依据。尚未制定法律、行政法规的,地方性法规可以设定行政许可;尚未制定法律、行政法规和地方性法规的,因行政管理的需要,确需立即实施行政许可的,省、自治区、直辖市人民政府规章可以设定临时性的行政许可。

附件:国务院决定第二批取消中央指定地方实施的行政审批事项目录(共计152项)

国务院决定第二批取消
中央指定地方实施的行政审批事项目录
（共计 152 项）

序号	项目名称	审批部门	设定依据
1	外商投资广告企业项目审批	省、市、县级工商行政管理部门	《国务院对确需保留的行政审批项目设定行政许可的决定》（国务院令第 412 号） 《国务院关于第六批取消和调整行政审批项目的决定》（国发〔2012〕52 号）
2	户外广告登记	市、县级工商行政管理部门	《国务院对确需保留的行政审批项目设定行政许可的决定》（国务院令第 412 号） 《国务院关于第六批取消和调整行政审批项目的决定》（国发〔2012〕52 号）
3	固定形式印刷品广告登记	省级及计划单列市工商行政管理部门	《国务院对确需保留的行政审批项目设定行政许可的决定》（国务院令第 412 号） 《印刷品广告管理办法》（工商总局令 2004 年第 17 号）
4	外商投资广告企业设立分支机构审批	省级工商行政管理部门	《国务院对确需保留的行政审批项目设定行政许可的决定》（国务院令第 412 号） 《国务院关于第六批取消和调整行政审批项目的决定》（国发〔2012〕52 号）
5	设备监理单位甲级、乙级资格证书核发	省级质量技术监督部门	《国务院对确需保留的行政审批项目设定行政许可的决定》（国务院令第 412 号） 《国务院关于第六批取消和调整行政审批项目的决定》（国发〔2012〕52 号） 《国务院关于取消和调整一批行政审批项目等事项的决定》（国发〔2015〕11 号）
6	建立社会公正计量行（站）审批	省级质量技术监督部门	《国务院对确需保留的行政审批项目设定行政许可的决定》（国务院令第 412 号）
7	地方性基金会分支机构、代表机构设立、变更、注销登记	省级民政部门	《基金会管理条例》（国务院令第 400 号）

续表

序号	项目名称	审批部门	设定依据
8	引航员任职资格审批	地方海事管理机构	《中华人民共和国船员条例》(国务院令第494号,2014年7月29日予以修改)
9	国内航行船舶进出港签证	地方海事管理机构	《中华人民共和国内河交通安全管理条例》(国务院令第355号,2011年1月8日予以修改)
10	高等教育自学考试专科专业审批	省级教育行政部门	《国务院关于取消和下放一批行政审批项目的决定》(国发〔2014〕5号)
11	省域范围内跨地区举办中小学校际体育竞赛审批	省级教育行政部门	《学校体育工作条例》(1990年2月20日国务院批准,国家教育委员会、国家体育运动委员会令1990年第11号发布)
12	教育网站和网校审批	省、市、县级教育行政部门	《国务院对确需保留的行政审批项目设定行政许可的决定》(国务院令第412号) 《互联网信息服务管理办法》(国务院令第292号) 《教育部关于加强对教育网站和网校进行管理的公告》(教技〔2000〕4号) 《教育网站和网校暂行管理办法》(教技〔2000〕5号)
13	实验动物出口审批	省级科技部门	《实验动物管理条例》(1988年10月31日国务院批准,国家科学技术委员会令1988年第2号发布,2013年7月18日予以修改)
14	实验动物工作单位从国外进口实验动物原种登记单位指定	省级科技部门	《实验动物管理条例》(1988年10月31日国务院批准,国家科学技术委员会令1988年第2号发布,2013年7月18日予以修改)
15	外国人进入林业系统自然保护区审批	省级林业行政主管部门	《中华人民共和国自然保护区条例》(国务院令第167号,2011年1月8日予以修改) 《国务院关于第三批取消和调整行政审批项目的决定》(国发〔2004〕16号)

续表

序号	项目名称	审批部门	设定依据
16	外国人对国家重点保护野生植物进行野外考察审批	省级林业行政主管部门	《中华人民共和国野生植物保护条例》(国务院令第204号) 《国务院关于第三批取消和调整行政审批项目的决定》(国发〔2004〕16号)
17	丙级地震安全性评价单位资质认定	省级地震工作主管部门	《地震安全性评价管理条例》(国务院令第323号) 《地震安全性评价资质管理办法》(中国地震局令2002年第8号)
18	甲级、乙级地震安全性评价资质认定初审	省级地震工作主管部门	《地震安全性评价管理条例》(国务院令第323号) 《地震安全性评价资质管理办法》(中国地震局令2002年第8号)
19	环境保护(污染治理)设施运营单位乙级、临时资质认定	省级环境保护行政主管部门	《国务院对确需保留的行政审批项目设定行政许可的决定》(国务院令第412号) 《国务院关于第六批取消和调整行政审批项目的决定》(国发〔2012〕52号)
20	加工利用国家限制进口、可用作原料的废五金电器、废电线电缆、废电机等企业认定	省级环境保护行政主管部门	《国务院对确需保留的行政审批项目设定行政许可的决定》(国务院令第412号) 《国务院关于取消和下放一批行政审批项目等事项的决定》(国发〔2013〕19号)
21	危险化学品生产使用环境管理登记证核发	省、市级环境保护行政主管部门	《危险化学品安全管理条例》(国务院令第591号) 《危险化学品环境管理登记办法(试行)》(环境保护部令2012年第22号)
22	放射性药品使用许可证联合核发	省级环境保护行政主管部门	《放射性药品管理办法》(国务院令第25号,2011年1月8日予以修改)
23	江河故道、旧堤、原有工程设施等填堵、占用、拆毁审批	省、市、县级水行政主管部门	《中华人民共和国河道管理条例》(国务院令第3号,2011年1月8日予以修改)

续表

序号	项目名称	审批部门	设定依据
24	建设项目水资源论证机构乙级资质认定	省级水行政主管部门	《国务院对确需保留的行政审批项目设定行政许可的决定》(国务院令第412号) 《水文水资源调查评价资质和建设项目水资源论证资质管理办法(试行)》(水利部令2003年第17号)
25	乙级水文、水资源调查评价机构资质认定	省级水行政主管部门	《中华人民共和国水文条例》(国务院令第496号,2013年7月18日予以修改) 《水文水资源调查评价资质和建设项目水资源论证资质管理办法(试行)》(水利部令2003年第17号)
26	开垦荒坡地防止水土流失措施审批	县级水行政主管部门	《中华人民共和国水土保持法实施条例》(国务院令第120号,2011年1月8日予以修改)
27	渔业船员二级、三级培训机构资格认定	省级渔业行政主管部门	《中华人民共和国船员条例》(国务院令第494号) 《国务院关于第六批取消和调整行政审批项目的决定》(国发〔2012〕52号)
28	从国外引进和向国外提供菌(毒)种或有样本初审	省级农业行政主管部门	《动物病原微生物菌(毒)种保藏管理办法》(农业部令2008年第16号)
29	地质资料延期汇交审批及保护登记	省级国土资源主管部门	《地质资料管理条例》(国务院令第349号)
30	市区饲养家畜家禽审批	市、县级市容环境卫生行政主管部门	《城市市容和环境卫生管理条例》(国务院令第101号,2011年1月8日予以修改)
31	在碘盐中同时添加其他营养强化剂或者药物审批	省级卫生计生行政部门	《食盐加碘消除碘缺乏危害管理条例》(国务院令第163号)

续表

序号	项目名称	审批部门	设定依据
32	地方对内水、领海范围内的海底电缆管道铺设路由调查勘测、铺设施工审批	省、市、县级海洋行政主管部门	《铺设海底电缆管道管理规定》(国务院令第27号) 《铺设海底电缆管道管理规定实施办法》(国家海洋局令1992年第3号)
33	乙级价格评估机构资质认定	省级价格主管部门	《国务院对确需保留的行政审批项目设定行政许可的决定》(国务院令第412号) 《国务院关于第六批取消和调整行政审批项目的决定》(国发〔2012〕52号)
34	大中型水利工程移民安置规划大纲审批	省级人民政府移民管理机构	《大中型水利水电工程建设征地补偿和移民安置条例》(国务院令第471号)
35	直销企业产品说明重大变更审批	省级商务主管部门	《直销管理条例》(国务院令第443号) 《国务院关于第五批取消和下放管理层级行政审批项目的决定》(国发〔2010〕21号)
36	鲜茧收购资格认定	省级商务主管部门	《国务院对确需保留的行政审批项目设定行政许可的决定》(国务院令第412号)
37	设立旧机动车鉴定评估机构审批	设区的市级商务主管部门	《国务院对确需保留的行政审批项目设定行政许可的决定》(国务院令第412号) 《国务院关于第四批取消和调整行政审批项目的决定》(国发〔2007〕33号) 《国务院关于第六批取消和调整行政审批项目的决定》(国发〔2012〕52号)
38	印花税票代售许可	地方税务机关	《国务院对确需保留的行政审批项目设定行政许可的决定》(国务院令第412号)
39	安置残疾人员和国家鼓励安置的其他就业人员所支付工资的加计扣除的核准	地方税务机关	《财政部　国家税务总局关于安置残疾人员就业有关企业所得税优惠政策问题的通知》(财税〔2009〕70号)

续表

序号	项目名称	审批部门	设定依据
40	对办理税务登记(外出经营报验)的核准	地方税务机关	《中华人民共和国税收征收管理法实施细则》(国务院令第362号,2012年11月9日予以修改)
41	偏远地区简并征期认定	地方税务机关	《个体工商户税收定期定额征收管理办法》(税务总局令2006年第16号)
42	对纳税人申报方式的核准	地方税务机关	《中华人民共和国税收征收管理法实施细则》(国务院令第362号,2012年11月9日予以修改)
43	印制有本单位名称发票的审批	地方税务机关	《中华人民共和国发票管理办法》(国务院令第587号)
44	扣缴税款登记核准	地方税务机关	《中华人民共和国税收征收管理法实施细则》(国务院令第362号,2012年11月9日予以修改)
45	烟草广告审批	省级或其授权的省辖市工商行政管理部门	《国务院对确需保留的行政审批项目设定行政许可的决定》(国务院令第412号) 《国务院关于第六批取消和调整行政审批项目的决定》(国发〔2012〕52号)
46	专利代理机构设立审批初审	省级知识产权部门	《专利代理条例》(国务院令第76号)
47	统计人员从业资格认定	省级统计行政主管部门	《国务院对确需保留的行政审批项目设定行政许可的决定》(国务院令第412号) 《统计从业资格认定办法》(国家统计局令第10号)
48	中外合资经营、中外合作经营的演出场所经营单位设立初审	省级文化行政主管部门	《营业性演出管理条例》(国务院令第439号,2013年7月18日予以修改)

续表

序号	项目名称	审批部门	设定依据
49	中外合资经营、中外合作经营的演出经纪机构设立初审	省级文化行政主管部门	《营业性演出管理条例》(国务院令第439号,2013年7月18日予以修改)
50	馆藏文物拍摄许可	省、市级文物行政主管部门	《中华人民共和国文物保护法实施条例》(国务院令第377号,2013年12月7日予以修改)
51	文物保护单位拍摄许可	省、市、县级文物行政主管部门	《国务院对确需保留的行政审批项目设定行政许可的决定》(国务院令第412号) 《国务院关于第四批取消和调整行政审批项目的决定》(国发〔2007〕33号) 《国务院关于第五批取消和下放管理层级行政审批项目的决定》(国发〔2010〕21号)
52	制作考古发掘现场专题类、直播类节目审批	省级文物行政主管部门	《国务院对确需保留的行政审批项目设定行政许可的决定》(国务院令第412号) 《国务院关于第四批取消和调整行政审批项目的决定》(国发〔2007〕33号)
53	电影制片单位以外的单位独立从事电影摄制业务审批	省级新闻出版广电行政部门	《电影管理条例》(国务院令第342号) 《国务院关于第六批取消和调整行政审批项目的决定》(国发〔2012〕52号)
54	改建、拆除电影院和放映设施审批	省、市、县级新闻出版广电行政部门	《电影管理条例》(国务院令第342号)
55	地市级、县级广播电台、电视台变更台标审批	省级新闻出版广电行政部门	《广播电视管理条例》(国务院令第228号,2013年12月7日予以修改) 《国务院关于取消和下放50项行政审批项目等事项的决定》(国发〔2013〕27号)
56	电影放映单位变更业务范围或者兼并、合并、分立审批	县级新闻出版广电行政部门	《电影管理条例》(国务院令第342号) 《国务院关于第六批取消和调整行政审批项目的决定》(国发〔2012〕52号)

续表

序号	项目名称	审批部门	设定依据
57	特种印刷品准印许可	县级公安机关	《印刷业管理条例》（国务院令第 315 号）
58	安全技术防范产品生产登记批准书核发	省级公安机关	《国务院对确需保留的行政审批项目设定行政许可的决定》（国务院令第 412 号） 《国务院关于第六批取消和调整行政审批项目的决定》（国发〔2012〕52 号）
59	军工产品储存库风险等级认定和技术防范工程方案审核及工程验收	省级公安机关	《国务院对确需保留的行政审批项目设定行政许可的决定》（国务院令第 412 号） 《军工产品储存库风险等级和安全防护级别的规定》（GA26—1992） 《国务院关于取消和调整一批行政审批项目等事项的决定》（国发〔2015〕11 号）
60	职业卫生技术服务机构甲级资质初审	省级安全生产监督管理部门	《中华人民共和国职业病防治法》 《职业卫生技术服务机构监督管理暂行办法》（安全监管总局令 2012 年第 50 号，2015 年 5 月 29 日予以修改）
61	高等专科以下教育机构及国务院履行出资人职责企业以外的企业聘请外国专家单位资格认可	省级外国专家归口管理部门	《国务院对确需保留的行政审批项目设定许可的决定》（国务院令第 412 号） 《国务院关于第五批取消和下放管理层级行政审批项目的决定》（国发〔2010〕21 号） 《国务院关于第六批取消和调整行政审批项目的决定》（国发〔2012〕52 号）
62	从事实验动物工作人员资格认可	省级科技部门	《实验动物管理条例》（1988 年 10 月 31 日国务院批准，国家科学技术委员会令 1988 年第 2 号发布，2013 年 7 月 18 日予以修改）
63	林木种子（苗木）进口初审	省级林业行政主管部门	国家林业局公告（2006 年第 6 号）
64	占用城市道路作为集贸市场审批	市、县级人民政府	《城市道路管理条例》（国务院令第 198 号）

续表

序号	项目名称	审批部门	设定依据
65	测绘计量检定人员资格认定	省级测绘地理信息行政主管部门	《中华人民共和国计量法》 《中华人民共和国计量法实施细则》(1987 年 1 月 19 日国务院批准,1987 年 2 月 1 日国家计量局发布) 《国务院关于第六批取消和调整行政审批项目的决定》(国发〔2012〕52 号)
66	外国人进入地方级海洋自然保护区审批	省级海洋行政主管部门	《中华人民共和国自然保护区条例》(国务院令第 167 号,2011 年 1 月 8 日予以修改)
67	对上报国家发展改革委的价格鉴证师注册初审	省级价格主管部门	《价格鉴证师注册管理办法(2008 年修订)》(国家发展改革委令 2008 年第 1 号)
68	资源综合利用企业(含电厂)认定	省级资源综合利用主管部门	《国务院办公厅关于保留部分非行政许可审批项目的通知》(国办发〔2004〕62 号) 《国家鼓励的资源综合利用认定管理办法》(发改环资〔2006〕1864 号)
69	丙级价格评估机构资质认定	省级价格主管部门	《价格评估机构资质认定管理办法》(国家发展改革委令 2005 年第 32 号)
70	对上报国家发展改革委的企业、事业单位、社会团体等投资建设固定资产投资项目初审	省级发展改革部门	《政府核准投资项目管理办法》(国家发展改革委令 2014 年第 11 号)
71	对上报国家发展改革委的工程咨询单位资格认定初审	省级发展改革部门	《工程咨询单位资格认定办法》(国家发展改革委令 2005 年第 29 号)

续表

序号	项目名称	审批部门	设定依据
72	对上报国家发展改革委的中央投资项目招标代理机构资格认定初审	省级发展改革部门	《中央投资项目招标代理资格管理办法》(国家发展改革委令2012年第13号)
73	对上报国家发展改革委的外商投资项目核准初审	省级发展改革部门	《外商投资项目核准和备案管理办法》(国家发展改革委令2014年第12号)
74	对上报国家发展改革委的境外投资项目核准初审	省级发展改革部门	《境外投资项目核准和备案管理办法》(国家发展改革委令2014年第9号)
75	对上报国家发展改革委的境外投资项目备案初审	省级发展改革部门	《境外投资项目核准和备案管理办法》(国家发展改革委令2014年第9号)
76	对上报国家发展改革委的招标师职业资格认定初审	省级发展改革部门	《招标师注册执业管理办法》(发改法规〔2014〕1431号)
77	对上报国家发展改革委的地方企业发行企业债券预审	省级发展改革部门	《国家发展改革委关于推进企业债券市场发展、简化发行核准程序有关事项的通知》(发改财金〔2008〕7号) 《国家发展改革委办公厅关于进一步改进企业债券发行工作的通知》(发改办财金〔2013〕1890号)
78	对上报国家发展改革委的农产品(棉、粮)进口关税配额初审	省级发展改革部门	《农产品进口关税配额管理暂行办法》(商务部、国家发展改革委令2003年第4号) 商务部、国家发展改革委公告2003年第54号

续表

序号	项目名称	审批部门	设定依据
79	“三高”地点接纳设置无线寻呼发射基站的“三高”产权单位备案核准	省级无线电管理机构	《高楼高塔高山设置无线寻呼发射基站管理规定》(信息产业部令2001年第16号)
80	专用汽车项目核准	省级及计划单列市工业和信息化部门	《工业和信息化部关于加强汽车生产企业投资项目备案管理的通知》(工信部装〔2009〕93号)
81	对上报国家粮食局的中央储备粮代储资格受理报批	省级粮食部门	《中央储备粮代储资格认定办法》(国家发展改革委、财政部令2004年第20号)
82	对上报国家国防科工局的军工关键设备设施处置初审	省级国防科技工业管理部门	《军工关键设备设施处置管理办法》(科工财审〔2012〕760号)
83	军工涉密业务咨询服务单位安全保密资格审查	省级国防科技工业管理部门	《军工涉密业务咨询服务安全保密监督管理办法(试行)》(科工安密〔2011〕356号)
84	地方军工固定资产投资项目审批及验收	省级国防科技工业管理部门	《国防科技工业固定资产投资项目管理规定》(科工计〔2013〕1017号)
85	对上报国家国防科工局的地方单位国防科技工业社会投资项目核准事项的初审	省级国防科技工业管理部门	《国防科技工业社会投资项目核准和备案管理暂行办法》(科工计〔2009〕1516号)

续表

序号	项目名称	审批部门	设定依据
86	在营企业完成改组改制、符合豁免条件的东北老工业基地企业历史欠税豁免审批	地方税务机关	《财政部　国家税务总局关于豁免东北老工业基地企业历史欠税有关问题的通知》(财税〔2006〕167号) 《财政部　国家税务总局关于豁免东北老工业基地企业历史欠税问题的批复》(财税〔2009〕58号)
87	非境内注册居民企业选择主管税务机关的批准	地方税务机关	《境外注册中资控股居民企业所得税管理办法(试行)》(税务总局公告2011年第45号)
88	创业投资企业享受创业投资所得税优惠核准	地方税务机关	《国家税务总局关于实施创业投资企业所得税优惠问题的通知》(国税发〔2009〕87号)
89	企业享受新疆喀什、霍尔果斯两个特殊经济开发区、新疆困难地区新办企业所得税优惠的核准	地方税务机关	《财政部　国家税务总局关于新疆喀什、霍尔果斯两个特殊经济开发区企业所得税优惠政策的通知》(财税〔2011〕112号) 《财政部　国家税务总局关于新疆困难地区新办企业所得税优惠政策的通知》(财税〔2011〕53号)
90	享受小型微利企业所得税优惠核准	地方税务机关	《国家税务总局关于小型微利企业预缴企业所得税有关问题的公告》(税务总局公告2012年第14号)
91	企业购置用于环境保护、节能节水、安全生产的专用设备的投资额享受所得税优惠的备案核准	地方税务机关	《财政部　国家税务总局关于执行环境保护专用设备等企业所得税优惠目录的通知》(财税〔2008〕48号) 《国家税务总局关于企业所得税税收优惠管理问题的补充通知》(国税函〔2009〕255号)

续表

序号	项目名称	审批部门	设定依据
92	赣州市企业享受西部大开发所得税优惠备案核准	地方税务机关	《财政部　海关总署　国家税务总局关于赣州市执行西部大开发税收政策问题的通知》(财税〔2013〕4 号) 《国家税务总局关于企业所得税税收优惠管理问题的补充通知》(国税函〔2009〕255 号)
93	营业税差额纳税试点物流企业确认	地方税务机关	《国家税务总局关于试点物流企业有关税收政策问题的通知》(国税发〔2005〕208 号)
94	房地产开发企业计税成本对象确定核准	地方税务机关	《房地产开发经营业务企业所得税处理办法》(国税发〔2009〕31 号)
95	非居民企业股权转让选择特殊性税务处理核准	地方税务机关	《国家税务总局关于加强非居民企业股权转让所得企业所得税管理的通知》(国税函〔2009〕698 号)
96	地方负责的境内对外经济技术展览会办展项目审批	省级商务主管部门	《国务院办公厅关于对在我国境内举办对外经济技术展览会加强管理的通知》(国办发〔1997〕25 号)
97	纺织品临时出口许可证核发	省、市级商务主管部门	《中华人民共和国对外贸易法》 《中华人民共和国货物进出口管理条例》(国务院令第 332 号) 《纺织品出口管理办法(暂行)》(商务部令 2006 年第 21 号)
98	输港澳劳务合作项目立项审核	省级商务主管部门	《商务部办公厅关于备案登记输港澳劳务合作项目的通知》(商办合函〔2007〕116 号)
99	边境小额贸易企业经营国家重点管理进出口商品资格认定	省级商务主管部门	《国务院关于边境贸易有关问题的通知》(国发〔1996〕2 号) 《对外贸易经济合作部　海关总署关于进一步发展边境贸易的补充规定的通知》(外经贸政发〔1998〕844 号)

续表

序号	项目名称	审批部门	设定依据
100	棉花质量检验师执业资格注册	省级质量技术监督部门	《棉花质量检验师执业资格注册管理办法》(国质检人〔2004〕499号) 《国务院关于第三批取消和调整行政审批项目的决定》(国发〔2004〕16号)
101	融资性担保机构的董事、监事和高级管理人员任职资格核准	省级金融主管部门	《融资性担保公司董事、监事、高级管理人员任职资格管理暂行办法》(银监会令2010年第6号)
102	电影院加入院线审批	省级新闻出版广电行政部门	《关于进一步推进电影院线公司机制改革的意见》(广影字〔2003〕576号) 《广电总局关于印发〈电影发行放映管理体制划转后省级广电局电影职能一览表〉的通知》(广发〔2008〕116号)
103	电子出版物出版单位出版境外著作权人授权的电子出版物的升级版本、电子游戏测试盘及境外互联网游戏作品客户端程序光盘审批	省级新闻出版广电行政部门	《电子出版物出版管理规定》(新闻出版总署令2008年第34号)
104	地方台在境外租买时段、频道(率)或者建台、办台初审	省级新闻出版广电行政部门	《广电总局关于广播影视"走出去工程"的实施细则(试行)》(广发办字〔2001〕1494号)
105	电子出版物出版单位与境外机构合作出版电子出版物初审	省级新闻出版广电行政部门	《电子出版物出版管理规定》(新闻出版总署令2008年第34号)

续表

序号	项目名称	审批部门	设定依据
106	可录光盘生产设备引进审核	省级新闻出版广电行政部门	《国务院关于第三批取消和调整行政审批项目的决定》(国发〔2004〕16号)
107	可录光盘生产企业设立审批	省级新闻出版广电行政部门	《国务院关于第三批取消和调整行政审批项目的决定》(国发〔2004〕16号)
108	被关闭光盘生产线处理审批	省级新闻出版广电行政部门	《国务院关于第三批取消和调整行政审批项目的决定》(国发〔2004〕16号) 《国务院关于第六批取消和调整行政审批项目的决定》(国发〔2012〕52号)
109	电子政务电子认证服务机构跨区域建设注册审核系统审批	省级密码管理部门	《电子政务电子认证服务管理办法(试行)》(国密局发〔2009〕7号)
110	公益性捐赠税前扣除资格确认	省级民政部门、财税部门	《财政部　国家税务总局　民政部关于公益性捐赠税前扣除有关问题的通知》(财税〔2008〕160号)
111	安全评价机构甲级资质审批初审	省级安全生产监督管理部门	《安全评价机构管理规定》(安全监管总局令2009年第22号,2015年5月29日予以修改)
112	安全生产检测检验机构甲级资质初审	省级安全生产监督管理部门	《安全生产检测检验机构管理规定》(安全监管总局令2007年第12号,2015年5月29日予以修改)
113	机动车驾驶培训教练员从业资格证认定	省级交通运输主管部门	《机动车驾驶员培训管理规定》(交通部令2006年第2号)
114	机动车维修技术人员从业资格证件颁发	设区的市级道路运输管理机构	《道路运输从业人员管理规定》(交通部令2006年第9号)

续表

序号	项目名称	审批部门	设定依据
115	港澳台本科在读学生转读内地（祖国大陆）普通高等学校本科生的审批	省级教育行政部门	《关于普通高等学校招收和培养香港特别行政区、澳门地区及台湾省学生的暂行规定》（教外港〔1999〕22号）
116	对教育部实施的高等学校设置尚未列入《普通高等学校本科专业目录》的新专业审批的初审	省级教育行政部门	《教育部关于印发〈普通高等学校本科专业目录（2012年）〉〈普通高等学校本科专业设置管理规定〉等文件的通知》（教高〔2012〕9号）
117	参照国家公务员医疗补助实施范围审批	省、市、县级人力资源社会保障部门、财政部门	《国务院办公厅关于保留部分非行政许可审批项目的通知》（国办发〔2004〕62号）
118	中型及以下单建人防工程、防空地下室施工图设计文件审批	省、市、县级人民防空主管部门	《人民防空工程施工图设计文件审查管理办法》（国人防办字〔2009〕282号） 《国家人民防空办公室关于调整人民防空建设审批事项的通知》（国人防〔2014〕235号）
119	对国家人防办负责的人民防空信息系统综合集成资格的初审	省级人民防空主管部门	《人民防空信息系统综合集成资格审查管理办法》（国人防〔2014〕425号）
120	对农业部负责的农药分装登记初审	省级农业行政主管部门所属的农药检定机构	《农药管理条例实施办法》（农业部令1999年第20号，2004年7月1日予以修改）

续表

序号	项目名称	审批部门	设定依据
121	对农业部负责的农药田间试验审批初审	省级农业行政主管部门所属的农药检定机构	《农药管理条例实施办法》(农业部令1999年第20号,2004年7月1日予以修改)
122	农药续展登记初审	省级农药检定机构	中华人民共和国农业部公告第657号
123	对农业部负责的兽药产品批准文号审批初审	省级兽医行政主管部门	《兽药产品批准文号管理办法》(农业部令2004年第45号)
124	对农业部负责的农业转基因生物试验审批初审	省级农业行政主管理部门	《农业转基因生物安全评价管理办法》(农业部令2002年第8号)
125	省、市、县级森林公园设立、撤销、合并、改变经营范围或者变更隶属关系审批	省、市、县级林业行政主管部门	《森林公园管理办法》(林业部令1993年第3号)
126	对国家林业局负责的引进陆生野生动物外来物种种类及数量审批初审	省级林业行政主管部门	《引进陆生野生动物外来物种种类及数量审批管理办法》(国家林业局令2005年第19号) 国家林业局公告2006年第6号
127	对国家林业局负责的出售、收购、利用国家一级保护陆生野生动物或其产品审批初审	省级林业行政主管部门	国家林业局公告2006年第6号

续表

序号	项目名称	审批部门	设定依据
128	对国家林业局负责的向境外提供或从境外引进林木种质资源审批初审	省级林业行政主管部门	国家林业局公告 2006 年第 6 号
129	污染场地环境恢复方案审批	省、市、县级环境保护行政主管部门	《废弃危险化学品污染环境防治办法》(环保总局令 2005 年第 27 号)
130	对环境保护部负责的有毒化学品进出口环境管理登记预审	省级环境保护行政主管部门	《关于加强有毒化学品进出口环境管理登记工作的通知》(环办〔2009〕113 号)
131	建设项目水资源论证机构甲级资质初审	省级水行政主管部门	《水文水资源调查评价资质和建设项目水资源论证资质管理办法(试行)》(水利部令 2003 年第 17 号)
132	外国组织和个人在华从事气象活动初审	省级气象主管机构	《涉外气象探测和资料管理办法》(中国气象局、国家保密局令 2006 年第 13 号)
133	在国家地质公园地质遗迹保护区外的园区进行矿产资源勘查、开发和工程建设活动审批	省级国土资源主管部门	《国家地质公园规划编制技术要求》(国土资发〔2010〕89 号)
134	对住房城乡建设部负责的一级注册结构工程师和其他专业勘察设计工程师注册的初审	省级住房城乡建设部门	《勘察设计注册工程师管理规定》(建设部令 2004 年第 137 号)

续表

序号	项目名称	审批部门	设定依据
135	对住房城乡建设部负责的一级注册建造师执业资格审批的初审	省级住房城乡建设部门	《注册建造师管理规定》(建设部令2006年第153号)
136	对住房城乡建设部负责的造价工程师执业资格审批的初审	省级住房城乡建设部门	《注册造价工程师管理办法》(建设部令2006年第150号)
137	对住房城乡建设部负责的监理工程师执业资格审批的初审	省级住房城乡建设部门	《注册监理工程师管理规定》(建设部令2006年第147号)
138	对住房城乡建设部负责的房地产估价师执业资格审批的初审	省级住房城乡建设部门	《注册房地产估价师管理办法》(建设部令2006年第151号)
139	对住房城乡建设部负责的工程造价咨询单位甲级资质审批的初审	省级住房城乡建设部门	《工程造价咨询企业管理办法》(建设部令2006年第149号)
140	对住房城乡建设部负责的甲级工程建设项目招标代理机构资格审批的初审	省级住房城乡建设部门	《工程建设项目招标代理机构资格认定办法》(建设部令2006年第154号)

续表

序号	项目名称	审批部门	设定依据
141	对住房城乡建设部负责的建筑业企业承包特级、一级,部分专业承包一级资质审批的初审	省级住房城乡建设部门	《建筑业企业资质管理规定》(住房城乡建设部令2015年第22号)
142	对住房城乡建设部负责的城市规划师执业资格注册的初审	省级住房城乡建设部门	《关于建设部机关直接实施的行政许可事项有关规定和内容的公告》(建设部公告2004年第278号)
143	对住房城乡建设部负责的物业管理师执业资格注册的初审	省级住房城乡建设部门	《物业管理师制度暂行规定》(国人部发〔2005〕95号)
144	对住房城乡建设部负责的甲级工程监理企业资质许可的初审	省级住房城乡建设部门	《工程监理企业资质管理规定》(建设部令2007年第158号)
145	对住房城乡建设部负责的甲级、部分乙级建设工程勘察设计企业资质核准的初审	省级住房城乡建设部门	《建设工程勘察设计资质管理规定》(建设部令2007年第160号)
146	从事第三方药品物流业务批准	省级食品药品监督管理部门	《国家食品药品监督管理局关于贯彻执行〈关于加强药品监督管理促进药品现代物流发展的意见〉有关问题的通知》(国食药监市〔2005〕318号)

续表

序号	项目名称	审批部门	设定依据
147	对国家食品药品监督管理总局负责的麻醉药品和精神药品研究立项审批的初审	省级食品药品监督管理部门	《国家食品药品监督管理局关于麻醉药品和精神药品实验研究管理规定的通知》(国食药监安〔2005〕529号)
148	对国家食品药品监督管理总局负责的国产保健食品注册的初审	省级食品药品监督管理部门	《保健食品注册管理办法(试行)》(国家食品药品监督管理局令2005年第19号)
149	对国家食品药品监督管理总局负责的特殊用途化妆品审批的初审	省级食品药品监督管理部门	《化妆品卫生监督条例实施细则》(卫生部令1991年第13号)
150	对国家食品药品监督管理总局负责的处方药转换非处方药申报资料的初审	省级食品药品监督管理部门	《关于开展处方药与非处方药转换评价工作的通知》(国食药监安〔2004〕101号)
151	对国家食品药品监督管理总局负责的药品注册补充申请的初审	省级食品药品监督管理部门	《药品注册管理办法》(国家食品药品监督管理局令2007年第28号)
152	对国家食品药品监督管理总局负责的直接接触药品的包装材料和容器注册的初审	省级食品药品监督管理部门	《直接接触药品的包装材料和容器管理办法》(国家食品药品监督管理局令2004年第13号)

国务院办公厅关于开展仿制药质量和疗效一致性评价的意见

（2016年2月6日 国办发〔2016〕8号）

开展仿制药质量和疗效一致性评价（以下简称一致性评价）工作，对提升我国制药行业整体水平，保障药品安全性和有效性，促进医药产业升级和结构调整，增强国际竞争能力，都具有十分重要的意义。根据《国务院关于改革药品医疗器械审评审批制度的意见》（国发〔2015〕44号），经国务院同意，现就开展一致性评价工作提出如下意见：

一、明确评价对象和时限。化学药品新注册分类实施前批准上市的仿制药，凡未按照与原研药品质量和疗效一致原则审批的，均须开展一致性评价。国家基本药物目录（2012年版）中2007年10月1日前批准上市的化学药品仿制药口服固体制剂，应在2018年底前完成一致性评价，其中需开展临床有效性试验和存在特殊情形的品种，应在2021年底前完成一致性评价；逾期未完成的，不予再注册。

化学药品新注册分类实施前批准上市的其他仿制药，自首家品种通过一致性评价后，其他药品生产企业的相同品种原则上应在3年内完成一致性评价；逾期未完成的，不予再注册。

二、确定参比制剂遴选原则。参比制剂原则上首选原研药品，也可以选用国际公认的同种药品。药品生产企业可自行选择参比制剂，报食品药品监管总局备案；食品药品监管总局在规定期限内未提出异议的，药品生产企业即可开展相关研究工作。行业协会可组织同品种药品生产企业提出参比制剂选择意见，报食品药品监管总局审核确定。对参比制剂存有争议的，由食品药品监管总局组织专家公开论证后确定。食品药品监管总局负责及时公布参比制剂信息，药品生产企业原则上应选择公布的参比制剂开展一致性评价工作。

三、合理选用评价方法。药品生产企业原则上应采用体内生物等效性试验的方法进行一致性评价。符合豁免生物等效性试验原则的品种，允许药品生产企业采取体外溶出度试验的方法进行一致性评价，具体品种名单由食品药品监管总局另行公布。开展体内生物等效性试验时，药品生产企业应根据仿制药生物等效性试验的有关规定组织实施。无参比制剂的，由药品生产企业进行临床有效性试验。

四、落实企业主体责任。药品生产企业是一致性评价工作的主体，应主动选购参比制剂开展相关研究，确保药品质量和疗效与参比制剂一致。完成一致性评价后，可将评价结果及调整处方、工艺的资料，按照药品注册补充申请程序，一并提交食品药品监管部门。国内药品生产企业已在欧盟、美国和日本获准上市的仿制药，可以国外注册申报的相关资料为基础，按照化学药品新注册分类申报药品上市，批准上市后视同通过一致性评价；在中国境内用同一生产线生产上市并在欧盟、美国和日本获准上市的药品，视同通过一致性评价。

五、加强对一致性评价工作的管理。食品药品监管总局负责发布一致性评价的相关指导原则，加强对药品生产企业一致性评价工作的技术指导；组织专家审核企业报送的参比制剂资料，分期分批公布经审核确定的参比制剂目录，建立我国仿制药参比制剂目录集；及时将按新标准批准上市的药品收入参比制剂目录集并公布；设立统一的审评通道，一并审评企业提交的一致性评价资料和药品注册补充申请。对药品生产企业自行购买尚未在中国境内上市的参比制剂，由食品药品监管总局以一次性进口方式批准，供一致性评价研究使用。

六、鼓励企业开展一致性评价工作。通过一致性评价的药品品种，由食品药品监管总局向社会公布。药品生产企业可在药品说明书、标签中予以标注；开展药品上市许可持有人制度试点区域的企业，可以申报作为该品种药品的上市许可持有人，委托其他药品生产企业生产，并承担上市后的相关法律责任。通过一致性评价的药品品种，在医保支付方面予以适当支持，医疗机构应优先采购并在临床中优先选用。同品种药品通过一致性评价的生产企业达到3家以上的，在药品集中采购等方面不再选用未通过一致性评价的品种。通过一致性评价药品生产企业的技术改造，在符合有关条件的情况下，可以申请中央基建投资、产业基金等资金支持。

各地区、各有关部门要高度重视，组织引导药品生产企业积极参与，科学规范开展一致性评价相关工作。食品药品监管总局要会同有关部门加强指导，落实相关配套政策，共同推动一致性评价工作。

国务院办公厅关于印发全民科学素质行动计划纲要实施方案（2016－2020 年）的通知

（2016 年 2 月 25 日　国办发〔2016〕10 号）

《全民科学素质行动计划纲要实施方案（2016－2020 年）》已经国务院同意，现印发给你们，请认真贯彻执行。

全民科学素质行动计划纲要实施方案（2016－2020 年）

根据《中共中央关于制定国民经济和社会发展第十三个五年规划的建议》、《中共中央 国务院关于深化体制机制改革加快实施创新驱动发展战略的若干意见》和《国务院关于印发全民科学素质行动计划纲要（2006－2010－2020 年）的通知》（国发〔2006〕7 号，以下简称《科学素质纲要》），为实现 2020 年全民科学素质工作目标，进一步明确“十三五”期间全民科学素质工作的重点任务和保障措施等，制定本实施方案。

一、背景和意义

自 2006 年国务院颁布实施《科学素质纲要》以来，特别是“十二五”期间，各地各部门围绕党和国家发展大局，联合协作，未成年人、农民、城镇劳动者、领导干部和公务员、社区居民等重点人群科学素质行动扎实推进，带动了全民科学素质水平整体提高；科技教育、传播与普及工作广泛深入开展，科普资源不断丰富，大众传媒特别是新媒体科技传播能力明显增强，基础设施建设持续推进，人才队伍不断壮大，公民科学素质建设的公共服务能力进一步提升；公民科学素质建设共建机制基本建立，大联合大协作的局面进一步形成，为全民科学素质工作顺利开展提供了保障。第九次中国公民科学素质调查显示，2015 年我国公民具备科学素质的比例达到 6.20%，较 2010 年的 3.27% 提高近 90%，超额完成“十二五”我国公民科学素质水平达到 5% 的工作目标，为

“十三五”全民科学素质工作奠定坚实基础。

但是,也应清醒地看到,目前我国公民科学素质水平与发达国家相比仍有较大差距,全民科学素质工作发展还不平衡,不能满足全面建成小康社会和建设创新型国家的需要。主要表现在:面向农民、城镇新居民、边远和民族地区群众的全民科学素质工作仍然薄弱,青少年科技教育有待加强;科普技术手段相对落后,均衡化、精准化服务能力亟待提升;科普投入不足,全社会参与的激励机制不完善,市场配置资源的作用发挥不够。“十三五”时期是实施创新驱动发展战略的关键时期,是全面建成小康社会的决胜阶段。科学素质决定公民的思维方式和行为方式,是实现美好生活的前提,是实施创新驱动发展战略的基础,是国家综合国力的体现。进一步加强公民科学素质建设,不断提升人力资源质量,对于增强自主创新能力,推动大众创业、万众创新,引领经济社会发展新常态,注入发展新动能,助力创新型国家建设和全面建成小康社会具有重要战略意义。

二、指导方针和目标

指导方针:

全面贯彻党的十八大、十八届三中、四中、五中全会和习近平总书记系列重要讲话精神,认真落实党中央、国务院决策部署,牢固树立创新、协调、绿色、开放、共享的发展理念,坚持“政府推动、全民参与、提升素质、促进和谐”的工作方针,围绕“节约能源资源、保护生态环境、保障安全健康、促进创新创造”的工作主题,继承创新、拓展提升,开放协同、普惠共享,精准发力、全面跨越,推动科技教育、传播与普及,扎实推进全民科学素质工作,激发大众创业创新的热情和潜力,为创新驱动发展、夺取全面建成小康社会决胜阶段伟大胜利筑牢公民科学素质基础,为实现中华民族伟大复兴的中国梦作出应有贡献。

目标:

到2020年,科技教育、传播与普及长足发展,建成适应创新型国家建设需求的现代公民科学素质组织实施、基础设施、条件保障、监测评估等体系,公民科学素质建设的公共服务能力显著增强,公民具备科学素质的比例超过10%。

——促进创新、协调、绿色、开放、共享的发展理念深入人心。围绕经济社会发展新常态的需求,突出工作主题,弘扬创新创业精神,更加关注保障和改善民生,大力宣传普及高新技术、绿色发展、健康生活等知识和观念,促进在全社会形成崇尚科学的社会氛围和健康文明的生活方式,进一步推动依靠创新驱动,实现更高质量、更有效率、更加公平、更可持续的发展。

——以重点人群科学素质行动带动全民科学素质整体水平跨越提升。青少年的科学兴趣、创新意识、学习实践能力明显提高,领导干部和公务员的科学意识和决策水平不断提升，农民和城镇劳动者的科学生产生活能力快速提高，革命老区、民族地区、边疆地区、集中连片贫困地区公民的科学素质显著提升。

——公民科学素质建设的公共服务能力大幅增强。科技教育与培训体系基本完善，社区科普益民服务机制逐步建立，科普基础设施的保障能力不断增强，科普信息化建设取得突破进展，科普产业快速发展，科普人才队伍不断壮大，公民提升自身科学素质的机会与途径显著增多。

——公民科学素质建设的长效机制不断健全。公民科学素质建设的共建、社会动员、监测评估等机制进一步完善，社会各方面参与公民科学素质建设的积极性明显增强。

三、重点任务

根据指导方针和目标，“十三五”时期重点开展以下工作：

（一）实施青少年科学素质行动。

任务：

——宣传创新、协调、绿色、开放、共享的发展理念，普及科学知识和科学方法，激发青少年科学兴趣，培养青少年科学思想和科学精神。

——完善基础教育阶段的科技教育，增强中小学生的创新意识、学习能力和实践能力，促进中小学科技教育水平大幅提升。

——完善高等教育阶段的科技教育，引导大学生树立科学思想，弘扬科学精神，激发大学生创新创造创业热情，提高大学生开展科学研究和就业创业的能力。

——充分发挥现代信息技术在科技教育和科普活动方面的积极作用，促进学校科技教育和校外科普活动有效衔接。

——巩固农村义务教育普及成果，提高农村中小学科技教育质量，为农村青少年提供更多接受科技教育和参加科普活动的机会。

措施：

——推进义务教育阶段的科技教育。基于学生发展核心素养框架，完善中小学科学课程体系，研究提出中小学科学学科素养，更新中小学科技教育内容，加强对探究性学习的指导。修订小学科学课程标准实验教材。增强中学数学、物理、化学、生物等学科教学的横向配合。重视信息技术的普及应用，加快推进教育信息化，继续加大优质教育资源开发和应用力度。

——推进高中阶段的科技教育。修订普通高中科学与技术领域课程标准，明确对学科素养和学业质量的要求。修订普通高中数学、物理、化学、生物、地理、信息技术、通用技术课程标准实验教材，鼓励普通高中探索开展科学创新与技术实践的跨学科探究活动。规范学生综合素质评价机制，促进学生创新精神和实践能力的发展。积极开展研究性学习与科学实践、社区服务与社会实践活动，提高学生的探究能力。深入实施“中学生英才计划”，促进中学教育和大学教育互动衔接，鼓励各地积极探索科技创新和应用人才的培养方式，加强普通高中拔尖创新人才培养基地建设。强化中等职业学校科技教育，发挥课程教学主渠道作用，推动科技教育进课堂、进教材、列入教学计划，系统提升学生科学意识和综合素养。

——推进高等教育阶段科技教育和科普工作。组织开展大学数学、物理、化学、生物学、计算机等课程改革，推进高校科学基础课建设。加强科学史等科学素质类视频公开课建设。深化高校创新创业教育改革，引导大学生转变就业择业观念，支持在校大学生开展创新性实验、创业训练和创业实践项目。推动建立大学生创新创业联盟和创业就业基地，大力开展全国青少年科技创新大赛、“挑战杯”全国大学生课外学术科技作品竞赛、“创青春”全国大学生创业大赛等活动，为青年提供将科技创意转化为实际成果的渠道、平台。深入实施基础学科拔尖学生培养试验计划，完善拔尖创新人才培养机制。

——大力开展校内外结合的科技教育活动。充分发挥非正规教育的促进作用，推动建立校内与校外、正规与非正规相结合的科技教育体系。广泛组织开展学校科技节、科技周、科普日、公众科学日、红领巾科技小社团、“科技之光”青年专家服务团等活动，普及节约资源、保护环境、防灾应急、身心健康等知识，加强珍爱生命、远离毒品和崇尚科学文明、反对愚昧迷信的宣传教育。充分利用重点高校和科研院所开放的科技教育资源，开展全国青少年高校科学营、求真科学营等活动。拓展校外青少年科技教育渠道，鼓励中小学校利用科技馆、青少年宫、科技博物馆、妇女儿童活动中心等各类科技场馆及科普教育基地资源，开展科技学习和实践活动。开展科技场馆、博物馆、科普大篷车进校园工作，探索科技教育校内外有效衔接的模式，推动实现科技教育活动在所有中小学全覆盖。

——充分利用信息技术手段，均衡配置科技教育资源。推进信息技术与科技教育、科普活动融合发展。推进优质科技教育信息资源共建共享。加强信息素养教育，帮助青少年正确合理使用互联网。大力开展线上线下相结合的青少年科普活动，满足青少年对科技、教育信息的个性化需求。面向农村学生特别是农村留守儿童，开展科技辅导、心理疏导、安全健康等方面的志愿服务，帮助他们提高科学素质、丰富生活阅历、增长见识。加强各类家长学校和青少年科普阵地建设，开展科技类亲子体验活动，搭建传播科学家庭教育知识的新平台，提高家长特别是母亲的科学素质。

分工：由教育部、共青团中央、中国科协牵头，中央宣传部、科技部、工业和信息化部、国家民委、民政部、人力资源社会保障部、国土资源部、环境保护部、文化部、卫生计生委、质检总局、新闻出版广电总局、体育总局、食品药品监管总局、林业局、旅游局、中科院、社科院、工程院、地震局、气象局、自然科学基金会、文物局、全国妇联等单位参加。

（二）实施农民科学素质行动。

任务：

——宣传创新、协调、绿色、开放、共享的发展理念，围绕农业现代化、加快转变农业发展方式、粮食安全等，贯彻党和国家强农惠农富农政策，普及高效安全、资源节约、环境友好、乡村文明等知识和观念。

——加强农村科普信息化建设，推动"互联网+农业"的发展，促进农业服务现代化。

——着力培养1000万名具有科学文化素质、掌握现代农业科技、具备一定经营管理能力的新型职业农民，全面提升农民的生活水平。

——进一步加大对革命老区、民族地区、边疆地区、集中连片贫困地区科普工作的支持力度，大力提高农村妇女和农村留守人群的科学素质。

措施：

——大力开展农业科技教育培训。实施新型职业农民培育工程和现代青年农场主计划，全方位、多层次培养各类新型职业农民和农村实用人才。充分发挥党员干部现代远程教育网络、农村社区综合服务设施、农业综合服务站（所）、基层综合性文化服务中心等在农业科技培训中的作用，面向农民开展科技教育培训。深入实施农村青年创业致富"领头雁"培养计划，通过开展技能培训、强化专家和导师辅导、举办农村青年涉农产业创业创富大赛等方式，促进农村青年创新创业。深入实施巾帼科技致富带头人培训计划，着力培养一支综合素质高、生产经营能力强、主体作用发挥明显的新型职业女农民队伍。

——广泛开展形式多样的农村科普活动。深入开展文化科技卫生"三下乡"、科普日、科技周、世界粮食日、健康中国行、千乡万村环保科普行动、农村安居宣传、科普之春（冬）等各类科普活动，大力普及绿色发展、安全健康、耕地保护、防灾减灾、绿色殡葬等科技知识和观念，传播科学理念，反对封建迷信，帮助农民养成科学健康文明的生产生活方式，提高农民健康素养，建设美丽乡村和宜居村庄。

——加强农村科普公共服务建设。将科普设施纳入农村社区综合服务设施、基层综合性文化中心等建设中，提升农村社区科普服务能力。深入实施基层科普行动计划，发挥优秀基层农村专业技术协会、农村科普基地、农村科普带头人和少数民族科普工作队的示范带动作用。开展科普示范县(市、区)等创建活动,提升基层科普公共服务能力。

——加强农村科普信息化建设。积极开展信息技术培训,加大对循环农业、创意农业、精准农业和智慧农业的宣传推广力度,实施农村青年电商培育工程,鼓励和支持农村青年利用电子商务创新创业。建设科普中国乡村 e 站,大力开展农民科学素质网络知识竞赛、新农民微视频展播等线上线下相结合的科技教育和科普活动。发挥中国智慧农民云、科普中国服务云、中国环保科普资源网、中国兴农网、农业科技网络书屋等作用,帮助农民提高科学素质。

——加强对薄弱地区的科普精准帮扶。实施科普精准扶贫,加强革命老区、民族地区、边疆地区、集中连片贫困地区科普服务能力建设,加大对农村留守儿童、留守妇女和留守老人的科普服务力度。实施科普援藏援疆工作,加大科普资源倾斜力度,加强双语科普创作与传播。大力开展巾帼科技致富工程、巾帼科技特派员、巾帼现代农业科技示范基地建设等工作,组织开展"智爱妈妈"活动,努力提高农村妇女科学素质。

分工:由农业部、中国科协牵头,中央组织部、中央宣传部、教育部、科技部、国家民委、民政部、人力资源社会保障部、国土资源部、环境保护部、文化部、卫生计生委、质检总局、新闻出版广电总局、体育总局、食品药品监管总局、林业局、中科院、工程院、地震局、气象局、文物局、全国总工会、共青团中央、全国妇联等单位参加。

(三)实施城镇劳动者科学素质行动。

任务:

——宣传创新、协调、绿色、开放、共享的发展理念,弘扬创新创业精神,引导更多劳动者积极投身创新创业活动。

——围绕加快建设制造强国、实施"中国制造 2025"、推动生产方式转变,以专业技术人才、高技能人才、进城务工人员及失业人员的培养培训为重点,到 2020 年基本实现有培训愿望的劳动者都有机会参加一次相应的职业培训。

——推动职业技能、安全生产、信息技术等知识和观念的广泛普及,提高城镇劳动者科学生产和健康生活能力,促进城镇劳动者科学素质整体水平提升。

措施:

——加强专业技术人员继续教育工作。完善专业技术人员继续教育制度,深入实施专业技术人才知识更新工程,全面推进高级研修、急需紧缺人才培养、岗位培训、国家级专业技术人员继续教育基地建设等重点项目,开展少数民族专业技术人才特殊培养工作,构建分层分类的专业技术人员继续教育体系。充分发挥科技社团在专业技术人员继续教育中的重要作用，帮助专业技术人员开展技术攻关、解决技术难题，参加跨行业、跨学科的学术研讨和技术交流活动。

——大规模开展职业培训。构建以企业为主体、技工院校为基础，各类培训机构积极参与、公办与民办共举的职业培训和技能人才培养体系。面向城镇全体劳动者，积极开展订单式、定岗、定向等多种形式的就业技能培训、岗位技能提升培训、安全生产培训和创业培训，基本消除劳动者无技能从业现象，提高城镇劳动者安全生产意识，避免由于培训不到位导致的安全事故。组织开展技能就业培训工程暨高校毕业生技能就业和新一轮全国百家城市技能振兴等专项活动，深入实施国家高技能人才振兴计划，开展全国职工职业技能大赛、全国青年职业技能大赛、全国青年岗位能手评选等工作，大力提升职工职业技能。

——广泛开展进城务工人员培训教育。大力开展农民工求学圆梦行动、"春潮行动"——农民工职业技能提升计划、家政培训、城乡妇女岗位建功评选等活动，将绿色发展、安全生产、健康生活、心理疏导、防灾减灾等作为主要内容，发挥企业、科普机构、科普场馆、科普学校、妇女之家等作用，针对进城务工人员广泛组织开展培训，提高进城务工人员在城镇的稳定就业和科学生活能力，促进常住人口有序实现市民化，助力实现城市可持续发展和宜居。

——大力营造崇尚创新创造的社会氛围。深入开展"大国工匠"、"最美青工"、智慧蓝领、巾帼建功等活动，倡导敢为人先、勇于冒尖的创新精神，激发职工创新创造活力，推动大众创业、万众创新，最大程度释放职工创新潜力，形成人人崇尚创新、人人渴望创新、人人皆可创新的社会氛围。

分工：由人力资源社会保障部、全国总工会、安全监管总局牵头，中央宣传部、教育部、科技部、工业和信息化部、民政部、卫生计生委、质检总局、新闻出版广电总局、食品药品监管总局、中科院、工程院、地震局、气象局、共青团中央、全国妇联、中国科协等单位参加。

（四）实施领导干部和公务员科学素质行动。

任务：

——着眼于提高领导干部和公务员的科学执政水平、科学治理能力、科学生活素质，大力加强马克思列宁主义、毛泽东思想和中国特色社会主义理论体系，特别是习近平总书记系列重要讲话精神等科学理论的教育，宣传创新、协调、绿色、开放、共享的发展理念，开展科技革命、产业升级等前沿科技知识的专题教育，充分利用现代信息技术，加强科技知识、科学方法的培训和科学思想、科学精神的培养，使领导干部和公务员的科学素质在各类职业人群中位居前列，推动领导干部和公务员更好地贯彻实施创新驱动发展战略，推进国家治理体系和治理能力现代化。

措施：

——加强规划，把科学素质教育作为领导干部和公务员教育培训的长期任务。认真贯彻落实《2013－2017年全国干部教育培训规划》有关部署要求，严格执行《干部教育培训工作条例》有关规定。在研究制定领导干部和公务员培训规划时，突出科学理论、科学方法和科技知识的学习培训以及科学思想、科学精神的培养，重点加强对市县党政领导干部、各级各部门科技行政管理干部、科研机构负责人和国有企业、高新技术企业技术负责人等的教育培训。

——创新学习渠道和载体，加强领导干部和公务员科学素质教育培训。在党委(党组)中心组学习中，加强对马克思主义基本原理、习近平总书记系列重要讲话精神等内容的学习。把树立科学精神、增强科学素质纳入党校、行政学院和各类干部培训院校教学计划，合理安排课程和班次，引导、帮助领导干部和公务员不断提升科学管理能力和科学决策水平。鼓励领导干部和公务员通过网络培训、自学等方式强化科学素质相关内容的学习。积极利用网络化、智能化、数字化等教育培训手段，扩大优质科普信息覆盖面，满足领导干部和公务员多样化学习需求。在干部培训教材建设中强化新科技内容的编写和使用，编发领导干部和公务员应知必读科普读本。

——在领导干部考核和公务员录用中，体现科学素质的要求。贯彻落实中央关于改进地方党政领导班子和领导干部政绩考核工作的有关要求，不断完善干部考核评价机制。在党政领导干部、企事业单位负责人任职考察、年度考核中，强化与科学素质要求有关的具体内容。在公务员录用考试中，强化科学素质有关内容。制订并不断完善领导干部和公务员科学素质监测、评估标准。

——广泛开展针对领导干部和公务员的各类科普活动。办好院士专家科技讲座、科普报告等各类领导干部和公务员科普活动。继续在党校、行政学院等开设科学思维与决策系列课程。做好心理咨询、心理健康培训等工作，开发系列指导手册，打造网络交流平台。有计划地组织领导干部和公务员到科研场所实地参观学习，鼓励引导领导干部参与科普活动。组织开展院士专家咨询服务活动，着力提升广大基层干部和公务员的科学素质。

——加大宣传力度，为领导干部和公务员提高科学素质营造良好氛围。加强科技宣传，充分发挥新闻媒体的优势，增加科技宣传版面和时段，用好用活新媒体工具，推广发布一批优秀科普作品，大力传播科技知识、科学方法、科学思想、科学精神。围绕科技创新主题，选树一批弘扬科学精神、提倡科学态度、讲究科学方法的先进典型。

分工：由中央组织部、人力资源社会保障部牵头，中央宣传部、科技部、工业和信息化部、国土资源部、环境保护部、文化部、卫生计生委、质检总局、新闻出版广电总局、体育总局、食品药品监管总局、林业局、中科院、社科院、地震局、气象局、文物局、共青团中央、全国妇联、中国科协等单位参加。

（五）实施科技教育与培训基础工程。

任务：

——构建科学教师培训体系，加大培训力度，不断提高教师科学素质和科技教育水平，建成一支优秀科学教师队伍。

——完善科技教育课程教材，特别是加强民族语言教材建设，满足不同对象的科技教育和培训需求。

——充分利用现代信息技术，优化教学方法，不断推动科技教育与教学实践深度融合。

——完善科技教育培训基础设施，不断提高科技教育培训基地、场所的利用效率，保障科技教育与培训有效实施。

措施：

——加强科技教育师资培训和研修。鼓励有条件的高等师范院校开设科技教育等专业或相关课程，培养更多科技教育师资。在"国培计划"中，加强教师科学素质能力培训，培养"种子"教师，推动各地加大对科学教师以及相关学科教师的培训力度，提高教师科技教育的教学能力和水平。实施科学教师和科技辅导员专项培训，建立培训基地，到2020年实现对全国一线科学教师和骨干科技辅导员培训全覆盖。

——加强各类人群科技教育培训的教材建设。结合不同人群特点和需求，不断更新丰富科技教育培训的教材内容，开设专业课程与科技前沿讲座等。将科普工作与素质教育紧密结合，注重培养具有创意、创新、创业能力的高层次创造性人才。将创新、协调、绿色、开放、共享的发展理念以及环境保护、节约资源、防灾减灾、安全健康、应急避险、科学测量等相关科普内容，纳入各级各类科技教育培训教材和教学计划。加强职业教育、成人教育、民族地区双语教育和各类培训中科技教育的教材建设。

——进一步改进科技教育教学方法。发挥基础教育国家级教学成果奖的示范辐射作用，加大科技教育优秀教学成果推广力度。加强学生综合实践活动指导，提高学生探究性学习和动手操作能力。加强中小学科技教育研究，研究建立符合我国青少年特点、有利于推动青少年科学素质提高和创新人才培养的青少年科学素质测评体系。

——加强科技教育与培训的基础设施建设。根据实际需求，因地制宜建设科技教育培训基础设施，重点加强农村边远贫困地区中小学科技教育硬件设施建设。合理规划布局现有科技教育培训基地、场所，不断提高使用效率。调动社会资源积极参与中小学科技教育网络资源建设，发挥现代信息技术的作用，不断丰富网络教育内容，促进优质教学资源广泛共享。鼓励高校、科研院所、科技场馆、职业学校、成人教育培训机构、社区学校等各类公共机构积极参与科技教育和培训工作。

——充分发掘高校和科研院所科技教育资源，健全科教结合、共同推动科技教育的有效模式。推动高等院校、科研院所的科技专家参与科学教师培训、中小学科学课程教材建设和教学方法改革。推动有条件的中学科学教师到高等院校、科研机构和重点实验室参与科研实践。加强高校科学道德和学风建设，推动高校师生广泛树立科学道德和科学精神。推动实施“科学与中国”科学教育计划。

分工：由教育部、人力资源社会保障部、中科院牵头，中央宣传部、科技部、工业和信息化部、国家民委、国土资源部、农业部、新闻出版广电总局、体育总局、林业局、社科院、工程院、地震局、气象局、自然科学基金会、全国总工会、共青团中央、全国妇联、中国科协等单位参加。

（六）实施社区科普益民工程。

任务：

——宣传创新、协调、绿色、开放、共享的发展理念，普及尊重自然、绿色低碳、科学生活、安全健康、应急避险等知识和观念，提升社区居民应用科学知识解决实际问题、参与公共事务的能力，提高居民健康素养，促进社区居民全面形成科学文明健康的生活方式，促进和谐宜居、富有活力、各具特色的现代化城市建设。

——大力提升社区科普公共服务能力，促进基层社区科普服务设施融合发展，推动城镇常住人口科普基本公共服务均等化，全面提升居民科学素质，助力以人为核心的新型城镇化发展。

措施：

——广泛开展社区科技教育、传播与普及活动。围绕“节约能源资源、保护生态环境、保障安全健康、促进创新创造”的工作主题，深入开展科普日、科技周、世界环境日、世界地球日、世界标准日以及科技、文化、卫生、安全、健康、环保进社区等活动。组织开展社区气象、防震减灾、燃气用电安全、电梯安全以及社区居民安全技能、老年人急救技能培训等各类应急安全教育培训活动。面向城镇新居民开展适应城市生活的科技教育、传播与普及活动，帮助新居民融入城市生产生活。

——大力改善社区科普基础条件。推动基层服务中心融合发展,在新建及现有的基层服务中心拓展科普功能。建设科普中国社区 e 站,依托社区综合服务设施,深入推进社区科普益民服务站、科普学校、科普网络建设,进一步加强社区科普组织和人员建设。充分发挥科普基础设施作用,面向基层群众开展党员教育、体育健身、文化宣传、卫生健康、食品药品、防灾减灾等各类科普活动。

——促进形成政府推动、社会支持、居民参与的社区科普新格局。在现代公共文化服务中切实加强社区科普工作,深入实施基层科普行动计划,推动全国科普示范社区蓬勃发展。激发社会主体参与科普的积极性,面向社区提供多样化的科普产品和服务,动员驻区学校、科研院所、企业、科技社团、科普场馆、科普教育基地等相关单位开发开放科普资源,支持和参与社区科普活动。充分发挥社区组织和科普志愿者组织的作用,组织和引导社区居民参与科普活动,发挥党员先锋岗、工人先锋岗、青年文明岗、巾帼文明岗以及在社区有影响和号召力人士的带动作用,加强社区科学文化建设,助力和谐社区、美丽社区建设。

分工:由文化部、民政部、全国妇联、中国科协牵头,中央宣传部、教育部、科技部、国家民委、国土资源部、环境保护部、卫生计生委、质检总局、新闻出版广电总局、体育总局、安全监管总局、食品药品监管总局、中科院、社科院、地震局、气象局、全国总工会、共青团中央等单位参加。

(七)实施科普信息化工程。

任务:

——以科普信息化为核心,推动实现科普理念和科普内容、表达方式、传播方式、组织动员、运行和运营机制等服务模式的全面创新。

——提升优质科普内容资源供给能力,运用群众喜闻乐见的形式,实现科普与艺术、人文有机结合,推出更多有知有趣有用的科普精品,让科学知识在网上和生活中流行。

——提升科技传播能力,推动传统媒体与新兴媒体深度融合,实现多渠道全媒体传播,大幅提升大众传媒的科技传播水平。

——推动科普信息在社区、学校、农村等落地应用,提升科技传播精准服务水平,满足公众泛在化、个性化获取科普信息的需求,定向、精准推送科普信息。

措施:

——实施"互联网+科普"行动。汇聚各方力量打造科普中国品牌,推动科普领域牢固树立精品意识和质量意识，引导建设众创、众包、众扶、众筹、分享的科普生态圈，打造科普新格局。以科普的内容信息、服务云、传播网络、应用端为核心，形成“两级建设、四级应用”的科普信息化服务体系。以提升科普服务效能为核心、以科普信息汇聚生产与有效利用为目标，建设科普中国服务云，实现科普的信息汇聚、数据分析挖掘、应用服务、即时获取、精准推送、决策支持。建立完善网络科普内容科学性把关、网络科普传播舆情实时监测机制。深入探索利用政府和社会资本合作（PPP）的科普公共服务新模式，进一步把政府与市场、需求与生产、内容与渠道、事业与产业有效连接起来，实现科普的倍增效应。

——繁荣科普创作。支持优秀科普原创作品以及科技成果普及、健康生活等重大选题，支持科普创作人才培养和科普文艺创作。大力开展科幻、动漫、视频、游戏等科普创作，推动制定对科幻创作的扶持政策，推动科普游戏开发，加大科普游戏传播推广力度，加强科普创作的国际交流与合作。

——强化科普传播协作。制定鼓励大众传媒开展科技传播的政策措施。引导中央及地方主要新闻媒体加大科技宣传力度，扶持科技宣传报道做大做强。支持电视台、广播电台制作更多群众喜闻乐见的适合在电视、广播电台和互联网同步传播的科普作品，增加播放时间和传播频次，办好电视科普频道。鼓励报刊和网站增加科普内容或增设科普专栏。举办科技类全国电视大赛，营造全社会学科学的浓厚氛围。创新科普传播形式，推动图书、报刊、音像电子、电视等传统媒体与新兴媒体在科普内容、渠道、平台、经营和管理上深度融合，实现包括纸质出版、网络传播、移动终端传播在内的多渠道全媒体传播。组织开展科技宣传报道编辑记者学习培训，提升大众传媒从业者的科学素质与科技传播能力。

——强化科普信息的落地应用。依托大数据、云计算等信息技术手段，洞察和感知公众科普需求，创新科普的精准化服务模式，定向、精准地将科普信息送达目标人群。通过科普中国服务云、科普中国V视快递、科普中国e站推送等方式，推动科普信息在社区、学校、农村等落地应用。强化移动端科普推送，支持移动端科普融合创作，鼓励科研机构通过微信、微博等新媒体平台建设和运行有影响力的科普公众号，强化科普头条新闻推送，促进科普活动线上线下结合。加大对革命老区、民族地区、边疆地区、集中连片贫困地区群众及青少年等重点人群的科普信息服务定制化推送力度。

分工：由中国科协、中央宣传部、新闻出版广电总局牵头，教育部、科技部、工业和信息化部、国家民委、民政部、国土资源部、环境保护部、农业部、文化部、卫生计生委、质检总局、体育总局、安全监管总局、食品药品监管总局、林业局、旅游局、中科院、社科院、工程院、地震局、气象局、自然科学基金会、文物局、全国总工会、共青团中央等单位参加。

（八）实施科普基础设施工程。

任务：

——增加科普基础设施总量，完善科普基础设施布局，提升科普基础设施的服务能力，实现科普公共服务均衡发展。

——推进优质科普资源开发开放，优化资源配置，拓展公众参与科普的途径和机会。

措施：

——加强对科普基础设施发展的顶层设计和宏观指导。制订实施科普基础设施发展规划，将科普基础设施建设纳入各地基本建设计划。制定完善各类科普基础设施建设与管理的规范标准和运行机制，研究建立科普基础设施的评估体系，开展监测评估工作。

——创新完善现代科技馆体系。突出信息化、时代化、体验化、标准化、体系化、普惠化、社会化，推动由数量与规模增长的外延式发展模式向提升科普能力与水平的内涵式发展模式转变，进一步建立完善以实体科技馆为龙头和基础，流动科技馆、科普大篷车、虚拟现实科技馆、农村中学科技馆、数字科技馆为拓展和延伸，辐射基层科普设施的中国特色现代科技馆体系。发挥自然博物馆和专业行业类科技馆等场馆以及中国数字科技馆的科普资源集散与服务平台作用。大力推动虚拟现实等技术在科技馆展览教育中的应用，以“超现实体验、多感知互动、跨时空创想”为核心理念，研发可复制、可推广的虚拟现实科技馆，生动展现科技前沿。推动中西部地市级科技馆、专题行业科技馆建设。推动建立科普标准化组织，完善科技馆行业国家标准体系以及相关标准规范，开展科技馆评级与分级评估。建立健全科技馆免费开放制度，提高科技馆公共服务质量和水平。

——加强基层科普设施建设。依托现有资源，因地制宜建设一批具备科技教育、培训、展示等多功能的开放性、群众性科普活动场所和科普设施。加快建设农村中学科技馆、乡村学校少年宫等农村青少年科技活动场所。加强科技场馆及基地等与少年宫、文化馆、博物馆、图书馆等公共文化基础设施的联动，拓展科普活动阵地。充分利用线上科普信息，强化现有设施的科普教育功能。

——加强科普教育基地建设。依托现有资源，建设国土资源、环境保护、安全生产、食品药品、质量监督、检验检疫、林业、地震、气象等行业类、科研类科普教育基地。制定完善科普教育基地的管理制度，加强工作考核和动态管理，提升服务能力。推动青少年宫、妇女儿童活动中心、各类培训基地和文化场所等增加科技教育内容，引导海洋馆、主题公园、自然保护区、森林公园、湿地公园、地质公园、动植物园、旅游景区、地震台站、地震遗址遗迹等公共设施增强科普功能。

——推动优质科普资源开发开放。推动高校、科研机构、工程中心（实验室）、科技社团向公众开放实验室、陈列室和其他科技类设施，推动高端科研资源科普化，充分发挥天文台、野外台站、重点实验室和重大科技基础设施等高端科研设施的科普功能。鼓励高新技术企业对公众开放研发机构、生产设施（流程、车间）或展览馆等，推动建设专门科普场所。充分发挥高校、科研院所、企业等科技人才和资源优势，积极组织开展科普活动。

分工：由中国科协、发展改革委、科技部牵头，中央宣传部、教育部、工业和信息化部、国家民委、民政部、财政部、人力资源社会保障部、国土资源部、环境保护部、农业部、文化部、卫生计生委、质检总局、体育总局、食品药品监管总局、林业局、旅游局、中科院、地震局、气象局、文物局、全国总工会、共青团中央、全国妇联等单位参加。

（九）实施科普产业助力工程。

任务：

——研究制定科普产业发展的宏观政策以及技术标准、规范。

——促进科普产业健康发展，大幅提升科普产品和服务供给能力，有效支撑科普事业发展。

措施：

——完善科普产业发展的支持政策。开展科普产品和服务发展相关政策研究，推动制定科普产业发展的相关政策，将科普产业纳入高新技术产业、创意产业和文化产业的相关优惠政策范围，充分发挥市场机制配置科普社会资源的功能。

——推动科普产品研发与创新。成立全国科普服务标准化技术委员会，组织制定科普相关标准，建立完善科普产品和服务的技术规范。依托科普机构、科研机构、产学研中心等建立科普产品研发中心，开展科普产品和服务的基础研究、应用研究、研发推广，增强科普产品和服务的原始创新能力，提升市场竞争力。开展科普创作和产品研发示范团队建设，推动科技创新成果向科普产品转化，探索科技创新和科普产业结合的有效机制。

——加强科普产业市场培育。利用科普活动、科普教育基地、科普场馆、科普机构等有利条件，发挥集成效应，通过竞赛、线上线下相结合等方式，搭建科普创客空间，支持创客参与科普产品的创新、创造、创业。鼓励建立科普产业园区和产业基地，组建中国科学文化出版传媒集团等科普龙头企业，形成科普产业集群，实现集约发展。搭建科普产品和服务交易平台，加大政府购买科普产品和服务的力度。

分工：由科技部、中国科协牵头，发展改革委、教育部、工业和信息化部、国家民委、财政部、人力资源社会保障部、国土资源部、环境保护部、农业部、文化部、卫生计生委、质检总局、新闻出版广电总局、体育总局、安全监管总局、林业局、旅游局、中科院、社科院、工程院、地震局、气象局、文物局、全国总工会、共青团中央、全国妇联等单位参加。

（十）实施科普人才建设工程。

任务：

——加强科普人才队伍建设，培养和选拔一批高水平科普人才，壮大专兼职科普人才队伍，推动科普志愿者队伍建设，优化科普人才结构。

——建立完善科普人才激励机制，推动科普人才知识更新和能力培养，增强适应现代科普发展的能力。

措施：

——完善科普人才培养、使用和评价制度。落实国家中长期科技、教育、人才发展规划纲要，加强科普人才培养、使用和评价的政策研究，推动制定科普学科发展、科普专业设置、科普人才评价标准、技术职务等相关制度，建立激励机制，充分调动科普人员积极性。

——加强科普人才培养和继续教育。深入推进高层次科普专门人才培养试点工作，总结推广经验，加强教学大纲、教材、课程和师资队伍建设，加大高层次科普专门人才培养力度。依托高等院校、科研院所、科普组织、企业与相关机构建立完善科普人才继续教育基地，以科普组织管理、科技教育、科技传播、科普活动组织、科普经营管理等从业者为重点，围绕科普的新理论、新方法、新手段等，及时更新补充新知识、扩展新视野、提升创新能力，以适应科技发展、社会进步和现代科普发展的新形势新要求。

——加强科普专业队伍建设。充分发挥科技社团、高等院校、科研机构等作用，搭建科学传播服务平台，发展壮大科学传播专家团队，深入开展科学传播活动。结合科技教育和课外科普活动，重点在中小学校、科普场馆、青少年宫等建立专职青少年科技辅导员队伍。依托基层各类组织，动员科技特派员、大学生村官、农村致富带头人、气象信息员、中小学教师和科普志愿者等担任科普宣传员，实现乡村社区科普宣传员全覆盖。发挥民族院校的作用，加强双语科普人才培养。结合各类社区科普设施和活动，发展壮大社区科普队伍。充分发挥企业科协、企业团委、职工技协、研发中心等作用，结合职工技能培训、继续教育和各类科普活动，培养和造就企业实用科普人才。

——大力发展科普志愿者队伍。建立完善科普志愿者组织管理制度，推动各级各类科普志愿者队伍建设，推动建立科普志愿者社团组织，开展科普志愿者交流、培训、经验推广等工作。搭建科普志愿活动服务平台，充分发挥科普志愿者在各类科普活动中不可替代的作用，规范记录科普志愿者的服务信息，建立完善科普志愿服务激励机制。鼓励老科技工作者、高校师生、中学生、传媒从业者参与科普志愿服务。建立健全应对重大突发事件的科普志愿者动员机制，发展应急科普志愿者队伍。

分工：由中国科协、科技部、人力资源社会保障部牵头，中央组织部、中央宣传部、教育部、工业和信息化部、国家民委、民政部、国土资源部、环境保护部、农业部、文化部、卫生计生委、质检总局、新闻出版广电总局、体育总局、食品药品监管总局、安全监管总局、林业局、旅游局、中科院、社科院、工程院、地震局、气象局、自然科学基金会、文物局、全国总工会、共青团中央、全国妇联等单位参加。

四、组织实施和保障条件

（一）组织领导。

——国务院负责领导《科学素质纲要》实施工作。各有关部门按照《科学素质纲要》的要求和本实施方案的分工安排，将有关任务纳入本部门本系统的相关工作规划和计划，充分履行工作职责，发挥各自优势，密切配合，形成合力。中国科协要发挥综合协调作用，做好日常沟通联络工作，会同有关方面共同推进公民科学素质建设。

——地方各级政府负责领导当地的《科学素质纲要》实施工作。要把公民科学素质建设作为推动地区经济社会发展的一项重要工作，纳入本地区经济社会发展总体规划，把实施《科学素质纲要》的重点任务列入年度工作计划，纳入目标管理考核。要因地制宜，制定本地区“十三五”全民科学素质行动的实施方案。要完善公民科学素质建设工作机制，加大政策支持和投入，为实施《科学素质纲要》提供保障，全面推进本地区公民科学素质建设。

——加强《科学素质纲要》实施的督促检查，推动各项工作任务和目标的落实。

（二）长效机制。

——建立完善共建机制。全民科学素质纲要实施工作办公室与地方政府建立公民科学素质建设共建机制，形成一级带一级、层层抓落实的工作局面。

——建立科研与科普相结合的机制。继续落实在符合条件的国家科技计划项目中增加科普任务，将科普工作作为国家科技创新工作的有机组成部分，提高科普成果在科技考核指标中所占比重。完善国家科技报告制度，推动重大科技成果实时普及。中科院、工程院的院士专家带头面向公众开展科普活动。

——建立完善监测评估机制。完善公民科学素质调查体系，定期开展中国公民科学素质调查和全国科普统计工作，客观反映公民科学素质建设情况，为《科学素质纲要》实施和监测评估提供依据。加强公民科学素质建设的理论研究，把握公民科学素质建设的基本规律和国际发展趋势，建立符合我国国情的科学素质发展监测指标体系，创新公民科学素质建设的评估方法，适时开展公民科学素质建设第三方评估。

——建立完善社会动员机制。深入开展全国文明城市、国家卫生城市、全国科普示范县（市、区）、全国科普教育基地等创建活动，进一步形成政府推动、社会参与的良性机制。按照国家有关规定，对在公民科学素质建设中作出突出贡献的集体和个人给予奖励和表彰，大力宣传先进人物和典型经验。加强科普的国际交流与合作，用好国际国内两种资源，提高我国公民科学素质建设的国际影响力。

（三）保障条件。

——政策法规。在国家和地方的国民经济和社会发展规划、相关专项规划以及有关科技教育、传播与普及的法律法规中，体现公民科学素质建设的目标和要求。完善促进公民科学素质建设的政策法规，推进《中华人民共和国科学技术普及法》实施条例和地方科普条例的研究制定工作，落实有关鼓励科普事业发展的税收优惠等相关政策，研究制定全民科学素质行动长远发展规划，为提高全民科学素质提供政策保障。

——经费投入。各级政府根据财力情况和公民科学素质建设发展的实际需要，逐步提高教育、科普经费的投入水平，并将科普经费列入同级财政预算，国家、省、地市、县四级合理分担科普财政投入。中央财政根据财政状况，继续支持对地方公民科学素质建设相关的转移支付。地方各级政府安排一定的经费用于公民科学素质建设。各有关部门根据承担的《科学素质纲要》实施任务，按照国家预算管理的规定和现行资金渠道，统筹考虑和落实公民科学素质建设所需经费。加强对科普经费、公民科学素质建设经费等专项经费使用情况的绩效考评，确保专款专用和使用效果。通过众筹众包、项目共建、捐款捐赠、政府购买服务等方式，鼓励和吸引社会资本投入公民科学素质建设。

（四）进度安排。

——启动实施。2016 年，推动和指导各地制定本地“十三五”全民科学素质工作实施方案并启动实施工作。做好“十三五”《科学素质纲要》实施动员和宣传工作。

——深入实施。2017－2020年，针对薄弱环节，继续完善工作机制，解决突出问题，全面推进各项重点任务的实施。深入开展调查研究，启动我国全民科学素质行动长远发展战略研究工作。

——总结评估。2020年，组织开展督查，对“十三五”期间和《科学素质纲要》颁布实施以来的全民科学素质工作进行总结和全面评估，按照国家有关规定开展表彰奖励。

国务院关于印发实施《中华人民共和国促进科技成果转化法》若干规定的通知

（2016年2月26日　国发〔2016〕16号）

现将《实施〈中华人民共和国促进科技成果转化法〉若干规定》印发给你们，请认真贯彻执行。

实施《中华人民共和国促进科技成果转化法》若干规定

为加快实施创新驱动发展战略，落实《中华人民共和国促进科技成果转化法》，打通科技与经济结合的通道，促进大众创业、万众创新，鼓励研究开发机构、高等院校、企业等创新主体及科技人员转移转化科技成果，推进经济提质增效升级，作出如下规定。

一、促进研究开发机构、高等院校技术转移

（一）国家鼓励研究开发机构、高等院校通过转让、许可或者作价投资等方式，向企业或者其他组织转移科技成果。国家设立的研究开发机构和高等院校应当采取措施，优先向中小微企业转移科技成果，为大众创业、万众创新提供技术供给。

国家设立的研究开发机构、高等院校对其持有的科技成果，可以自主决定转让、许可或者作价投资，除涉及国家秘密、国家安全外，不需审批或者备案。

国家设立的研究开发机构、高等院校有权依法以持有的科技成果作价入股确认股权和出资比例，并通过发起人协议、投资协议或者公司章程等形式对科技成果的权属、作价、折股数量或者出资比例等事项明确约定，明晰产权。

（二）国家设立的研究开发机构、高等院校应当建立健全技术转移工作体系和机制，完善科技成果转移转化的管理制度，明确科技成果转化各项工作的责任主体，建立健全科技成果转化重大事项领导班子集体决策制度，加强专业化科技成果转化队伍建设，优化科技成果转化流程，通过本单位负责技术转移工作的机构或者委托独立的科技成果转化服务机构开展技术转移。鼓励研究开发机构、高等院校在不增加编制的前提下建设专业化技术转移机构。

国家设立的研究开发机构、高等院校转化科技成果所获得的收入全部留归单位，纳入单位预算，不上缴国库，扣除对完成和转化职务科技成果作出重要贡献人员的奖励和报酬后，应当主要用于科学技术研发与成果转化等相关工作，并对技术转移机构的运行和发展给予保障。

（三）国家设立的研究开发机构、高等院校对其持有的科技成果，应当通过协议定价、在技术交易市场挂牌交易、拍卖等市场化方式确定价格。协议定价的，科技成果持有单位应当在本单位公示科技成果名称和拟交易价格，公示时间不少于 15 日。单位应当明确并公开异议处理程序和办法。

（四）国家鼓励以科技成果作价入股方式投资的中小企业充分利用资本市场做大做强，国务院财政、科技行政主管部门要研究制定国家设立的研究开发机构、高等院校以技术入股形成的国有股在企业上市时豁免向全国社会保障基金转持的有关政策。

（五）国家设立的研究开发机构、高等院校应当按照规定格式，于每年 3 月 30 日前向其主管部门报送本单位上一年度科技成果转化情况的年度报告，主管部门审核后于每年 4 月 30 日前将各单位科技成果转化年度报告报送至科技、财政行政主管部门指定的信息管理系统。年度报告内容主要包括：

1. 科技成果转化取得的总体成效和面临的问题；

2. 依法取得科技成果的数量及有关情况；

3. 科技成果转让、许可和作价投资情况；

4. 推进产学研合作情况，包括自建、共建研究开发机构、技术转移机构、科技成果转化服务平台情况，签订技术开发合同、技术咨询合同、技术服务合同情况，人才培养和人员流动情况等；

5. 科技成果转化绩效和奖惩情况，包括科技成果转化取得收入及分配情况，对科技成果转化人员的奖励和报酬等。

二、激励科技人员创新创业

（六）国家设立的研究开发机构、高等院校制定转化科技成果收益分配制度时，要按照规定充分听取本单位科技人员的意见，并在本单位公开相关制度。依法对职务科技成果完成人和为成果转化作出重要贡献的其他人员给予奖励时，按照以下规定执行：

1. 以技术转让或者许可方式转化职务科技成果的，应当从技术转让或者许可所取得的净收入中提取不低于50%的比例用于奖励。

2. 以科技成果作价投资实施转化的，应当从作价投资取得的股份或者出资比例中提取不低于50%的比例用于奖励。

3. 在研究开发和科技成果转化中作出主要贡献的人员，获得奖励的份额不低于奖励总额的50%。

4. 对科技人员在科技成果转化工作中开展技术开发、技术咨询、技术服务等活动给予的奖励，可按照促进科技成果转化法和本规定执行。

（七）国家设立的研究开发机构、高等院校科技人员在履行岗位职责、完成本职工作的前提下，经征得单位同意，可以兼职到企业等从事科技成果转化活动，或者离岗创业，在原则上不超过3年时间内保留人事关系，从事科技成果转化活动。研究开发机构、高等院校应当建立制度规定或者与科技人员约定兼职、离岗从事科技成果转化活动期间和期满后的权利和义务。离岗创业期间，科技人员所承担的国家科技计划和基金项目原则上不得中止，确需中止的应当按照有关管理办法办理手续。

积极推动逐步取消国家设立的研究开发机构、高等院校及其内设院系所等业务管理岗位的行政级别，建立符合科技创新规律的人事管理制度，促进科技成果转移转化。

（八）对于担任领导职务的科技人员获得科技成果转化奖励，按照分类管理的原则执行：

1. 国务院部门、单位和各地方所属研究开发机构、高等院校等事业单位（不含内设机构）正职领导，以及上述事业单位所属具有独立法人资格单位的正职领导，是科技成果的主要完成人或者对科技成果转化作出重要贡献的，可以按照促进科技成果转化法的规定获得现金奖励，原则上不得获取股权激励。其他担任领导职务的科技人员，是科技成果的主要完成人或者对科技成果转化作出重要贡献的，可以按照促进科技成果转化法的规定获得现金、股份或者出资比例等奖励和报酬。

2. 对担任领导职务的科技人员的科技成果转化收益分配实行公开公示制度，不得利用职权侵占他人科技成果转化收益。

（九）国家鼓励企业建立健全科技成果转化的激励分配机制，充分利用股权出售、股权奖励、股票期权、项目收益分红、岗位分红等方式激励科技人员开展科技成果转化。国务院财政、科技等行政主管部门要研究制定国有科技型企业股权和分红激励政策，结合深化国有企业改革，对科技人员实施激励。

（十）科技成果转化过程中，通过技术交易市场挂牌交易、拍卖等方式确定价格的，或者通过协议定价并在本单位及技术交易市场公示拟交易价格的，单位领导在履行勤勉尽责义务、没有牟取非法利益的前提下，免除其在科技成果定价中因科技成果转化后续价值变化产生的决策责任。

三、营造科技成果转移转化良好环境

（十一）研究开发机构、高等院校的主管部门以及财政、科技等相关部门，在对单位进行绩效考评时应当将科技成果转化的情况作为评价指标之一。

（十二）加大对科技成果转化绩效突出的研究开发机构、高等院校及人员的支持力度。研究开发机构、高等院校的主管部门以及财政、科技等相关部门根据单位科技成果转化年度报告情况等，对单位科技成果转化绩效予以评价，并将评价结果作为对单位予以支持的参考依据之一。

国家设立的研究开发机构、高等院校应当制定激励制度，对业绩突出的专业化技术转移机构给予奖励。

（十三）做好国家自主创新示范区税收试点政策向全国推广工作，落实好现有促进科技成果转化的税收政策。积极研究探索支持单位和个人科技成果转化的税收政策。

（十四）国务院相关部门要按照法律规定和事业单位分类改革的相关规定，研究制定符合所管理行业、领域特点的科技成果转化政策。涉及国家安全、国家秘密的科技成果转化，行业主管部门要完善管理制度，激励与规范相关科技成果转化活动。对涉密科技成果，相关单位应当根据情况及时做好解密、降密工作。

（十五）各地方、各部门要切实加强对科技成果转化工作的组织领导，及时研究新情况、新问题，加强政策协同配合，优化政策环境，开展监测评估，及时总结推广经验做法，加大宣传力度，提升科技成果转化的质量和效率，推动我国经济转型升级、提质增效。

（十六）《国务院办公厅转发科技部等部门关于促进科技成果转化若干规定的通知》（国办发〔1999〕29 号）同时废止。此前有关规定与本规定不一致的，按本规定执行。

国务院关于深化泛珠三角区域合作的指导意见

（2016年3月3日　国发〔2016〕18号）

泛珠三角区域包括福建、江西、湖南、广东、广西、海南、四川、贵州、云南等九省区（以下称内地九省区）和香港、澳门特别行政区（以下统称“9+2”各方），拥有全国约五分之一的国土面积、三分之一的人口和三分之一以上的经济总量，是我国经济最具活力和发展潜力的地区之一，在国家区域发展总体格局中具有重要地位。近年来，在“9+2”各方共同努力下，泛珠三角区域合作领域逐步拓展，合作机制日益健全，合作水平不断提高。新形势下深化泛珠三角区域合作，有利于深入实施区域发展总体战略，统筹东中西协调联动发展，加快建设统一开放、竞争有序的市场体系；有利于更好融入“一带一路”建设、长江经济带发展，提高全方位开放合作水平；有利于深化内地与港澳更紧密合作，保持香港、澳门长期繁荣稳定。为深化泛珠三角区域合作，现提出以下指导意见。

一、总体要求

（一）指导思想。全面贯彻党的十八大和十八届三中、四中、五中全会以及中央经济工作会议、中央城市工作会议精神，认真落实党中央、国务院决策部署，按照“五位一体”总体布局和“四个全面”战略布局，牢固树立和贯彻落实创新、协调、绿色、开放、共享的发展理念，坚持合作发展、互利共赢主题，着力深化改革、扩大开放，进一步完善合作发展机制，加快建立更加公平开放的市场体系，推动珠江－西江经济带和跨省区重大合作平台建设，促进内地九省区一体化发展，深化与港澳更紧密合作，构建经济繁荣、社会和谐、生态良好的泛珠三角区域。

（二）基本原则。

政府引导、统筹推进。发挥市场在资源配置中的决定性作用，更好发挥政府作用，加强顶层设计，强化规划引领，以重点领域和关键环节为突破口，统筹推进基础设施、产业、社会管理、公共服务和生态文明建设等方面合作。

改革引领、创新驱动。全面深化改革，积极开展先行先试，充分释放改革红利。大力实施创新驱动发展战略，健全技术创新市场导向机制，增强市场主体创新能力，促进创新资源综合集成，培育具有国际竞争力的创新发展区域。

优势互补、合作共赢。充分发挥各方比较优势，促进内地九省区要素自由流动、资源高效配置和市场深度融合，建设统一开放、竞争有序的现代市场体系。加强与港澳务实合作，积极探索重大项目平台共建和利益共享机制，提升发展内生动力。

陆海统筹、全面开放。以综合交通运输体系为依托，统筹沿海、沿江、沿边和内陆开放，充分发挥港澳独特优势，推动"引进来"和"走出去"相结合，更好利用国际国内两个市场、两种资源，创新开放型经济体制机制，形成参与和引领国际合作竞争新优势。

生态优先、绿色发展。坚定不移实施主体功能区制度，坚持在发展中保护、在保护中发展，大幅提高能源利用效率，加强生态环境协同监管和综合治理，共建环境保护市场化机制和生态补偿机制，推动绿色发展，形成有利于节约资源和保护生态环境的空间格局、产业结构和生产生活方式。

（三）战略定位。

全国改革开放先行区。发挥经济特区、国家级新区、国家综合配套改革试验区、自由贸易试验区等体制机制优势以及港澳在全国改革开放和现代化建设中的特殊作用，在完善社会主义市场经济体制、推进国家治理体系和治理能力现代化等方面积极开展先行先试，为全国深化改革、扩大开放积累经验。

全国经济发展重要引擎。强化珠三角地区与港澳的辐射引领作用，带动中南、西南地区加快发展，加强与长江经济带发展的有机衔接和统筹协调，在全国创新发展方面发挥重要的示范作用，构建有全球影响力的先进制造业和现代服务业基地，成为促进全国经济平稳健康发展的重要引擎。

内地与港澳深度合作核心区。依托港澳两地国际竞争优势及内地九省区广阔腹地和丰富资源，在内地与香港、澳门关于建立更紧密经贸关系的安排（CEPA）及其补充协议框架下，充分发挥内地九省区与港澳山水相连、经济联系密切以及"一国两制"的优势，深化各领域合作，拓展港澳发展新空间，提升区域开放型经济发展水平。

"一带一路"建设重要区域。立足泛珠三角区域连接南亚、东南亚和沟通太平洋、印度洋的区位优势，充分发挥建设福建21世纪海上丝绸之路核心区以及相关省区作为"一带一路"门户、枢纽、辐射中心和海上合作战略支点功能，发挥港澳独特作用，共同推动"一带一路"建设，打造我国高水平参与国际合作的重要区域。

生态文明建设先行先试区。发挥泛珠三角区域山清水秀生态美的优势，加快推动形成绿色循环低碳的生产生活方式，建立跨区域生态建设和环境保护联动机制，筑牢生态安全屏障，全面提升森林、河湖、湿地、草原、海洋等自然生态系统稳定性和生态服务功能，推动经济社会与资源环境协调发展。

二、促进区域经济合作发展

（四）优化区域经济发展格局。充分发挥广州、深圳在管理创新、科技进步、产业升级、绿色发展等方面的辐射带动和示范作用，携手港澳共同打造粤港澳大湾区，建设世界级城市群。构建以粤港澳大湾区为龙头，以珠江－西江经济带为腹地，带动中南、西南地区发展，辐射东南亚、南亚的重要经济支撑带。促进城市群之间和城市群内部分工协作，着力构建沿江、沿海、沿重要交通干线的经济发展带。形成以大城市为引领，以中小城市为依托，以重要节点城市和小城镇为支撑的新型城镇化和区域经济发展格局，积极推动产城融合和城乡统筹发展。加强城市公共服务质量监测，提升公共服务质量水平，促进区域一体化和良性互动。建立毗邻省区间发展规划衔接机制，推动空间布局协调、时序安排同步。注重陆海统筹，支持福建、广东、广西、海南等省区合作发展海洋经济，共建海洋经济示范区、海洋科技合作区，加大海洋科技研发投入力度，发展海洋科学技术，加快科技成果产业化，推动海洋产业园区转型升级，科学开发海洋资源，保护海洋生态环境。

（五）共同培育先进产业集群。加强产业协作，整合延伸产业链条，推进产业链上下游深度合作，培育形成优势互补、分工合理、布局优化的先进产业集群。顺应“互联网＋”发展趋势，积极发挥国家超级计算广州中心、贵阳国家大数据中心的作用，推进制造业数字化、网络化和智能化。完善区域制造业创新体系和产业协作体系，改造提升现有制造业集聚区，推进新型工业化产业示范基地建设，将泛珠三角区域打造成为“中国制造2025”转型升级示范区和世界先进制造业基地。改革服务业发展体制，创新发展模式和业态，扩大服务业对内对外开放，逐步放宽外资准入限制，加快推进与港澳服务贸易自由化。加快转变农业发展方式，推进特色农产品供应基地建设，加强南繁育种、南菜北运、粮食产销合作及农业大数据共享，大力推动供港澳农产品基地建设，合作建设一批高水平现代农业示范区，健全现代渔业产业体系和经营机制，打造生态农业产业带。

（六）引导产业有序转移承接。以国家级、省级开发区为主要载体，建设承接产业转移示范区。加大对加工贸易梯度转移承接地的培育支持力度。建立产业转移跨区域合作机制，制定产业转移指导目录，明确产业承接发展重点。积极支持东部沿海地区产业及国内外知名企业生产基地向中西部地区有序转移，促进产业组团式承接和集群式发展。充分发挥各类合作平台在促进产业转移中的积极作用，大力推进广州泛珠合作园区、粤桂黔高铁经济带合作试验区建设，支持粤桂合作特别试验区、闽粤经济合作区、北部湾临海产业园、湘赣开放合作试验区等跨省区合作平台发展。

三、大力推进统一市场建设

（七）实施统一的市场规则。清理阻碍要素合理流动的各种规定和做法，实施统一的市场准入制度和标准，推动各类生产要素跨区域有序自由流动和优化配置，规范发展综合性产权交易市场。加强地方和企业标准制订合作，推进产品检验、计量检定、资质认证等结果互认，促进商品自由流通，有序推动服务业区域标准制定。建立统一的市场执法标准和监管协调机制，依托企业信用信息公示系统，推动实现市场主体基础信息互联互通、市场监管信息共享共认、市场监管措施协调联动、消费者权益保护异地受理处置和行政执法相互协作。规范行政处罚自由裁量权，探索建立区域行政处罚裁量基准制度，逐步统一内地九省区行政处罚裁量权的运用，为企业跨区域发展营造更加良好的行政执法环境。

（八）建设区域社会信用合作体系。建立区域信用联动机制，开展区域信用体系建设合作与交流，促进信用建设经验成果及信用市场服务的互通、互认和互用。推进社会信用体系建设合作，按照社会信用信息共享交换平台建设总体要求，支持内地九省区建立健全各行业各领域信用记录，并与全国统一的信用信息共享交换平台实现对接，以统一社会信用代码为标识，实现企业登记、产品质量监管等信用信息的共享交换。健全知识产权保护机制，完善专利代理信用信息查询系统。建立完善统一的企业信用分类标准，实现跨地区信用联合惩戒，完善“一处失信、处处受限”的失信惩戒机制。

（九）构建区域大通关体制。加快建立大通关电子口岸信息平台，推进电子口岸互联互通和资源共享。完善口岸综合服务体系和口岸联络协调机制，推动内陆口岸同沿海、沿边口岸通关协作，实现口岸管理相关部门信息互换、监管互认、执法互助。在全面实施关检合作“三个一”（一次申报、一次查验、一次放行）的基础上，逐步推行“单一窗口”制度。在现有福建、广东、广西、海南四省区海关区域通关一体化的基础上，加强与长江经济带海关区域通关一体化衔接，进一步扩大通关一体化范围。

四、推进重大基础设施一体化建设

（十）建设现代化综合交通运输体系。强化区域内各种运输方式的衔接和综合交通枢纽建设，构建安全、低碳和便捷的综合交通运输体系，增强对区域发展的支撑能力。加快已列入《中长期铁路网规划》的铁路项目建设，提高区域内以及与周边省（区、市）和国家（地区）的互联互通水平。贯通海口经南宁经贵阳至兰州的铁路，打造南北新通道。推进琼州海峡跨海通道工程、湛海铁路扩能工程。规划建设赣州至深圳、重庆至昆明、涪陵经凯里至柳州、柳州至韶关、西安经重庆经长沙至厦门、吉安至武夷山、贵阳至张家界、兴义至永州至郴州至赣州、临沧至清水河等铁路项目。加快国家高速公路和国省干线公路建设及升级改造,全面提升公路技术等级和安全防护水平,打通省际“断头路”、“瓶颈路”,提高公路安全性。推进珠江主要干支流高等级航道建设,继续提升西江航运干线通航水平,加快右江、北盘江－红水河、柳江－黔江等航道建设,稳步开展湘桂运河前期研究,畅通西南水运出海通道。建立完善珠江水运发展协调机制,合力推进珠江水运协调发展。优化沿海港口功能布局,增强沿海港口对内陆地区的服务能力。在琼州海峡南北岸规划建设新客货滚装码头,提高琼州海峡客货滚装运输服务能力和水平。统筹泛珠三角区域空域资源管理使用,明确区域内各机场分工定位,实现机场群健康有序发展。进一步推动区域内各国际机场航权开放,打造国际航空枢纽和门户机场。优化完善区域机场布局,加快推进支线机场建设。支持加密区域内城市间航线航班,促进区域内客货快速运送。鼓励发展多式联运,完善统一相关标准规范和服务规则,积极培育多式联运经营人,加快建设具有多式联运功能的货运枢纽和物流园区,完善枢纽节点集疏运体系,畅通“最后一公里”。着力解决制约甩挂运输发展的瓶颈问题,推进泛珠三角区域甩挂运输网络化发展。加快智能物流网络建设,推进交通运输物流公共信息平台发展,促进不同运输方式信息系统的互联互通和信息交换共享,建设面向东南亚、南亚的区域性国际物流公共信息平台。着力构建泛珠三角区域国际物流主干网络,大力推进蓉欧快铁等国际物流通道建设。

(十一)构建能源供应保障体系。加强电源与电网建设,开展电力输送以及煤炭、油气储运合作,为促进区域合作发展提供稳定安全可靠的能源保障。在保护生态环境的基础上,适度开发金沙江、雅砻江、大渡河、澜沧江等河流水能资源,配套建设送出通道。大力发展新能源和可再生能源,稳妥推进已经列入相关规划的核电项目建设,积极开发风能、太阳能、生物质能、海洋能等新能源,完善区域电源点布局,推广多能互补的分布式能源。深入实施“西电东送”工程,推进西南能源基地向中南、华南和东南地区输电通道建设,建设500千伏金沙江中游电站送电广西直流输电工程,加大配电网的建设与改造力度。大力实施“西气东输”工程。统筹油气运输通道和储备系统建设,推进西气东输三线、新疆煤制气管线等油气管道建设,完善区域性油气管网建设。

(十二)完善水利基础设施体系。以提高水利保障能力为核心,建设综合防洪抗旱减灾体系,加强水资源保护与开发利用,强化区域水资源管理。保障泛珠三角区域防洪供水安全,确保对港澳供水安全。加快推进以大藤峡、洋溪、落久、高陂、德厚等为重点的骨干工程建设，支持澳门防洪（潮）排涝体系建设，加快推进柳江综合规划及环境影响评价工作，统筹实施珠江干支流河道崩岸治理及河道综合整治工程。加强沿海各省区标准海堤建设与相互衔接，争取到2020年海堤标准化率提高至80%以上。共同推进珠江流域综合整治开发，联合实施水源涵养和水土保持能力提升工程。落实最严格水资源管理制度，严守水资源开发利用控制、用水效率控制、水功能区限制纳污控制指标三条红线，加快开展江河水量分配，依法对区域内的年度用水实行总量管理，强化规划和项目水资源论证，严格水功能区监督管理。实行严格的河湖管理与保护制度，促进河湖休养生息，维护河湖健康生命。强化珠江流域水资源的统一管理、统一调度，加快制定出台珠江水量调度条例。推进水利信息化建设，提高流域水资源调控、水利管理和工程运行信息化水平。

（十三）完善信息基础设施。深入实施“宽带中国”战略，强化区域通信枢纽建设，加快区域网络基础设施建设升级，强化信息网络安全。加强广州、成都等国家级互联网骨干直联点互联工程建设，实施省际骨干网络优化工程，合理布局泛珠三角区域骨干网核心节点，提升网络传输能力及网间互联互通水平。支持开展“宽带中国”示范城市（群）创建工作，推动贯彻实施光纤到户国家强制标准。共同规划和实施大数据战略，合理布局区域数据中心，建设泛珠三角区域重点城市群信息港，着力构建重点领域信息共享平台。增进与周边国家（地区）信息互联互通，积极推进中国－东盟信息港建设。建设服务泛珠三角区域以及东南亚、南亚的国际呼叫中心。

五、促进区域创新驱动发展

（十四）构建区域协同创新体系。加强深港创新圈等区域科技创新合作，加快构建以企业为主体、市场为导向、产学研相结合的区域协同创新体系。充分发挥国家自主创新示范区、国家高新区的辐射带动作用，依靠创新驱动传统产业转型升级和培育发展战略性新兴产业。优化科技资源配置，新建一批产业技术创新平台和企业技术中心。制定区域科技创新基础平台共享规则，率先相互开放国家级和省级重点实验室、中试基地等试验平台。加强区域内国家国际科技合作基地的横向交流和联系。深化产学研合作，共建协同创新平台，联合开展重大科技攻关，共同实施科技创新工程。组建产业技术创新战略联盟，联合开展产业重大共性科技攻关，推动科技成果转化和产业化。

（十五）优化区域创新环境。鼓励和支持社会资本设立泛珠三角区域创业投资基金，激发区域创新创业活力。大力发展众创空间，支持广州国际创新城等一批大型创新创业平台建设，着力推进泛珠三角区域大众创业、万众创新。推动建立跨省区知识产权保护联盟，支持中新广州知识城开展国家知识产权运用和保护综合改革试点。发挥知识产权服务业集聚区的辐射作用，促进知识产权服务与区域产业融合发展。加强区域内知识产权司法协作。建立统一的科技人才资源库，完善科技人才市场体系，推动科技人才交流与共享。

六、加强社会事业领域合作

（十六）促进教育文化合作。建立教育合作交流平台，开展师资培训、课程改革、实训基地建设、毕业生就业等方面合作。建立区域优质教育资源相互交流、共建共享机制，扩大优质教育资源覆盖面。鼓励内地九省区联合共建高校优势学科和研究机构，联合培养人才和开展科学研究。完善跨区域就业人员随迁子女就学政策，推动实现平等接受学前教育、义务教育和中职教育，确保符合条件的随迁子女顺利在流入地参加高考。深化文化遗产保护合作，加强文化市场监管合作，建立泛珠三角区域非物质文化遗产展演展示、公共文化服务体系建设合作交流机制，推动泛珠三角文化市场区域合作和一体化建设，支持组建区域演艺联盟和跨地区企业连锁，促进文化产品流通，扩大区域文化消费规模。支持省区、城市之间开展多样化的文化、体育交流活动。

（十七）加强医疗卫生合作。建立健全区域内疾病预防控制、突发公共卫生事件应急处理协调机制和联防联控网络。促进区域公共卫生服务资源合作共享，推动同级医疗机构检查结果互认。依托互联网发展远程医疗，提高边远地区诊疗水平。加强食品药品监管能力建设，提升区域食品药品安全保障水平，建立区域食品原产地可追溯制度和质量标识制度，建立健全大案要案查处联动机制和跨区域重大安全事故应急联动机制。支持建设中国－东盟医疗保健合作中心及中国－东盟传统医药交流合作中心，加强与东盟国家在医疗保健、传统医药等方面交流合作。

（十八）加强人力资源和社会保障合作。拓展内地九省区人力资源交流与合作，推动建立统一的公共就业人才服务体系和公共就业服务信息平台，促进人力资源合理配置和有序自由流动。支持内地九省区互派干部挂职交流。探索建立技能人才库和技能人才培养引进使用机制。在革命老区、民族地区、边疆地区、贫困地区建设职业技能培训基地，加强劳动力职业技能培训，引导农村劳动力有序转移。加强劳动者权益保护，建立劳动保障维权信息沟通制度、劳动保障违法及争议案件协同处理制度。加快实现区域医疗保险异地就医直接结算和养老、失业等社保关系跨省区顺畅转移接续。

（十九）共同优化休闲旅游环境。推动区域旅游一体化，建立公开透明的市场准入标准和运行规则，打破行业、地区壁垒，鼓励跨地区连锁经营，加快建设无障碍旅游区。联合打造旅游精品线路和旅游品牌，加快推进建设世界级观光旅游线路。规范区域旅游市场秩序，统一旅游标识，联合打击不正当竞争和侵害消费者权益的行为。完善国内国际旅游合作机制,加强全方位合作,构建务实高效、互惠互利的区域旅游合作体系。支持泛珠三角区域在促进外国人入境、过境旅游便利化及医疗旅游方面开展先行先试,探索部分国家旅游团入境免签政策或落地签证,简化邮轮、游艇出入境手续。

(二十)完善社会治理协调机制。加强社会治安信息交流,建立矛盾纠纷排查预警、案件应急处置、交通安全部门协作及反走私区域合作机制。健全突发事件应急处置体系,制定实施区域安全生产、重大事故、卫生应急、环境污染、社会救助和灾害救助等方面的突发事件应急预案,规范信息报告制度,加强跨部门、跨区域应急联动,提升联合处置能力。加强司法合作,提供司法保障,创新社会治安治理体制,提高管理效能和服务水平,建立人口信息网上协查协助平台,完善流动人口管理服务,推进更多惠民利民便民新举措,提高人民群众满意度。

七、共同培育对外开放新优势

(二十一)积极融入"一带一路"建设。发挥区位优势,完善联通内外的综合交通运输网络,加强与"一带一路"沿线国家经贸往来和文化交流。推动深化澜沧江-湄公河合作、大湄公河次区域经济合作和泛北部湾经济合作,积极参与中国-东盟自贸区升级建设,打造中国-中南半岛、孟中印缅经济走廊。鼓励区域内有条件的企业共同参与境外经济贸易合作区和农业合作区开发建设,推进国际产能和装备制造合作。加强协同配合,支持加快建设福建21世纪海上丝绸之路核心区,完善广东21世纪海上丝绸之路建设重要引擎功能,把云南建成我国面向南亚东南亚辐射中心,增强广西有机衔接"一带一路"的重要门户作用,进一步提升海南以及内陆省份在"一带一路"建设中的支撑作用。充分发挥香港、澳门独特优势,积极参与和助力"一带一路"建设。

(二十二)充分发挥自由贸易试验区示范带动作用。依托自由贸易试验区深化与港澳合作,发挥对泛珠三角区域的辐射和带动作用。大力推进自由贸易试验区投资、贸易、金融、综合监管等领域制度创新,完善外商投资准入前国民待遇加负面清单管理模式,打造国际化、市场化、法治化的营商环境,为泛珠三角区域进一步改革开放提供可复制、可推广的成功经验。支持有条件的省区按程序申请设立海关特殊监管区域,提升区域对外开放水平。

(二十三)推动口岸和特殊区域建设。统筹规划区域内口岸布局,实现优势互补、错位发展。加强口岸基础设施建设,支持进境指定口岸和启运港建设,扩展和完善口岸功能。支持在区域内国际铁路货物运输重要节点和重要内河港口设立直接办理货物进出境手续的查验场所。支持内陆航空口岸增开国际客货运航线、航班,增强区域内边境口岸和特殊区域功能,打造高水平对外开放平台。支持云南、广西有序设立边境经济合作区、跨境经济合作区和边境旅游合作区，研究完善人员便利化出入境管理政策。

八、协同推进生态文明建设

（二十四）加强跨省区流域水资源水环境保护。实施《水污染防治行动计划》，加强江河湖海水环境综合治理，协同推进跨省区流域水污染防治和水资源保护。共同推进重点行业清洁生产技术改造，降低废水排放总量及主要污染物排放强度。支持发展再生水、海水等非常规水资源利用产业。加快构建水污染联防联控体系，充分发挥流域协作机制监督作用，强化跨界断面和重点断面水质监测和考核，建立完善水质监测信息共享机制。开展地下水监测工作，保障地下水环境安全。协同推进珠江、韩江干支流及近海海域水污染防治，支持跨省区河流综合治理。针对危险化学品生产、存储、运输等对水源地的影响进行风险评估，完善监测预警措施和应急预案。加强饮用水备用水源和水源地环境风险防控工程建设，确保饮用水水质安全。建立流域水资源水环境承载能力监测评价体系，实行承载能力监测预警。

（二十五）加强大气污染综合治理。完善污染物排放总量控制制度，加强二氧化硫、氮氧化物、$PM_{2.5}$（细颗粒物）等主要大气污染物的联防联治。实施城市清洁空气行动，加强珠三角等重点区域和火电、冶金、水泥、建筑陶瓷、石化等重点行业的大气污染防治，加强对工业烟尘、粉尘、城市扬尘和挥发性有机物等空气污染物排放的协同控制。推进实施清洁生产技术改造，开展工业产品生态（绿色）设计，从源头减少污染物的产生和排放。大力推进脱硫脱硝工程建设，促进工业固废及再生资源综合利用产业规范发展，加强黄标车和老旧车淘汰及机动车尾气治理工作。支持港澳与内地九省区开展大气污染防治及环保科研合作。

（二十六）强化区域生态保护和修复。建立国土空间开发保护制度，切实加强环境整治，划定并严守生态保护红线，强化国土空间合理开发与保护，加大自然保护区、重点生态功能区建设和保护力度，构建区域生态屏障。支持跨省区河流中上游地区生态文明先行示范区建设。共建南岭山地、闽粤桂琼东南沿海红树林生物多样性保护重要生态功能区，稳步推动将以幕阜山、罗霄山、怀玉山、高黎贡山、哀牢山、无量山为核心的区域和江河源头、重要湖泊所在地纳入重点生态功能区。加大沿江天然林草资源保护和珠江防护林体系建设力度，加强湿地保护与恢复，加强生态系统保护。按照建立国家公园体制试点要求，支持福建、湖南、云南等地开展国家公园体制试点工作。

（二十七）健全生态环境协同保护和治理机制。编制泛珠三角区域生态环境保护规划。建立污染联防联治工作机制和环境质量预报预警合作机制，推动环境执法协作、信息共享与应急联动。支持内地九省区推进碳排放权、排污权管理和交易制度，共同设立泛珠三角区域生态环境保护合作基金，加大对生态环境突出问题的联合治理力度。建立跨省区流域生态保护补偿机制，研究建立地方投入为主、中央财政给予适当引导的资金投入机制，支持开展东江、西江、北江、汀江－韩江、九洲江等流域补偿试点。

九、深化内地九省区与港澳合作

（二十八）推进重大基础设施对接。加快跨境交通基础设施建设，完善连接港澳与内地的综合交通运输网络，加快建设港珠澳大桥、广深港高速铁路、莲塘/香园围口岸、深港西部快速通道、粤澳新通道等项目，加强粤港澳轨道交通衔接。支持香港国际机场第三跑道建设，巩固香港国际航空枢纽地位，统筹航路航线安排，加强香港国际机场与内地九省区机场的合作，打造具有国际影响力的临空经济带。巩固香港国际航运中心地位，鼓励内地航运企业在香港设立分公司以及香港航运企业在内地自由贸易试验区内设立分公司。支持香港成为亚太区域重要的邮轮母港及国际游轮旅游中心，加强泛珠三角区域港口之间合作。提高内地与港澳通关便利化水平，合理调整和规划区域口岸建设。以稳定供港澳水、电、气为目标，扎实推进东江供水、核电、电网、西气东输二期天然气接收站、海上天然气和管道工程。推进粤港澳跨境通信网络建设。

（二十九）加强产业合作。充分发挥香港作为国际金融中心、航运中心、贸易中心的优势以及澳门作为世界旅游休闲中心、中国与葡语国家商贸合作服务平台的特殊作用，加强内地与港澳紧密合作，共同开拓国际市场。进一步放宽准入限制、简化审批环节，推动扩大内地与港澳企业相互投资，鼓励和支持内地与港澳企业共同"走出去"，支持内地企业在香港设立地区总部。巩固香港国际金融中心和离岸人民币中心地位，促进澳门作为中国与葡语国家商贸合作金融服务的平台角色，扩大人民币双向流动渠道和规模，支持泛珠三角区域内企业在香港发行人民币债券和香港企业在境内发行人民币债券，加强资本市场和金融创新合作。支持香港为内地企业提供多元化的风险管理、资产管理、法律以及争议调处等专业服务。支持香港成为泛珠三角区域对外科技交流合作基地、知识产权贸易平台，发挥香港文化、科技优势，帮助泛珠三角区域企业提升品牌形象和产品质量，更好走向国际市场。优化和调整赴港澳"个人游"政策措施。支持澳门世界旅游休闲中心建设，共同推进澳门会展商贸、中医药等产业发展，支持澳门经济适度多元发展。有序推动开展粤港澳游艇自由行。

（三十）支持重大合作平台发展。推进深圳前海、广州南沙、珠海横琴、汕头华侨经济文化合作试验区等重大平台开发建设，充分发挥其在进一步深化改革、扩大开放、促进合作中的试验示范和引领带动作用。积极推进港澳青年创业基地建设。支持内地九省区发挥各自优势与港澳共建各类合作园区，支持广东与澳门共建江门大广海湾经济区、中山粤澳全面合作示范区。

（三十一）加强社会事务合作。探索有利于港澳居民在内地就业、生活的制度安排。支持内地九省区与港澳推进社会信用体系建设合作，探索信用建设经验成果及信用市场服务的互通、互认和互用。加强内地与港澳专业人才培训和交流合作。支持港澳中小学与内地九省区中小学结为姊妹学校，支持港澳知名大学到内地九省区开展合作办学。支持港澳创意企业在内地有序发展影视娱乐文化等业务。支持港澳与内地九省区加强食品药品安全方面交流合作。

（三十二）开展多层次合作交流。加强政府间协调沟通，研究解决港澳与内地九省区在合作发展过程中出现的问题。支持行业协会、智库间合作交流。加强青少年交流，强化广州、深圳青少年交流基地功能，支持在其他省区开展多种形式的交流活动，将粤港澳青少年交流特色品牌项目延伸至泛珠三角区域，支持港澳青年在内地九省区开展志愿服务。

十、创新和完善合作机制

（三十三）加强统筹协调指导。国务院有关部门要切实加强指导和服务，积极支持内地九省区着力打破行政分割，加快建设统一市场，为其他区域开展合作积累经验。国家发展改革委会同国务院港澳办等有关部门要加强沟通协调，帮助解决泛珠三角区域合作发展中遇到的困难和问题，创造合作发展的良好政策环境。要加强对本意见实施情况的跟踪分析和督促检查，及时向国务院报告重大问题，并会同“9+2”各方开展本意见实施情况评估。内地九省区人民政府要切实加强组织领导，完善工作机制，落实工作责任，加强泛珠三角区域合作日常工作机构的能力建设，会同港澳共同编制泛珠三角区域合作发展规划，推动合作深化、实化。

（三十四）创新完善合作机制。充分发挥行政首长联席会议制度作用，加强对区域重大合作事项的决策、推动和协调，以及与国务院有关部门的沟通衔接，统筹“9+2”各方按照本意见精神抓好贯彻落实。扩大泛珠三角区域合作与发展论坛的影响力，积极引入市场化资源进行运作，将其打造成为促进泛珠三角区域合作的重要智库，为合作发展提供强大智力支持。

（三十五）建立合作资金保障机制。支持由地方设立泛珠三角区域合作发展基金，支持泛珠三角区域重大合作项目建设，鼓励支持金融机构和社会资本共同出资并参与基金的运营和管理。推广运用政府和社会资本合作（PPP）模式，吸引更多社会资本参与泛珠三角区域合作，提高政府资金使用效率。支持开发性金融机构发挥资金、智力、产品等优势，在促进泛珠三角区域合作发展重大项目建设、编制合作规划、推进产业承接转移等方面发挥积极作用。

深化泛珠三角区域合作，对于拓展区域发展空间，促进区域协同发展，进一步提升泛珠三角区域在全国改革发展大局中的地位和作用，具有重要意义。各有关方面要统一思想、密切合作，勇于创新、扎实工作，共同推动泛珠三角区域合作向更高层次、更深领域、更广范围发展。

国务院关于进一步加强文物工作的指导意见

（2016年3月4日　国发〔2016〕17号）

为切实加强文物工作，进一步发挥文物资源在传承和弘扬中华优秀传统文化、实现中华民族伟大复兴中国梦中的重要作用，现提出如下意见。

一、重要意义

中华民族具有五千多年连绵不断的文明历史，创造了博大精深的中华文化，留下了极其丰厚的文化遗产。文物是不可再生的珍贵文化资源，是国家的“金色名片”，是中华民族生生不息发展壮大的实物见证，是传承和弘扬中华优秀传统文化的历史根脉，是培育和践行社会主义核心价值观的深厚滋养。加强文物保护，让收藏在博物馆里的文物、陈列在广阔大地上的遗产、书写在古籍里的文字都活起来，对于传承中华优秀传统文化、满足人民群众精神文化需求、提升国民素质、增强民族凝聚力、展示文明大国形象、促进经济社会发展具有十分重要的意义。

近年来，在党中央、国务院的高度重视下，我国文物事业取得了显著成就。全社会保护文物的意识进一步增强，文物保护基础工作不断夯实，资源状况基本摸清，保护经费和保护力量持续增长，保护状况明显改善，博物馆建设步伐加快，公共文化服务水平稳步提高，文物利用的广度深度不断拓展，文物拍卖市场管理逐步规范，文物对外交流合作日益扩大，文物事业呈现出前所未有的良好态势。同时也应看到，随着经济社会快速发展，文物保护与城乡建设的矛盾日益显现，随着文物数量大幅度增加，文物保护的任务日益繁重，文物工作面临着一些新的问题和困难。全社会保护文物的法治观念有待提升，文物保护的配套法规体系尚需完善；一些地方履行文物保护的责任不到位，法人违法行为屡禁不止；一些文物保护单位因自然和人为因素遭到破坏，一些革命文物的保护没有得到足够重视，尚未核定公布为文物保护单位的不可移动文物消失加快；文物建筑火灾事故多发，盗窃盗掘等文物犯罪屡打不止；文物执法力量薄弱，执法不严、违法不究现象时有发生；文物拓展利用不够，文物保护管理的能力建设有待加强。面对文物保护的严峻形势和突出问题，必须增强紧迫感和使命感，本着对历史负责、对人民负责、对未来负责的态度，采取切实有效措施，进一步加强新时期的文物工作。

二、总体要求

（一）指导思想。全面贯彻落实党的十八大和十八届二中、三中、四中、五中全会精神，按照党中央、国务院决策部署，坚持创新、协调、绿色、开放、共享的发展理念，坚持"保护为主、抢救第一、合理利用、加强管理"的文物工作方针，深入挖掘和系统阐发文物所蕴含的文化内涵和时代价值，切实做到在保护中发展、在发展中保护，努力为建设社会主义文化强国作出更大贡献。

（二）基本原则。

坚持公益属性。政府在文物保护中应发挥主导作用，公平对待国有和非国有博物馆，发挥文物的公共文化服务和社会教育功能，保障人民群众基本文化权益，拓宽人民群众参与渠道，共享文物保护利用成果。

坚持服务大局。始终把保护文物、传承优秀传统文化、建设共有精神家园作为文物工作服务大局的出发点和落脚点，统筹协调文物保护与经济发展、城乡建设、民生改善的关系，充分发挥文物资源传承文明、教育人民、服务社会、推动发展的作用。

坚持改革创新。深化行政管理体制改革，简政放权、放管结合、优化服务，破除影响文物事业发展的体制机制障碍。更新观念，协同创新，发挥社会各方面参与文物保护利用的积极性。

坚持依法管理。完善文物法律法规体系，全面落实法定职责，健全依法决策机制，强化责任追究。加大执法力度，严肃查处违法行为，严厉打击文物犯罪。

（三）主要目标。到2020年，文物事业在传承中华优秀传统文化、弘扬社会主义核心价值观、推动中华文化走出去、提高国民素质和社会文明程度中进一步发挥重要作用；文物资源状况全面摸清，全国重点文物保护单位、省级文物保护单位保存状况良好，市县级文物保护单位保存状况明显改善，尚未核定公布为文物保护单位的不可移动文物保护措施得到落实；馆藏文物预防性保护进一步加强，珍贵文物较多的博物馆藏品保存环境全部达标；文物保护的科技含量和装备水平进一步提高，文物展示利用手段和形式实现突破；主体多元、结构优化、特色鲜明、富有活力的博物馆体系日臻完善，馆藏文物利用效率明显提升，文博创意产业持续发展，有条件的文物保护单位基本实现向公众开放，公共文化服务功能和社会教育作用更加彰显；文物法律法规体系基本完备，文物保护理论架构基本确立，行业标准体系和诚信体系基本形成；文物行业人才队伍结构不断优化，专业水平明显提升；文物执法督察体系基本建立，执法力量得到加强，安全责任体系更加健全，安全形势明显好转；社会力量广泛参与文物保护利用格局基本形成，文物保护成果更多惠及人民群众，文物资源促进经济社会发展的作用进一步增强，促进中外人文交流的作用进一步发挥。

三、明确责任

（一）落实政府责任。各级人民政府要进一步提高对文物保护重要性的认识，敬重祖先留下来的珍贵遗产，依法履行管理和监督责任。地方人民政府要切实履行文物保护主体责任，把文物工作列入重要议事日程，作为地方领导班子和领导干部综合考核评价的重要参考；建立健全文物保护责任评估机制，每年对本行政区域的文物保存状况进行一次检查评估，发现问题及时整改。

（二）强化主管部门职责。要支持文物行政部门依法履行职责，加强文物行政机构建设，优化职能配置。文物保护，基础在县。县级人民政府应根据本地文物工作实际，明确相关机构承担文物保护管理职能。各级文物行政部门要深化行政管理体制改革，转变职能，强化监管，守土尽责，敢于担当。

（三）加强部门协调。各地要建立由主管领导牵头的文物工作协调机制，地方各级人民政府相关部门和单位要认真履行依法承担的保护文物职责。在有关行政许可和行政审批项目中，发展改革、财政、住房城乡建设、国土资源、文物等部门要加强协调配合。建立文物、文化、公安、住房城乡建设、国土资源、环境保护、旅游、宗教、海洋等部门和单位参加的行政执法联动机制，针对主要问题适时开展联合检查和整治行动。发挥全国文物安全工作部际联席会议作用，公安、海关、工商、海洋、文物等部门和单位要保持对盗窃、盗掘、盗捞、倒卖、走私等文物违法犯罪活动的高压态势，完善严防、严管、严打、严治的长效机制，结案后应及时向文物行政部门移交涉案文物。加强文物行政执法和刑事司法衔接，建立文物行政部门和公安、司法机关案情通报、案件移送制度。工业和信息化、文物等部门和单位要共同推进文物保护装备产业发展。教育部门要在文物工作急需人才培养方面给予支持和倾斜。

四、重在保护

（一）健全国家文物登录制度。完善文物认定标准，规范文物调查、申报、登记、定级、公布程序。抓紧制定不可移动文物的降级撤销程序和馆藏文物退出机制。建立国家文物资源总目录和数据资源库，全面掌握文物保存状况和保护需求，实现文物资源动态管理，推进信息资源社会共享。

（二）加强不可移动文物保护。对存在重大险情的各级文物保护单位应及时开展抢救性保护,在项目审批上开辟“绿色通道”,在资金安排上予以保障;组织实施一批具有重大影响和示范意义的文物保护重点项目;加强文物日常养护巡查和监测保护,提高管理水平,注重与周边环境相协调,重视岁修,减少大修,防止因维修不当造成破坏。文物保护工程要遵循其特殊规律,依法实行确保工程质量的招投标方式和预算编制规范。加强长城保护。注重革命文物的维修保护。加强大遗址保护和国家考古遗址公园建设。开展水下考古调查,基本掌握水下文物整体分布和保存状况,划定水下文物保护区,实施一批水下文物保护重点工程,加快建设国家文物局水下文化遗产保护中心南海基地,研究建立涵括水下文化遗产的海洋历史文化遗址公园。做好世界文化遗产申报和保护管理工作,加快世界文化遗产监测预警体系建设。

（三）加强城乡建设中的文物保护。高度重视城市改造和新农村建设中的文物保护,突出工作重点,区分轻重缓急,加强历史文化名城、村镇、街区和传统村落整体格局和历史风貌的保护,防止拆真建假、拆旧建新等建设性破坏行为;涉及各级文物保护单位建设控制地带和地下文物埋藏区的建设项目,应当严格按照文物保护法律法规的规定办理相关手续;不可移动文物不得擅自迁移、拆除,因建设工程确需迁移、拆除的,应当严格按照文物保护法律法规的规定办理相关手续。做好基本建设中的考古调查、勘探、发掘和文物保护工作,搞好配合,提高时效。研究制定文物保护补偿办法,依法确定补偿对象、补助范围等内容。利用公益性基金等平台,采取社会募集等方式筹措资金,解决产权属于私人的不可移动文物保护维修的资金补助问题,使文物所有者和使用者更好地履行保护义务。

（四）加强文物保护规划编制实施。要将文物行政部门作为城乡规划协调决策机制成员单位,按照“多规合一”的要求将文物保护规划相关内容纳入城乡规划。国务院文物行政部门统筹指导各级文物保护单位保护规划的编制工作。全国重点文物保护单位保护规划由省级人民政府组织编制,经国务院文物行政部门审核同意后公布实施。地方各级人民政府要及时核定本行政区域相应级别的文物保护单位和不可移动文物名录,依法划定文物保护单位保护范围和建设控制地带,并通过政务信息平台向社会公开,接受社会监督。

（五）加强可移动文物保护。实施馆藏文物修复计划,及时抢救修复濒危珍贵文物,优先保护材质脆弱珍贵文物,分类推进珍贵文物保护修复工程,注重保护修复馆藏革命文物。实施预防性保护工程,对展陈珍贵文物配备具有环境监测功能的展柜,完善博物馆、文物收藏单位的文物监测和调控设施,对珍贵文物配备柜架囊匣。要为处于地震带的博物馆的珍贵文物配置防震保护设备。实施经济社会发展变迁物证征藏工程,征集新中国成立以来反映经济社会发展的重要实物，记录时代发展，丰富藏品门类。

（六）加强文物安全防护。实施文物平安工程，完善文物建筑防火和古遗址古墓葬石窟寺石刻防盗防破坏设施，切实降低文物保护单位安全风险。落实文物管理单位主体责任。夯实基层文物安全管理，健全县（市、区）、乡镇（街道）、村（社区）三级文物安全管理网络，逐级落实文物安全责任；发挥乡镇综合文化站作用，完善文物保护员制度，推行政府购买文物保护服务，逐处落实文物安全责任单位或责任人。

（七）制定鼓励社会参与文物保护的政策措施。指导和支持城乡群众自治组织保护管理使用区域内尚未核定公布为文物保护单位的不可移动文物。制定切实可行的政策措施，鼓励向国家捐献文物及捐赠资金投入文物保护的行为。对社会力量自愿投入资金保护修缮市县级文物保护单位和尚未核定公布为文物保护单位的不可移动文物的，可依法依规在不改变所有权的前提下，给予一定期限的使用权。培育以文物保护为宗旨的社会组织，发挥文物保护志愿者作用。鼓励民间合法收藏文物，支持非国有博物馆发展。制定文物公共政策应征求专家学者、社会团体、社会公众的意见，提高公众参与度，形成全社会保护文物的新格局。

五、拓展利用

（一）为培育和弘扬社会主义核心价值观服务。挖掘研究文物价值内涵，以物知史，以物见人，传播优秀传统文化，引领社会文明风尚。推出一批具有鲜明教育作用、彰显社会主义核心价值观的陈列展览、文物影视节目和图书等多媒体出版物。推动建立中小学生定期参观博物馆的长效机制，鼓励学校结合课程设置和教学计划，组织学生到博物馆开展学习实践活动。

（二）为保障人民群众基本文化权益服务。完善博物馆公共文化服务功能，扩大公共文化服务覆盖面，将更多的博物馆纳入财政支持的免费开放范围。建立博物馆免费开放运行绩效评估管理体系。加强革命老区、民族地区、边疆地区、贫困地区博物馆建设，促进博物馆公共文化服务标准化、均等化。考古发掘单位要依法向博物馆移交文物。推动博物馆由数量增长向质量提升转变，完善服务标准，提升基本陈列质量，提高藏品利用效率，促进馆藏资源、展览的共享交流。实施智慧博物馆项目，推广生态博物馆、流动博物馆，有条件的地方可以建立社区博物馆。提升古遗址古建筑石窟寺展示利用水平，拓宽近现代文物的利用方式。推动有条件的行政机关、企事业单位管理使用的文物保护单位定期或部分对公众开放。

（三）为促进经济社会发展服务。发挥文物资源在文化传承中的作用，丰富城乡文化内涵，彰显地域文化特色，优化社区人文环境。发挥文物资源在促进地区经济社会发展、壮大旅游业中的重要作用，打造文物旅游品牌，培育以文物保护单位、博物馆为支撑的体验旅游、研学旅行和传统村落休闲旅游线路，设计生产较高文化品位的旅游纪念品，增加地方收入，扩大居民就业。实行文物保护的分类管理、精准管理，针对城市、乡村、荒野等不同地域，以考古勘探等工作为基础，合理划定古遗址的保护区划；对传统村落中的文物建筑分别实行整体保护、外貌保护、局部保护，实现文物保护与延续使用功能、改善居住条件相统一。切实加强文物市场和社会文物鉴定的规范管理，积极促进文物拍卖市场健康发展。

（四）大力发展文博创意产业。深入挖掘文物资源的价值内涵和文化元素，更加注重实用性，更多体现生活气息，延伸文博衍生产品链条，进一步拓展产业发展空间，进一步调动博物馆利用馆藏资源开发创意产品的积极性，扩大引导文化消费，培育新型文化业态。鼓励众创、众筹，以创新创意为动力，以文博单位和文化创意设计企业为主体，开发原创文化产品，打造文化创意品牌，为社会资本广泛参与研发、经营等活动提供指导和便利条件。实施"互联网+中华文明"行动计划，支持和引导企事业单位通过市场方式让文物活起来，丰富人民群众尤其是广大青少年的精神文化生活。

（五）为扩大中华文化影响力服务。积极参与国际文化遗产保护事务，扩大与相关国际组织的合作，形成文物交流双边、多边合作机制。与更多国家和地区签署防止盗窃、盗掘和非法进出境文物双边协定，通过外交、司法、民间等多种形式推进非法流失海外文物的追索与返还。拓宽文物对外展示传播渠道，加强文物与外交、文化、海洋等部门和单位联动。推进与"一带一路"沿线国家文物保护领域的实质性合作。

（六）合理适度利用。任何文物利用都要以有利于文物保护为前提，以服务公众为目的，以彰显文物历史文化价值为导向，以不违背法律和社会公德为底线。文物景区景点要合理确定游客承载量；国有不可移动文物不得转让、抵押，不得作为企业资产经营，不得将辟为参观游览场所的国有文物保护单位及其管理机构整体交由企业管理。

六、严格执法

（一）完善文物保护法律法规。加快推进文物保护法、水下文物保护管理条例等法律法规修订工作。省级人民政府和具有立法权的市级人民政府要推动文物保护地方性法规规章制修订工作，健全法治保障体系。

（二）强化文物督察。完善文物保护监督机制，畅通文物保护社会监督渠道。加强层级监督，依法对地方履行文物保护职责情况进行督察，对重大文物违法案件和文物安全事故进行调查督办，集中曝光重大典型案例，对影响恶劣的要约谈地方人民政府负责人。优化国务院文物行政部门执法督察力量配置。

（三）加强地方文物执法工作。地方各级人民政府要结合综合行政执法改革，进一步加强文物执法工作，落实执法责任。加强省级文物行政部门执法督察力量。市县级文物行政部门要依法履行好行政执法职能，也可通过委托由文化市场综合执法队伍或其他综合行政执法机构承担文物执法职能。文物资源密集、安全形势严峻的地方可根据实际需要，设立专门的警务室。文物行政部门要强化预防控制措施，加大执法巡查力度，及时制止违法行为；建立案件分级管理、应急处置、挂牌督办等机制，建设文物执法管理平台。

（四）严格责任追究。地方各级人民政府、各有关部门和单位因不依法履行职责、决策失误、失职渎职导致文物遭受破坏、失盗、失火并造成一定损失的，要依法依纪追究有关人员的责任；涉嫌犯罪的，移送司法机关处理。造成国家保护的珍贵文物或者文物保护单位损毁、灭失的，要依法追究实际责任人、单位负责人、上级单位负责人和当地政府负责人的责任。建立文物保护责任终身追究制，对负有责任的领导干部，不论是否已调离、提拔或者退休，都必须严肃追责。建立健全文物保护工程勘察设计、施工、监理、技术审核质量负责制，对违反国家法律法规和相关技术标准，造成文物和国家财产遭受重大损失的，要依法追究相关单位和人员的责任。

（五）加大普法宣传力度。要将文物保护法的学习宣传纳入普法教育规划，纳入各级党校和行政学院教学内容。文化、新闻出版广电等部门和单位要主动做好文物保护法的宣传普及工作。落实"谁执法谁普法"的普法责任制，各级文物行政部门要将文物保护法的宣传普及作为重要工作任务常抓不懈，切实提高全民文物保护意识和执行文物保护法的自觉性。开展多种形式的以案释法普法教育活动。建立健全文物、博物馆、考古等有关企事业单位的守法信用记录，完善守法诚信行为褒奖机制和违法失信行为惩戒机制。

七、完善保障

（一）保障经费投入。县级以上人民政府要把文物保护经费纳入本级财政预算。要将国有尚未核定公布为文物保护单位的不可移动文物保护纳入基本公共文化服务范畴，积极引导和鼓励社会力量参与，多措并举，落实保护资金的投入。探索对文物资源密集区的财政支持方式，在土地置换、容积率补偿等方面给予政策倾斜。加强经费绩效管理和监督审计，提高资金使用效益。大力推广政府和社会资本合作（PPP）模式，探索开发文物保护保险产品，拓宽社会资金进入文物保护利用的渠道。

（二）加强科技支撑。发挥科技创新的引领作用，充分运用云计算、大数据、“互联网+”等现代信息技术，推动文物保护与现代科技融合创新。通过国家科技计划（专项、基金等），重点支持文物价值认知、保护修复和传统工艺科学化、考古综合技术、大遗址展示利用、文物预防性保护、智慧博物馆等方面的科技攻关，突破一批共性、关键、核心技术；针对土遗址、彩塑壁画、石质文物、纸质文物、纺织品的保护，实施一批重点科技示范工程，形成系统解决方案；建立跨部门跨地区的协同创新工作机制，在重点方向成立工程技术研究中心和技术创新战略联盟，全面提升集成创新、区域创新能力。提高文物保护装备制造能力。加快重要和急需标准制修订，支持有关企业、行业标准的制订，完善文物保护准则，进一步推广应用文物保护技术标准和行业规范，提升文物工作标准化、科学化水平。

（三）重视人才培养。实施人才培养“金鼎工程”，加快文博领军人才、科技人才、技能人才、复合型管理人才培养，形成结构优化、布局合理、基本适应文物事业发展需要的人才队伍。组织高等院校、科研院所以及文物大省的专业人才，实施保护项目与人才培养联动战略，加快文物保护修复、水下考古、展览策划、法律政策研究等紧缺人才培养。重视民间匠人传统技艺的挖掘、保护与传承。加强县级文物行政执法、保护修复等急需人才培训，适当提高市县文博单位中高级专业技术人员比例。加大非国有博物馆管理人员、专业人员培训力度，完善文物保护专业技术人员评价制度，加强高等院校、职业学校文物保护相关学科建设和专业设置。

各地、各有关部门和单位要根据本指导意见要求，结合工作实际，认真抓好贯彻落实。

国务院办公厅关于促进医药产业健康发展的指导意见

（2016 年 3 月 4 日　国办发〔2016〕11 号）

医药产业是支撑发展医疗卫生事业和健康服务业的重要基础，是具有较强成长性、关联性和带动性的朝阳产业，在惠民生、稳增长方面发挥了积极作用。大力发展医药产业，对于深化医药卫生体制改革、推进健康中国建设、培育经济发展新动力具有重要意义。改革开放以来，我国医药产业取得长足发展，产业规模快速增长，供给能力显著增强，但仍面临自主创新能力不强、产业结构不合理、市场秩序不规范等问题。当前，全球医药科技发展突飞猛进，医药产业深刻调整变革，人民群众健康需求持续增长，都对医药产业转型升级提出了迫切要求。为推动提升我国医药产业核心竞争力，促进医药产业持续健康发展，经国务院同意，现提出如下意见。

一、总体要求

（一）指导思想。全面贯彻党的十八大和十八届三中、四中、五中全会精神，按照党中央、国务院决策部署，牢固树立并切实贯彻创新、协调、绿色、开放、共享的发展理念，主动迎接新一轮产业变革，通过优化应用环境、强化要素支撑、调整产业结构、严格产业监管、深化开放合作，激发医药产业创新活力，降低医药产品从研发到上市全环节的成本，加快医药产品审批、生产、流通、使用领域体制机制改革，推动医药产业智能化、服务化、生态化，实现产业中高速发展和向中高端转型，不断满足人民群众多层次、多样化的健康需求。

（二）基本原则。

坚持市场主导、政府引导。强化企业市场主体地位，使市场在资源配置中起决定性作用和更好发挥政府作用。配合相关医改政策落实，完善产业政策和监管体系，规范市场秩序，注重产业升级与推广应用相互促进，营造公平竞争环境。

坚持创新驱动、开放合作。完善创新环境，推动政产学研用深度融合，加强医药技术创新能力建设，促进技术、产品和商业模式创新。加快医药产品管理、质量、标准、注册体系与国际接轨，充分利用国际资源要素，加强产业全球布局和国际合作。

坚持产业集聚、绿色发展。推动化学原料药向环境承载能力强、生产配套条件好的园区集聚。引导中药、民族药企业种植（养殖）、加工一体化。推行企业循环式生产、产业循环式组合、园区循环式改造，促进医药产业绿色改造升级和绿色安全发展。

坚持提升质量、保障供给。强化企业质量主体责任，完善质量标准和检测体系，确保产品安全有效。加强基本药物生产、供给能力建设，健全医药流通信息网络，建立市场短缺药品和创新药品审评审批及市场准入快速通道，提高供应保障能力。

（三）主要目标。到2020年，医药产业创新能力明显提高，供应保障能力显著增强，90%以上重大专利到期药物实现仿制上市，临床短缺用药供应紧张状况有效缓解；产业绿色发展、安全高效，质量管理水平明显提升；产业组织结构进一步优化，体制机制逐步完善，市场环境显著改善；医药产业规模进一步壮大，主营业务收入年均增速高于10%，工业增加值增速持续位居各工业行业前列。

二、主要任务

（四）加强技术创新，提高核心竞争能力。

促进创新能力提升。加大科技体制改革力度，完善政产学研用的医药协同创新体系。加强原研药、首仿药、中药、新型制剂、高端医疗器械等创新能力建设，优化科技资源配置，打造布局合理、科学高效的科技创新基地。运用数据库、计算机筛选、互联网等信息技术，建设医药产品技术研发、产业化、安全评价、临床评价等公共服务平台。积极发展众创空间，大力推进大众创新创业，培育一批拥有特色技术、高端人才的创新型中小企业，推动研发外包企业向全过程创新转变，提高医药新产品研制能力。

推动重大药物产业化。继续推进新药创制，加快开发手性合成、酶催化、结晶控制等化学药制备技术，推动大规模细胞培养及纯化、抗体偶联、无血清无蛋白培养基培养等生物技术研发及工程化，提升长效、缓控释、靶向等新型制剂技术水平。以临床用药需求为导向，在肿瘤、心脑血管疾病、糖尿病、神经退行性疾病、精神性疾病、高发性免疫疾病、重大传染性疾病、罕见病等领域，重点开发具有靶向性、高选择性、新作用机理的治疗药物，重点仿制市场潜力大、临床急需的国外专利到期药品。加快新型抗体、蛋白及多肽等生物药研发和产业化。完善疫苗供应体系，积极创制手足口病疫苗、新型脊髓灰质炎疫苗、宫颈癌疫苗等急需品种及新型佐剂。针对儿童用药需求，开发符合儿童生理特征的新品种、剂型和规格。开展临床必需、用量小、市场供应短缺的基本药物定点生产，加强其生产能力建设和常态化储备，满足群众基本用药需求。

加快医疗器械转型升级。重点开发数字化探测器、超导磁体、高热容量X射线管等关键部件，手术精准定位与导航、数据采集处理和分析、生物三维（3D）打印等技术。研制核医学影像设备PET－CT及PET－MRI、超导磁共振成像系统（MRI）、多排螺旋CT、彩色超声诊断、图像引导放射治疗、质子/重离子肿瘤治疗、医用机器人、健康监测、远程医疗等高性能诊疗设备。推动全自动生化分析仪、化学发光免疫分析仪、高通量基因测序仪、五分类血细胞分析仪等体外诊断设备和配套试剂产业化。发展心脏瓣膜、心脏起搏器、全降解血管支架、人工关节和脊柱、人工耳蜗等高端植介入产品，以及康复辅助器具中高端产品。积极探索基于中医学理论的医疗器械研发。

推进中医药现代化。开展中药、民族药及其临床应用技术标准研究，加强中药材种植（养殖）培育技术标准制定，建立中药道地药材标准体系，加强对中医药领域的地理标志产品保护。开展中药材良种繁育和现代种植（养殖）、生产技术推广，在适宜地区建设规范化种植（养殖）、规模化加工一体化基地。加快建立中药材资源动态监测体系，开展野生中药材资源利用的生态环境影响评估。加强中药材、中药生产、流通及使用追溯体系建设，提高中药产品质量和安全水平。开发现代中药提取纯化技术，研发符合中药特点的粘膜给药等制剂技术，推广质量控制、自动化和在线监测等技术在中药生产中的应用。在中医药优势治疗领域，推动经典名方二次开发及应用，研制一批疗效确切、安全性高、有效成分明确、作用机理清晰的中药产品。加强民族医药理论研究，推动藏药、维药、蒙药、傣药等民族药系统开发，提高民族医药医疗机构制剂水平，创制具有资源特色和疗效优势的新品种。

（五）加快质量升级，促进绿色安全发展。

严格生产质量管理。全面实施并严格执行新版药品生产质量管理规范（GMP），完善全生命周期和全产业链质量管理体系，实行全员、全过程、全方位质量管理，健全药品安全追溯体系。严格温控、洁净度等生产环境标准，加强管理标准、工作标准等文件管理，建立质量风险防控、供应商审计、持续稳定性考察、质量受权人等质量管理制度。强化医药企业质量安全第一责任人意识，落实质量主体责任。加强质量安全培训，严格环境、职业健康和安全（EHS）管理，提高员工素质。规范生产经营行为，着力解决重认证轻执行、重硬件轻软件等问题，加强基本药物质量监管，督促医药生产企业全面提升质量管理水平。

提升质量控制技术。建立科学有效的质量标准和控制方法，推广应用先进质量控制技术，改进产品设计，优化工艺路线，完善从原料到成品的全过程质量控制体系，有效提升药品质量。加快化学药杂质、溶解性能、溶剂残留和药物晶型等控制技术开发应用，提高产品纯度和稳定性。加强生物活性、等效性、利用度等生物药性能研究，增强发酵和细胞培养等生物学过程易变性控制能力，着力提高疫苗等生物产品的安全性、有效性。加大中药、民族药等传统医药产品物质基础研究力度，提高助溶剂质量稳定性，降低不良反应发生率。

完善质量标准体系。健全以《中华人民共和国药典》为核心的国家药品标准体系，实施药品、医疗器械标准提高行动计划，推动基本药物、高风险药品、药用辅料、包装材料及基础性、通用性和高风险医疗器械的质量标准升级，完善中药、民族药的药材及药品生产技术规范和质量控制标准，提高标准的科学性、合理性及可操作性，强化标准的权威性和严肃性。进一步完善药品质量评价体系，建立药品杂质数据库、质量评价方法和检测平台。健全仿制药一致性评价方法、技术规范，开展第三方检测、评价，提高仿制药质量。重点开展基本药物质量和疗效一致性评价，全面提高基本药物质量。开展中药有害残留物风险评估，加强中药注射剂安全性评价，维护中药产品质量安全。加快完善计量、标准、检验检测、认证认可等公共技术服务平台，鼓励建设第三方质量可靠性评价平台，促进企业加大投入，提升产品可靠性。

实施绿色改造升级。利用现代生物技术改进传统生产工艺，大力推广基因工程、生物催化等生物替代技术，积极采用生物发酵方法生产药用活性物质。开发生物转化、高效提取纯化、高产低耗菌种应用等清洁生产技术，加强发酵类大宗原料药污染防治。加快推广应用无毒无害原材料，加强对研发外包企业新化学物质的管理，推动环境污染源头治理。建设绿色工厂和循环经济园区，推动原料互供、资源共享，加强副产物循环利用、废弃物无害化处理和污染物综合治理。严格资源利用管理，实施能量系统优化工程，推广节能节水节地技术装备，淘汰落后工艺设备，加强高值医用耗材回收利用管理，提高能源资源利用效率和清洁生产水平。加强环境风险管控，排查治理环境安全隐患，防止发生突发环境事件。

（六）优化产业结构，提升集约发展水平。

调整产业组织结构。加大企业组织结构调整力度，推进企业跨行业、跨领域兼并重组，支持医药和化工、医疗器械和装备、中药材和中成药、原料药和制剂、生产和流通企业强强联合，形成上下游一体化的企业集团，真正解决小、散、乱问题。推动基本药物生产向优势企业集中，提升生产集约化水平，保障产品质量和稳定供应。以行业龙头企业为主，联合产品和技术相近的创新型企业、科研院所等单位，采取资金注入、技术入股等合作形式，组建产业联盟或联合体。发挥骨干企业资金、技术等优势，加强生产要素有效整合和业务流程再造，强化新产品研发、市场营销和品牌建设；发挥中小企业贴近市场、机制灵活等特点，发展技术精、质量高的医药中间体、辅料、包材等配套产品，形成大中小企业分工协作、互利共赢的产业组织结构。

推动区域协调发展。充分发挥区域要素资源优势，构建东中西部协调发展新格局。利用东部沿海地区资金、技术、人才等优势，建设国际先进的研发中心和总部基地，发展附加值高、资源消耗低的生物药物、药物制剂和医疗器械，引导缺乏比较优势的产品有序转出。发挥中部地区承东启西的区位优势，根据资源环境承载能力，积极承接东部地区产业转移，依托中心城市开展高端医药产品研发和产业化，因地制宜发展医用耗材等劳动密集型医疗器械产品。利用西部、东北地区药材资源和沿边区位优势，建设中药、民族药生产基地和面向周边国家的特色医药产品出口基地。

引导产业集聚发展。推动医药产业规模化、集约化、园区化，创建一批管理规范、环境友好、特色突出、产业关联度高的产业集聚区。引导优势企业在适宜药材生长的区域，按照中药材生产质量管理规范（GAP）开展规模化、规范化种植（养殖），在中药材资源地建设大型中药生产、加工基地，在少数民族聚居区建设特色民族药生产基地。结合化学原料药布局调整和产业转移，依托环境承载能力强、配套设施齐全、原料供应便捷的化工医药园区，建设高水平的化学原料药生产基地，在沿海、沿边地区建设符合国际标准的制剂出口加工基地。在具有人才、技术优势的中心城市，利用电子、信息和装备等产业的辐射效应，建设高端医疗器械研发和产业化基地。引导有条件的地区，统筹利用当地医疗、中医药、生态旅游等优势资源，发挥旅游市场作用，开发建设一批集养老、医疗、康复与旅游为一体的医药健康旅游示范基地，进一步健全社会养老、医疗、康复、旅游服务综合体系。

（七）发展现代物流，构建医药诚信体系。

建立现代营销模式。完善企业物流信息系统，充分利用省级药品集中采购平台信息资源，构建全国药品信息平台，向社会公开药品价格、用量、质量、流通等信息，接受群众监督，建立信息共享和反馈追溯机制。建立现代医药流通体系，推动大型企业建设遍及城乡的药品流通配送网络，充分发挥邮政企业、快递企业的寄递网络优势，提高基层和边远地区药品供应保障能力。推动中小流通企业专业化、特色化发展，做精做专，满足多层次市场需求。按照新版药品经营质量管理规范（GSP）要求，推动优势零售企业开展连锁经营，统一采购配送、质量管理、服务规范、信息管理和品牌标识，提高连锁药店规范化、规模化经营水平。推动建立医疗设备的通信协议、故障反馈、检测维护等环节的源代码开放制度，鼓励发展第三方专业维护保养、售后服务队伍。

加强诚信体系建设。健全医药诚信管理机制和制度，改善市场诚信环境。整合现有信用信息资源，建立医药研发、生产和流通企业信用记录档案，纳入国家统一的信用信息共享交换平台，并按照有关规定及时在“信用中国”网站、企业信用信息公示系统予以公开。制定信息收集、评价、披露等制度，建立失信企业“黑名单”。运用媒体宣传、市场准入等手段，加大对失信企业联合惩戒力度，提高失信成本。加快企业信用与商品质量保险体系建设，探索实施产品质量安全强制商业保险，强化企业自我约束。引导企业建立诚信管理体系，制定考核评价制度，主动开展守信承诺，自觉接受社会监督。

（八）紧密衔接医改，营造良好市场环境。

健全医疗服务体系。加快公立医院补偿机制改革，建立科学合理的考核奖惩制度，结合医药分开、取消药品加成等政策的实施，加强诊疗行为管理，防止过度治疗等不规范行为，控制医疗费用。医疗机构应当按照药品通用名开具处方，并主动向患者提供处方，保障患者的购药选择权；推进各类所有制医疗机构设备共享，推动医疗机构间检查结果互认，减少重复检查，减轻患者医疗负担。完善社会力量举办医疗机构的发展环境，在市场准入、社会保险定点、重点专科建设、职称评定、学术地位、等级评审等方面对所有医疗机构同等对待，加快形成多元化医疗服务格局，扩大患者选择权。推动医生多点执业，提升基层医疗机构服务能力，加快落实分级诊疗。

完善价格、医保政策。实施医疗、医保、医药联动改革，充分发挥市场机制作用，药品实际交易价格主要由市场竞争形成。加强价格、医保、招标采购等政策衔接，科学制定医保支付标准，强化医药费用和价格行为综合监管，健全药品价格监测体系，推动价格信息公开。积极稳妥推进医疗服务价格改革，建立以成本和收入结构变化为基础的价格动态调整机制，逐步理顺医疗服务比价关系，切实体现医务人员的技术劳务价值。根据“总量控制、结构调整、有升有降、逐步到位”的原则，合理调整医疗服务价格，调整后产生的费用按规定纳入医保支付范围，实现群众负担不增加。积极推动医保支付方式改革，强化医保基金收支预算，推行按病种、按人头等多种付费方式相结合的复合支付方式。根据医保基金承受能力，及时将符合条件、价格合理、具有自主知识产权的药品、医疗器械和诊疗项目按规定程序纳入医保支付范围。健全大病保障政策，全面开展重特大疾病医疗救助工作，大力发展商业健康保险，满足社会多样化健康保障和医药产品需求。

（九）深化对外合作，拓展国际发展空间。

优化产品出口结构。加快开发国际新兴医药市场，调整产品出口结构。发挥化学原料药国际竞争优势，推动维生素、青霉素、红霉素、头孢菌素等优势品种深加工产品出口，大力实施制剂国际化战略，加快首仿药、重组蛋白药物、抗体药物、疫苗等制剂产品出口，提高原料药、制剂组合出口能力，培育中国医药知名品牌。建立并完善境外销售和服务体系，推动 PET－CT、X 射线机、心电图机、B 超等医疗器械出口，逐步提高出口附加值。加强中医药对外文化交流，提高国际社会认知度，增强中药国际标准制定话语权，推动天然药物、中成药等产品出口。

推动国际注册认证。引进和培养熟悉境外法律法规和市场环境的国际医药注册人才，提高国际注册能力。系统开展国际市场产品注册，推动已获得专利保护的国产原研药国际临床研究和注册，加快品牌仿制药物国际注册认证。积极开展与医疗器械相关的计量国际比对。按照国际标准，完善工艺路线、质量检测和分析方法，健全环境、职业健康和安全（EHS）管理体系，建立并实施原料和辅料备案管理制度。加快药品生产质量管理规范（GMP）等生产质量体系国际认证，推动企业建设符合国际质量规范的生产线，提高国际化生产经营管理水平，加快检测认证国际化进程。鼓励企业申请国外专利，形成有效的海外专利布局。

加快国际合作步伐。贯彻落实“一带一路”战略，着眼全球配置资源，加快“走出去”步伐。采用多种合作形式，推动医药优势企业开展境外并购和股权投资、创业投资，建立海外研发中心、生产基地、销售网络和服务体系，获取新产品、关键技术、生产许可和销售渠道，加快融入国际市场，创建一批具有国际影响力的知名品牌。鼓励企业积极参与国际公共卫生领域合作，不断拓展和巩固国际市场。完善投资环境，加强配套体系建设，加大“引进来”力度，鼓励海关特殊监管区域内的企业承接生物医药外包业务。推动跨国公司在华建设高水平的医药研发中心、生产中心、采购中心，加快产业合作由加工制造环节向研发设计、市场营销、品牌培育等高附加值环节延伸，提高国际合作水平。

（十）培育新兴业态，推动产业智能发展。

建设智能示范工厂。推进医药生产过程智能化，开展智能工厂和数字化车间建设示范。加快人机智能交互、工业机器人等技术装备在医药生产过程中的应用，推动制造工艺仿真优化、状态信息实时反馈和自适应控制。应用大数据、云计算、互联网、增材制造等技术，构建医药产品消费需求动态感知、众包设计、个性化定制等新型生产模式。加快医疗器械产品数字化、智能化，重点开发可穿戴、便携式等移动医疗和辅助器具产品，推动生物三维(3D)打印技术、数据芯片等新技术在植介入产品中的应用。推进医药生产装备智能化升级，加快工控系统、智能感知元器件等核心技术装备研发和产业化，支撑医药产业智能工厂建设。

开展智能医疗服务。发挥优质医疗资源的引领作用，鼓励社会力量参与，整合线上线下资源，规范医疗物联网和健康医疗应用程序(APP)管理。积极开展互联网在线健康咨询、预约诊疗、候诊提醒、划价缴费、诊疗报告查询等便捷服务。加强区域医疗卫生服务资源整合，鼓励医疗服务机构建立医疗保健信息服务平台，积极开展互联网医疗保健信息服务。引导医疗机构运用信息化、智能化技术装备，面向基层、偏远和欠发达地区，开展远程病理诊断、影像诊断、专家会诊、监护指导、手术指导等远程医疗服务。

三、加强政策保障和组织实施

（十一）强化财政金融支持。创新财政资金支持方式，利用奖励引导、资本金注入、应用示范补助等方式，支持应用示范和公共服务平台建设等具有较强公共服务性质的项目；运用和引导产业投资、风险投资等基金，支持创新产品研发、产业化建设等方面具有营利性、竞争性的项目，扶持具有创新发展能力的骨干企业和产业联盟，整合产业链上下游资源。探索医疗器械生产企业与金融租赁公司、融资租赁公司合作，为各类所有制医疗机构提供分期付款采购大型医疗设备的服务。研究制定国内短缺、有待突破的原料药重点产品目录，对目录中化学结构清晰、符合税则归类规则、满足监管要求的原料药，研究实施较低的暂定税率，健全研制、使用单位在医药产品创新、增值服务和示范应用等环节的激励机制。支持符合条件的创新型医药生产企业上市融资、发行债券、并购、重组。

（十二）支持创新产品推广。研究制定创新和优秀药品、医疗器械产品目录。加大对创新产品的宣传力度，增强临床医生与人民群众对具有自主知识产权医药产品的认同度。通过首台（套）重大技术装备保险补偿试点工作，支持符合条件的高端医疗装备应用推广，继续推动实施创新医疗器械产品应用示范工程（包括“十百千万工程”等），在部分省市开展大型医疗设备配置试点。进一步加大创新医疗器械产品推广力度，在不同层次的医疗机构开展试点示范应用。鼓励医药企业与大型医院合作建设创新药品、医疗器械示范应用基地、培训中心，形成示范应用－临床评价－技术创新－辐射推广的良性循环。

（十三）健全政府采购机制。按照公开透明、公平竞争的原则，完善招标采购机制，逐步将医药产品招标采购纳入公共资源交易平台。实行分类采购，科学设置评审因素，推动药品、高值医用耗材采购编码标准化，确保价格合理、保障供应、质量安全。规范竞争秩序，打破医药产品市场分割、地方保护。进一步完善双信封评价方法，对竞标价格明显偏低、可能存在质量和供应风险的药品，必须进行综合评估，避免恶性竞争。全面推进信息公开，建立对价格虚高药品的核查和动态调整机制，确保药品采购各环节在阳光下运行。根据区域卫生规划，制定完善各级医疗机构的医疗器械配备标准，严格控制财政性资金采购不合理的超标准、高档设备。严格落实《中华人民共和国政府采购法》规定，国产药品和医疗器械能够满足要求的，政府采购项目原则上须采购国产产品，逐步提高公立医疗机构国产设备配置水平。

（十四）深化审评审批改革。建立更加科学、高效的药品医疗器械审评审批体系。加强审评队伍建设，招聘有国际审评审批经验的专家学者。加大政府购买审评服务力度，加强技术审评协作能力建设，提高审评审批能力和效率。公开受理、审批相关信息，增加审评审批透明度。严格控制市场供大于求、低水平重复、生产工艺落后产品的审批，加快临床急需的创新药物、医疗器械产品审评，引导申请人有序研发、科学申报。加快制定新型诊疗技术的临床应用技术规范。对经确定为创新医疗器械的基因检测产品等，按照创新医疗器械审批程序优先审查，加快创新医疗服务项目进入医疗体系，促进新技术进入临床使用。加快药品上市许可持有人制度试点，推动药品研发与生产的专业化分工，加快科研成果转化。鼓励开展药品委托研发、生产，逐步放宽药品文号转移限制，引导优势企业兼并重组，减少同质化竞争和审评资源浪费。

（十五）加快人才队伍建设。深入实施人才优先发展战略，着眼于药物创新、医疗器械核心软硬件开发、中医药传承、医药产品国际注册等方面的需求，健全人才引进、培养、激励机制，营造人尽其才、才尽其用的良好环境。继续实施“千人计划”等引智工程，吸引海外产品创新、国际注册等方面高层次人才和团队来华创新创业。鼓励医药企业设立博士后科研工作站。以提高药品质量管理水平和企业竞争力为核心，积极开展多种形式的医药企业经营管理人员培训，培养一批领军型医药企业家。强化职业教育和技能培训，建设医药应用技术教育和实训基地，打造技艺精湛的技能人才队伍。完善医疗机构相关职称评定和岗位设置办法。支持企业与高等院校、医疗机构合作培养医疗器械工程师等实用型技术人才。鼓励设立创业创新中心等人才培养平台，加强协同创新。加强药学队伍建设，提升执业药师服务能力，促进安全合理用药。建立健全技术、技能等要素参与的收益分配机制，鼓励通过技术入股等形式，充分调动人才的积极性和创造性。

（十六）加强产业协同监管。完善监管部门、行业协会、医药企业沟通机制，健全横向到边、纵向到底的监管网络，形成全社会共治的监管格局。支持行业协会等社会团体开展产业运行监测分析、产业发展战略研究和行业信息发布。加强对药品和医疗器械使用过程中的管理，加强药物不良反应监测，落实企业产品上市后不良反应监测主体责任。健全药品上市后安全性评价工作机制，建立药品退市制度。建立健全以基本药物为重点的临床用药综合评价体系，完善药品短缺预警机制，动态掌握重点企业生产情况，提高供应保障能力和水平。加强药品和医疗器械监管法律法规体系建设，加大飞行检查力度，及时依法查处违法违规企业。严格安全、环保监管，坚决依法关停不符合要求的医药企业。对化学制药企业要开展反应风险分析，进行正规设计，装备可靠的自动化控制系统，提升本质安全水平。对使用危险化学品的其他制药企业，要建立健全危险化学品管理制度，加强员工培训，提高风险管控能力。加强医药知识产权保护，加快知识产权社会信用体系建设，加大对侵权行为的打击力度，建立惩罚性赔偿制度，降低企业维权成本。整顿规范医药市场，严厉打击生产经营假冒伪劣医药产品、实施商业贿赂、暗中操纵价格等违法违规行为。

各地区、各有关部门要充分认识促进医药产业健康发展的重要意义，加强组织领导，健全工作机制，形成工作合力。各地区要结合实际制定具体实施方案，精心组织实施，确保各项任务落到实处。各有关部门要按照职责分工抓紧制定配套政策，营造良好环境。国家发展改革委要加强统筹协调，明确各项政策措施落实的具体时间表，会同有关部门加强政策指导和督促检查，推动医药产业持续健康发展。

国务院办公厅关于促进二手车便利交易的若干意见

（2016年3月14日　国办发〔2016〕13号）

汽车业是国民经济重要的战略性、支柱性产业，是稳增长、扩消费的关键领域。目前，我国汽车保有量超过1.7亿辆，二手车市场潜力巨大。但二手车交易不便利、信息不透明等问题制约了二手车消费。为便利二手车交易，繁荣二手车市场，为新车消费创造更大的市场空间，同时带动汽配、维修、保险等相关服务业发展，经国务院同意，现提出以下意见：

一、营造二手车自由流通的市场环境。各地人民政府要严格执行《国务院关于禁止在市场经济活动中实行地区封锁的规定》（国务院令第303号），不得制定实施限制二手车迁入政策。符合国家在用机动车排放和安全标准，在环保定期检验有效期和年检有效期内的二手车均可办理迁入手续，国家鼓励淘汰和要求淘汰的相关车辆及国家明确的大气污染防治重点区域（京津冀：北京、天津、河北，长三角：上海、江苏、浙江，珠三角：广州、深圳、珠海、佛山、江门、肇庆、惠州、东莞、中山等9个城市）有特殊要求的除外。已经实施限制二手车迁入政策的地方，要在2016年5月底前予以取消。（各地人民政府负责）

二、进一步完善二手车交易登记管理。整合二手车交易、纳税、保险和登记等流程，开展一站式服务，对具备条件的二手车交易市场推行进场服务。简化二手车交易登记程序，不得违规增加限制办理条件。优化服务流程，推行二手车异地交易登记，便利交易方在车辆所在地直接办理交易登记手续。（商务部会同公安部、税务总局、保监会按照职责分工负责）

三、加快完善二手车流通信息平台。建立二手车流通信息工作机制，积极整合现有资源，加强互联互通和信息共享，加快建立覆盖生产、销售、登记、检验、保养、维修、保险、报废等汽车全生命周期的信息体系。非保密、非隐私性信息应向社会开放，便于查询，符合国家有关要求的信息服务可以市场化运作，已经具备条件的行业信息要进一步加大开放力度。（商务部会同工业和信息化部、公安部、环境保护部、交通运输部、保监会按照职责分工负责）

四、加强二手车市场主体信用体系建设。依法采集二手车交易市场、经销企业、拍卖企业、鉴定评估机构、维修服务企业以及其他市场主体的信用信息，建立二手车市场主体信用记录,纳入全国信用信息共享平台,并按照有关规定及时在企业信用信息公示系统以及“信用中国”网站予以公开,方便社会查询和应用。(商务部、国家发展改革委、环境保护部、交通运输部、税务总局、工商总局、保监会按照职责分工负责)

五、优化二手车交易税收政策。按照“统一税制、公平税负、促进公平竞争”原则,结合全面推开营改增试点,进一步优化二手车交易税收政策,同时加强对二手车交易的税收征管。(财政部、税务总局按照职责分工负责)

六、加大金融服务支持力度。加大二手车交易信贷支持力度,降低信贷门槛,简化信贷手续。支持二手车贷款业务,适当降低二手车贷款首付比例。加快开发符合二手车交易特点的专属保险产品,不断提高二手车交易保险服务水平。(银监会、保监会按照职责分工负责)

七、积极推动二手车流通模式创新。推动二手车经销企业品牌化、连锁化经营,提升整备、质保等增值服务能力和水平。积极引导二手车交易企业线上线下融合发展,鼓励发展电子商务、拍卖等交易方式。推动新车销售企业开展二手车经销业务,积极发展二手车置换业务。(商务部、交通运输部按照职责分工负责)

八、完善二手车流通制度体系建设。抓紧修订《二手车流通管理办法》,规范二手车交易行为,强化市场主体责任;加强消费者权益保护,确保消费放心、交易便捷、服务完备;明确监管职责,加强市场监管,规范交易秩序,促进二手车市场健康、有序发展。(商务部牵头负责)

各地区、各有关部门要充分认识便利二手车交易、促进二手车流通的重要意义,加强组织领导,健全工作机制,强化部门协同和上下联动,确保各项政策措施落到实处。各地区要根据本意见,结合地方实际研究制定具体实施方案,细化政策措施。商务部等有关部门要抓紧研究制定配套政策和具体措施,加强部门协作配合,共同开展好相关工作。

国务院办公厅关于完善国家级经济技术开发区考核制度促进创新驱动发展的指导意见

(2016 年 3 月 16 日　国办发〔2016〕14 号)

经过 30 多年发展,国家级经济技术开发区(以下简称国家级经开区)作为先进制造业聚集区和区域经济增长极，已经成为我国经济发展的强大引擎、对外开放的重要载体和体制机制改革的试验区域，为我国形成全方位、宽领域、多层次的对外开放格局作出了突出贡献。当前，国家级经开区面临的国际国内形势和肩负的历史使命都发生了深刻变化，迫切需要通过完善考核、分类指导、综合施策，促进创新驱动发展，为稳增长调结构惠民生继续发挥生力军作用。经国务院同意，现提出以下意见。

一、总体要求

全面贯彻党的十八大和十八届三中、四中、五中全会精神，认真落实《中共中央 国务院关于构建开放型经济新体制的若干意见》和《中共中央 国务院关于深化体制机制改革加快实施创新驱动发展战略的若干意见》，牢固树立创新、协调、绿色、开放、共享的发展理念，在培育发展新动力、拓展发展新空间、构建产业新体系和发展新体制等方面，持续发挥国家级经开区窗口示范和辐射带动作用，培育有全球影响力的先进制造业、现代服务业发展基地。

（一）坚持以对外开放为引领。放宽外资准入限制，完善法治化、国际化、便利化营商环境，吸引更多中高端外资加速流入。推进国家级经开区创新外贸发展模式，进一步提高贸易便利化水平，加快培育以技术、品牌、质量、服务为核心的外贸竞争新优势。主动适应我国对外开放新形势和国际产业转移新趋势，以开放促创新，拓展对外开放新的空间和领域，更好地融入全球产业链、价值链、供应链，提高我国在全球产业分工中的地位。

（二）坚持以科技创新为动力。着力构建以企业为主体、以市场为导向、产学研相结合的技术创新体系。推进信息化与工业化深度融合，将科技创新成果转化成现实生产力，打造若干高水平、有特色优势的产业创新中心。完善创新创业政策体系，支持和鼓励新技术、新产业、新业态蓬勃发展，形成有利于创新创业的良好氛围。强化原始创新、集成创新和引进消化吸收再创新，不断提高创新发展能力。

（三）坚持以体制创新为保障。加大简政放权力度，加强事中事后监管，做到扩大开放与加强监管同步。总结和复制推广自由贸易试验区体制机制创新成果，探索在开放创新、科技研发、市场导向、金融支持、公共服务等方面创新开发区发展模式，促进国家级经开区转型发展。

（四）坚持以考核评价为导向。完善考核评价体系，从产业基础、科技创新、区域带动、生态环保、行政效能等方面，综合评价各国家级经开区的优势、进步与不足，明确未来发展方向，加强分类指导和动态管理，鼓励争先进位，不断提升发展水平。

二、目标任务

（五）发展目标。通过对国家级经开区进行考核评价，加大政策支持力度，提高政策精准度，充分调动国家级经开区加快转型升级、实现创新驱动发展的积极性，继续把国家级经开区建设成为带动地区经济发展和实施区域发展战略的重要载体，成为构建开放型经济新体制和培育吸引外资新优势的排头兵，成为科技创新驱动和绿色集约发展的示范区，成为大众创业万众创新的落脚地。

（六）主要任务。提升自主创新能力，对标国际产业发展趋势，以推动产业转型升级为核心，引领新产业、新业态发展方向，提高支柱产业对区域发展的贡献率。积极实施腾笼换鸟、凤凰涅槃战略，促进传统产业就地转型升级，劳动密集型产业向欠发达地区转移。营造资本和技术密集型产业新优势，促进国家级经开区经济保持中高速增长，产业迈向中高端水平，在更高层次参与国际经济合作和竞争。

三、完善考核评价体系

（七）完善考核制度。商务部要改革完善国家级经开区发展水平考核评价制度，制订并发布《国家级经济技术开发区综合发展水平考核评价办法》，明确审核要求，科学设计指标体系，引导国家级经开区不断改善和优化投资环境，树立国家级经开区典型范例和良好品牌，服务国家区域协调发展战略，走质量效益型发展之路。

（八）加强动态管理。商务部牵头负责组织考核评价工作，会同相关部门加强对国家级经开区的宏观指导和管理。对发展好的国家级经开区一方面在金融、土地、人才等方面给予激励政策，另一方面要鼓励其输出管理经验，带动其他国家级经开区协同发展。对发展水平滞后的国家级经开区予以警告和通报，对连续两次考核处于最后5名的，按程序报国务院批准后降为省级经济开发区。对申请新设立或升级为国家级经开区的，给予2年培育期，待培育期满后进行实地考察，经综合评价其各项指标在被培育的省级经济开发区中位居前列的，启动新设或升级办理程序。

四、夯实产业基础

（九）提升产业核心竞争力。国家级经开区要扩大对内对外开放，促进国内国际要素有序流动、资源高效配置、市场深度融合。通过考核高新技术产品进出口总额、利用外资金额、产业集群数量及中外企业设立研发中心和总部中心数量等，促进国家级经开区参与全球产业分工和价值链重组，发展外向型产业集群，打造一批行业领军企业，强力推进产业集聚、集群、集约发展，提高科技含量和附加值。发展较好的国家级经开区要构建新型产业体系，大力发展战略性新兴产业，积极创建国家新型工业化产业示范基地，同时培育制造业创新中心，推动制造业由生产型向生产服务型转变，引导制造企业延伸服务链条、增加服务环节，引领中国制造业核心竞争力和国际分工地位跃升。产业集聚程度还不高的国家级经开区要大力引资引技引智，优化产业布局，推广应用新技术、新工艺、新装备、新材料，促进现代化产业集群健康发展。

（十）创新产业投融资方式。通过考核园区产业引导基金、创业投资基金及其他形式扶持基金的设立情况，促进有条件的国家级经开区按市场化原则设立各类基金，逐步建立支持创新创业的市场化长效运行机制。重点支持发展战略性新兴产业、先进制造业、现代服务业。支持有条件的国家级经开区探索同境内外社会资本合作，共办各具特色的“区中园”，形成多层次、多渠道、多方式的投融资体系。

（十一）争取更多金融支持。通过考核产业发展和基础设施配套情况，促进国家级经开区充分利用政策性金融、开发性金融中长期融资优势和投资、贷款、债券、租赁、证券等综合金融服务优势，加快区内主导产业发展和城市地下综合管廊等基础设施建设。支持符合条件的国家级经开区开发、运营企业上市和发行债券。

五、激发创新活力

（十二）用好用足创新创业扶持政策。通过考核用于科技创新的财政支出金额、企业研发支出占比、高新技术企业数量及高新技术企业主营业务收入占比等情况，促进国家级经开区扶持创新创业企业发展，加大对科技创新的财政支持。鼓励国家级经开区综合运用政府购买服务、无偿资助、业务奖励等方式，对众创空间等新型孵化机构的房租、宽带接入和用于创业服务的公共软件、开发工具等费用给予适当财政补贴。积极落实已推广到全国的国家自主创新示范区有关税收优惠政策，推动企业加大研发力度，创建自主品牌，推进结构调整，助力创业创新。

（十三）打造创新创业服务平台。通过考核区内孵化器、众创空间和省级以上研发机构数量，促进国家级经开区通过市场化方式构建创新与创业相结合、线上与线下相结合、孵化与投资相结合的新型孵化平台和公共服务平台，为创业者提供低成本、便利化、全要素的工作空间、网络空间、社交空间和资源共享空间。有条件的国家级经开区要积极盘活闲置的商业用房、工业厂房、企业库房和物流设施，为创业者提供低成本办公场所。发挥行业领军企业、创业投资机构、社会组织的作用，积极发展众创、众包、众扶、众筹等新模式，促进高新技术企业发展。采取一口受理、网上申报、多证联办等措施为创业企业工商注册提供便利。

（十四）加快人力资源集聚。通过考核职业技能培训机构数量、硕士及以上学历人才数量占比、专业技术人才和高技能人才数量占比，促进国家级经开区深化产教融合、校企合作，建立多种形式的研发基地和职业技能培训平台，有针对性地培养各种技术技能人才。进一步创新专业技术人才和高技能人才培养、使用和激励模式，加速培育适应产业创新发展要求的高素质人才队伍。

（十五）加强知识产权运用和保护。通过考核每万人口发明专利拥有量、通过《专利合作条约》（PCT）途径提交的专利申请量、年度发明专利授权量、技术合同交易额等情况，促进国家级经开区完善知识产权政策体系，以知识产权助力创新创业，鼓励原创技术转化和产业化，促进知识产权运营，强化产业竞争力的知识产权支撑，营造良好的区域创新环境。鼓励国家级经开区深化知识产权领域改革，在知识产权综合管理、企业知识产权管理标准化、知识产权服务业、知识产权质押融资、知识产权维权机制等方面先行先试，创建知识产权试点示范园区。

六、发挥区域带动作用

（十六）促进区域协调发展。通过考核地区生产总值、公共财政预算收入、税收收入、实际使用外资、高技术制造业产值、第三产业增加值等占所在地级市比重，推动国家级经开区通过全球资源利用、业务流程再造、产业链整合、资本市场运作等方式，促进主要经济指标平衡协调，经济发展质量和效益显著提高，有效带动所在区域经济发展。通过考核合作共建园区、对口援助等情况，鼓励国家级经开区按照国家区域和产业发展战略共建跨区域合作园区或合作联盟。依托京津冀开发区创新发展联盟，促进常态化的产业合作、项目对接和企业服务，提升区域合作水平。长江经济带沿线各国家级经开区要按照市场化机制建立合作联盟，促进产业有序转移、合理布局、协调发展，构筑全国范围内具有较强竞争力和影响力的区域开放合作平台。

七、强化绿色集约发展

（十七）提高土地开发利用率。通过考核单位土地地区生产总值产出强度、土地开发利用率，促进国家级经开区科学划分产业用地与配套设施用地比例，创新土地动态监管和用地评估制度，建立健全低效用地再开发激励约束机制，盘活存量工业用地。省级人民政府在用地指标中可对国家级经开区予以单列，优先安排创新创业企业用地。探索对产业用地的供给方式和供地年限实施差别化管理。优先考虑发展好的国家级经开区扩区或调整区位需求。

（十八）鼓励绿色低碳循环发展。通过考核单位地区生产总值能耗和水耗、污染物排放、通过 ISO14000 认证企业数等情况，促进国家级经开区提高能源资源利用效率，严格环境准入门槛，增强环境监测监控能力，大力发展循环经济和环保产业，支持企业开展 ISO14000 认证，推动建立绿色、低碳、循环发展产业体系。鼓励国家级经开区创建生态工业示范园区、循环化改造示范试点园区、国家低碳工业园区等绿色园区,通过双边机制开展国际合作生态(创新)园建设,引入国际先进节能环保技术和产品。

八、推进体制机制创新

(十九)创新社会治理机制。推动国家级经开区构建适应经济转型升级的行政管理体制,探索开放创新、产业城市融合的发展模式。通过考核一般公共服务支出占比、设置安全生产机构、通过ISO9001质量认证等方面情况,促进国家级经开区优化机构设置,提高行政效率,健全完善与经济发展水平相适应的社会保障体系和公共医疗、基础教育等公共服务体系。

(二十)提升投资便利化程度。进一步下放外商投资审批权限,《外商投资产业指导目录》中总投资(包括增资)10亿美元以下的鼓励类、允许类外商投资企业和总投资1亿美元以下的限制类外商投资企业的设立及其变更事项,由省、自治区、直辖市、计划单列市、新疆生产建设兵团、副省级城市(包括哈尔滨、长春、沈阳、济南、南京、杭州、武汉、广州、成都、西安)商务主管部门及国家级经开区负责审批和管理。国家级经开区要主动对接自由贸易试验区先行先试改革工作,率先复制推广试点经验,重点做好深化集中审批、事中事后监管等方面的改革试点经验复制工作。通过考核一站式政务服务大厅在线审批率,促进国家级经开区推进简政放权、放管结合,对企业设立、变更实行"单一窗口",改进对企业和投资者的服务。

各地区、各部门要充分认识国家级经开区分类考核、转型升级、创新发展的重要意义,加强组织领导,健全工作机制,主动作为,尽快制订具体实施方案和配套政策措施。各省级商务主管部门和各国家级经开区要按照统一部署,认真贯彻落实考核评价各项工作要求,确保考核结果真实客观,取得实效。

国务院关于落实《政府工作报告》重点工作部门分工的意见

(2016年3月25日　国发〔2016〕20号)

国务院各部委、各直属机构:

根据党的十八大和十八届三中、四中、五中全会精神,中央经济工作会议精神和十二届全国人大四次会议通过的《政府工作报告》,为做好今年政府工作,实现经济社会发展目标任务,现就《政府工作报告》确定的重点工作提出部门分工意见如下：

一、稳定和完善宏观经济政策，保持经济运行在合理区间

（一）稳定和完善宏观经济政策。坚持以新发展理念引领发展，坚持稳中求进工作总基调，适应经济发展新常态，实行宏观政策要稳、产业政策要准、微观政策要活、改革政策要实、社会政策要托底的总体思路，把握好稳增长与调结构的平衡，保持经济运行在合理区间，着力加强供给侧结构性改革，加快培育新的发展动能，改造提升传统比较优势，抓好去产能、去库存、去杠杆、降成本、补短板，加强民生保障，切实防控风险，努力实现“十三五”时期经济社会发展良好开局。国内生产总值增长6.5%－7%，居民消费价格涨幅3%左右，进出口回稳向好，国际收支基本平衡，居民收入增长和经济增长基本同步。继续实施积极的财政政策和稳健的货币政策，创新宏观调控方式，加强区间调控、定向调控、相机调控，统筹运用财政、货币政策和产业、投资、价格等政策工具，采取结构性改革尤其是供给侧结构性改革举措，为经济发展营造良好环境。（发展改革委牵头，工业和信息化部、民政部、财政部、人力资源社会保障部、商务部、人民银行等按职责分工负责）

（二）加大力度实施积极的财政政策。

安排财政赤字2.18万亿元，比去年增加5600亿元，赤字率提高到3%。其中，中央财政赤字1.4万亿元，地方财政赤字7800亿元。安排地方专项债券4000亿元，继续发行地方政府置换债券。（财政部牵头，发展改革委、人民银行等按职责分工负责）

适度扩大财政赤字，主要用于减税降费，进一步减轻企业负担。全面实施营改增，从5月1日起，将试点范围扩大到建筑业、房地产业、金融业、生活服务业，并将所有企业新增不动产所含增值税纳入抵扣范围，确保所有行业税负只减不增。取消违规设立的政府性基金，停征和归并一批政府性基金，扩大水利建设基金等免征范围。将18项行政事业性收费的免征范围，从小微企业扩大到所有企业和个人。适当增加必要的财政支出和政府投资，加大对民生等薄弱环节的支持。创新财政支出方式，优化财政支出结构，应保尽保，应减尽减。（财政部、税务总局牵头，发展改革委、工业和信息化部、住房城乡建设部、人民银行等按职责分工负责）

加快财税体制改革。推进中央与地方事权和支出责任划分改革，合理确定增值税中央和地方分享比例。把适合作为地方收入的税种下划给地方，在税政管理权限方面给地方适当放权。进一步压缩中央专项转移支付规模，一般性转移支付规模增长12.2%。全面推开资源税从价计征改革。依法实施税收征管。建立规范的地方政府举债融资机制，对财政实力强、债务风险较低

的，按法定程序适当增加债务限额。（财政部、税务总局牵头，发展改革委、国土资源部、人民银行等按职责分工负责）

（三）灵活适度实施稳健的货币政策。

广义货币 M2 预期增长 13% 左右，社会融资规模余额增长 13% 左右。统筹运用公开市场操作、利率、准备金率、再贷款等各类货币政策工具，保持流动性合理充裕，疏通传导机制，降低融资成本，加强对实体经济特别是小微企业、"三农"等支持。（人民银行牵头，发展改革委、财政部、银监会、证监会、保监会等按职责分工负责）

深化金融体制改革。加快改革完善现代金融监管体制，提高金融服务实体经济效率，实现金融风险监管全覆盖。深化利率市场化改革。继续完善人民币汇率市场化形成机制，保持人民币汇率在合理均衡水平上基本稳定。深化国有商业银行和开发性、政策性金融机构改革，发展民营银行，启动投贷联动试点。推进股票、债券市场改革和法治化建设，促进多层次资本市场健康发展，提高直接融资比重。适时启动"深港通"。建立巨灾保险制度。规范发展互联网金融。大力发展普惠金融和绿色金融。加强全口径外债宏观审慎管理。扎紧制度笼子，整顿规范金融秩序，严厉打击金融诈骗、非法集资和证券期货领域的违法犯罪活动，坚决守住不发生系统性区域性风险的底线。（中央编办、发展改革委、公安部、财政部、人民银行、法制办、银监会、证监会、保监会、外汇局等按职责分工负责）

二、加强供给侧结构性改革，增强持续增长动力

（四）推动简政放权、放管结合、优化服务改革向纵深发展。

切实转变政府职能、提高效能。继续大力削减行政审批事项，注重解决放权不同步、不协调、不到位问题，对下放的审批事项，要让地方能接得住、管得好。（国务院审改办牵头）深化商事制度改革，开展证照分离试点。（工商总局、法制办、国务院审改办等按职责分工负责）全面公布地方政府权力和责任清单，在部分地区试行市场准入负面清单制度。对行政事业性收费、政府定价或指导价经营服务性收费、政府性基金、国家职业资格，实行目录清单管理。加快建设统一开放、竞争有序的市场体系，打破地方保护。深化价格改革，加强价格监管。（中央编办、发展改革委、财政部、人力资源社会保障部、商务部、工商总局等按职责分工负责）修改和废止有碍发展的行政法规和规范性文件。（国务院办公厅、法制办等按职责分工负责）

创新事中事后监管方式，全面推行"双随机、一公开"监管，随机抽取检查对象，随机选派执法检查人员，及时公布查处结果。（工商总局牵头，海关总署、质检总局、食品药品监管总局等按职责分工负责）推进综合行政执法改革。

（中央编办、法制办牵头）实施企业信用信息统一归集、依法公示、联合惩戒、社会监督。大力推行"互联网＋政务服务"，实现部门间数据共享，让居民和企业少跑腿、好办事、不添堵。（发展改革委牵头，工业和信息化部、公安部、民政部、人力资源社会保障部、人民银行、税务总局、工商总局、质检总局、食品药品监管总局等按职责分工负责）

（五）充分释放全社会创业创新潜能。

着力实施创新驱动发展战略，促进科技与经济深度融合，提高实体经济的整体素质和竞争力。强化企业创新主体地位。落实企业研发费用加计扣除和加速折旧政策，完善高新技术企业、科技企业孵化器等税收优惠政策。支持行业领军企业建设高水平研发机构。加快将国家自主创新示范区试点政策推广到全国，再建设一批国家自主创新示范区、高新区。（科技部牵头，发展改革委、工业和信息化部、财政部、国土资源部、住房城乡建设部、国资委、税务总局等按职责分工负责）

发挥大众创业、万众创新和"互联网＋"集众智汇众力的乘数效应。打造众创、众包、众扶、众筹平台，构建大中小企业、高校、科研机构、创客多方协同的新型创业创新机制。建设一批"双创"示范基地，培育创业创新服务业，规范发展天使、创业、产业等投资。支持分享经济发展，提高资源利用效率，让更多人参与进来、富裕起来。（发展改革委牵头，科技部、工业和信息化部、财政部、人力资源社会保障部、人民银行、国资委、银监会、证监会、保监会等按职责分工负责）实施更积极、更开放、更有效的人才引进政策。（外专局牵头，外交部、发展改革委、教育部、科技部、公安部、财政部、人力资源社会保障部、侨办等按职责分工负责）加强知识产权保护和运用。（知识产权局牵头，工商总局、新闻出版广电总局等按职责分工负责）依法严厉打击侵犯知识产权和制假售假行为。（全国打击侵犯知识产权和制售假冒伪劣商品工作领导小组办公室牵头，领导小组成员单位按职责分工负责）

深化科技管理体制改革。扩大高校和科研院所自主权，砍掉科研管理中的繁文缛节。（科技部牵头，中央编办、发展改革委、教育部、工业和信息化部、财政部、中科院、工程院、自然科学基金会、国防科工局等按职责分工负责）实施支持科技成果转移转化的政策措施，完善股权期权税收优惠政策和分红奖励办法，鼓励科研人员创业创新。（发展改革委、科技部、财政部、人力资源社会保障部、国资委、税务总局、证监会等按职责分工负责）大力弘扬创新文化，厚植创新沃土，营造敢为人先、宽容失败的良好氛围，充分激发企业家精神，调动全社会创业创新积极性，汇聚成推动发展的磅礴力量。（科技部牵头，发展改革委、教育部、国资委、中科院、工程院、自然科学基金会、新闻办、网信办、中

国科协等按职责分工负责）

（六）着力化解过剩产能和降本增效。重点抓好钢铁、煤炭等困难行业去产能，坚持市场倒逼、企业主体、地方组织、中央支持，运用经济、法律、技术、环保、质量、安全等手段，严格控制新增产能，坚决淘汰落后产能，有序退出过剩产能。采取兼并重组、债务重组或破产清算等措施，积极稳妥处置"僵尸企业"。完善财政、金融等支持政策，中央财政安排1000亿元专项奖补资金，重点用于职工分流安置。采取综合措施，降低企业交易、物流、财务、用能等成本，坚决遏制涉企乱收费，对违规行为严肃查处。（发展改革委牵头，工业和信息化部、财政部、人力资源社会保障部、国土资源部、环境保护部、交通运输部、商务部、人民银行、国资委、质检总局、安全监管总局、银监会、证监会、保监会、能源局、煤矿安监局等按职责分工负责）

（七）努力改善产品和服务供给。

提升消费品品质。加快质量安全标准与国际标准接轨，建立商品质量惩罚性赔偿制度。鼓励企业开展个性化定制、柔性化生产，培育精益求精的工匠精神，增品种、提品质、创品牌。（发展改革委、工业和信息化部、商务部、卫生计生委、国资委、工商总局、质检总局、食品药品监管总局、旅游局等按职责分工负责）

促进制造业升级。深入推进"中国制造＋互联网"，建设若干国家级制造业创新平台，实施一批智能制造示范项目，启动工业强基、绿色制造、高端装备等重大工程，组织实施重大技术改造升级工程。（工业和信息化部牵头，发展改革委、科技部、财政部、国资委、税务总局等按职责分工负责）

加快现代服务业发展。启动新一轮国家服务业综合改革试点，实施高技术服务业创新工程，大力发展数字创意产业。放宽市场准入，提高生产性服务业专业化、生活性服务业精细化水平。建设一批光网城市，推进5万个行政村通光纤，让更多城乡居民享受数字化生活。（发展改革委牵头，科技部、工业和信息化部、财政部、农业部、商务部等按职责分工负责）

（八）大力推进国有企业改革。以改革促发展，坚决打好国有企业提质增效攻坚战。推动国有企业特别是中央企业结构调整，创新发展一批，重组整合一批，清理退出一批。推进股权多元化改革，开展落实企业董事会职权、市场化选聘经营者、职业经理人制度、混合所有制、员工持股等试点。深化企业用人制度改革，探索建立与市场化选任方式相适应的高层次人才和企业经营管理者薪酬制度。加快改组组建国有资本投资、运营公司。以管资本为主推进国有资产监管机构职能转变，防止国有资产流失，实现国有资产保值增值。赋予地方更多国有企业改革自主权。加快剥离国有企业办社会职能，解决历史遗留问题，让国有企业瘦身健体，增强核心竞争力。（国资委牵头，发展改革委、工业和信息化部、财政部、人力资源社会保障部、人民银行、审计署、法制办、银监会、证监会等按职责分工负责）

（九）更好激发非公有制经济活力。大幅放宽电力、电信、交通、石油、天然气、市政公用等领域市场准入，消除各种隐性壁垒，鼓励民营企业扩大投资、参与国有企业改革。在项目核准、融资服务、财税政策、土地使用等方面一视同仁。依法平等保护各种所有制经济产权，严肃查处侵犯非公有制企业及非公有制经济人士合法权益的行为，营造公平、公正、透明、稳定的法治环境，构建新型政商关系，促进各类企业各展其长、共同发展。（发展改革委牵头，工业和信息化部、公安部、司法部、财政部、国土资源部、住房城乡建设部、交通运输部、商务部、人民银行、国资委、税务总局、工商总局、法制办、银监会、证监会、能源局、全国工商联等按职责分工负责）

三、深挖国内需求潜力，开拓发展更大空间

（十）增强消费拉动经济增长的基础作用。

适应消费升级趋势，破除政策障碍，优化消费环境，维护消费者权益。支持发展养老、健康、家政、教育培训、文化体育等服务消费。壮大网络信息、智能家居、个性时尚等新兴消费。（发展改革委、商务部牵头，教育部、民政部、文化部、卫生计生委、工商总局、体育总局等按职责分工负责）促进线上线下协调互动、平等竞争，推动实体商业创新转型。（商务部牵头，发展改革委、工业和信息化部、工商总局、质检总局、供销合作总社等按职责分工负责）

完善物流配送网络，促进快递业健康发展。加快建设城市停车场和充电设施。（发展改革委牵头，科技部、工业和信息化部、财政部、国土资源部、住房城乡建设部、交通运输部、商务部、能源局、铁路局、民航局、邮政局等按职责分工负责）活跃二手车市场，大力发展和推广以电动汽车为主的新能源汽车。（商务部、工业和信息化部牵头，发展改革委、科技部、公安部、财政部、环境保护部、交通运输部、税务总局、工商总局等按职责分工负责）

在全国开展消费金融公司试点，鼓励金融机构创新消费信贷产品。（银监会、人民银行牵头，保监会等按职责分工负责）降低部分消费品进口关税，增设免税店。（财政部牵头，商务部、海关总署、税务总局、旅游局等按职责分工负责）落实带薪休假制度，加强旅游交通、景区景点、自驾车营地等设施建设，规范旅游市场秩序。（人力资源社会保障部、旅游局牵头，发展改革委、财政部、交通运输部等按职责分工负责）

（十一）发挥有效投资对稳增长调结构的关键作用。启动一批“十三五”规划重大项目。完成铁路投资 8000 亿元以上、公路投资 1.65 万亿元，建设水电核电、特高压输电、智能电网、油气管网、城市轨道交通等重大项目。中央预算内投资安排5000亿元。深化投融资体制改革,继续以市场化方式筹集专项建设基金,推动地方融资平台转型改制进行市场化融资,探索基础设施等资产证券化,扩大债券融资规模。(发展改革委牵头,科技部、财政部、国土资源部、住房城乡建设部、交通运输部、水利部、人民银行、证监会、能源局、铁路局、中国铁路总公司、开发银行、农业发展银行等按职责分工负责)再开工20项重大水利工程。(水利部、发展改革委牵头,财政部、国土资源部、环境保护部等按职责分工负责)完善政府和社会资本合作模式,用好1800亿元引导基金,依法严格履行合同,充分激发社会资本参与热情。(发展改革委、财政部等按职责分工负责)

(十二)深入推进新型城镇化。

加快农业转移人口市民化。深化户籍制度改革,放宽城镇落户条件。(公安部牵头,发展改革委等按职责分工负责)建立健全"人地钱"挂钩政策。(财政部、国土资源部牵头,发展改革委、人力资源社会保障部、住房城乡建设部等按职责分工负责)居住证要加快覆盖未落户的城镇常住人口,使他们依法享有居住地义务教育、就业、医疗等基本公共服务。(发展改革委、教育部、公安部、民政部、司法部、人力资源社会保障部、住房城乡建设部、卫生计生委、法制办等按职责分工负责)扩大新型城镇化综合试点范围。发展中西部地区中小城市和小城镇,容纳更多的农民工就近就业创业。(发展改革委牵头,人力资源社会保障部、住房城乡建设部等按职责分工负责)

推进城镇保障性安居工程建设和房地产市场健康发展。棚户区住房改造600万套,提高棚改货币化安置比例。完善支持居民住房合理消费的税收、信贷政策,适应住房刚性需求和改善性需求,因城施策化解房地产库存,促进房地产市场平稳运行。建立租购并举的住房制度,把符合条件的外来人口逐步纳入公租房供应范围。(住房城乡建设部牵头,发展改革委、财政部、国土资源部、人民银行、税务总局、银监会、开发银行、农业发展银行等按职责分工负责)

加强城市规划建设管理。增强城市规划的科学性、前瞻性、权威性、公开性,促进"多规合一"。开工建设城市地下综合管廊2000公里以上。积极推广绿色建筑和建材,大力发展钢结构和装配式建筑,加快标准化建设,提高建筑技术水平和工程质量。推进城市管理体制创新,打造智慧城市,完善公共交通网络,治理交通拥堵等突出问题,改善人居环境。(住房城乡建设部牵头,发展改革委、工业和信息化部、公安部、民政部、财政部、国土资源部、环境保护部、交通运输部等按职责分工负责)

(十三)优化区域发展格局。深入推进"一带一路"建设,落实京津冀协同发展规划纲要，加快长江经济带发展。制定实施西部大开发“十三五”规划，实施新一轮东北地区等老工业基地振兴战略，出台促进中部地区崛起新十年规划，支持东部地区在体制创新、陆海统筹等方面率先突破。促进资源型地区经济转型升级。支持革命老区、民族地区、边疆地区、贫困地区发展。（发展改革委牵头，工业和信息化部、国家民委、财政部、国土资源部、环境保护部、交通运输部、农业部、商务部、扶贫办等按职责分工负责）制定和实施国家海洋战略，维护国家海洋权益，保护海洋生态环境，拓展蓝色经济空间，建设海洋强国。（外交部、发展改革委、科技部、财政部、国土资源部、环境保护部、交通运输部、农业部、海洋局等按职责分工负责）

四、加快发展现代农业，促进农民持续增收

（十四）加快农业结构调整。

完善农产品价格形成机制，引导农民适应市场需求调整种养结构，适当调减玉米种植面积。按照“市场定价、价补分离”原则，积极稳妥推进玉米收储制度改革，保障农民合理收益。多措并举消化粮食库存，大力支持农产品精深加工，发展畜牧业，延伸农业产业链条；制定新一轮退耕还林还草方案，退耕还林还草1500万亩以上。（发展改革委、农业部牵头，财政部、国土资源部、水利部、林业局、粮食局、农业发展银行、中储粮总公司等按职责分工负责）

积极发展多种形式农业适度规模经营，完善对家庭农场、专业大户、农民合作社等新型经营主体的扶持政策，培养新型职业农民，鼓励农户依法自愿有偿流转承包地，开展土地股份合作、联合或土地托管。深化农村集体产权、农垦、集体林权、国有林场、农田水利、供销社等改革。（农业部牵头，财政部、国土资源部、水利部、林业局、银监会、供销合作总社等按职责分工负责）

（十五）强化农业基础支撑。全面完成永久基本农田划定并实行特殊保护，加强高标准农田建设，增加深松土地1.5亿亩，新增高效节水灌溉面积2000万亩。（国土资源部牵头，发展改革委、财政部、水利部、农业部等按职责分工负责）探索耕地轮作休耕制度试点。加强农业科技创新与推广，深入开展粮食绿色高产高效创建，实施化肥农药零增长行动。（农业部牵头，发展改革委、科技部、财政部、国土资源部、林业局、中科院等按职责分工负责）保障财政对农业投入，建立全国农业信贷担保体系，完善农业保险制度和农村金融服务，引导带动更多资金投向现代农业建设。（财政部牵头，发展改革委、水利部、农业部、人民银行、林业局、银监会、保监会等按职责分工负责）

（十六）改善农村公共设施和服务。加大农村基础设施建设力度，新建改建农村公路20万公里，具备条件的乡镇和建制村加快通硬化路、通客车。抓紧新一轮农村电网改造升级，两年内实现农村稳定可靠供电服务和平原地区机井通电全覆盖。实施饮水安全巩固提升工程。推动电子商务进农村。开展农村人居环境整治，建设美丽宜居乡村。（发展改革委牵头，工业和信息化部、财政部、环境保护部、住房城乡建设部、交通运输部、水利部、农业部、商务部、林业局、能源局、供销合作总社等按职责分工负责）

（十七）实施脱贫攻坚工程。完成1000万以上农村贫困人口脱贫任务，其中易地搬迁脱贫200万人以上，继续推进贫困农户危房改造。中央财政扶贫资金增长43.4%。在贫困县推进涉农资金整合。坚持精准扶贫脱贫，因人因地施策。大力培育特色产业，支持就业创业。解决好通路、通水、通电、通网络等问题，增强集中连片特困地区和贫困人口发展能力。国家各项惠民政策和民生项目，向贫困地区倾斜。深入开展定点扶贫、东西协作扶贫，支持社会力量参与脱贫攻坚。（扶贫办牵头，发展改革委、教育部、工业和信息化部、国家民委、民政部、财政部、人力资源社会保障部、国土资源部、住房城乡建设部、交通运输部、水利部、农业部、卫生计生委、人民银行、国资委、统计局、旅游局、能源局、全国妇联、中国残联、全国工商联、开发银行、农业发展银行、农业银行等按职责分工负责）

五、推进新一轮高水平对外开放，着力实现合作共赢

（十八）扎实推进“一带一路”建设。统筹国内区域开发开放与国际经济合作，共同打造陆上经济走廊和海上合作支点，推动互联互通、经贸合作、人文交流。构建沿线大通关合作机制，建设国际物流大通道。推进边境经济合作区、跨境经济合作区、境外经贸合作区建设。坚持共商共建共享，使“一带一路”成为和平友谊纽带、共同繁荣之路。（发展改革委、外交部、商务部牵头，科技部、工业和信息化部、财政部、交通运输部、文化部、国资委、海关总署、质检总局等按职责分工负责）

（十九）扩大国际产能合作。坚持企业为主、政府推动、市场化运作，实施一批重大示范项目。落实和完善财税金融支持政策，设立人民币海外合作基金，用好双边产能合作基金。推动装备、技术、标准、服务走出去，打造中国制造金字品牌。（发展改革委、商务部、外交部、人民银行、国资委、质检总局等负责）

（二十）促进外贸创新发展。

加快落实和完善政策。优化出口退税率结构，确保及时足额退税，严厉打击骗取退税。增加短期出口信用保险规模，实现成套设备出口融资保险应保尽保。（财政部牵头，商务部、税务总局、中国出口信用保险公司等按职责分工负责）

鼓励商业模式创新。扩大跨境电子商务试点，支持企业建设一批出口产品“海外仓”，促进外贸综合服务企业发展。（商务部牵头，发展改革委、财政

部、海关总署等按职责分工负责)

优化贸易结构。开展服务贸易创新发展试点,增加服务外包示范城市,加快发展文化对外贸易。进一步整合优化海关特殊监管区域,促进加工贸易向中西部地区转移、向产业链中高端延伸。(商务部牵头,发展改革委、财政部、文化部、人民银行、海关总署、税务总局、质检总局、外汇局等按职责分工负责)

推进贸易便利化。全面推广国际贸易“单一窗口”。降低出口商品查验率。(商务部牵头,发展改革委、财政部、人民银行、海关总署、税务总局、质检总局、银监会等按职责分工负责)

实施更加积极的进口政策。扩大先进技术设备、关键零部件及紧缺能源原材料进口。(商务部牵头,发展改革委、工业和信息化部、财政部、海关总署、税务总局、能源局等按职责分工负责)

(二十一)提高利用外资水平。继续放宽投资准入,扩大服务业和一般制造业开放,简化外商投资企业设立程序,加大招商引资力度。创新内陆和沿边开放模式,打造新的外向型产业集群,引导外资更多投向中西部地区。营造更加公平、更为透明、更可预期的投资环境。(发展改革委、商务部、法制办等按职责分工负责)扩大自贸试验区试点。(商务部牵头,发展改革委、财政部、人民银行、海关总署、质检总局等按职责分工负责)创新开发区体制机制。(发展改革委、科技部、商务部、海关总署等按职责分工负责)

(二十二)加快实施自由贸易区战略。积极商签区域全面经济伙伴关系协定,加快中日韩自贸区等谈判,推进中美、中欧投资协定谈判,加强亚太自贸区联合战略研究。推进贸易投资自由化,共同构建均衡、共赢、包容的国际经贸体系。(商务部牵头,外交部、发展改革委、工业和信息化部、财政部等按职责分工负责)

六、加大环境治理力度,推动绿色发展取得新突破

(二十三)重拳治理大气雾霾和水污染。主要污染物排放继续减少。化学需氧量、氨氮排放量分别下降2%,二氧化硫、氮氧化物排放量分别下降3%,重点地区细颗粒物($PM_{2.5}$)浓度继续下降。着力抓好减少燃煤排放和机动车排放。加强煤炭清洁高效利用,减少散煤使用,推进以电代煤、以气代煤。全面实施燃煤电厂超低排放和节能改造。加快淘汰不符合强制性标准的燃煤锅炉。增加天然气供应,完善风能、太阳能、生物质能等发展扶持政策,提高清洁能源比重。鼓励秸秆资源化综合利用,限制直接焚烧。全面推广车用燃油国五标准,淘汰黄标车和老旧车380万辆。在重点区域实行大气污染联防联控。全面推进城镇污水处理设施建设与改造,加强农业面源污染和流域水环境综合治理。加大工业污染源治理力度,对排污企业全面实行在线监测。强化环境保护督察，做到奖惩分明。严格执行新修订的环境保护法，依法严厉打击超排偷排者，依法严肃追究姑息纵容者。（环境保护部牵头，中央编办、发展改革委、科技部、工业和信息化部、公安部、财政部、国土资源部、住房城乡建设部、交通运输部、水利部、农业部、商务部、质检总局、法制办、气象局、能源局、海洋局等按职责分工负责）

（二十四）大力发展节能环保产业。单位国内生产总值能耗下降3.4%以上。扩大绿色环保标准覆盖面。完善扶持政策，支持推广节能环保先进技术装备，广泛开展合同能源管理和环境污染第三方治理，加大建筑节能改造力度，加快传统制造业绿色改造。开展全民节能、节水行动，推进垃圾分类处理，健全再生资源回收利用网络，把节能环保产业培育成我国发展的一大支柱产业。（发展改革委牵头，工业和信息化部、财政部、环境保护部、住房城乡建设部、水利部、商务部、质检总局等按职责分工负责）

（二十五）加强生态安全屏障建设。健全生态保护补偿机制。停止天然林商业性采伐，实行新一轮草原生态保护补助奖励政策。推进地下水超采区综合治理试点，实施湿地等生态保护与恢复工程，继续治理荒漠化、石漠化和水土流失。（发展改革委牵头，财政部、国土资源部、环境保护部、水利部、农业部、林业局等按职责分工负责）

七、切实保障改善民生，加强社会建设

（二十六）着力扩大就业创业。实施更加积极的就业政策，鼓励以创业带动就业。城镇新增就业1000万人以上，城镇登记失业率4.5%以内。今年高校毕业生将高达765万人，落实好就业促进计划和创业引领计划，促进多渠道就业创业。用好失业保险基金结余，增加稳就业资金规模，做好企业下岗职工技能培训和再就业工作，对城镇就业困难人员提供托底帮扶。完成2100万人次以上农民工职业技能提升培训任务。加强对灵活就业、新就业形态的扶持。切实做好退役军人安置和就业创业服务工作。（人力资源社会保障部牵头，发展改革委、教育部、科技部、工业和信息化部、民政部、财政部、农业部、人民银行、国资委、税务总局、工商总局、统计局、共青团中央、中国残联等按职责分工负责）

（二十七）发展更高质量更加公平的教育。

公共教育投入加大向中西部和边远、贫困地区倾斜力度。统一城乡义务教育经费保障机制，改善薄弱学校和寄宿制学校办学条件。支持普惠性幼儿园发展。办好特殊教育。加快健全现代职业教育体系，分类推进中等职业教育免除学杂费。对贫困家庭学生率先免除普通高中学杂费。落实提高乡村教师待遇政策。加快推进远程教育，扩大优质教育资源覆盖面。（教育部牵头，发展改革委、工业和信息化部、国家民委、民政部、财政部、人力资源社会保障部、卫生计生委、扶贫办、中国残联等按职责分工负责）

提升高校教学水平和创新能力，推动具备条件的普通本科高校向应用型转变。继续扩大重点高校面向贫困地区农村招生规模，落实和完善农民工随迁子女在当地就学和升学考试政策。支持和规范民办教育发展。教育要促进学生德智体美全面发展，注重培养各类高素质创新型人才。（教育部牵头，中央编办、发展改革委、民政部、财政部、农业部、扶贫办等按职责分工负责）

（二十八）协调推进医疗、医保、医药联动改革。

实现大病保险全覆盖，政府加大投入，让更多大病患者减轻负担。中央财政安排城乡医疗救助补助资金160亿元，增长9.6%。整合城乡居民基本医保制度，财政补助由每人每年380元提高到420元。改革医保支付方式，加快推进基本医保全国联网和异地就医结算。（发展改革委、民政部、财政部、人力资源社会保障部、卫生计生委、保监会、国务院医改办等按职责分工负责）

扩大公立医院综合改革试点城市范围，协同推进医疗服务价格、药品流通等改革。（卫生计生委牵头，发展改革委、工业和信息化部、财政部、人力资源社会保障部、商务部、国资委、食品药品监管总局、国务院医改办等按职责分工负责）深化药品医疗器械审评审批制度改革。（食品药品监管总局牵头，发展改革委、科技部、工业和信息化部、财政部、人力资源社会保障部、卫生计生委、中医药局等按职责分工负责）

加快培养全科医生、儿科医生。在70%左右的地市开展分级诊疗试点。基本公共卫生服务经费财政补助从人均40元提高到45元，促进医疗资源向基层和农村流动。鼓励社会办医。发展中医药、民族医药事业。建立健全符合医疗行业特点的人事薪酬制度，保护和调动医务人员积极性。构建和谐医患关系。完善一对夫妇可生育两个孩子的配套政策。（卫生计生委牵头，中央编办、发展改革委、教育部、科技部、工业和信息化部、公安部、民政部、财政部、人力资源社会保障部、住房城乡建设部、商务部、国资委、食品药品监管总局、保监会、中医药局、国务院医改办、国务院妇儿工委、全国妇联等按职责分工负责）加快健全统一权威的食品药品安全监管体制，严守从农田到餐桌、从企业到医院的每一道防线。（国务院食品安全办牵头，中央编办、发展改革委、科技部、工业和信息化部、公安部、财政部、人力资源社会保障部、环境保护部、农业部、商务部、卫生计生委、海关总署、工商总局、质检总局、食品药品监管总局、林业局、粮食局、海洋局、中医药局等按职责分工负责）

（二十九）织密织牢社会保障安全网。继续提高退休人员基本养老金标准。各地要切实负起责任，确保养老金按时足额发放。制定划转部分国有资本充实社保基金办法。（人力资源社会保障部、财政部牵头，国资委、证监会、社保基金会等按职责分工负责）开展养老服务业综合改革试点，推进多种形式的医养结合。落实临时救助、特困人员救助供养等制度，合理确定救助供养标准，完善工作机制。城乡低保人均补助标准分别提高5%和8%。加快健全城乡社会救助体系。（民政部牵头，发展改革委、教育部、财政部、人力资源社会保障部、国土资源部、住房城乡建设部、农业部、卫生计生委、扶贫办、全国老龄办、中国残联等按职责分工负责）

（三十）推进文化改革发展。用中国梦和中国特色社会主义凝聚共识、汇聚力量，培育和践行社会主义核心价值观，加强爱国主义教育。实施哲学社会科学创新工程，发展文学艺术、新闻出版、广播影视、档案等事业。建设中国特色新型智库。加强文物和非物质文化遗产保护利用。深化群众性精神文明创建活动，倡导全民阅读，普及科学知识，弘扬科学精神，提高国民素质和社会文明程度。促进传统媒体与新兴媒体融合发展。培育健康网络文化。深化中外人文交流，加强国际传播能力建设。深化文化体制改革，引导公共文化资源向城乡基层倾斜，推动文化产业创新发展，繁荣文化市场，加强文化市场管理。推进数字广播电视户户通。做好北京冬奥会和冬残奥会筹办工作，倡导全民健身新时尚。（文化部牵头，外交部、教育部、科技部、财政部、新闻出版广电总局、体育总局、中科院、社科院、新闻办、网信办、文物局、档案局、中国科协等按职责分工负责）

（三十一）加强和创新社会治理。

做好基层基础工作，推进城乡社区建设，促进基层民主协商。支持工会、共青团、妇联等群团组织参与社会治理。加快行业协会商会与行政机关脱钩改革，依法规范发展社会组织，支持专业社会工作、志愿服务和慈善事业发展。加强社会信用体系建设。切实保障妇女、儿童、残疾人权益，加强对农村留守儿童和妇女、老人的关爱服务。（民政部牵头，中央编办、发展改革委、教育部、公安部、财政部、人力资源社会保障部、人民银行、工商总局、法制办、国务院妇儿工委、全国老龄办、全国妇联、中国残联等按职责分工负责）深化司法体制改革，开展法治宣传教育，启动实施“七五”普法规划，做好法律援助和社区矫正工作。完善国家网络安全保障体系。创新社会治安综合治理机制，以信息化为支撑推进社会治安防控体系建设，依法惩治违法犯罪行为，严厉打击暴力恐怖活动，增强人民群众的安全感。完善多元调解机制，有效化解矛盾纠纷，促进社会平安祥和。（公安部、工业和信息化部、安全部、司法部、网信办、信访局等按职责分工负责）

健全应急管理机制。编制国家突发事件应急体系建设“十三五”规划。健全预警信息发布机制，推进国家预警信息发布系统建设。完善应急预案体系，推动跨区域应急管理合作，加快应急产业发展。推动应急管理培训和科普宣教，强化全民安全意识教育，全面提升应急管理水平。（国务院办公厅牵头，发展改革委、教育部、科技部、工业和信息化部、行政学院、气象局等按职责分工负责）

坚持不懈抓好安全生产和公共安全。加强安全基础设施和防灾减灾能力建设，健全监测预警应急机制，提高气象服务水平，做好地震、测绘、地质等工作。完善和落实安全生产责任、管理制度和考核机制，实行党政同责、一岗双责，加大失职追责力度，严格监管执法，坚决遏制重特大安全事故发生，切实保障人民生命财产安全。（安全监管总局牵头，民政部、国土资源部、水利部、地震局、气象局、海洋局、测绘地信局等按职责分工负责）

加强和改进信访工作。强化国家信访信息系统应用。集中开展信访积案化解攻坚。积极推行信访事项简易办理。加强信访问题分析研判。推进信访法治化建设，依法分类处理群众信访诉求。严格落实信访工作责任制。（信访局牵头，公安部、民政部、人力资源社会保障部、国土资源部、住房城乡建设部、卫生计生委、法制办等按职责分工负责）

八、加强政府自身建设，提高施政能力和服务水平

（三十二）坚持依法履职，把政府活动全面纳入法治轨道。各级政府及其工作人员要带头严格遵守宪法和法律，自觉运用法治思维和法治方式推动工作，法定职责必须为，法无授权不可为。积极推行政府法律顾问制度。（法制办牵头，监察部、司法部等按职责分工负责）深入推进政务公开，充分发挥传统媒体、新兴媒体作用，利用好网络平台，及时回应社会关切，使群众了解政府做什么、怎么做。各级政府要依法接受同级人大及其常委会的监督，自觉接受人民政协的民主监督，接受社会和舆论监督，让权力在阳光下运行。（国务院办公厅牵头，中央编办、发展改革委、民政部、财政部、法制办、新闻办、网信办等按职责分工负责）

（三十三）坚持廉洁履职，深入推进反腐倡廉。认真落实党风廉政建设主体责任，严厉整治各种顶风违纪行为。加强行政监察，推进审计全覆盖。以减权限权、创新监管等举措减少寻租空间，铲除滋生腐败土壤。推动党风廉政建设向基层延伸，坚决纠正侵害群众利益的不正之风，坚定不移惩治腐败。（监察部、审计署等按职责分工负责）

（三十四）坚持勤勉履职，提高执行力和公信力。政府工作人员要恪尽职守、夙夜在公，主动作为、善谋勇为。深入践行“三严三实”，增强政治意识、大局意识、核心意识、看齐意识，加强作风和能力建设，打造高素质专业化的公务员队伍。(监察部、人力资源社会保障部、公务员局等按职责分工负责)健全并严格执行工作责任制,确保各项政策和任务不折不扣落到实处。健全督查问责机制,坚决整肃庸政懒政怠政行为,决不允许占着位子不干事。健全激励机制和容错纠错机制,给改革创新者撑腰鼓劲,让广大干部愿干事、敢干事、能干成事。充分发挥中央和地方两个积极性。对真抓实干成效明显的地方,在建设资金安排、新增建设用地、财政沉淀资金统筹使用等方面,加大奖励支持力度。鼓励各地从实际出发干事创业,形成竞相发展的生动局面。(国务院办公厅、发展改革委、监察部、财政部、人力资源社会保障部、国土资源部、审计署、法制办、公务员局等按职责分工负责)

九、做好民族、宗教、侨务、国防、港澳台、外交工作

(三十五)继续支持少数民族和民族地区发展。坚持中国特色解决民族问题的正确道路,坚持和完善民族区域自治制度,严格执行党的民族政策,深入开展民族团结进步创建活动,推动建立各民族相互嵌入式的社会结构和社区环境,促进各民族交往交流交融。落实促进民族地区发展的差别化支持政策,加强对口帮扶,保护和发展少数民族优秀传统文化及特色村镇,加大扶持人口较少民族发展力度,大力实施兴边富民行动。(国家民委牵头,发展改革委、教育部、财政部、文化部、扶贫办等按职责分工负责)

(三十六)进一步做好宗教工作。全面贯彻党的宗教工作基本方针,坚持依法管理宗教事务,促进宗教关系和谐,发挥宗教界人士和信教群众在促进经济社会发展中的积极作用。(宗教局牵头,财政部、人力资源社会保障部等按职责分工负责)

(三十七)继续加强侨务工作。认真落实侨务政策,依法维护海外侨胞和归侨侨眷的合法权益,充分发挥他们的独特优势和重要作用,不断增强海内外中华儿女的向心力。(侨办牵头,外交部等按职责分工负责)

(三十八)积极支持国防和军队建设。加强后勤保障和装备发展。建设现代化武装警察部队。加强全民国防教育和国防动员建设。推动重要领域军民融合深度发展,在重要基础设施建设中充分考虑国防需求。发展国防科技工业。各级政府要大力支持国防和军队建设,走出一条新时期鱼水情深的军政军民团结之路。(发展改革委、科技部、工业和信息化部、公安部、民政部、财政部、交通运输部、海洋局、全国拥军优属拥政爱民工作领导小组等按职责分工负责)

(三十九)支持香港、澳门繁荣、稳定和发展。全面准确贯彻"一国两制"、"港人治港"、"澳人治澳"、高度自治的方针,严格依照宪法和基本法办事。全力支持香港、澳门特别行政区行政长官和政府依法施政。发挥港澳独特优势,提升港澳在国家经济发展和对外开放中的地位和功能。深化内地与港澳合作，促进港澳提升自身竞争力。（港澳办牵头，外交部、发展改革委、商务部等按职责分工负责）

（四十）拓展两岸关系和平发展新局面。继续坚持对台工作大政方针，坚持"九二共识"政治基础，坚决反对"台独"分裂活动，维护国家主权和领土完整，维护两岸关系和平发展和台海和平稳定。推进两岸经济融合发展。促进两岸文教、科技等领域交流，加强两岸基层和青年交流。秉持"两岸一家亲"理念，同台湾同胞共担民族大义，共享发展机遇，携手构建两岸命运共同体。（台办牵头，发展改革委、教育部、科技部、商务部、文化部等按职责分工负责）

（四十一）务实、开放做好外交工作。继续高举和平、发展、合作、共赢的旗帜，践行中国特色大国外交理念，维护国家主权、安全、发展利益。办好在我国举行的二十国集团领导人峰会，推动世界经济创新增长，完善全球经济金融治理。加强与各主要大国协调合作，建设良性互动、合作共赢的大国关系。秉持亲诚惠容的周边外交理念，与地区国家持久和平相处、联动融合发展。深化南南合作、促进共同发展，维护发展中国家正当合法权益。建设性参与解决全球性和热点问题。加快海外利益保护能力建设，切实保护我国公民和法人安全。与国际社会一道，为人类和平与发展事业不懈努力。（外交部牵头，发展改革委、财政部、商务部、人民银行等按职责分工负责）

今年是全面建成小康社会决胜阶段的开局之年，也是推进结构性改革的攻坚之年，按照分工抓好《政府工作报告》确定的重点工作，具有十分重要的意义。各部门、各单位要以邓小平理论、"三个代表"重要思想、科学发展观为指导，深入贯彻习近平总书记系列重要讲话精神，按照"五位一体"总体布局和"四个全面"战略布局，根据《政府工作报告》部署和国务院常务会议要求，切实增强责任感和紧迫感，勤勉尽责抓好落实，不折不扣达成目标，确保兑现政府对人民的承诺。一是加强组织领导。各部门、各单位要充分发挥积极性、主动性，按照分工要求，强化责任，细化举措，抓紧制定落实重点工作的实施方案，逐项倒排工作时间表，明确时间节点和具体责任人，并于4月15日前报国务院。二是加强协作配合。各部门、各单位要立足全局，密切配合，加强协作，切实提高工作效率。涉及多部门参与的工作，牵头部门要发挥主导作用，协办部门要积极配合，形成工作合力。三是加强督促检查。对各项任务的落实，要有部署、有督促、有检查，做到日常跟踪督办、年中重点抽查、年底总结考核，确保完成全年经济社会发展的主要目标任务。对积极作为的要强化激励表扬，对消极怠工的要严查问责。国务院办公厅对落实情况要加强跟踪督促，适时汇总报告，对工作任务推进缓慢的，及时启动专项督查，推动各项工作落实。

国务院批转国家发展改革委关于2016年深化经济体制改革重点工作意见的通知

（2016年3月25日　国发〔2016〕21号）

国务院同意国家发展改革委《关于2016年深化经济体制改革重点工作的意见》，现转发给你们，请认真贯彻执行。

（本文有删减）

关于2016年深化经济体制改革重点工作的意见

2016年是全面建成小康社会决胜阶段的开局之年，也是推进结构性改革的攻坚之年。根据《中央全面深化改革领导小组2016年工作要点》和《政府工作报告》部署，现就2016年深化经济体制改革重点工作提出以下意见。

一、总体要求

全面贯彻落实党的十八大和十八届三中、四中、五中全会精神，按照“五位一体”总体布局和“四个全面”战略布局，牢固树立并贯彻落实创新、协调、绿色、开放、共享的新发展理念，引领经济发展新常态，坚持改革开放，坚持稳中求进工作总基调，坚持稳增长、调结构、惠民生、防风险，大力推进结构性改革，着力加强供给侧结构性改革，抓紧推动有利于创造新供给、释放新需求的体制创新，推出一批具有重大牵引作用的改革举措，着力抓好已出台改革方案的落地实施，推动形成有利于引领经济发展新常态的体制机制和发展方式，努力实现“十三五”时期经济社会发展良好开局。

*更加突出供给侧结构性改革。*围绕提高供给体系质量和效率深化改革，使市场在资源配置中起决定性作用和更好发挥政府作用，矫正要素配置扭曲，降低制度性交易成本，激发企业家精神，提高全要素生产率，实现由低水平供需平衡向高水平供需平衡的跃升。

更加突出问题导向和目标导向。针对突出问题、抓住关键点，围绕当前经济下行压力大、结构性矛盾凸显、风险隐患增多等突出困难和问题加大改革力度，促进去产能、去库存、去杠杆、降成本、补短板，使改革更加精准对接发展所需、基层所盼、民心所向。

更加突出基层实践和创新。将顶层设计和基层探索创新有机结合，合理安排改革试点，鼓励地方结合实际进行探索创新，发挥基层首创精神，及时总结基层改革创新中发现的问题、解决的方法、蕴含的规律，推动面上制度创新。

更加突出抓改革措施落地。坚持改革政策要实，建立全过程、高效率、可核实的改革落实机制，加强对方案落实、工作落实、责任落实情况的督促检查，以钉钉子精神抓好改革落实，推动改革举措早落地、见实效，使人民群众有更多获得感。

二、大力推进国有企业改革，着力增强市场微观主体活力

（一）全面落实国企改革指导意见。健全国有资本合理流动机制，制定推动中央企业结构调整与重组指导意见，优化国有企业结构布局。推进股权多元化改革，健全企业治理结构，转换经营机制，开展落实企业董事会职权、市场化选聘经营管理者、职业经理人制度试点。深化国有企业内部人事、劳动、分配制度改革，探索建立与市场化选任方式相适应的高层次人才和企业经营管理者薪酬制度。加快剥离国有企业办社会职能和解决历史遗留问题。

（二）改革完善国有资产管理体制。加快改组组建国有资本投资、运营公司，搭建国有资本市场化运作专业平台。以管资本为主推进国有资产监管机构职能转变。出台进一步加强和改进外派监事会工作的意见。研究制定推进中央党政机关、事业单位经营性国有资产集中统一监管方案。出台加强国有企业国有资本和境外国有资产审计监督的意见。

（三）推进国有企业混合所有制改革。在电力、石油、天然气、铁路、民航、电信等重点领域，选择一批国有企业开展混合所有制改革试点示范，推动集团公司整体上市，支持具备条件的上市企业引入合格战略投资者，进一步放大国有资本功能，提高国有资本配置和运行效率。研究提出公有制经济之间股权多元化改革方案。开展混合所有制企业实行企业员工持股试点。支持地方国有企业因地制宜开展混合所有制改革试点。

（四）加快推进重点行业改革。深化电力体制改革，全面开展可再生能源就近消纳、售电侧改革、交易机构组建及电力市场建设等专项试点和综合试点。出台深化石油天然气体制改革的若干意见及配套政策。出台盐业体制改革方案，推进食盐生产批发管理体制、食盐政府定价机制、食盐储备体系等改革。出台深化建筑业改革促进行业发展的若干意见。

（五）激发非公有制经济活力和创造力。进一步放宽非公有制经济市场准入，废除制约非公有制经济发展的不合理规定，消除各种隐性壁垒，改善和优化服务。鼓励民营企业参与国有企业改革，鼓励发展非公有资本控股的混合所有制企业。从典型案例入手，总结保护产权好的做法和经验，纠正破坏产权的行为，出台进一步完善产权保护制度推进产权保护法治化的意见，让各种所有制经济权益、企业家财产权和创新收益等依法得到保护。

三、完善创新驱动发展体制机制，加快新动能成长和传统动能提升

（六）系统推进全面创新改革试验。聚焦实施创新驱动发展战略面临的突出问题，着力从处理好政府与市场关系、促进科技与经济融合、激发创新者动力和活力、深化开放创新等方面进行改革探索，在知识产权、科研院所、人才流动等方面取得试点突破，形成一批可复制、可推广的改革经验。加快将国家自主创新示范区试点政策推广到全国，再建设一批国家自主创新示范区、高新区。

（七）深化科技管理体制改革。加快推进技术创新引导专项（基金）、基地和人才专项的优化布局及分类整合，健全科技计划（专项、基金等）体系及其管理制度，改革和规范项目管理流程，建立专业机构管理项目机制、统一的评估和监督机制、动态调整机制。打破行政主导和部门分割，建立主要由市场决定技术创新项目和经费分配、评价成果的机制。完善国家科技决策咨询制度。深化国家科技奖励改革。

（八）完善创新人才激励机制。实施支持科技成果转移转化的政策措施，启动促进科技成果转移转化行动。落实国有科技型企业股权激励和分红激励实施办法，深入开展科技人才分类评价试点。推动高校和科研院所去行政化改革，出台科研事业单位领导人员管理办法，研究制定科研机构创新绩效评价办法。扩大高校和科研院所自主权，赋予创新领军人才更大的人财物支配权和技术路线决策权。实行以增加知识价值为导向的分配政策，提高科研人员成果转化收益分享比例。建立统一的外国人才管理体制。

（九）营造保障大众创业万众创新的制度环境。构建对企业和个人创新创业活动的普惠性政策支撑体系，落实研发费用加计扣除、高新技术企业税收优惠政策，完善科技企业孵化器税收优惠政策，统筹研究对包括天使投资在内的投资种子期、初创期企业的税收优惠政策，研究建立新材料、关键零部件首批次应用保险保费补偿机制。借助互联网等新技术，构建新型的创新创业支撑平台，创新监管方式，为新兴领域创新创业营造宽松环境。创新通用航空新兴业态运行监管模式，出台促进通用航空发展相关政策。

（十）完善服务业发展体制。进一步放宽服务业领域市场准入，营造公平竞争的环境。落实和完善支持政策，推动生产性服务业向专业化转变、向价值链高端延伸，推动生活性服务业加快向精细化和高品质提升。启动新一轮国家服务业综合改革试点，及时推广可复制的经验和做法。大力发展服务贸易和服务外包，开展服务贸易创新发展试点，增加服务外包示范城市。深化养老服务业综合改革试点，全面放开养老服务市场，鼓励民间资本、外商投资进入养老健康领域，提高养老服务质量，推进多种形式的医养结合，增加有效供给。

（十一）健全保护企业家精神的体制机制。研究制定进一步激发和保护企业家精神的指导意见，健全相关体制机制和政策体系，充分发挥企业家精神在创新驱动和产业转型升级等方面的重要作用。

四、持续推进政府职能转变，改革完善“三去一降一补”的体制机制

（十二）深入推进简政放权、放管结合、优化服务改革。继续取消和下放一批行政审批事项，进一步简化审批程序，开展“证照分离”试点，改进和规范审批行为，清理规范中介服务，推广网上并联审批等新模式。制定国务院部门行政审批基本流程、标准指引及规范办法。全面公布地方政府权力和责任清单，开展国务院部门权责清单编制试点。对行政事业性收费、政府定价或指导价经营服务性收费、政府性基金和国家职业资格，实行目录清单管理。做好已取消和下放管理层级行政审批事项的落实和衔接，加强事中事后监管。建立健全纵横联动协同监管机制，全面推行“双随机、一公开”监管方式。研究制定创新政府配置资源方式的指导意见。进一步精简投资审批，创新投资管理方式和投融资机制。修改和废止有碍发展的行政法规和规范性文件。

（十三）健全有利于去产能、去库存、去杠杆的体制机制。制定并实施推动产业重组、处置“僵尸企业”的方案，优化存量、引导增量、主动减量，完善企业退出机制。推进以满足新市民住房需求为主要出发点的住房制度改革，建立购租并举的住房制度，把符合条件的外来人口逐步纳入公租房供给范围，住房保障实行实物保障与货币补贴并举，有条件的地区逐步转向以租赁补贴为主，发展住房租赁市场，研究鼓励住房租赁经营企业发展的配套政策，促进房地产去库存。完善地方政府债务限额管理、预算管理、风险预警和监督考核制度，在全国人大批准的限额内适当增加财政实力强、债务风险较低的地方政府债务限额，改进地方政府债券发行办法，推动融资平台市场化转型改制。支持开展基础设施资产证券化试点。

（十四）强化降成本、补短板的制度保障。进一步正税清费，清理各种不合理收费，将18项行政事业性收费免征范围扩大到所有企业和个人。推进流通体制改革，提高流通效率，降低物流成本。健全质量安全标准和追溯体系，建立商品质量惩罚性赔偿制度，健全统一权威的食品药品安全监管体制，加快推进食品、工业消费品等品质提升和供给创新。创新补短板投入机制，保持政府投入力度，完善政银企社合作对接机制，推广政府和社会资本合作模式，创新政府和社会资本合作项目收益和分配机制,制定政府和社会资本合作项目财政管理办法,激发市场主体投资活力,推进社会资本参与重大工程建设运营,形成多元化、市场化、可持续的基础设施和公共服务投入机制和运营机制。

(十五)深入推进价格改革。推进电价市场化改革,完善煤电价格联动机制,完善环保电价、可再生能源电价政策,扩大输配电价改革试点。完善成品油价格市场化形成机制。择机理顺居民用天然气门站价格,完善天然气管道运输价格机制。稳步推进农业水价综合改革。积极稳妥推进医疗服务价格改革,逐步建立分类管理、动态调整、多方参与的价格形成机制。推进铁路运价形成机制改革,扩大铁路运输企业自主定价范围。扩大民航国内航线客运经营者自主定价范围。建立健全政府定价制度和市场价格行为规则。

(十六)深化商事制度改革。深入推进"三证合一、一照一码",持续推进工商登记注册制度便利化,推进全程电子化登记和电子营业执照试点。推进企业名称登记管理改革,进一步放宽住所登记条件限制。深化未开业企业和无债权债务企业、个体工商户简易注销试点,建立完善便捷的市场退出机制。推进国家企业信用信息公示系统建设,与全国信用信息共享平台实现有机对接和信息共享,完善经营异常名录等信用监管制度。加强事中事后监管,履行"双告知"职责,探索综合执法模式。

(十七)健全市场公平竞争保障机制。在上海、广东、天津、福建开展市场准入负面清单制度试点。研究制定公平竞争审查制度,完善产业政策与竞争政策的协调机制,打破地域分割和行业垄断。建立健全中央储备与地方储备、政府储备与商业储备互为补充的储备制度。

(十八)加快社会信用体系建设。制定出台重点领域(政务、个人、电子商务等)诚信建设实施方案。完善全国信用信息共享平台,逐步实现各地区、各有关部门信用信息归集共享和整合。运用大数据加强对市场主体服务和事中事后监管,强化守信联合激励和失信联合惩戒机制。积极发展信用服务业,开展社会信用体系建设示范城市创建和信用大数据应用示范工程。全面推进统一社会信用代码制度改革,建立健全国家人口基础信息库、国家法人单位基础信息库。

五、加快财税体制改革,为结构性改革营造适宜的财税环境

(十九)完善事权和支出责任相适应的制度。推进中央与地方事权和支出责任划分改革,适度加强中央事权和支出责任,在条件成熟的领域率先启动。完善并择机出台调整中央和地方收入划分过渡方案,深入研究收入划分改革整体方案,合理确定增值税中央和地方分享比例,把适合作为地方收入的税种下划给地方,在税政管理权限方面给地方适当放权,调动中央和地方两个积极性。改革和完善中央对地方转移支付制度。

（二十）深化预算制度改革。对政府性基金预算中未列入政府性基金目录清单的收入项目，除国务院批准的个别事项外，逐步调整转列为一般公共预算并统筹使用。完善国有资本经营预算支出管理制度，进一步提高中央国有资本经营预算调入一般公共预算的比例。实施跨年度预算平衡机制和中期财政规划管理，扩大预算绩效管理范围，积极推进预决算公开。研究制定政府会计具体准则，研究建立政府综合财务报告分析指标体系，组织开展政府财务报告编制试点。研究建立涵盖各类国有资产的政府资产报告制度。完善国库现金流量预测体系，建立财政库底目标余额管理制度。清理规范重点支出同财政收支增幅或生产总值挂钩事项，一般不采取挂钩方式。制定重要公共资源有偿出让和使用经营收益管理办法，开展相关试点。

（二十一）推进税收制度改革。全面推开营改增，将建筑业、房地产业、金融业和生活服务业纳入营改增范围。全面实施资源税从价计征改革，开展水资源费改税试点。继续推进消费税改革。逐步推进综合与分类相结合的个人所得税改革。研究降低部分消费品进口环节税税率。

六、深化金融体制改革，提高金融服务实体经济效率

（二十二）深化金融机构改革。深化国有商业银行和开发性、政策性金融机构改革，完善公司治理。进一步扩大民间资本进入银行业，发展民营银行。推进农村信用社省联社改革。大力发展普惠金融和绿色金融，规范发展互联网金融。选取部分符合条件的银行业金融机构和地区开展科创企业投贷联动试点。创新小微企业信贷风险分担模式，建立政府、银行和担保机构、保险机构合作机制，设立国家融资担保基金，建立全国农业信贷担保体系。推进不良资产证券化试点。建立银行卡清算服务市场化机制。将消费金融公司试点推广至全国。

（二十三）深化利率汇率市场化改革。加快建设市场化利率形成和调控机制。在公布关键期限和短端国债收益率曲线基础上，进一步健全长端国债收益率曲线。完善人民币汇率市场化形成机制，推动汇率风险管理工具创新。稳慎推进人民币资本项目可兑换，推动金融市场双向有序开放，择机稳妥开展限额可兑换试点。研究将境内企业人民币境外借款业务推广到全国。

（二十四）深化资本市场改革。推进股票、债券市场改革和法治化建设，促进多层次资本市场健康发展，提高直接融资比重。适时启动“深港通”。研究制定房地产投资信托基金规则，积极推进试点。严厉打击证券期货领域的违法犯罪活动，坚决守住不发生系统性区域性风险的底线。

（二十五）完善保险制度体系。研究推出城乡居民住宅地震巨灾保险制度，制定环境污染责任保险制度方案。研究建立保险资产交易机制。推进个人税收递延型商业养老保险试点、住房反向抵押养老保险试点，出台加快发展现代商业养老保险的若干意见。

（二十六）改革完善现代金融监管体制。完善宏观审慎政策框架，制定金融监管体制改革方案，实现金融风险监管全覆盖。完善国有金融资本管理制度。完善外汇储备管理制度，建立健全外债和资本流动管理体系。

七、推进新型城镇化和农业农村等体制创新，促进城乡区域协调发展

（二十七）完善新型城镇化体制机制。推动户籍制度改革落地，建立健全“人地钱”挂钩机制，制定实施1亿左右农业转移人口和其他常住人口在城镇落户方案，促进有能力在城镇稳定就业和生活的农业转移人口举家进城落户。推动居住证制度尽快覆盖未落户的城镇常住人口，使其依法享有居住地基本公共服务。扩大新型城镇化综合试点范围，抓好中小城市综合改革试点。制定经济发达镇行政体制改革意见，支持符合条件的地区开展特大镇综合功能设置改革试点，将一些具备条件的特大镇尽快发展成为中小城市。制定市辖区设置标准，进一步优化市辖区规模和结构。深化城市公共交通管理体制改革，完善城市交通拥堵综合治理机制，健全城乡和跨区域公共交通衔接机制。推进综合交通运输管理体制改革。

（二十八）深化土地管理制度改革。形成扩大国有土地有偿使用范围的意见。完善和拓展城乡建设用地增减挂钩试点。完善城镇低效用地再开发政策。深入推进工业用地市场化配置改革试点，促进工业用地优化配置和高效利用。制定土地二级市场改革试点方案，制定土地流转市场运行规范。深入推进农村土地征收、集体经营性建设用地入市、宅基地制度改革试点，出台土地增值收益调节金征收使用管理暂行办法。完善耕地质量等级评定与质量保护监测办法。制定加强和改进耕地保护与耕地占补平衡的意见。

（二十九）深化农业农村改革。将农村土地承包经营权确权登记颁证整省试点扩大到22个省（区、市），完善农村土地所有权、承包权、经营权分置办法。制定稳步推进农村集体产权制度改革的意见。制定完善集体林权制度的意见。维护进城落户农民在农村的合法权益，探索土地承包权、宅基地使用权、集体收益分配权依法自愿有偿退出机制。创新金融支农服务机制，慎重稳妥开展农村承包土地经营权和农民住房财产权抵押贷款试点，完善农业保险基层服务体系。探索建立粮食生产功能区和重要农产品生产保护区，完善粮食主产区利益补偿机制。改革完善粮食等重要农产品价格形成机制，积极稳妥推进玉米收储制度改革。改革完善中央储备粮管理体制，完善吞吐调节机制。制定以绿色生态为导向的农业补贴制度方案。落实农垦改革发展意见。

（三十）完善扶贫机制。对在贫困地区开发水电、矿产资源占用集体土地的，试行给原住居民集体股权方式进行补偿，探索对贫困人口实行资产收益扶持制度。建立贫困退出机制。指导推动有关省(区、市)研究制定改进贫困县经济社会发展考核评价具体办法。

(三十一)强化区域协调发展体制保障。抓紧完善京津冀协同发展规划纲要的配套政策,启动一批北京非首都功能疏解示范项目,协调推进体制改革、创新驱动和试点示范。落实依托黄金水道推动长江经济带发展的指导意见和规划纲要。把改革开放作为新一轮东北地区等老工业基地振兴战略的关键举措,支持国企国资改革举措在东北地区先行先试,制定开展东北地区民营经济发展改革试点工作的意见,研究提出东北老工业基地进一步扩大对外开放的政策措施。

八、加快构建对外开放新体制,推进高水平双向开放

(三十二)进一步完善外贸体制。促进加工贸易创新发展,动态调整加工贸易禁止类、限制类商品目录,着力培育以技术、标准、品牌、质量、服务为核心的综合竞争优势。扩大跨境电子商务试点和市场采购贸易试点。实施自由贸易区战略,加快环境保护、投资保护、政府采购、电子商务、竞争政策等议题谈判。

(三十三)深化外商投资体制改革。推进外商投资负面清单管理模式改革,扩大金融、文化、电信、互联网、商贸物流等服务领域开放,进一步开放制造业。简化外商投资企业设立程序。深入推进自贸试验区建设,总结评估试验区经验,选择符合条件的地区扩大试验范围。创新开发区体制机制。

(三十四)完善"一带一路"和国际产能合作体制。深入贯彻实施"一带一路"战略规划及三年滚动计划,务实推进中蒙俄等六大国际经济合作走廊建设,加强与相关国家发展战略对接。完善上下联动、统一归口、高效运转的对内对外合作机制,形成推进国际产能和装备制造合作的合力。持续深化境外投资管理制度改革,健全风险评估、预警和应急处置机制,研究探索有效的事中事后监管和服务手段。设立人民币海外合作基金。落实外债登记制改革,为企业开展国际产能合作提供低成本融资渠道。

(三十五)推进通关便利化改革。推进电子口岸建设,制定"单一窗口"工作方案和相关制度。推动全国通关一体化,深入推进检验检疫一体化改革,强化互联互通、协同协作,提升通关便利化水平。统筹推进海关特殊监管区域整合优化,推动符合条件的各类海关特殊监管区域整合为综合保税区。

九、加快生态文明体制改革,推动形成绿色生产和消费方式

(三十六)建立国土空间开发保护制度。完善主体功能区政策,发布全国主体功能区规划图和农产品主产区、重点生态功能区目录。重点生态功能区实行产业准入负面清单。以主体功能区规划为基础统筹各类空间性规划,推进"多规合一"。编制京津冀空间规划。制定省级空间规划试点方案。编制实施全国国土规划纲要。研究编制全国城镇体系规划。建立资源环境承载能力监测预警长效机制,形成资源环境承载能力监测预警报告。制定划定并严守生态保护红线的若干意见。抓紧推进三江源等9个国家公园体制试点。制定自然生态空间用途管制办法,将用途管制扩大到所有自然生态空间。制定耕地、草原、河湖休养生息规划,开展退田还湖还湿、耕地轮作休耕制度试点,开展山水林田湖系统保护与修复试点。开展科学确定和维持河流生态流量试点。将确需退耕还林还草的陡坡地中的基本农田调整为非基本农田,扩大新一轮退耕还林还草规模。制定矿山地质环境保护和土地复垦制度方案。创建农业可持续发展试验示范区。

(三十七)完善资源总量管理和节约制度。实施能源消费总量和强度双控制度,制定全国能源消费总量和强度目标及分解方案,建立目标责任制。深入实施能效领跑者制度,健全节能标准体系。实行最严格的水资源管理制度,建设节水型社会,实施水资源消耗总量和强度双控行动,出台水效领跑者引领行动实施方案,推行合同节水管理,推动建立国家水资源督察制度。制定建设用地总量和强度双控方案。研究建立矿产资源开发利用水平调查评估制度。制定围填海总量、自然岸线保有率控制制度方案,健全海洋督察制度。研究制定海洋渔业资源总量管理制度方案。制定沙化土地封禁保护制度方案、草原保护制度方案。制定湿地保护修复制度方案,在甘肃、宁夏等地开展湿地产权确权试点。制定生产者责任延伸制度方案。

(三十八)建立健全市场化环境治理和生态保护机制。制定用能权有偿使用和交易制度方案。深入开展排污权有偿使用和交易试点。制定全国碳排放权交易总量设定与配额分配方案,推动碳市场建设。出台培育环境治理和生态保护市场主体的意见。实施环保领跑者制度。

(三十九)完善环境治理保护制度。改革和完善主要污染物总量控制制度,制定污染物排放许可制实施方案,建立覆盖所有固定污染源的企业排放许可制。深入实施大气、水、土壤污染防治三大行动计划。制定重点区域大气污染防治联防联控协作机制方案。培育发展各种形式的农业面源污染治理、农村污水垃圾处理市场主体。推进水环境监测系统共建和信息共享。制定按流域开展环境监管和行政执法试点方案。开展省以下环保机构监测监察执法垂直管理试点。

(四十)加快推进国有林场林区改革。完成国有林场改革试点验收和经验总结,完善林场林区基础设施、化解金融债务、深山远山职工搬迁、富余职工安置、职工社会保障、森林资源保护和培育等配套支持政策,积极稳妥推进国有林区改革。

(四十一)推进生态文明基础制度建设。设立统一规范的国家生态文明试验区。制定出台生态文明目标评价考核办法,建立绿色发展指标体系。出台自然资源统一确权登记办法,制定水流产权确权试点方案。制定全民所有自然资源资产有偿出让制度方案,制定矿业权出让制度方案和矿产资源国家权益金制度实施方案,开展国有森林资源有偿使用试点。出台建立流域上下游横向生态补偿机制的指导意见。开展生态环境损害赔偿制度改革试点。制定国家自然资源资产管理体制改革试点方案。深入开展领导干部自然资源资产离任审计试点。

十、深化社会事业相关改革,守住民生底线和社会稳定底线

(四十二)深化社会保障制度改革。加强顶层设计研究,完善个人账户制度,研究城镇职工基础养老金全国统筹方案,制定渐进式延迟退休年龄方案。继续推进机关事业单位养老保险制度改革。研究建立基本养老金合理调整机制。制定划转部分国有资本充实社保基金实施方案。研究适当降低社会保险费。

(四十三)深化收入分配制度改革。建立改革协调联动机制,统筹推进各类群体的增收措施。建立反映劳动力市场供求关系、与企业经济效益和劳动生产率挂钩的工资决定和正常增长机制。完善最低工资制度,合理确定最低工资标准调整幅度。

(四十四)深化教育体制改革。深入推进教育领域综合改革和考试招生制度改革。鼓励和督促各地制定推进教育管办评分离改革方案,开展相关改革试点。推动学前教育管理体制改革,鼓励普惠性幼儿园发展。出台统筹城乡义务教育一体化发展的意见。统一城乡义务教育学校生均公用经费基准定额。支持和规范民办教育发展。

(四十五)协调推动医疗、医保、医药联动改革。巩固完善县级公立医院综合改革,将公立医院综合改革试点城市增加到200个,扩大综合医改试点省份范围,加快建立现代医院管理制度。在部分综合医改试点省推广福建省三明市医改做法和经验。推进公立医院医务人员薪酬制度改革,建立维护公益性、调动积极性、保障可持续的运行新机制。深化基层医疗卫生机构综合改革,加快推进分级诊疗制度建设,在70%左右的地市开展试点。完善基本医疗保险制度,整合城乡居民基本医保制度和经办管理机构,加快医保支付方式改革,推进基本医保全国联网和异地就医结算。实现大病保险全覆盖。研究制定医疗保险和生育保险合并实施试点方案。健全药品供应保障机制,推进药品流通改革,降低药品虚高价格。全面推进药品医疗器械审评审批制度改革,建立以临床疗效为主导的审评制度,推进仿制药质量和疗效一致性评价,开展药品上市许可持有人制度试点。落实促进社会办医加快发展的若干政策措施。指导各地制定调整完善生育政策的配套政策。

（四十六）深化文化、体育改革。加快构建现代公共文化服务体系，推进基本公共文化服务标准化均等化。推动中央各部门各单位已转企改制的出版社、非时政类报刊社重组整合，组建若干出版传媒集团。落实足球改革发展总体方案。

（四十七）完善社会组织管理体制。开展行业协会商会与行政机关脱钩改革试点。加大政府向社会组织购买服务力度，推进有条件的事业单位转为社会组织。

十一、加强改革试点和改革督查评估

（四十八）深入推进国家综合配套改革试验。充分发挥试验区的综合改革试验平台作用，鼓励和支持各部门将需要试点的重要改革举措优先放在国家综合配套改革试验区先行先试。做好对不同主题综合配套改革试验区试点经验的总结，将统筹城乡、“两型社会”建设、创新发展、社会治理等相关改革经验在更大范围进行推广。对需要一定前提条件才能推广的经验，在具备条件的地区和改革试验区定向推广。

（四十九）有序开展各类专项改革试点。加强相关部门间的沟通、协调和合作，使各类专项改革试点目的明确、主题突出、内容相互衔接。合理确定试点任务、试点数量、试点范围和时限要求，有效防控风险，及时梳理总结可复制可推广的经验。鼓励不同区域进行差别化的试点探索，有针对性开展既符合本地区特点又对解决面上共性难题有探索示范意义的改革试点。

（五十）加强改革督查评估和宣传引导。对已出台实施的重要改革方案，要加强对落实情况的督促检查，发现问题的要列出清单、明确责任、限定时间、挂账整改。采取第三方评估等方式，对改革举措执行情况、实施效果、群众感受等进行综合评估。根据评估情况进一步改进和完善改革政策，不断提高改革质量，使改革不断见到实效。加强改革宣传，正确引导社会预期，及时回应社会关切，为改革创造良好的舆论环境和社会氛围。

积极推进国家高端智库建设试点。遵循智库发展规律和决策咨询规律，创新组织形式和管理方式，建立成果质量导向的激励机制，不断提高政策研究、政策评估、政策解读和国际交流合作水平，为党和政府决策提供高质量的智力支持。

各地区、各部门要增强推进改革的思想自觉和行动自觉，加强组织领导，明确责任主体，提高方案质量，狠抓贯彻落实。牵头部门要切实负起主体责任，抓紧抓实改革方案制定、评估、督查、落实等工作；配合部门要加强协作，形成合力。国家发展改革委要加强对年度重点改革工作的综合协调、督促推进和检查评估，及时将改革进展情况和重大问题报告国务院。

国务院部门规章

不动产登记暂行条例实施细则

（2016年1月1日国土资源部令第63号公布　自公布之日起施行）

目　录

第一章 总 则

第一条 为规范不动产登记行为，细化不动产统一登记制度，方便人民群众办理不动产登记，保护权利人合法权益，根据《不动产登记暂行条例》（以下简称《条例》），制定本实施细则。

第二条 不动产登记应当依照当事人的申请进行，但法律、行政法规以及本实施细则另有规定的除外。

房屋等建筑物、构筑物和森林、林木等定着物应当与其所依附的土地、海域一并登记，保持权利主体一致。

第三条 不动产登记机构依照《条例》第七条第二款的规定，协商办理或者接受指定办理跨县级行政区域不动产登记的，应当在登记完毕后将不动产登记簿记载的不动产权利人以及不动产坐落、界址、面积、用途、权利类型等登记结果告知不动产所跨区域的其他不动产登记机构。

第四条 国务院确定的重点国有林区的森林、林木和林地，由国土资源部受理并会同有关部门办理，依法向权利人核发不动产权属证书。

国务院批准的项目用海、用岛的登记，由国土资源部受理，依法向权利人核发不动产权属证书。

中央国家机关使用的国有土地等不动产登记，依照国土资源部《在京中央国家机关用地土地登记办法》等规定办理。

第二章 不动产登记簿

第五条 《条例》第八条规定的不动产单元，是指权属界线封闭且具有独立使用价值的空间。

没有房屋等建筑物、构筑物以及森林、林木定着物的，以土地、海域权属界线封闭的空间为不动产单元。

有房屋等建筑物、构筑物以及森林、林木定着物的，以该房屋等建筑物、构筑物以及森林、林木定着物与土地、海域权属界线封闭的空间为不动产单元。

前款所称房屋，包括独立成幢、权属界线封闭的空间，以及区分套、层、间等可以独立使用、权属界线封闭的空间。

第六条 不动产登记簿以宗地或者宗海为单位编成，一宗地或者一宗海范围内的全部不动产单元编入一个不动产登记簿。

第七条 不动产登记机构应当配备专门的不动产登记电子存储设施，采取信息网络安全防护措施，保证电子数据安全。

任何单位和个人不得擅自复制或者篡改不动产登记簿信息。

第八条 承担不动产登记审核、登记簿的不动产登记工作人员应当熟悉相关法律法规，具备与其岗位相适应的不动产登记等方面的专业知识。

国土资源部会同有关部门组织开展对承担不动产登记审核、登记簿的不动产登记工作人员的考核培训。

第三章 登记程序

第九条 申请不动产登记的，申请人应当填写登记申请书，并提交身份证明以及相关申请材料。

申请材料应当提供原件。因特殊情况不能提供原件的，可以提供复印件，复印件应当与原件保持一致。

第十条 处分共有不动产申请登记的，应当经占份额三分之二以上的按份共有人或者全体共同共有人共同申请，但共有人另有约定的除外。

按份共有人转让其享有的不动产份额，应当与受让人共同申请转移登记。

建筑区划内依法属于全体业主共有的不动产申请登记，依照本实施细则第三十六条的规定办理。

第十一条 无民事行为能力人、限制民事行为能力人申请不动产登记的，应当由其监护人代为申请。

监护人代为申请登记的，应当提供监护人与被监护人的身份证或者户口簿、有关监护关系等材料；因处分不动产而申请登记的，还应当提供为被监护人利益的书面保证。

父母之外的监护人处分未成年人不动产的，有关监护关系材料可以是人民法院指定监护的法律文书、经过公证的对被监护人享有监护权的材料或者其他材料。

第十二条 当事人可以委托他人代为申请不动产登记。

代理申请不动产登记的，代理人应当向不动产登记机构提供被代理人签字或者盖章的授权委托书。

自然人处分不动产，委托代理人申请登记的，应当与代理人共同到不动产登记机构现场签订授权委托书，但授权委托书经公证的除外。

境外申请人委托他人办理处分不动产登记的，其授权委托书应当按照国家有关规定办理认证或者公证。

第十三条 申请登记的事项记载于不动产登记簿前，全体申请人提出撤回登记申请的，登记机构应当将登记申请书以及相关材料退还申请人。

第十四条 因继承、受遗赠取得不动产，当事人申请登记的，应当提交死亡证明材料、遗嘱或者全部法定继承人关于不动产分配的协议以及与被继承人的亲属关系材料等，也可以提交经公证的材料或者生效的法律文书。

第十五条 不动产登记机构受理不动产登记申请后，还应当对下列内容进行查验：

（一）申请人、委托代理人身份证明材料以及授权委托书与申请主体是否一致；

（二）权属来源材料或者登记原因文件与申请登记的内容是否一致；

（三）不动产界址、空间界限、面积等权籍调查成果是否完备，权属是否清楚、界址是否清晰、面积是否准确；

（四）法律、行政法规规定的完税或者缴费凭证是否齐全。

第十六条 不动产登记机构进行实地查看，重点查看下列情况：

（一）房屋等建筑物、构筑物所有权首次登记，查看房屋坐落及其建造完成等情况；

（二）在建建筑物抵押权登记，查看抵押的在建建筑物坐落及其建造等情况；

（三）因不动产灭失导致的注销登记，查看不动产灭失等情况。

第十七条 有下列情形之一的，不动产登记机构应当在登记事项记载于登记簿前进行公告，但涉及国家秘密的除外：

（一）政府组织的集体土地所有权登记；

（二）宅基地使用权及房屋所有权，集体建设用地使用权及建筑物、构筑物所有权，土地承包经营权等不动产权利的首次登记；

（三）依职权更正登记；

（四）依职权注销登记；

（五）法律、行政法规规定的其他情形。

公告应当在不动产登记机构门户网站以及不动产所在地等指定场所进行，公告期不少于15个工作日。公告所需时间不计算在登记办理期限内。公告期满无异议或者异议不成立的，应当及时记载于不动产登记簿。

第十八条 不动产登记公告的主要内容包括：

（一）拟予登记的不动产权利人的姓名或者名称；

（二）拟予登记的不动产坐落、面积、用途、权利类型等；

（三）提出异议的期限、方式和受理机构；

（四）需要公告的其他事项。

第十九条 当事人可以持人民法院、仲裁委员会的生效法律文书或者人民政府的生效决定单方申请不动产登记。

有下列情形之一的,不动产登记机构直接办理不动产登记:

(一)人民法院持生效法律文书和协助执行通知书要求不动产登记机构办理登记的;

(二)人民检察院、公安机关依据法律规定持协助查封通知书要求办理查封登记的;

(三)人民政府依法做出征收或者收回不动产权利决定生效后,要求不动产登记机构办理注销登记的;

(四)法律、行政法规规定的其他情形。

不动产登记机构认为登记事项存在异议的,应当依法向有关机关提出审查建议。

第二十条 不动产登记机构应当根据不动产登记簿,填写并核发不动产权属证书或者不动产登记证明。

除办理抵押权登记、地役权登记和预告登记、异议登记,向申请人核发不动产登记证明外,不动产登记机构应当依法向权利人核发不动产权属证书。

不动产权属证书和不动产登记证明,应当加盖不动产登记机构登记专用章。

不动产权属证书和不动产登记证明样式,由国土资源部统一规定。

第二十一条 申请共有不动产登记的,不动产登记机构向全体共有人合并发放一本不动产权属证书;共有人申请分别持证的,可以为共有人分别发放不动产权属证书。

共有不动产权属证书应当注明共有情况,并列明全体共有人。

第二十二条 不动产权属证书或者不动产登记证明污损、破损的,当事人可以向不动产登记机构申请换发。符合换发条件的,不动产登记机构应当予以换发,并收回原不动产权属证书或者不动产登记证明。

不动产权属证书或者不动产登记证明遗失、灭失,不动产权利人申请补发的,由不动产登记机构在其门户网站上刊发不动产权利人的遗失、灭失声明15个工作日后,予以补发。

不动产登记机构补发不动产权属证书或者不动产登记证明的,应当将补发不动产权属证书或者不动产登记证明的事项记载于不动产登记簿,并在不动产权属证书或者不动产登记证明上注明“补发”字样。

第二十三条 因不动产权利灭失等情形,不动产登记机构需要收回不动产权属证书或者不动产登记证明的,应当在不动产登记簿上将收回不动产权属证书或者不动产登记证明的事项予以注明；确实无法收回的，应当在不动产登记机构门户网站或者当地公开发行的报刊上公告作废。

第四章 不动产权利登记

第一节 一般规定

第二十四条 不动产首次登记，是指不动产权利第一次登记。

未办理不动产首次登记的，不得办理不动产其他类型登记，但法律、行政法规另有规定的除外。

第二十五条 市、县人民政府可以根据情况对本行政区域内未登记的不动产，组织开展集体土地所有权、宅基地使用权、集体建设用地使用权、土地承包经营权的首次登记。

依照前款规定办理首次登记所需的权属来源、调查等登记材料，由人民政府有关部门组织获取。

第二十六条 下列情形之一的，不动产权利人可以向不动产登记机构申请变更登记：

（一）权利人的姓名、名称、身份证明类型或者身份证明号码发生变更的；

（二）不动产的坐落、界址、用途、面积等状况变更的；

（三）不动产权利期限、来源等状况发生变化的；

（四）同一权利人分割或者合并不动产的；

（五）抵押担保的范围、主债权数额、债务履行期限、抵押权顺位发生变化的；

（六）最高额抵押担保的债权范围、最高债权额、债权确定期间等发生变化的；

（七）地役权的利用目的、方法等发生变化的；

（八）共有性质发生变更的；

（九）法律、行政法规规定的其他不涉及不动产权利转移的变更情形。

第二十七条 因下列情形导致不动产权利转移的，当事人可以向不动产登记机构申请转移登记：

（一）买卖、互换、赠与不动产的；

（二）以不动产作价出资（入股）的；

（三）法人或者其他组织因合并、分立等原因致使不动产权利发生转移的；

（四）不动产分割、合并导致权利发生转移的；

（五）继承、受遗赠导致权利发生转移的；

（六）共有人增加或者减少以及共有不动产份额变化的；

（七）因人民法院、仲裁委员会的生效法律文书导致不动产权利发生转移的；

（八）因主债权转移引起不动产抵押权转移的；

（九）因需役地不动产权利转移引起地役权转移的；

（十）法律、行政法规规定的其他不动产权利转移情形。

第二十八条 有下列情形之一的，当事人可以申请办理注销登记：

（一）不动产灭失的；

（二）权利人放弃不动产权利的；

（三）不动产被依法没收、征收或者收回的；

（四）人民法院、仲裁委员会的生效法律文书导致不动产权利消灭的；

（五）法律、行政法规规定的其他情形。

不动产上已经设立抵押权、地役权或者已经办理预告登记，所有权人、使用权人因放弃权利申请注销登记的，申请人应当提供抵押权人、地役权人、预告登记权利人同意的书面材料。

第二节 集体土地所有权登记

第二十九条 集体土地所有权登记，依照下列规定提出申请：

（一）土地属于村农民集体所有的，由村集体经济组织代为申请，没有集体经济组织的，由村民委员会代为申请；

（二）土地分别属于村内两个以上农民集体所有的，由村内各集体经济组织代为申请，没有集体经济组织的，由村民小组代为申请；

（三）土地属于乡（镇）农民集体所有的，由乡（镇）集体经济组织代为申请。

第三十条 申请集体土地所有权首次登记的，应当提交下列材料：

（一）土地权属来源材料；

（二）权籍调查表、宗地图以及宗地界址点坐标；

（三）其他必要材料。

第三十一条 农民集体因互换、土地调整等原因导致集体土地所有权转移，申请集体土地所有权转移登记的，应当提交下列材料：

（一）不动产权属证书；

（二）互换、调整协议等集体土地所有权转移的材料；

（三）本集体经济组织三分之二以上成员或者三分之二以上村民代表同意的材料；

（四）其他必要材料。

第三十二条 申请集体土地所有权变更、注销登记的，应当提交下列材料：

（一）不动产权属证书；

（二）集体土地所有权变更、消灭的材料；

（三）其他必要材料。

第三节 国有建设用地使用权及房屋所有权登记

第三十三条 依法取得国有建设用地使用权，可以单独申请国有建设用地使用权登记。

依法利用国有建设用地建造房屋的，可以申请国有建设用地使用权及房屋所有权登记。

第三十四条 申请国有建设用地使用权首次登记，应当提交下列材料：

（一）土地权属来源材料；

（二）权籍调查表、宗地图以及宗地界址点坐标；

（三）土地出让价款、土地租金、相关税费等缴纳凭证；

（四）其他必要材料。

前款规定的土地权属来源材料，根据权利取得方式的不同，包括国有建设用地划拨决定书、国有建设用地使用权出让合同、国有建设用地使用权租赁合同以及国有建设用地使用权作价出资（入股）、授权经营批准文件。

申请在地上或者地下单独设立国有建设用地使用权登记的，按照本条规定办理。

第三十五条 申请国有建设用地使用权及房屋所有权首次登记的，应当提交下列材料：

（一）不动产权属证书或者土地权属来源材料；

（二）建设工程符合规划的材料；

（三）房屋已经竣工的材料；

（四）房地产调查或者测绘报告；

（五）相关税费缴纳凭证；

（六）其他必要材料。

第三十六条 办理房屋所有权首次登记时，申请人应当将建筑区划内依法属于业主共有的道路、绿地、其他公共场所、公用设施和物业服务用房及其占用范围内的建设用地使用权一并申请登记为业主共有。业主转让房屋所有权的，其对共有部分享有的权利依法一并转让。

第三十七条 申请国有建设用地使用权及房屋所有权变更登记的，应当根据不同情况，提交下列材料：

（一）不动产权属证书；

（二）发生变更的材料；

（三）有批准权的人民政府或者主管部门的批准文件；

（四）国有建设用地使用权出让合同或者补充协议；

（五）国有建设用地使用权出让价款、税费等缴纳凭证；

（六）其他必要材料。

第三十八条 申请国有建设用地使用权及房屋所有权转移登记的，应当根据不同情况，提交下列材料：

（一）不动产权属证书；

（二）买卖、互换、赠与合同；

（三）继承或者受遗赠的材料；

（四）分割、合并协议；

（五）人民法院或者仲裁委员会生效的法律文书；

（六）有批准权的人民政府或者主管部门的批准文件；

（七）相关税费缴纳凭证；

（八）其他必要材料。

不动产买卖合同依法应当备案的，申请人申请登记时须提交经备案的买卖合同。

第三十九条 具有独立利用价值的特定空间以及码头、油库等其他建筑物、构筑物所有权的登记，按照本实施细则中房屋所有权登记有关规定办理。

第四节 宅基地使用权及房屋所有权登记

第四十条 依法取得宅基地使用权，可以单独申请宅基地使用权登记。

依法利用宅基地建造住房及其附属设施的，可以申请宅基地使用权及房屋所有权登记。

第四十一条 申请宅基地使用权及房屋所有权首次登记的，应当根据不同情况，提交下列材料：

（一）申请人身份证和户口簿；

（二）不动产权属证书或者有批准权的人民政府批准用地的文件等权属来源材料；

（三）房屋符合规划或者建设的相关材料；

（四）权籍调查表、宗地图、房屋平面图以及宗地界址点坐标等有关不动产界址、面积等材料；

（五）其他必要材料。

第四十二条 因依法继承、分家析产、集体经济组织内部互换房屋等导致宅基地使用权及房屋所有权发生转移申请登记的，申请人应当根据不同情况，提交下列材料：

（一）不动产权属证书或者其他权属来源材料；

（二）依法继承的材料；

（三）分家析产的协议或者材料；

（四）集体经济组织内部互换房屋的协议；

（五）其他必要材料。

第四十三条 申请宅基地等集体土地上的建筑物区分所有权登记的，参照国有建设用地使用权及建筑物区分所有权的规定办理登记。

第五节 集体建设用地使用权及建筑物、构筑物所有权登记

第四十四条 依法取得集体建设用地使用权，可以单独申请集体建设用地使用权登记。

依法利用集体建设用地兴办企业，建设公共设施，从事公益事业等的，可以申请集体建设用地使用权及地上建筑物、构筑物所有权登记。

第四十五条 申请集体建设用地使用权及建筑物、构筑物所有权首次登记的，申请人应当根据不同情况，提交下列材料：

（一）有批准权的人民政府批准用地的文件等土地权属来源材料；

（二）建设工程符合规划的材料；

（三）权籍调查表、宗地图、房屋平面图以及宗地界址点坐标等有关不动产界址、面积等材料；

（四）建设工程已竣工的材料；

（五）其他必要材料。

集体建设用地使用权首次登记完成后，申请人申请建筑物、构筑物所有权首次登记的，应当提交享有集体建设用地使用权的不动产权属证书。

第四十六条 申请集体建设用地使用权及建筑物、构筑物所有权变更登记、转移登记、注销登记的，申请人应当根据不同情况，提交下列材料：

（一）不动产权属证书；

（二）集体建设用地使用权及建筑物、构筑物所有权变更、转移、消灭的材料；

（三）其他必要材料。

因企业兼并、破产等原因致使集体建设用地使用权及建筑物、构筑物所有权发生转移的,申请人应当持相关协议及有关部门的批准文件等相关材料,申请不动产转移登记。

第六节 土地承包经营权登记

第四十七条 承包农民集体所有的耕地、林地、草地、水域、滩涂以及荒山、荒沟、荒丘、荒滩等农用地,或者国家所有依法由农民集体使用的农用地从事种植业、林业、畜牧业、渔业等农业生产的,可以申请土地承包经营权登记;地上有森林、林木的,应当在申请土地承包经营权登记时一并申请登记。

第四十八条 依法以承包方式在土地上从事种植业或者养殖业生产活动的,可以申请土地承包经营权的首次登记。

以家庭承包方式取得的土地承包经营权的首次登记,由发包方持土地承包经营合同等材料申请。

以招标、拍卖、公开协商等方式承包农村土地的,由承包方持土地承包经营合同申请土地承包经营权首次登记。

第四十九条 已经登记的土地承包经营权有下列情形之一的,承包方应当持原不动产权属证书以及其他证实发生变更事实的材料,申请土地承包经营权变更登记:

(一)权利人的姓名或者名称等事项发生变化的;

(二)承包土地的坐落、名称、面积发生变化的;

(三)承包期限依法变更的;

(四)承包期限届满,土地承包经营权人按照国家有关规定继续承包的;

(五)退耕还林、退耕还湖、退耕还草导致土地用途改变的;

(六)森林、林木的种类等发生变化的;

(七)法律、行政法规规定的其他情形。

第五十条 已经登记的土地承包经营权发生下列情形之一的,当事人双方应当持互换协议、转让合同等材料,申请土地承包经营权的转移登记:

(一)互换;

(二)转让;

(三)因家庭关系、婚姻关系变化等原因导致土地承包经营权分割或者合并的;

(四)依法导致土地承包经营权转移的其他情形。

以家庭承包方式取得的土地承包经营权,采取转让方式流转的,还应当提供发包方同意的材料。

第五十一条 已经登记的土地承包经营权发生下列情形之一的，承包方应当持不动产权属证书、证实灭失的材料等，申请注销登记：

（一）承包经营的土地灭失的；

（二）承包经营的土地被依法转为建设用地的；

（三）承包经营权人丧失承包经营资格或者放弃承包经营权的；

（四）法律、行政法规规定的其他情形。

第五十二条 以承包经营以外的合法方式使用国有农用地的国有农场、草场，以及使用国家所有的水域、滩涂等农用地进行农业生产，申请国有农用地的使用权登记的，参照本实施细则有关规定办理。

国有农场、草场申请国有未利用地登记的，依照前款规定办理。

第五十三条 国有林地使用权登记，应当提交有批准权的人民政府或者主管部门的批准文件，地上森林、林木一并登记。

第七节　海域使用权登记

第五十四条 依法取得海域使用权，可以单独申请海域使用权登记。

依法使用海域，在海域上建造建筑物、构筑物的，应当申请海域使用权及建筑物、构筑物所有权登记。

申请无居民海岛登记的，参照海域使用权登记有关规定办理。

第五十五条 申请海域使用权首次登记的，应当提交下列材料：

（一）项目用海批准文件或者海域使用权出让合同；

（二）宗海图以及界址点坐标；

（三）海域使用金缴纳或者减免凭证；

（四）其他必要材料。

第五十六条 有下列情形之一的，申请人应当持不动产权属证书、海域使用权变更的文件等材料，申请海域使用权变更登记：

（一）海域使用权人姓名或者名称改变的；

（二）海域坐落、名称发生变化的；

（三）改变海域使用位置、面积或者期限的；

（四）海域使用权续期的；

（五）共有性质变更的；

（六）法律、行政法规规定的其他情形。

第五十七条 有下列情形之一的，申请人可以申请海域使用权转移登记：

（一）因企业合并、分立或者与他人合资、合作经营、作价入股导致海域使用权转移的；

(二)依法转让、赠与、继承、受遗赠海域使用权的；

(三)因人民法院、仲裁委员会生效法律文书导致海域使用权转移的；

(四)法律、行政法规规定的其他情形。

第五十八条 申请海域使用权转移登记的，申请人应当提交下列材料：

(一)不动产权属证书；

(二)海域使用权转让合同、继承材料、生效法律文书等材料；

(三)转让批准取得的海域使用权，应当提交原批准用海的海洋行政主管部门批准转让的文件；

(四)依法需要补交海域使用金的，应当提交海域使用金缴纳的凭证；

(五)其他必要材料。

第五十九条 申请海域使用权注销登记的，申请人应当提交下列材料：

(一)原不动产权属证书；

(二)海域使用权消灭的材料；

(三)其他必要材料。

因围填海造地等导致海域灭失的，申请人应当在围填海造地等工程竣工后，依照本实施细则规定申请国有土地使用权登记，并办理海域使用权注销登记。

第八节 地役权登记

第六十条 按照约定设定地役权，当事人可以持需役地和供役地的不动产权属证书、地役权合同以及其他必要文件，申请地役权首次登记。

第六十一条 经依法登记的地役权发生下列情形之一的，当事人应当持地役权合同、不动产登记证明和证实变更的材料等必要材料，申请地役权变更登记：

(一)地役权当事人的姓名或者名称等发生变化；

(二)共有性质变更的；

(三)需役地或者供役地自然状况发生变化；

(四)地役权内容变更的；

(五)法律、行政法规规定的其他情形。

供役地分割转让办理登记，转让部分涉及地役权的，应当由受让人与地役权人一并申请地役权变更登记。

第六十二条 已经登记的地役权因土地承包经营权、建设用地使用权转让发生转移的，当事人应当持不动产登记证明、地役权转移合同等必要材料，申请地役权转移登记。

申请需役地转移登记的，或者需役地分割转让，转让部分涉及已登记的地役权的，当事人应当一并申请地役权转移登记，但当事人另有约定的除外。当事人拒绝一并申请地役权转移登记的，应当出具书面材料。不动产登记机构办理转移登记时，应当同时办理地役权注销登记。

第六十三条 已经登记的地役权，有下列情形之一的，当事人可以持不动产登记证明、证实地役权发生消灭的材料等必要材料，申请地役权注销登记：

（一）地役权期限届满；

（二）供役地、需役地归于同一人；

（三）供役地或者需役地灭失；

（四）人民法院、仲裁委员会的生效法律文书导致地役权消灭；

（五）依法解除地役权合同；

（六）其他导致地役权消灭的事由。

第六十四条 地役权登记，不动产登记机构应当将登记事项分别记载于需役地和供役地登记簿。

供役地、需役地分属不同不动产登记机构管辖的，当事人应当向供役地所在地的不动产登记机构申请地役权登记。供役地所在地不动产登记机构完成登记后，应当将相关事项通知需役地所在地不动产登记机构，并由其记载于需役地登记簿。

地役权设立后，办理首次登记前发生变更、转移的，当事人应当提交相关材料，就已经变更或者转移的地役权，直接申请首次登记。

第九节 抵押权登记

第六十五条 对下列财产进行抵押的，可以申请办理不动产抵押登记：

（一）建设用地使用权；

（二）建筑物和其他土地附着物；

（三）海域使用权；

（四）以招标、拍卖、公开协商等方式取得的荒地等土地承包经营权；

（五）正在建造的建筑物；

（六）法律、行政法规未禁止抵押的其他不动产。

以建设用地使用权、海域使用权抵押的，该土地、海域上的建筑物、构筑物一并抵押；以建筑物、构筑物抵押的，该建筑物、构筑物占用范围内的建设用地使用权、海域使用权一并抵押。

第六十六条 自然人、法人或者其他组织为保障其债权的实现，依法以不动产设定抵押的，可以由当事人持不动产权属证书、抵押合同与主债权合同等必要材料，共同申请办理抵押登记。

抵押合同可以是单独订立的书面合同，也可以是主债权合同中的抵押条款。

第六十七条 同一不动产上设立多个抵押权的，不动产登记机构应当按照受理时间的先后顺序依次办理登记，并记载于不动产登记簿。当事人对抵押权顺位另有约定的，从其规定办理登记。

第六十八条 有下列情形之一的，当事人应当持不动产权属证书、不动产登记证明、抵押权变更等必要材料，申请抵押权变更登记：

（一）抵押人、抵押权人的姓名或者名称变更的；

（二）被担保的主债权数额变更的；

（三）债务履行期限变更的；

（四）抵押权顺位变更的；

（五）法律、行政法规规定的其他情形。

因被担保债权主债权的种类及数额、担保范围、债务履行期限、抵押权顺位发生变更申请抵押权变更登记时，如果该抵押权的变更将对其他抵押权人产生不利影响的，还应当提交其他抵押权人书面同意的材料与身份证或者户口簿等材料。

第六十九条 因主债权转让导致抵押权转让的，当事人可以持不动产权属证书、不动产登记证明、被担保主债权的转让协议、债权人已经通知债务人的材料等相关材料，申请抵押权的转移登记。

第七十条 有下列情形之一的，当事人可以持不动产登记证明、抵押权消灭的材料等必要材料，申请抵押权注销登记：

（一）主债权消灭；

（二）抵押权已经实现；

（三）抵押权人放弃抵押权；

（四）法律、行政法规规定抵押权消灭的其他情形。

第七十一条 设立最高额抵押权的，当事人应当持不动产权属证书、最高额抵押合同与一定期间内将要连续发生的债权的合同或者其他登记原因材料等必要材料，申请最高额抵押权首次登记。

当事人申请最高额抵押权首次登记时，同意将最高额抵押权设立前已经存在的债权转入最高额抵押担保的债权范围的，还应当提交已存在债权的合同以及当事人同意将该债权纳入最高额抵押权担保范围的书面材料。

第七十二条 有下列情形之一的，当事人应当持不动产登记证明、最高额抵押权发生变更的材料等必要材料，申请最高额抵押权变更登记：

（一）抵押人、抵押权人的姓名或者名称变更的；

（二）债权范围变更的；

（三）最高债权额变更的；

（四）债权确定的期间变更的；

（五）抵押权顺位变更的；

（六）法律、行政法规规定的其他情形。

因最高债权额、债权范围、债务履行期限、债权确定的期间发生变更申请最高额抵押权变更登记时，如果该变更将对其他抵押权人产生不利影响的，当事人还应当提交其他抵押权人的书面同意文件与身份证或者户口簿等。

第七十三条 当发生导致最高额抵押权担保的债权被确定的事由，从而使最高额抵押权转变为一般抵押权时，当事人应当持不动产登记证明、最高额抵押权担保的债权已确定的材料等必要材料，申请办理确定最高额抵押权的登记。

第七十四条 最高额抵押权发生转移的，应当持不动产登记证明、部分债权转移的材料、当事人约定最高额抵押权随同部分债权的转让而转移的材料等必要材料，申请办理最高额抵押权转移登记。

债权人转让部分债权，当事人约定最高额抵押权随同部分债权的转让而转移的，应当分别申请下列登记：

（一）当事人约定原抵押权人与受让人共同享有最高额抵押权的，应当申请最高额抵押权的转移登记；

（二）当事人约定受让人享有一般抵押权、原抵押权人就扣减已转移的债权数额后继续享有最高额抵押权的，应当申请一般抵押权的首次登记以及最高额抵押权的变更登记；

（三）当事人约定原抵押权人不再享有最高额抵押权的，应当一并申请最高额抵押权确定登记以及一般抵押权转移登记。

最高额抵押权担保的债权确定前，债权人转让部分债权的，除当事人另有约定外，不动产登记机构不得办理最高额抵押权转移登记。

第七十五条 以建设用地使用权以及全部或者部分在建建筑物设定抵押的，应当一并申请建设用地使用权以及在建建筑物抵押权的首次登记。

当事人申请在建建筑物抵押权首次登记时，抵押财产不包括已经办理预告登记的预购商品房和已经办理预售备案的商品房。

前款规定的在建建筑物，是指正在建造、尚未办理所有权首次登记的房屋等建筑物。

第七十六条 申请在建建筑物抵押权首次登记的，当事人应当提交下列材料：

（一）抵押合同与主债权合同；

（二）享有建设用地使用权的不动产权属证书；

（三）建设工程规划许可证；

（四）其他必要材料。

第七十七条 在建建筑物抵押权变更、转移或者消灭的，当事人应当提交下列材料，申请变更登记、转移登记、注销登记：

（一）不动产登记证明；

（二）在建建筑物抵押权发生变更、转移或者消灭的材料；

（三）其他必要材料。

在建建筑物竣工，办理建筑物所有权首次登记时，当事人应当申请将在建建筑物抵押权登记转为建筑物抵押权登记。

第七十八条 申请预购商品房抵押登记，应当提交下列材料：

（一）抵押合同与主债权合同；

（二）预购商品房预告登记材料；

（三）其他必要材料。

预购商品房办理房屋所有权登记后，当事人应当申请将预购商品房抵押预告登记转为商品房抵押权首次登记。

第五章 其他登记

第一节 更正登记

第七十九条 权利人、利害关系人认为不动产登记簿记载的事项有错误，可以申请更正登记。

权利人申请更正登记的，应当提交下列材料：

（一）不动产权属证书；

（二）证实登记确有错误的材料；

（三）其他必要材料。

利害关系人申请更正登记的，应当提交利害关系材料、证实不动产登记簿记载错误的材料以及其他必要材料。

第八十条 不动产权利人或者利害关系人申请更正登记，不动产登记机构认为不动产登记簿记载确有错误的，应当予以更正；但在错误登记之后已经办理了涉及不动产权利处分的登记、预告登记和查封登记的除外。

不动产权属证书或者不动产登记证明填制错误以及不动产登记机构在办理更正登记中，需要更正不动产权属证书或者不动产登记证明内容的，应当书面通知权利人换发，并把换发不动产权属证书或者不动产登记证明的事项记载于登记簿。

不动产登记簿记载无误的，不动产登记机构不予更正，并书面通知申请人。

第八十一条 不动产登记机构发现不动产登记簿记载的事项错误，应当通知当事人在30个工作日内办理更正登记。当事人逾期不办理的，不动产登记机构应当在公告15个工作日后，依法予以更正；但在错误登记之后已经办理了涉及不动产权利处分的登记、预告登记和查封登记的除外。

第二节　异议登记

第八十二条 利害关系人认为不动产登记簿记载的事项错误，权利人不同意更正的，利害关系人可以申请异议登记。

利害关系人申请异议登记的，应当提交下列材料：

（一）证实对登记的不动产权利有利害关系的材料；

（二）证实不动产登记簿记载的事项错误的材料；

（三）其他必要材料。

第八十三条 不动产登记机构受理异议登记申请的，应当将异议事项记载于不动产登记簿，并向申请人出具异议登记证明。

异议登记申请人应当在异议登记之日起15日内，提交人民法院受理通知书、仲裁委员会受理通知书等提起诉讼、申请仲裁的材料；逾期不提交的，异议登记失效。

异议登记失效后，申请人就同一事项以同一理由再次申请异议登记的，不动产登记机构不予受理。

第八十四条 异议登记期间，不动产登记簿上记载的权利人以及第三人因处分权利申请登记的，不动产登记机构应当书面告知申请人该权利已经存在异议登记的有关事项。申请人申请继续办理的，应当予以办理，但申请人应当提供知悉异议登记存在并自担风险的书面承诺。

第三节　预告登记

第八十五条 有下列情形之一的，当事人可以按照约定申请不动产预告登记：

（一）商品房等不动产预售的；

（二）不动产买卖、抵押的；

（三）以预购商品房设定抵押权的；

（四）法律、行政法规规定的其他情形。

预告登记生效期间，未经预告登记的权利人书面同意，处分该不动产权利申请登记的，不动产登记机构应当不予办理。

预告登记后，债权未消灭且自能够进行相应的不动产登记之日起3个月内，当事人申请不动产登记的，不动产登记机构应当按照预告登记事项办理相应的登记。

第八十六条 申请预购商品房的预告登记，应当提交下列材料：

（一）已备案的商品房预售合同；

（二）当事人关于预告登记的约定；

（三）其他必要材料。

预售人和预购人订立商品房买卖合同后，预售人未按照约定与预购人申请预告登记，预购人可以单方申请预告登记。

预购人单方申请预购商品房预告登记，预售人与预购人在商品房预售合同中对预告登记附有条件和期限的，预购人应当提交相应材料。

申请预告登记的商品房已经办理在建建筑物抵押权首次登记的，当事人应当一并申请在建建筑物抵押权注销登记，并提交不动产权属转移材料、不动产登记证明。不动产登记机构应当先办理在建建筑物抵押权注销登记，再办理预告登记。

第八十七条 申请不动产转移预告登记的，当事人应当提交下列材料：

（一）不动产转让合同；

（二）转让方的不动产权属证书；

（三）当事人关于预告登记的约定；

（四）其他必要材料。

第八十八条 抵押不动产，申请预告登记的，当事人应当提交下列材料：

（一）抵押合同与主债权合同；

（二）不动产权属证书；

（三）当事人关于预告登记的约定；

（四）其他必要材料。

第八十九条 预告登记未到期，有下列情形之一的，当事人可以持不动产登记证明、债权消灭或者权利人放弃预告登记的材料，以及法律、行政法规规定的其他必要材料申请注销预告登记：

（一）预告登记的权利人放弃预告登记的；

（二）债权消灭的；

（三）法律、行政法规规定的其他情形。

第四节　查封登记

第九十条　人民法院要求不动产登记机构办理查封登记的，应当提交下列材料：

（一）人民法院工作人员的工作证；

（二）协助执行通知书；

（三）其他必要材料。

第九十一条　两个以上人民法院查封同一不动产的，不动产登记机构应当为先送达协助执行通知书的人民法院办理查封登记，对后送达协助执行通知书的人民法院办理轮候查封登记。

轮候查封登记的顺序按照人民法院协助执行通知书送达不动产登记机构的时间先后进行排列。

第九十二条　查封期间，人民法院解除查封的，不动产登记机构应当及时根据人民法院协助执行通知书注销查封登记。

不动产查封期限届满，人民法院未续封的，查封登记失效。

第九十三条　人民检察院等其他国家有权机关依法要求不动产登记机构办理查封登记的，参照本节规定办理。

第六章　不动产登记资料的查询、保护和利用

第九十四条　不动产登记资料包括：

（一）不动产登记簿等不动产登记结果；

（二）不动产登记原始资料，包括不动产登记申请书、申请人身份材料、不动产权属来源、登记原因、不动产权籍调查成果等材料以及不动产登记机构审核材料。

不动产登记资料由不动产登记机构管理。不动产登记机构应当建立不动产登记资料管理制度以及信息安全保密制度，建设符合不动产登记资料安全保护标准的不动产登记资料存放场所。

不动产登记资料中属于归档范围的，按照相关法律、行政法规的规定进行归档管理，具体办法由国土资源部会同国家档案主管部门另行制定。

第九十五条　不动产登记机构应当加强不动产登记信息化建设，按照统一的不动产登记信息管理基础平台建设要求和技术标准，做好数据整合、系统

建设和信息服务等工作,加强不动产登记信息产品开发和技术创新,提高不动产登记的社会综合效益。

各级不动产登记机构应当采取措施保障不动产登记信息安全。任何单位和个人不得泄露不动产登记信息。

第九十六条 不动产登记机构、不动产交易机构建立不动产登记信息与交易信息互联共享机制,确保不动产登记与交易有序衔接。

不动产交易机构应当将不动产交易信息及时提供给不动产登记机构。不动产登记机构完成登记后,应当将登记信息及时提供给不动产交易机构。

第九十七条 国家实行不动产登记资料依法查询制度。

权利人、利害关系人按照《条例》第二十七条规定依法查询、复制不动产登记资料的,应当到具体办理不动产登记的不动产登记机构申请。

权利人可以查询、复制其不动产登记资料。

因不动产交易、继承、诉讼等涉及的利害关系人可以查询、复制不动产自然状况、权利人及其不动产查封、抵押、预告登记、异议登记等状况。

人民法院、人民检察院、国家安全机关、监察机关等可以依法查询、复制与调查和处理事项有关的不动产登记资料。

其他有关国家机关执行公务依法查询、复制不动产登记资料的,依照本条规定办理。

涉及国家秘密的不动产登记资料的查询,按照保守国家秘密法的有关规定执行。

第九十八条 权利人、利害关系人申请查询、复制不动产登记资料应当提交下列材料:

(一)查询申请书;

(二)查询目的的说明;

(三)申请人的身份材料;

(四)利害关系人查询的,提交证实存在利害关系的材料。

权利人、利害关系人委托他人代为查询的,还应当提交代理人的身份证明材料、授权委托书。权利人查询其不动产登记资料无需提供查询目的的说明。

有关国家机关查询的,应当提供本单位出具的协助查询材料、工作人员的工作证。

第九十九条 有下列情形之一的,不动产登记机构不予查询,并书面告知理由:

(一)申请查询的不动产不属于不动产登记机构管辖范围的;

(二)查询人提交的申请材料不符合规定的;

（三）申请查询的主体或者查询事项不符合规定的；

（四）申请查询的目的不合法的；

（五）法律、行政法规规定的其他情形。

第一百条 对符合本实施细则规定的查询申请，不动产登记机构应当当场提供查询；因情况特殊，不能当场提供查询的，应当在5个工作日内提供查询。

第一百零一条 查询人查询不动产登记资料，应当在不动产登记机构设定的场所进行。

不动产登记原始资料不得带离设定的场所。

查询人在查询时应当保持不动产登记资料的完好，严禁遗失、拆散、调换、抽取、污损登记资料，也不得损坏查询设备。

第一百零二条 查询人可以查阅、抄录不动产登记资料。查询人要求复制不动产登记资料的，不动产登记机构应当提供复制。

查询人要求出具查询结果证明的，不动产登记机构应当出具查询结果证明。查询结果证明应注明查询目的及日期，并加盖不动产登记机构查询专用章。

第七章 法律责任

第一百零三条 不动产登记机构工作人员违反本实施细则规定，有下列行为之一，依法给予处分；构成犯罪的，依法追究刑事责任：

（一）对符合登记条件的登记申请不予登记，对不符合登记条件的登记申请予以登记；

（二）擅自复制、篡改、毁损、伪造不动产登记簿；

（三）泄露不动产登记资料、登记信息；

（四）无正当理由拒绝申请人查询、复制登记资料；

（五）强制要求权利人更换新的权属证书。

第一百零四条 当事人违反本实施细则规定，有下列行为之一，构成违反治安管理行为的，依法给予治安管理处罚；给他人造成损失的，依法承担赔偿责任；构成犯罪的，依法追究刑事责任：

（一）采用提供虚假材料等欺骗手段申请登记；

（二）采用欺骗手段申请查询、复制登记资料；

（三）违反国家规定，泄露不动产登记资料、登记信息；

（四）查询人遗失、拆散、调换、抽取、污损登记资料的；

（五）擅自将不动产登记资料带离查询场所、损坏查询设备的。

第八章　附　　则

第一百零五条　本实施细则施行前，依法核发的各类不动产权属证书继续有效。不动产权利未发生变更、转移的，不动产登记机构不得强制要求不动产权利人更换不动产权属证书。

不动产登记过渡期内，农业部会同国土资源部等部门负责指导农村土地承包经营权的统一登记工作，按照农业部有关规定办理耕地的土地承包经营权登记。不动产登记过渡期后，由国土资源部负责指导农村土地承包经营权登记工作。

第一百零六条　不动产信托依法需要登记的，由国土资源部会同有关部门另行规定。

第一百零七条　军队不动产登记，其申请材料经军队不动产主管部门审核后，按照本实施细则规定办理。

第一百零八条　本实施细则自公布之日起施行。

幼儿园工作规程

（2016 年 1 月 5 日教育部令第 39 号公布　自 2016 年 3 月 1 日起施行）

第一章　总　　则

第一条　为了加强幼儿园的科学管理，规范办园行为，提高保育和教育质量，促进幼儿身心健康，依据《中华人民共和国教育法》等法律法规，制定本规程。

第二条　幼儿园是对 3 周岁以上学龄前幼儿实施保育和教育的机构。幼儿园教育是基础教育的重要组成部分，是学校教育制度的基础阶段。

第三条　幼儿园的任务是：贯彻国家的教育方针，按照保育与教育相结合的原则，遵循幼儿身心发展特点和规律，实施德、智、体、美等方面全面发展的教育，促进幼儿身心和谐发展。

幼儿园同时面向幼儿家长提供科学育儿指导。

第四条　幼儿园适龄幼儿一般为 3 周岁至 6 周岁。

幼儿园一般为三年制。

第五条 幼儿园保育和教育的主要目标是：

（一）促进幼儿身体正常发育和机能的协调发展，增强体质，促进心理健康，培养良好的生活习惯、卫生习惯和参加体育活动的兴趣。

（二）发展幼儿智力，培养正确运用感官和运用语言交往的基本能力，增进对环境的认识，培养有益的兴趣和求知欲望，培养初步的动手探究能力。

（三）萌发幼儿爱祖国、爱家乡、爱集体、爱劳动、爱科学的情感，培养诚实、自信、友爱、勇敢、勤学、好问、爱护公物、克服困难、讲礼貌、守纪律等良好的品德行为和习惯，以及活泼开朗的性格。

（四）培养幼儿初步感受美和表现美的情趣和能力。

第六条 幼儿园教职工应当尊重、爱护幼儿，严禁虐待、歧视、体罚和变相体罚、侮辱幼儿人格等损害幼儿身心健康的行为。

第七条 幼儿园可分为全日制、半日制、定时制、季节制和寄宿制等。上述形式可分别设置，也可混合设置。

第二章 幼儿入园和编班

第八条 幼儿园每年秋季招生。平时如有缺额，可随时补招。

幼儿园对烈士子女、家中无人照顾的残疾人子女、孤儿、家庭经济困难幼儿、具有接受普通教育能力的残疾儿童等入园，按照国家和地方的有关规定予以照顾。

第九条 企业、事业单位和机关、团体、部队设置的幼儿园，除招收本单位工作人员的子女外，应当积极创造条件向社会开放，招收附近居民子女入园。

第十条 幼儿入园前，应当按照卫生部门制定的卫生保健制度进行健康检查，合格者方可入园。

幼儿入园除进行健康检查外，禁止任何形式的考试或测查。

第十一条 幼儿园规模应当有利于幼儿身心健康，便于管理，一般不超过360人。

幼儿园每班幼儿人数一般为：小班（3周岁至4周岁）25人，中班（4周岁至5周岁）30人，大班（5周岁至6周岁）35人，混合班30人。寄宿制幼儿园每班幼儿人数酌减。

幼儿园可以按年龄分别编班，也可以混合编班。

第三章 幼儿园的安全

第十二条 幼儿园应当严格执行国家和地方幼儿园安全管理的相关规

定，建立健全门卫、房屋、设备、消防、交通、食品、药物、幼儿接送交接、活动组织和幼儿就寝值守等安全防护和检查制度，建立安全责任制和应急预案。

第十三条 幼儿园的园舍应当符合国家和地方的建设标准，以及相关安全、卫生等方面的规范，定期检查维护，保障安全。幼儿园不得设置在污染区和危险区，不得使用危房。

幼儿园的设备设施、装修装饰材料、用品用具和玩教具材料等，应当符合国家相关的安全质量标准和环保要求。

入园幼儿应当由监护人或者其委托的成年人接送。

第十四条 幼儿园应当严格执行国家有关食品药品安全的法律法规，保障饮食饮水卫生安全。

第十五条 幼儿园教职工必须具有安全意识，掌握基本急救常识和防范、避险、逃生、自救的基本方法，在紧急情况下应当优先保护幼儿的人身安全。

幼儿园应当把安全教育融入一日生活，并定期组织开展多种形式的安全教育和事故预防演练。

幼儿园应当结合幼儿年龄特点和接受能力开展反家庭暴力教育，发现幼儿遭受或者疑似遭受家庭暴力的，应当依法及时向公安机关报案。

第十六条 幼儿园应当投保校方责任险。

第四章　幼儿园的卫生保健

第十七条 幼儿园必须切实做好幼儿生理和心理卫生保健工作。

幼儿园应当严格执行《托儿所幼儿园卫生保健管理办法》以及其他有关卫生保健的法规、规章和制度。

第十八条 幼儿园应当制定合理的幼儿一日生活作息制度。正餐间隔时间为3.5－4小时。在正常情况下，幼儿户外活动时间（包括户外体育活动时间）每天不得少于2小时，寄宿制幼儿园不得少于3小时；高寒、高温地区可酌情增减。

第十九条 幼儿园应当建立幼儿健康检查制度和幼儿健康卡或档案。每年体检一次，每半年测身高、视力一次，每季度量体重一次；注意幼儿口腔卫生，保护幼儿视力。

幼儿园对幼儿健康发展状况定期进行分析、评价，及时向家长反馈结果。

幼儿园应当关注幼儿心理健康，注重满足幼儿的发展需要，保持幼儿积极的情绪状态，让幼儿感受到尊重和接纳。

第二十条 幼儿园应当建立卫生消毒、晨检、午检制度和病儿隔离制度，配合卫生部门做好计划免疫工作。

幼儿园应当建立传染病预防和管理制度，制定突发传染病应急预案，认真做好疾病防控工作。

幼儿园应当建立患病幼儿用药的委托交接制度，未经监护人委托或者同意，幼儿园不得给幼儿用药。幼儿园应当妥善管理药品，保证幼儿用药安全。

幼儿园内禁止吸烟、饮酒。

第二十一条 供给膳食的幼儿园应当为幼儿提供安全卫生的食品，编制营养平衡的幼儿食谱，定期计算和分析幼儿的进食量和营养素摄取量，保证幼儿合理膳食。

幼儿园应当每周向家长公示幼儿食谱，并按照相关规定进行食品留样。

第二十二条 幼儿园应当配备必要的设备设施，及时为幼儿提供安全卫生的饮用水。

幼儿园应当培养幼儿良好的大小便习惯，不得限制幼儿便溺的次数、时间等。

第二十三条 幼儿园应当积极开展适合幼儿的体育活动，充分利用日光、空气、水等自然因素以及本地自然环境，有计划地锻炼幼儿肌体，增强身体的适应和抵抗能力。正常情况下，每日户外体育活动不得少于1小时。

幼儿园在开展体育活动时，应当对体弱或有残疾的幼儿予以特殊照顾。

第二十四条 幼儿园夏季要做好防暑降温工作，冬季要做好防寒保暖工作，防止中暑和冻伤。

第五章 幼儿园的教育

第二十五条 幼儿园教育应当贯彻以下原则和要求：

（一）德、智、体、美等方面的教育应当互相渗透，有机结合。

（二）遵循幼儿身心发展规律，符合幼儿年龄特点，注重个体差异，因人施教，引导幼儿个性健康发展。

（三）面向全体幼儿，热爱幼儿，坚持积极鼓励、启发引导的正面教育。

（四）综合组织健康、语言、社会、科学、艺术各领域的教育内容，渗透于幼儿一日生活的各项活动中，充分发挥各种教育手段的交互作用。

（五）以游戏为基本活动，寓教育于各项活动之中。

（六）创设与教育相适应的良好环境，为幼儿提供活动和表现能力的机会与条件。

第二十六条 幼儿一日活动的组织应当动静交替，注重幼儿的直接感知、实际操作和亲身体验，保证幼儿愉快的、有益的自由活动。

第二十七条 幼儿园日常生活组织，应当从实际出发，建立必要、合理的常规，坚持一贯性和灵活性相结合，培养幼儿的良好习惯和初步的生活自理能力。

第二十八条 幼儿园应当为幼儿提供丰富多样的教育活动。

教育活动内容应当根据教育目标、幼儿的实际水平和兴趣确定，以循序渐进为原则，有计划地选择和组织。

教育活动的组织应当灵活地运用集体、小组和个别活动等形式，为每个幼儿提供充分参与的机会，满足幼儿多方面发展的需要，促进每个幼儿在不同水平上得到发展。

教育活动的过程应注重支持幼儿的主动探索、操作实践、合作交流和表达表现，不应片面追求活动结果。

第二十九条 幼儿园应当将游戏作为对幼儿进行全面发展教育的重要形式。

幼儿园应当因地制宜创设游戏条件，提供丰富、适宜的游戏材料，保证充足的游戏时间，开展多种游戏。

幼儿园应当根据幼儿的年龄特点指导游戏，鼓励和支持幼儿根据自身兴趣、需要和经验水平，自主选择游戏内容、游戏材料和伙伴，使幼儿在游戏过程中获得积极的情绪情感，促进幼儿能力和个性的全面发展。

第三十条 幼儿园应当将环境作为重要的教育资源，合理利用室内外环境，创设开放的、多样的区域活动空间，提供适合幼儿年龄特点的丰富的玩具、操作材料和幼儿读物，支持幼儿自主选择和主动学习，激发幼儿学习的兴趣与探究的愿望。

幼儿园应当营造尊重、接纳和关爱的氛围，建立良好的同伴和师生关系。

幼儿园应当充分利用家庭和社区的有利条件，丰富和拓展幼儿园的教育资源。

第三十一条 幼儿园的品德教育应当以情感教育和培养良好行为习惯为主，注重潜移默化的影响，并贯穿于幼儿生活以及各项活动之中。

第三十二条 幼儿园应当充分尊重幼儿的个体差异，根据幼儿不同的心理发展水平，研究有效的活动形式和方法，注重培养幼儿良好的个性心理品质。

幼儿园应当为在园残疾儿童提供更多的帮助和指导。

第三十三条 幼儿园和小学应当密切联系，互相配合，注意两个阶段教育的相互衔接。

幼儿园不得提前教授小学教育内容，不得开展任何违背幼儿身心发展规律的活动。

第六章　幼儿园的园舍、设备

第三十四条　幼儿园应当按照国家的相关规定设活动室、寝室、卫生间、保健室、综合活动室、厨房和办公用房等，并达到相应的建设标准。有条件的幼儿园应当优先扩大幼儿游戏和活动空间。

寄宿制幼儿园应当增设隔离室、浴室和教职工值班室等。

第三十五条　幼儿园应当有与其规模相适应的户外活动场地，配备必要的游戏和体育活动设施，创造条件开辟沙地、水池、种植园地等，并根据幼儿活动的需要绿化、美化园地。

第三十六条　幼儿园应当配备适合幼儿特点的桌椅、玩具架、盥洗卫生用具，以及必要的玩教具、图书和乐器等。

玩教具应当具有教育意义并符合安全、卫生要求。幼儿园应当因地制宜，就地取材，自制玩教具。

第三十七条　幼儿园的建筑规划面积、建筑设计和功能要求，以及设施设备、玩教具配备，按照国家和地方的相关规定执行。

第七章　幼儿园的教职工

第三十八条　幼儿园按照国家相关规定设园长、副园长、教师、保育员、卫生保健人员、炊事员和其他工作人员等岗位，配足配齐教职工。

第三十九条　幼儿园教职工应当贯彻国家教育方针，具有良好品德，热爱教育事业，尊重和爱护幼儿，具有专业知识和技能以及相应的文化和专业素养，为人师表，忠于职责，身心健康。

幼儿园教职工患传染病期间暂停在幼儿园的工作。有犯罪、吸毒记录和精神病史者不得在幼儿园工作。

第四十条　幼儿园园长应当符合本规程第三十九条规定，并应当具有《教师资格条例》规定的教师资格、具备大专以上学历、有三年以上幼儿园工作经历和一定的组织管理能力，并取得幼儿园园长岗位培训合格证书。

幼儿园园长由举办者任命或者聘任，并报当地主管的教育行政部门备案。

幼儿园园长负责幼儿园的全面工作，主要职责如下：

（一）贯彻执行国家的有关法律、法规、方针、政策和地方的相关规定，负责建立并组织执行幼儿园的各项规章制度；

（二）负责保育教育、卫生保健、安全保卫工作；

（三）负责按照有关规定聘任、调配教职工，指导、检查和评估教师以及其他工作人员的工作，并给予奖惩；

（四）负责教职工的思想工作，组织业务学习，并为他们的学习、进修、教育研究创造必要的条件；

（五）关心教职工的身心健康，维护他们的合法权益，改善他们的工作条件；

（六）组织管理园舍、设备和经费；

（七）组织和指导家长工作；

（八）负责与社区的联系和合作。

第四十一条 幼儿园教师必须具有《教师资格条例》规定的幼儿园教师资格，并符合本规程第三十九条规定。

幼儿园教师实行聘任制。

幼儿园教师对本班工作全面负责，其主要职责如下：

（一）观察了解幼儿，依据国家有关规定，结合本班幼儿的发展水平和兴趣需要，制订和执行教育工作计划，合理安排幼儿一日生活；

（二）创设良好的教育环境，合理组织教育内容，提供丰富的玩具和游戏材料，开展适宜的教育活动；

（三）严格执行幼儿园安全、卫生保健制度，指导并配合保育员管理本班幼儿生活，做好卫生保健工作；

（四）与家长保持经常联系，了解幼儿家庭的教育环境，商讨符合幼儿特点的教育措施，相互配合共同完成教育任务；

（五）参加业务学习和保育教育研究活动；

（六）定期总结评估保教工作实效，接受园长的指导和检查。

第四十二条 幼儿园保育员应当符合本规程第三十九条规定，并应当具备高中毕业以上学历，受过幼儿保育职业培训。

幼儿园保育员的主要职责如下：

（一）负责本班房舍、设备、环境的清洁卫生和消毒工作；

（二）在教师指导下，科学照料和管理幼儿生活，并配合本班教师组织教育活动；

（三）在卫生保健人员和本班教师指导下，严格执行幼儿园安全、卫生保健制度；

（四）妥善保管幼儿衣物和本班的设备、用具。

第四十三条 幼儿园卫生保健人员除符合本规程第三十九条规定外，医师应当取得卫生行政部门颁发的《医师执业证书》；护士应当取得《护士执业证书》；保健员应当具有高中毕业以上学历，并经过当地妇幼保健机构组织的卫生保健专业知识培训。

幼儿园卫生保健人员对全园幼儿身体健康负责，其主要职责如下：

（一）协助园长组织实施有关卫生保健方面的法规、规章和制度，并监督执行；

（二）负责指导调配幼儿膳食，检查食品、饮水和环境卫生；

（三）负责晨检、午检和健康观察，做好幼儿营养、生长发育的监测和评价；定期组织幼儿健康体检，做好幼儿健康档案管理；

（四）密切与当地卫生保健机构的联系，协助做好疾病防控和计划免疫工作；

（五）向幼儿园教职工和家长进行卫生保健宣传和指导。

（六）妥善管理医疗器械、消毒用具和药品。

第四十四条 幼儿园其他工作人员的资格和职责，按照国家和地方的有关规定执行。

第四十五条 对认真履行职责、成绩优良的幼儿园教职工，应当按照有关规定给予奖励。

对不履行职责的幼儿园教职工，应当视情节轻重，依法依规给予相应处分。

第八章 幼儿园的经费

第四十六条 幼儿园的经费由举办者依法筹措，保障有必备的办园资金和稳定的经费来源。

按照国家和地方相关规定接受财政扶持的提供普惠性服务的国有企事业单位办园、集体办园和民办园等幼儿园，应当接受财务、审计等有关部门的监督检查。

第四十七条 幼儿园收费按照国家和地方的有关规定执行。

幼儿园实行收费公示制度，收费项目和标准向家长公示，接受社会监督，不得以任何名义收取与新生入园相挂钩的赞助费。

幼儿园不得以培养幼儿某种专项技能、组织或参与竞赛等为由，另外收取费用；不得以营利为目的组织幼儿表演、竞赛等活动。

第四十八条 幼儿园的经费应当按照规定的使用范围合理开支，坚持专款专用,不得挪作他用。

第四十九条 幼儿园举办者筹措的经费,应当保证保育和教育的需要,有一定比例用于改善办园条件和开展教职工培训。

第五十条 幼儿膳食费应当实行民主管理制度,保证全部用于幼儿膳食,每月向家长公布账目。

第五十一条 幼儿园应当建立经费预算和决算审核制度,经费预算和决算应当提交园务委员会审议,并接受财务和审计部门的监督检查。

幼儿园应当依法建立资产配置、使用、处置、产权登记、信息管理等管理制度,严格执行有关财务制度。

第九章 幼儿园、家庭和社区

第五十二条 幼儿园应当主动与幼儿家庭沟通合作,为家长提供科学育儿宣传指导,帮助家长创设良好的家庭教育环境,共同担负教育幼儿的任务。

第五十三条 幼儿园应当建立幼儿园与家长联系的制度。幼儿园可采取多种形式,指导家长正确了解幼儿园保育和教育的内容、方法,定期召开家长会议,并接待家长的来访和咨询。

幼儿园应当认真分析、吸收家长对幼儿园教育与管理工作的意见与建议。

幼儿园应当建立家长开放日制度。

第五十四条 幼儿园应当成立家长委员会。

家长委员会的主要任务是:对幼儿园重要决策和事关幼儿切身利益的事项提出意见和建议;发挥家长的专业和资源优势,支持幼儿园保育教育工作;帮助家长了解幼儿园工作计划和要求,协助幼儿园开展家庭教育指导和交流。

家长委员会在幼儿园园长指导下工作。

第五十五条 幼儿园应当加强与社区的联系与合作,面向社区宣传科学育儿知识,开展灵活多样的公益性早期教育服务,争取社区对幼儿园的多方面支持。

第十章 幼儿园的管理

第五十六条 幼儿园实行园长负责制。

幼儿园应当建立园务委员会。园务委员会由园长、副园长、党组织负责人和保教、卫生保健、财会等方面工作人员的代表以及幼儿家长代表组成。园长任园务委员会主任。

园长定期召开园务委员会会议，遇重大问题可临时召集，对规章制度的建立、修改、废除，全园工作计划，工作总结，人员奖惩，财务预算和决算方案，以及其他涉及全园工作的重要问题进行审议。

第五十七条 幼儿园应当加强党组织建设，充分发挥党组织政治核心作用、战斗堡垒作用。幼儿园应当为工会、共青团等其他组织开展工作创造有利条件，充分发挥其在幼儿园工作中的作用。

第五十八条 幼儿园应当建立教职工大会制度或者教职工代表大会制度，依法加强民主管理和监督。

第五十九条 幼儿园应当建立教研制度，研究解决保教工作中的实际问题。

第六十条 幼儿园应当制订年度工作计划，定期部署、总结和报告工作。每学年年末应当向教育等行政主管部门报告工作，必要时随时报告。

第六十一条 幼儿园应当接受上级教育、卫生、公安、消防等部门的检查、监督和指导，如实报告工作和反映情况。

幼儿园应当依法接受教育督导部门的督导。

第六十二条 幼儿园应当建立业务档案、财务管理、园务会议、人员奖惩、安全管理以及与家庭、小学联系等制度。

幼儿园应当建立信息管理制度，按照规定采集、更新、报送幼儿园管理信息系统的相关信息，每年向主管教育行政部门报送统计信息。

第六十三条 幼儿园教师依法享受寒暑假期的带薪休假。幼儿园应当创造条件，在寒暑假期间，安排工作人员轮流休假。具体办法由举办者制定。

第十一章　附　　则

第六十四条 本规程适用于城乡各类幼儿园。

第六十五条 省、自治区、直辖市教育行政部门可根据本规程，制订具体实施办法。

第六十六条 本规程自 2016 年 3 月 1 日起施行。1996 年 3 月 9 日由原国家教育委员会令第 25 号发布的《幼儿园工作规程》同时废止。

食品药品投诉举报管理办法

（2016年1月12日国家食品药品监督管理总局令第21号公布　自2016年3月1日起施行）

第一章　总　　则

第一条　为规范食品药品投诉举报管理工作，推动食品药品安全社会共治，加大对食品药品违法行为的惩治力度，保障公众身体健康和生命安全，根据《中华人民共和国食品安全法》及其实施条例、《中华人民共和国药品管理法》及其实施条例、《医疗器械监督管理条例》、《化妆品卫生监督条例》等法律法规的规定，制定本办法。

第二条　食品药品投诉举报是指公民、法人或者其他组织向各级食品药品监督管理部门反映生产者、经营者等主体在食品（含食品添加剂）生产、经营环节中有关食品安全方面，药品、医疗器械、化妆品研制、生产、经营、使用等环节中有关产品质量安全方面存在的涉嫌违法行为。

第三条　食品药品投诉举报管理工作实行统一领导、属地管理、依法行政、社会共治的原则。

各级食品药品监督管理部门应当加强对食品药品投诉举报管理工作的指导协调，加强宣传，落实举报奖励制度，鼓励并支持公众投诉举报食品药品违法行为。

第四条　国务院食品药品监督管理部门主管全国食品药品投诉举报管理工作，主要履行下列职责：

（一）制定食品药品投诉举报管理制度和政策并监督实施；

（二）调查处理全国范围内有重大影响的食品药品投诉举报并发布相关信息；

（三）通报全国食品药品投诉举报管理工作情况；

（四）协调指导同级食品药品投诉举报机构的具体工作。

第五条　地方各级食品药品监督管理部门主管本行政区域的食品药品投诉举报管理工作，主要履行下列职责：

（一）根据本办法制定本行政区域的食品药品投诉举报管理制度和政策并监督实施；

（二）调查处理本行政区域的食品药品投诉举报并发布相关信息；

（三）通报并向上级报告本行政区域的食品药品投诉举报管理工作情况；

（四）协调指导同级食品药品投诉举报机构的具体工作。

第六条 国务院食品药品监督管理部门投诉举报机构负责全国食品药品投诉举报管理的具体工作，主要履行下列职责：

（一）对直接收到的食品药品投诉举报进行受理、转办、移送、跟踪、督促、审核等；

（二）收集、汇总全国食品药品投诉举报信息，定期发布全国食品药品投诉举报分析报告；

（三）制定食品药品投诉举报管理工作程序、标准和规范，对地方各级食品药品投诉举报机构进行业务指导；

（四）承担全国食品药品投诉举报管理的宣传、培训工作。

第七条 地方各级食品药品监督管理部门投诉举报机构负责本行政区域的食品药品投诉举报管理的具体工作，主要履行下列职责：

（一）对直接收到的食品药品投诉举报进行受理、转办、移送、跟踪、督促、审核等；

（二）对上级转办的食品药品投诉举报进行转办、移送、跟踪、督促、审核、上报等；

（三）对下级食品药品投诉举报机构进行业务指导；

（四）收集、汇总、分析本行政区域的食品药品投诉举报信息，按要求定期向上一级食品药品投诉举报机构报告；

（五）承担本行政区域的食品药品投诉举报宣传、培训工作。

第八条 各级食品药品监督管理部门应当畅通“12331”电话、网络、信件、走访等投诉举报渠道，建立健全一体化投诉举报信息管理系统，实现全国食品药品投诉举报信息互联互通。

第九条 各级食品药品监督管理部门应当按照相关法律法规规定，对受理的投诉举报进行调查处理，并将处理结果反馈投诉举报人，及时解决和回应公众诉求。

第二章 受 理

第十条 食品药品投诉举报机构负责统一受理食品药品投诉举报。

对直接收到的食品药品投诉举报，食品药品监督管理部门应当自收到之日起5日内转交同级食品药品投诉举报机构；无同级食品药品投诉举报机构的，应当自收到之日起5日内转交负责投诉举报管理工作的部门。

第十一条 投诉举报人应当提供客观真实的投诉举报材料及证据，说明事情的基本经过，提供被投诉举报对象的名称、地址、涉嫌违法的具体行为等详细信息。

提倡实名投诉举报。投诉举报人不愿提供自己的姓名、身份、联系方式等个人信息或者不愿公开投诉举报行为的，应当予以尊重。

第十二条 对符合本办法第二条规定的投诉举报，食品药品投诉举报机构或者管理部门应当依法予以受理。

投诉举报具有下列情形之一的，不予受理并以适当方式告知投诉举报人：

（一）无具体明确的被投诉举报对象和违法行为的；

（二）被投诉举报对象及违法行为均不在本食品药品投诉举报机构或者管理部门管辖范围的；

（三）不属于食品药品监督管理部门监管职责范围的；

（四）投诉举报已经受理且仍在调查处理过程中，投诉举报人就同一事项重复投诉举报的；

（五）投诉举报已依法处理，投诉举报人在无新线索的情况下以同一事实或者理由重复投诉举报的；

（六）违法行为已经超过法定追诉时限的；

（七）应当通过诉讼、仲裁、行政复议等法定途径解决或者已经进入上述程序的；

（八）其他依法不应当受理的情形。

投诉举报中同时含有应当受理和不应当受理的内容，能够作区分处理的，对不应当受理的内容不予受理。

第十三条 投诉举报人应当向有管辖权的食品药品投诉举报机构进行投诉举报。属于县级食品药品监督管理部门职责的，投诉举报人应当向涉嫌违法主体所在地或者涉嫌违法行为发生地县级食品药品投诉举报机构进行投诉举报。

对食品药品投诉举报实行统一受理的省、自治区、直辖市，投诉举报人可以向省、自治区、直辖市食品药品投诉举报机构提出投诉举报。

两个以上食品药品投诉举报机构或者管理部门均有管辖权的，由最先收到投诉举报的食品药品投诉举报机构或者管理部门管辖。

第十四条 食品药品投诉举报机构或者管理部门之间因管辖权发生争议的，由涉及的食品药品投诉举报机构或者管理部门协商决定；协商不成的，由共同的上一级食品药品投诉举报机构或者管理部门指定受理的食品药品投诉举报机构或者管理部门。

第十五条 食品药品投诉举报机构或者管理部门收到投诉举报后应当统一编码,并于收到之日起5日内作出是否受理的决定。

食品药品投诉举报机构或者管理部门决定不予受理投诉举报或者不予受理投诉举报的部分内容的,应当自作出不予受理决定之日起15日内以适当方式将不予受理的决定和理由告知投诉举报人,投诉举报人联系方式不详的除外。

未按前款规定告知的,投诉举报自食品药品投诉举报机构或者管理部门收到之日起第5日即为受理。

第十六条 对受理的投诉举报,按照重要投诉举报和一般投诉举报分类办理。

投诉举报符合下列情形之一的,为重要投诉举报:

(一)声称已致人死亡、严重伤残、多人伤残等严重后果的;

(二)可能造成严重食源性或者药源性安全隐患的;

(三)可能涉及国家利益或者造成重大社会影响的;

(四)可能引发系统性、区域性风险的;

(五)食品药品投诉举报机构或者管理部门认为重要的其他投诉举报。

第三章 办理程序

第十七条 各级食品药品投诉举报机构受理一般投诉举报后,应当依据属地管理原则和监管职责划分,自受理之日起3日内转交有关部门办理。

各级食品药品投诉举报机构受理重要投诉举报后,应当2日内转交同级食品药品监督管理部门提出处理意见。

第十八条 各级食品药品监督管理部门应当建立健全多部门沟通协调机制,及时研究办理投诉举报。

对涉及食品药品监督管理部门内部多部门监管职责的投诉举报,食品药品投诉举报机构应当提出拟办意见,上报同级食品药品监督管理部门。同级食品药品监督管理部门应当及时明确办理意见,组织协调投诉举报的办理。

第十九条 投诉举报承办部门应当对投诉举报线索及时调查核实,依法办理,并将办理结果以适当方式反馈投诉举报人,投诉举报人联系方式不详的除外。

第二十条 投诉举报承办部门应当自投诉举报受理之日起60日内向投诉举报人反馈办理结果;情况复杂的,在60日期限届满前经批准可适当延长办理期限，并告知投诉举报人正在办理。办结后，应当告知投诉举报人办理结果。

投诉举报延期办理的，延长期限一般不超过30日。法律、行政法规、规章另有规定的，从其规定。

下列时间不计算在投诉举报办理期限内：

（一）确定管辖的食品药品投诉举报机构或者管理部门所需时间；

（二）投诉举报承办部门办理投诉举报过程中因检验检测、鉴定、专家评审或者论证所需时间；

（三）其他部门协助调查所需时间。

特别复杂疑难的投诉举报，需要继续延长办理期限的，应当书面报请投诉举报承办部门负责人批准，并将延期情况及时告知投诉举报人和向其转办投诉举报的食品药品投诉举报机构或者管理部门。

投诉举报人在投诉举报办理过程中对办理进展情况进行咨询的，投诉举报承办部门应当以适当方式告知其正在办理。

第二十一条 食品药品投诉举报机构应当及时跟踪了解转办的投诉举报办理情况，下级食品药品投诉举报机构或者投诉举报承办部门应当予以配合。

投诉举报自受理之日起超过50日尚未办结的，食品药品投诉举报机构可以督促投诉举报承办部门及时办理，但经批准延期办理的除外。

投诉举报办理时限届满后未及时办结或者未向投诉举报人反馈办理结果的，食品药品投诉举报机构可以视情形提请投诉举报承办部门的上一级业务主管部门进行督办。

第二十二条 投诉举报承办部门应当将投诉举报延期办理情况和办理结果反馈转交其办理的食品药品投诉举报机构，重要投诉举报案件信息应当即时反馈，一般投诉举报案件信息应当在办理完结或者作出延期决定后5日内反馈。

地方各级食品药品投诉举报机构应当自收到投诉举报办理结果5日内，通过投诉举报信息管理系统将投诉举报办理结果上报上级食品药品投诉举报机构。

第二十三条 食品药品投诉举报机构发现有下列情形之一的，可以向投诉举报承办部门提出改进工作的建议：

（一）未在规定时限内办理投诉举报的；

（二）未将办理结果反馈投诉举报人及食品药品投诉举报机构，或者反馈不当的。

第二十四条 食品药品投诉举报机构根据工作需要，可以对投诉举报办理情况进行回访，听取投诉举报人意见和建议，并记录回访结果。

第二十五条 食品药品投诉举报机构及投诉举报承办部门应当依照《中华人民共和国档案法》等法律法规规定，对有保存价值的文字、音像等资料立卷归档，留档备查。

第四章 信息管理

第二十六条 国务院食品药品监督管理部门负责建设全国食品药品投诉举报数据中心，省、自治区、直辖市食品药品监督管理部门负责建设本级食品药品投诉举报数据中心。省、自治区、直辖市食品药品投诉举报机构或者管理部门应当通过投诉举报信息管理系统将本行政区域的投诉举报和涉及投诉举报管理的咨询、意见和建议等信息定期上报至全国食品药品投诉举报数据中心。

各级食品药品监督管理部门应当充分利用投诉举报信息管理系统，规范各级食品药品投诉举报机构受理、转办、跟踪、协调、汇总、分析、反馈、通报等工作，加强对投诉举报信息的监测和管控，及时进行预警，有效防范食品药品安全风险。

第二十七条 地方各级食品药品投诉举报机构应当定期汇总、分析本行政区域的投诉举报和涉及投诉举报管理的咨询、意见和建议等信息，发现薄弱环节，提出监管措施和建议，并报同级食品药品监督管理部门和上一级食品药品投诉举报机构。

第二十八条 投诉举报人提出的有关食品药品安全隐患、风险信息、监管建议，各级食品药品投诉举报机构应当及时报送相关部门参考。

省、自治区、直辖市食品药品监督管理部门投诉举报机构应当实时将带有倾向性、风险性和群体性食品药品安全问题等投诉举报信息，报送国务院食品药品监督管理部门投诉举报机构，同时抄报本级食品药品监督管理部门负责人及稽查等相关部门；每月分析本行政区域的重要投诉举报信息和投诉举报热点、难点问题，报送国务院食品药品监督管理部门投诉举报机构。国务院食品药品监督管理部门投诉举报机构应当及时汇总分析相关情况，报告国务院食品药品监督管理部门。

第二十九条 国务院食品药品监督管理部门投诉举报机构应当定期汇总、分析全国范围的投诉举报信息，对具有规律性、普遍性的问题，及时形成监管建议，上报国务院食品药品监督管理部门。

第三十条 国务院食品药品监督管理部门投诉举报机构和省、自治区、直辖市食品药品监督管理部门投诉举报机构应当定期通报下列情况：

（一）投诉举报信息统计分析结果；

（二）投诉举报承办部门办理投诉举报的总体情况；

（三）下一级食品药品投诉举报机构工作情况；

（四）其他应当予以通报的情况。

第五章 监督与责任

第三十一条 各级食品药品监督管理部门应当向社会公布投诉举报渠道及投诉举报管理工作相关规定。

各级食品药品投诉举报机构应当自觉接受社会监督。

各级食品药品监督管理部门应当对本行政区域的投诉举报受理和办理情况实施考核。

第三十二条 各级食品药品监督管理部门应当加强投诉举报管理工作人员培训教育，编制培训计划，规范培训内容，对投诉举报管理工作人员进行分级分类培训。

第三十三条 各级食品药品投诉举报机构及投诉举报承办部门应当依法保护投诉举报人、被投诉举报对象的合法权益，遵守下列工作准则：

（一）与投诉举报内容或者投诉举报人、被投诉举报对象有直接利害关系的，应当回避；

（二）投诉举报登记、受理、处理、跟踪等各个环节，应当依照有关法律法规严格保密，建立健全工作责任制，不得私自摘抄、复制、扣押、销毁投诉举报材料；

（三）严禁泄露投诉举报人的相关信息；严禁将投诉举报人信息透露给被投诉举报对象及与投诉举报案件查处无关的人员，不得与无关人员谈论投诉举报案件情况；

（四）投诉举报办理过程中不得泄露被投诉举报对象的信息。

第三十四条 各级食品药品投诉举报机构、投诉举报承办部门工作人员在投诉举报管理工作中滥用职权、玩忽职守、徇私舞弊，或者违反本办法规定造成严重后果的，应当依法追究相关人员责任；构成犯罪的，移送司法机关处理。

第三十五条 投诉举报人反映情况及提供的材料应当客观真实，不得诬告陷害他人；投诉举报人应当依法行使投诉举报权利，不得采取暴力、胁迫或者其他违法手段干扰食品药品投诉举报机构、投诉举报承办部门正常工作秩序。违反治安管理法律法规的，交由公安机关处理；构成犯罪的，移送司法机关处理。

第六章　附　　则

第三十六条　省、自治区、直辖市食品药品监督管理部门可以结合本地区实际,制定实施办法。

第三十七条　本办法所称的食品药品投诉举报机构或者管理部门,是指负责食品药品投诉举报受理、转办、跟踪、协调、汇总、分析、反馈、通报等工作的机构或者部门,包括:

(一)食品药品监督管理部门独立设置的食品药品投诉举报机构;

(二)无独立设置的食品药品投诉举报机构的,由食品药品监督管理部门指定的内设机构或者其他机构。

本办法所称的投诉举报承办部门,是指具体负责投诉举报调查、作出最终处理决定的食品药品监督管理部门。

第三十八条　本办法规定的投诉举报受理、办理等期限以工作日计算,不含法定节假日。

第三十九条　本办法由国家食品药品监督管理总局负责解释。

第四十条　本办法自2016年3月1日起施行。

关于修改《城乡规划违法违纪行为处分办法》的决定

(2016年1月18日监察部、人力资源和社会保障部、住房和城乡建设部令第33号公布　自公布之日起施行)

监察部、人力资源社会保障部、住房城乡建设部决定对《城乡规划违法违纪行为处分办法》作如下修改:

将第十五条修改为:"在国家级风景名胜区内修建缆车、索道等重大建设工程,项目的选址方案未经省级人民政府住房城乡建设主管部门或者直辖市风景名胜区主管部门核准,县级以上地方人民政府有关主管部门擅自核发选址意见书的,对有关责任人员给予警告或者记过处分;情节较重的,给予记大过或者降级处分;情节严重的,给予撤职处分。"

本决定自公布之日起施行。

《城乡规划违法违纪行为处分办法》根据本决定作相应修改,重新公布。

城乡规划违法违纪行为处分办法

（2012 年 12 月 3 日监察部、人力资源和社会保障部、住房和城乡建设部令第 29 号公布　根据 2016 年 1 月 18 日监察部、人力资源和社会保障部、住房和城乡建设部《关于修改〈城乡规划违法违纪行为处分办法〉的决定》修订）

第一条　为了加强城乡规划管理，惩处城乡规划违法违纪行为，根据《中华人民共和国城乡规划法》、《中华人民共和国行政监察法》、《中华人民共和国公务员法》、《行政机关公务员处分条例》及其他有关法律、行政法规，制定本办法。

第二条　有城乡规划违法违纪行为的单位中负有责任的领导人员和直接责任人员，以及有城乡规划违法违纪行为的个人，应当承担纪律责任。属于下列人员的（以下统称有关责任人员），由任免机关或者监察机关按照管理权限依法给予处分：

（一）行政机关公务员；

（二）法律、法规授权的具有公共事务管理职能的组织中从事公务的人员；

（三）国家行政机关依法委托从事公共事务管理活动的组织中从事公务的人员；

（四）企业、人民团体中由行政机关任命的人员。

事业单位工作人员有本办法规定的城乡规划违法违纪行为的，依照《事业单位工作人员处分暂行规定》执行。

法律、行政法规、国务院决定及国务院监察机关、国务院人力资源社会保障部门制定的处分规章对城乡规划违法违纪行为的处分另有规定的，从其规定。

第三条　地方人民政府有下列行为之一的，对有关责任人员给予记过或者记大过处分；情节较重的，给予降级或者撤职处分；情节严重的，给予开除处分：

（一）依法应当编制城乡规划而未组织编制的；

（二）未按法定程序编制、审批、修改城乡规划的。

第四条　地方人民政府有下列行为之一的，对有关责任人员给予警告、记过或者记大过处分；情节较重的，给予降级或者撤职处分；情节严重的，给予开除处分：

（一）制定或者作出与城乡规划法律、法规、规章和国家有关文件相抵触的规定或者决定，造成不良后果或者经上级机关、有关部门指出仍不改正的；

（二）在城市总体规划、镇总体规划确定的建设用地范围以外设立各类开发区和城市新区的；

（三）违反风景名胜区规划，在风景名胜区内设立各类开发区的；

（四）违反规定以会议或者集体讨论决定方式要求城乡规划主管部门对不符合城乡规划的建设项目发放规划许可的。

第五条 地方人民政府及城乡规划主管部门委托不具有相应资质等级的单位编制城乡规划的，对有关责任人员给予警告或者记过处分；情节较重的，给予记大过或者降级处分；情节严重的，给予撤职处分。

第六条 地方人民政府及其有关主管部门工作人员，利用职权或者职务上的便利，为自己或者他人谋取私利，有下列行为之一的，给予记过或者记大过处分；情节较重的，给予降级或者撤职处分；情节严重的，给予开除处分：

（一）违反法定程序干预控制性详细规划的编制和修改，或者擅自修改控制性详细规划的；

（二）违反规定调整土地用途、容积率等规划条件核发规划许可，或者擅自改变规划许可内容的；

（三）违反规定对违法建设降低标准进行处罚，或者对应当依法拆除的违法建设不予拆除的。

第七条 乡、镇人民政府或者地方人民政府承担城乡规划监督检查职能的部门及其工作人员有下列行为之一的，对有关责任人员给予记过或者记大过处分；情节较重的，给予降级或者撤职处分；情节严重的，给予开除处分：

（一）发现未依法取得规划许可或者违反规划许可的规定在规划区内进行建设的行为不予查处，或者接到举报后不依法处理的；

（二）在规划管理过程中，因严重不负责任致使国家利益遭受损失的。

第八条 地方人民政府城乡规划主管部门及其工作人员在国有建设用地使用权出让合同签订后，违反规定调整土地用途、容积率等规划条件的，对有关责任人员给予警告或者记过处分；情节较重的，给予记大过或者降级处分；情节严重的，给予撤职处分。

第九条 地方人民政府城乡规划主管部门及其工作人员有下列行为之一的，对有关责任人员给予警告处分；情节较重的，给予记过或者记大过处分；情节严重的，给予降级处分：

（一）未依法对经审定的修建性详细规划、建设工程设计方案总平面图予以公布的；

（二）未征求规划地段内利害关系人意见，同意修改修建性详细规划、建设工程设计方案总平面图的。

第十条 县级以上地方人民政府城乡规划主管部门及其工作人员或者由省、自治区、直辖市人民政府确定的镇人民政府及其工作人员有下列行为之一的，对有关责任人员给予警告或者记过处分；情节较重的，给予记大过或者降级处分；情节严重的，给予撤职处分：

（一）违反规划条件核发建设用地规划许可证、建设工程规划许可证的；

（二）超越职权或者对不符合法定条件的申请人核发选址意见书、建设用地规划许可证、建设工程规划许可证、乡村建设规划许可证的；

（三）对符合法定条件的申请人不予核发或者未在法定期限内核发选址意见书、建设用地规划许可证、建设工程规划许可证、乡村建设规划许可证的；

（四）违反规划批准在历史文化街区、名镇、名村核心保护范围内进行新建、扩建活动或者违反规定批准对历史建筑进行迁移、拆除的；

（五）违反基础设施用地的控制界限（黄线）、各类绿地范围的控制线（绿线）、历史文化街区和历史建筑的保护范围界限（紫线）、地表水体保护和控制的地域界限（蓝线）等城乡规划强制性内容的规定核发规划许可的。

第十一条 县人民政府城乡规划主管部门未依法组织编制或者未按照县人民政府所在地镇总体规划的要求编制县人民政府所在地镇的控制性详细规划的，对有关责任人员给予记过或者记大过处分；情节较重的，给予降级或者撤职处分；情节严重的，给予开除处分。

第十二条 城市人民政府城乡规划主管部门未依法组织编制或者未按照城市总体规划的要求编制城市的控制性详细规划的，对有关责任人员给予记过或者记大过处分；情节较重的，给予降级或者撤职处分；情节严重的，给予开除处分。

第十三条 县级以上人民政府有关部门及其工作人员有下列行为之一的，对有关责任人员给予警告或者记过处分；情节较重的，给予记大过或者降级处分；情节严重的，给予撤职处分：

（一）对未依法取得选址意见书的建设项目核发建设项目批准文件的；

（二）未依法在国有土地使用权出让合同中确定规划条件或者改变国有土地使用权出让合同中依法确定的规划条件的；

（三）对未依法取得建设用地规划许可证的建设单位划拨国有土地使用权的；

（四）对未在乡、村庄规划区建设用地范围内取得乡村建设规划许可证的建设单位或者个人办理用地审批手续，造成不良影响的。

第十四条 县级以上地方人民政府及其有关主管部门违反风景名胜区规划，批准在风景名胜区的核心景区内建设宾馆、培训中心、招待所、疗养院以及别墅、住宅等与风景名胜资源保护无关的其他建筑物的，对有关责任人员给予降级或者撤职处分。

第十五条 在国家级风景名胜区内修建缆车、索道等重大建设工程，项目的选址方案未经省级人民政府住房城乡建设主管部门或者直辖市风景名胜区主管部门核准，县级以上地方人民政府有关主管部门擅自核发选址意见书的，对有关责任人员给予警告或者记过处分；情节较重的，给予记大过或者降级处分；情节严重的，给予撤职处分。

第十六条 建设单位及其工作人员有下列行为之一的，对有关责任人员给予警告、记过或者记大过处分；情节较重的，给予降级或者撤职处分；情节严重的，给予开除处分：

（一）未依法取得建设项目规划许可，擅自开工建设的；

（二）未经城乡规划主管部门许可，擅自改变规划条件、设计方案，或者不按照规划要求配建公共设施及配套工程的；

（三）以伪造、欺骗等非法手段获取建设项目规划许可手续的；

（四）未经批准或者未按照批准内容进行临时建设，或者临时建筑物、构筑物超过批准期限不拆除的；

（五）违反历史文化名城、名镇、名村保护规划在历史文化街区、名镇、名村核心保护范围内，破坏传统格局、历史风貌，或者擅自新建、扩建、拆除建筑物、构筑物或者其他设施的；

（六）违反风景名胜区规划在风景名胜区核心景区内建设宾馆、培训中心、招待所、疗养院以及别墅、住宅等与风景名胜资源保护无关的其他建筑物的。

第十七条 受到处分的人员对处分决定不服的，可以依照《中华人民共和国行政监察法》、《中华人民共和国公务员法》、《行政机关公务员处分条例》等有关规定，申请复核或者申诉。

第十八条 任免机关、监察机关和城乡规划主管部门建立案件移送制度。

任免机关或者监察机关查处城乡规划违法违纪案件，认为应当由城乡规划主管部门给予行政处罚的，应当将有关案件材料移送城乡规划主管部门。城乡规划主管部门应当依法及时查处，并将处理结果书面告知任免机关或者监察机关。

城乡规划主管部门查处城乡规划违法案件，认为应当由任免机关或者监察机关给予处分的，应当在作出行政处罚决定或者其他处理决定后，及时将有关案件材料移送任免机关或者监察机关。任免机关或者监察机关应当依法及时查处，并将处理结果书面告知城乡规划主管部门。

第十九条 有城乡规划违法违纪行为，应当给予党纪处分的，移送党的纪律检查机关处理；涉嫌犯罪的，移送司法机关依法追究刑事责任。

第二十条 本办法由监察部、人力资源社会保障部、住房城乡建设部负责解释。

第二十一条 本办法自2013年1月1日起施行。

进出口商品检验鉴定机构管理办法

（2016年1月26日国家质量监督检验检疫总局、商务部、国家工商行政管理总局令第180号公布 自2016年5月1日起施行）

第一章 总 则

第一条 为加强对进出口商品检验鉴定机构的管理，维护进出口商品检验鉴定市场秩序，保护进出口贸易各方的合法权益，促进对外贸易的发展，根据《中华人民共和国进出口商品检验法》及其实施条例等法律法规规定，制定本办法。

第二条 本办法适用于在中华人民共和国境内从事进出口商品检验鉴定业务机构的许可和监督管理。

第三条 本办法所称进出口商品检验鉴定机构，是指依据我国有关法律法规以及本办法规定，经国家质量监督检验检疫总局（以下简称国家质检总局）许可，接受对外贸易关系人或者国内外检验机构及其他有关单位的委托，办理进出口商品检验鉴定业务的中资进出口商品检验鉴定机构及其分支机构和中外合资、中外合作、外商独资进出口商品检验鉴定机构及其分支机构（以下简称外商投资进出口商品检验鉴定机构）。

第四条 中资进出口商品检验鉴定机构应当经国家质检总局的许可，方可办理进出口商品检验鉴定业务。

外商投资进出口商品检验鉴定机构应当经国家质检总局和省级商务主管部门许可，方可办理进出口商品检验鉴定业务。

未经工商登记注册和许可的进出口商品检验鉴定机构不得承担委托的进出口商品检验鉴定业务。

第五条 进出口商品检验鉴定机构应当遵守我国法律法规和国家质检总局的有关规定，以第三方的身份独立、公正地从事业务范围内的进出口商品检验鉴定业务,并承担相应的法律责任。

第六条 国家质检总局、商务部、国家工商行政管理总局根据各自职责分工,依法对进出口商品检验鉴定机构实施管理。

国家质检总局设在各地的直属出入境检验检疫局(以下简称直属检验检疫局)接受国家质检总局委托受理设立进出口商品检验鉴定机构的许可申请。直属检验检疫局应当对接受委托实施行政许可的有关内容予以公开。

第二章 中资进出口商品检验鉴定机构的设立

第七条 申请设立中资进出口商品检验鉴定机构应当符合下列条件:

(一)投资者或者投资一方应当是以第三方身份,依法在国内专门从事检验鉴定业务3年以上的法人或者自然人;

(二)具有与从事检验鉴定业务相适应的检测条件和技术资源;具有固定的住所/办公地点、检测场所和相应规模;

(三)具有符合相关通用要求的质量管理体系;

(四)法律、行政法规规定的其他条件。

第八条 申请设立中资进出口商品检验鉴定机构,应当向所在地直属检验检疫局提出申请。

第九条 申请设立中资进出口商品检验鉴定机构应当提交下列材料:

(一)设立进出口商品检验鉴定机构的申请文件;

(二)工商营业执照;

(三)住所/办公地点、检测场所的使用权或者所有权的证明文件;

(四)检测条件、技术能力材料;

(五)质量管理文件;

(六)以第三方身份依法在国内从事检验鉴定业务3年以上的证明;

(七)法定代表人身份证明(复印件);

(八)法律、行政法规规定的其他文件。

第十条 国家质检总局应当自直属检验检疫局受理申请之日起20个工作日内完成审核,作出许可或者不予许可的书面决定;经审核许可的签发《进出口商品检验鉴定机构资格证书》,不予许可的应当说明理由。20个工作日内不能作出决定的,经国家质检总局负责人批准,可以延长10个工作日,并应当将延长期限的理由告知申请人。

国家质检总局应当对提交的材料组织进行专家评审,必要时可以进行现场审核,专家评审及现场审核所需时间不计算在本条规定的期限内。

第三章　外商投资进出口商品检验鉴定机构的设立

第十一条　申请设立外商投资进出口商品检验鉴定机构应当符合下列条件：

（一）外商投资进出口商品检验鉴定机构的外方投资者应当是在所在国独立注册从事检验鉴定业务3年以上的合法机构或者自然人；

（二）中外合资、中外合作进出口商品检验鉴定机构的中方投资者或投资一方应当是以第三方身份，在我国国内专门从事检验鉴定业务3年以上的法人或者自然人；

（三）具有与从事检验鉴定业务相适应的检测条件和技术资源，具有固定的住所/办公地点、检测场所；

（四）具有符合相关通用要求的质量管理体系；

（五）法律、行政法规规定的其他条件。

第十二条　申请设立外商投资进出口商品检验鉴定机构的申请人应当向工商行政管理部门申请办理机构名称预先核准。

第十三条　设立外商投资进出口商品检验鉴定机构的申请人应当向省级商务主管部门提出设立申请，并提交以下材料：

（一）工商行政管理部门核发的机构名称预先核准通知书；

（二）设立进出口商品检验鉴定机构申请文件；

（三）地方商务主管部门或者大型企业的国务院主管部门同意申请设立外商投资进出口商品检验鉴定机构的意见；

（四）董事会成员名单及任命书；

（五）申请设立外商投资进出口商品检验鉴定机构的项目建议书；

（六）投资各方的资信证明、注册登记证明（复印件）、法定代表人身份证明（复印件）；

（七）投资各方签署的可行性研究报告、合同和章程；

（八）法律、行政法规规定的其他文件。

第十四条　省级商务主管部门对所提交的材料进行审核，并于20个工作日内作出许可或者不予许可的书面决定，同意的，颁发外商投资企业批准证书；不同意的，应当说明理由。

第十五条　外商投资进出口商品检验鉴定机构申请人凭省级商务主管部门颁发的许可文件及相关资料向工商行政管理部门登记注册。

第十六条　申请设立外商投资进出口商品检验鉴定机构的，应当向所在

地直属检验检疫局提出申请并提交下列材料:

(一)设立进出口商品检验鉴定机构申请文件;

(二)工商营业执照;

(三)投资各方签署的可行性研究报告;

(四)检测条件、技术能力材料;

(五)质量管理文件;

(六)住所/办公地点、检测场所使用权或者所有权的证明文件;

(七)投资各方在所在国提供检验鉴定业务3年以上当地政府或者有关部门的证明;

(八)法定代表人身份证明(复印件);

(九)法律、行政法规规定的其他文件。

第十七条 国家质检总局应当自受理申请之日起20个工作日内完成审核,作出许可或者不予许可的书面决定;经审核许可的签发《进出口商品检验鉴定机构资格证书》,不予许可的应当说明理由。20个工作日内不能作出决定的,经国家质检总局负责人批准,可以延长10个工作日,并应当将延长期限的理由告知申请人。

国家质检总局应当对提交的材料组织进行专家评审,必要时可以进行现场审核,专家评审及现场审核所需时间不计算在本条规定的期限内。

第四章 监督管理

第十八条 进出口商品检验鉴定机构发生合并、分立或转让股权等重大事项的,应当按照本办法重新提出申请。

第十九条 进出口商品检验鉴定机构涉及《进出口商品检验鉴定机构资格证书》事项变更的,应当向国家质检总局申请换发资格证书;进出口商品检验鉴定机构破产、解散和关闭的,应当向国家质检总局办理注销资格证书手续。

第二十条 进出口商品检验鉴定机构设立分支机构的审批按照设立程序办理。

外国检验鉴定机构和境内进出口商品检验鉴定机构设立的常驻代表机构、办事机构,一律不得在境内从事进出口商品检验鉴定业务。

第二十一条 国家质检总局设在各地的出入境检验检疫部门(以下简称检验检疫部门)负责对进出口商品检验鉴定机构的日常监督管理工作。必要时,可会同地方商务主管部门和工商行政管理部门或者其他有关部门进行监督检查。

第二十二条 对进出口商品检验鉴定机构实施日常监督管理的主要内容包括：

（一）机构的设立、变更事项的报批手续；

（二）业务经营状况；

（三）检测条件和技术能力；

（四）管理和内部控制；

（五）是否按照有关法律法规和本办法规定开展业务活动。

第二十三条 《进出口商品检验鉴定机构资格证书》有效期6年。进出口商品检验鉴定机构应当在证书有效期满前3个月内向国家质检总局换发证书。

第二十四条 进出口商品检验鉴定机构应当在每年5月30日前如实向所在地直属检验检疫局提供上一年度的业务报告、财务报告、年审报告等资料。报送的资料应当真实、完整、准确。

第二十五条 国家质检总局和直属检验检疫局在对进出口商品检验鉴定机构实施监督检查时，可以对进出口商品检验鉴定机构管理文件的建立及执行情况、检验鉴定工作质量实施检查；可以对其检验鉴定的商品实施抽查检验；可以查阅和复制当事人有关资料，被检查的进出口商品检验鉴定机构必须予以配合。

第二十六条 进出口商品检验鉴定机构的检验鉴定结果应当真实、客观、公正。对经举报、投诉或者其他途径发现涉嫌违法违规行为的，检验检疫部门可以进行调查，并可以对其检验鉴定结果进行复查。

第二十七条 国家质检总局和检验检疫部门人员对履行进出口商品检验鉴定机构许可及监督管理职责时知悉的商业及技术秘密负有保密义务。

第二十八条 国家质检总局及检验检疫部门人员不得滥用职权，谋取私利。

第二十九条 国家质检总局及直属检验检疫局应当建立进出口商品检验鉴定机构监督管理信息通报制度。

第五章 法律责任

第三十条 违反本办法规定，未经国家质检总局许可，擅自从事进出口商品检验鉴定业务的，由检验检疫部门责令停止非法经营，没收违法所得，并处违法所得一倍以上三倍以下的罚款。

第三十一条　进出口商品检验鉴定机构超出其业务范围，或者有下列违反有关规定扰乱检验鉴定秩序行为的，由检验检疫部门按照《进出口商品检验法实施条例》的规定责令改正，可以并处10万元以下罚款，国家质检总局或者检验检疫部门可以暂停其6个月以内检验鉴定业务；情节严重的，由国家质检总局吊销行政许可：

（一）提供虚假的有关年度文件和资料的；

（二）出具虚假的检验结果和证明或者提供的报告有重大失误的；

（三）机构有关事项发生变更时，未按照本办法规定办理有关变更手续的；

（四）未经许可擅自设立分支机构的；

（五）进出口商品检验鉴定机构的常驻代表机构、办事机构擅自从事进出口商品检验鉴定业务的；

（六）以合作、委托、转让等方式将其空白检验鉴定证书或者报告交由其他检验鉴定机构使用以及将相关业务交由未经国家质检总局许可设立的检验鉴定机构承担的；

（七）其他扰乱检验鉴定秩序的行为。

第三十二条　进出口商品检验鉴定机构有其他违反法律法规行为的，按照相关规定处理。

第六章　附　　则

第三十三条　香港特别行政区、澳门特别行政区、台湾地区的投资者在中国其他地区投资设立进出口商品检验鉴定机构，参照本办法对外商投资进出口商品检验鉴定机构的规定执行。

第三十四条　本办法由国家质检总局、商务部和国家工商行政管理总局按照职责分工负责解释。

第三十五条　本办法自2016年5月1日起施行，国家质检总局、商务部、国家工商行政管理总局2003年9月4日公布的《进出口商品检验鉴定机构管理办法》同时废止。

公安部关于修改《机动车驾驶证申领和使用规定》的决定

（2016年1月29日公安部令第139号公布　自2016年4月1日起施行）

为进一步完善机动车驾驶人考试和管理制度，优化机动车驾驶证考领程序，公安部决定对《机动车驾驶证申领和使用规定》作如下修改：

一、在原第六条之后增加一条，作为第七条：“车辆管理所应当使用互联网交通安全综合服务管理平台，按规定办理机动车驾驶证业务。

“互联网交通安全综合服务管理平台信息管理系统数据库标准和软件全国统一。

“申请人使用互联网交通安全综合服务管理平台办理机动车驾驶证业务的，经过身份验证后，可以通过网上提交申请。”

二、在原第十一条第一项增加一目，作为第七目：“7、接受全日制驾驶职业教育的学生，申请大型客车、牵引车准驾车型的，在20周岁以上，50周岁以下。”

三、将原第十一条第二项修改为：“（二）身体条件：

“1、身高：申请大型客车、牵引车、城市公交车、大型货车、无轨电车准驾车型的，身高为155厘米以上。申请中型客车准驾车型的，身高为150厘米以上；

“2、视力：申请大型客车、牵引车、城市公交车、中型客车、大型货车、无轨电车或者有轨电车准驾车型的，两眼裸视力或者矫正视力达到对数视力表5.0以上。申请其他准驾车型的，两眼裸视力或者矫正视力达到对数视力表4.9以上。单眼视力障碍，优眼裸视力或者矫正视力达到对数视力表5.0以上，且水平视野达到150度的，可以申请小型汽车、小型自动挡汽车、低速载货汽车、三轮汽车、残疾人专用小型自动挡载客汽车准驾车型的机动车驾驶证；

“3、辨色力：无红绿色盲；

“4、听力：两耳分别距音叉50厘米能辨别声源方向。有听力障碍但佩戴助听设备能够达到以上条件的，可以申请小型汽车、小型自动挡汽车准驾车型的机动车驾驶证；

“5、上肢：双手拇指健全，每只手其他手指必须有三指健全，肢体和手指运动功能正常。但手指末节残缺或者左手有三指健全，且双手手掌完整的，可以申请小型汽车、小型自动挡汽车、低速载货汽车、三轮汽车准驾车型的机动车驾驶证；

“6、下肢：双下肢健全且运动功能正常，不等长度不得大于5厘米。但左下肢缺失或者丧失运动功能的，可以申请小型自动挡汽车准驾车型的机动车驾驶证；

“7、躯干、颈部：无运动功能障碍；

“8、右下肢、双下肢缺失或者丧失运动功能但能够自主坐立，且上肢符合本项第5目规定的，可以申请残疾人专用小型自动挡载客汽车准驾车型的机动车驾驶证。一只手掌缺失，另一只手拇指健全，其他手指有两指健全，上肢和手指运动功能正常，且下肢符合本项第6目规定的，可以申请残疾人专用小型自动挡载客汽车准驾车型的机动车驾驶证。”

四、将原第十三条第二款修改为：“已持有机动车驾驶证，申请增加准驾车型的，可以申请增加的准驾车型为大型客车、牵引车、城市公交车、中型客车、大型货车、小型汽车、小型自动挡汽车、低速载货汽车、三轮汽车、普通三轮摩托车、普通二轮摩托车、轻便摩托车、轮式自行机械车、无轨电车、有轨电车。”

五、将原第十四条修改为：“已持有机动车驾驶证，申请增加准驾车型的，应当在本记分周期和申请前最近一个记分周期内没有记满12分记录。申请增加中型客车、牵引车、大型客车准驾车型的，还应当符合下列规定：

“（一）申请增加中型客车准驾车型的，已取得驾驶城市公交车、大型货车、小型汽车、小型自动挡汽车、低速载货汽车或者三轮汽车准驾车型资格三年以上，并在申请前最近连续三个记分周期内没有记满12分记录；

“（二）申请增加牵引车准驾车型的，已取得驾驶中型客车或者大型货车准驾车型资格三年以上，或者取得驾驶大型客车准驾车型资格一年以上，并在申请前最近连续三个记分周期内没有记满12分记录；

“（三）申请增加大型客车准驾车型的，已取得驾驶城市公交车、中型客车或者大型货车准驾车型资格五年以上，或者取得驾驶牵引车准驾车型资格二年以上，并在申请前最近连续五个记分周期内没有记满12分记录。

“正在接受全日制驾驶职业教育的学生，已在校取得驾驶小型汽车准驾车型资格，并在本记分周期和申请前最近一个记分周期内没有记满12分记录的，可以申请增加大型客车、牵引车准驾车型。”

六、将原第十五条修改为：“有下列情形之一的，不得申请大型客车、牵引车、城市公交车、中型客车、大型货车准驾车型：

“（一）发生交通事故造成人员死亡，承担同等以上责任的；

“（二）醉酒后驾驶机动车的；

“（三）被吊销或者撤销机动车驾驶证未满十年的。”

七、将原第十七条修改为：“申领机动车驾驶证的人，按照下列规定向车辆管理所提出申请：

“（一）在户籍所在地居住的，应当在户籍所在地提出申请；

“（二）在户籍所在地以外居住的，可以在居住地提出申请；

“（三）现役军人（含武警），应当在居住地提出申请；

“（四）境外人员，应当在居留地或者居住地提出申请；

“（五）申请增加准驾车型的，应当在所持机动车驾驶证核发地提出申请；

“（六）接受全日制驾驶职业教育，申请增加大型客车、牵引车准驾车型的，应当在接受教育地提出申请。”

八、将原第十九条修改为：“申请增加准驾车型的，应当填写申请表，提交第十九条规定的证明和所持机动车驾驶证。属于接受全日制驾驶职业教育，申请增加大型客车、牵引车准驾车型的，还应当提交学校出具的学籍证明。”

九、在原第二十一条增加一款，作为第二款：“申请人属于内地居民的，还应当提交申请人的护照或者《内地居民往来港澳通行证》、《大陆居民往来台湾通行证》。”

十、在原第二十一条之后增加四条，作为第二十三条至第二十六条：“第二十三条　实行小型汽车、小型自动挡汽车驾驶证自学直考的地方，申请人可以使用加装安全辅助装置的自备机动车，在具备安全驾驶经历等条件的人员随车指导下，按照公安机关交通管理部门指定的路线、时间学习驾驶技能，按照第十九条或者第二十条的规定申请相应准驾车型的驾驶证。

“小型汽车、小型自动挡汽车驾驶证自学直考管理制度由公安部另行规定。

“第二十四条　申请机动车驾驶证的人，符合本规定要求的驾驶许可条件，具有下列情形之一的，可以按照第十四条第一款和第十九条的规定直接申请相应准驾车型的机动车驾驶证考试：

“（一）原机动车驾驶证因超过有效期未换证被注销的；

“（二）原机动车驾驶证因未提交身体条件证明被注销的；

“（三）原机动车驾驶证由本人申请注销的；

“（四）原机动车驾驶证因身体条件暂时不符合规定被注销的；

“（五）原机动车驾驶证因其他原因被注销的，但机动车驾驶证被吊销或者被撤销的除外；

“（六）持有的军队、武装警察部队机动车驾驶证超过有效期的；

“（七）持有的境外机动车驾驶证超过有效期的。

“有前款第六项、第七项规定情形之一的，还应当提交超过有效期的机动车驾驶证。

“第二十五条　申请人提交的证明、凭证齐全、符合法定形式的，车辆管理所应当受理，并按规定审核申请人的机动车驾驶证申请条件。属于第二十二条第二款规定情形的，还应当核查申请人的出入境记录；属于第二十四条第一款第一项至第五项规定情形之一的，还应当核查申请人的驾驶经历。

“对于符合申请条件的，车辆管理所应当按规定安排预约考试；不需要考试的，一日内核发机动车驾驶证。

“第二十六条　车辆管理所对申请人的申请条件及提交的材料、申告的事项有疑义的，可以对实质内容进行调查核实。

“调查时，应当询问申请人并制作询问笔录，向证明、凭证的核发机关核查。

“经调查，申请人不符合申请条件的，不予办理；有违法行为的，依法予以处理。”

十一、将原第二十六条第二款修改为：“大型客车、中型客车考试里程不少于20公里，其中白天考试里程不少于10公里，夜间考试里程不少于5公里。牵引车、城市公交车、大型货车考试里程不少于10公里，其中白天考试里程不少于5公里，夜间考试里程不少于3公里。小型汽车、小型自动挡汽车、低速载货汽车、残疾人专用小型自动挡载客汽车考试里程不少于3公里，在白天考试时，应当进行模拟夜间灯光考试。”

十二、将原第二十八条修改为：“持军队、武装警察部队机动车驾驶证的人申请大型客车、牵引车、城市公交车、中型客车、大型货车准驾车型机动车驾驶证的，应当考试科目一和科目三；申请其他准驾车型机动车驾驶证的，免予考试核发机动车驾驶证。”

十三、将原第二十九条修改为：“持境外机动车驾驶证申请机动车驾驶证的，应当考试科目一。申请准驾车型为大型客车、牵引车、城市公交车、中型客车、大型货车机动车驾驶证的，还应当考试科目三。

“内地居民持有境外机动车驾驶证，取得该机动车驾驶证时在核发国家或者地区连续居留不足三个月的，应当考试科目一、科目二和科目三。

“属于外国驻华使馆、领馆人员及国际组织驻华代表机构人员申请的，应当按照外交对等原则执行。”

十四、将原第三十一条修改为：“车辆管理所应当按照预约的考场和时间安排考试。申请人科目一考试合格后，可以预约科目二或者科目三道路驾驶技能考试。有条件的地方，申请人可以同时预约科目二、科目三道路驾驶技能考试，预约成功后可以连续进行考试。科目二、科目三道路驾驶技能考试均合格后，申请人可以当日参加科目三安全文明驾驶常识考试。

"申请人预约科目二、科目三道路驾驶技能考试，车辆管理所在六十日内不能安排考试的，可以选择省(自治区、直辖市)内其他考场预约考试。

"车辆管理所应当使用全国统一的考试预约系统，采用互联网、电话、服务窗口等方式供申请人预约考试。"

十五、将原第三十二条修改为："初次申请机动车驾驶证或者申请增加准驾车型的，科目一考试合格后，车辆管理所应当在一日内核发学习驾驶证明(附件2)。

"属于自学直考的，车辆管理所还应当按规定发放学车专用标识(附件3)。"

十六、在原第三十二条之后增加两条，作为第三十八条、第三十九条："第三十八条　申请人在场地和道路上学习驾驶，应当按规定取得学习驾驶证明。学习驾驶证明的有效期为三年，申请人应当在有效期内完成科目二和科目三考试。未在有效期内完成考试的，已考试合格的科目成绩作废。

"学习驾驶证明可以采用纸质或者电子形式，纸质学习驾驶证明和电子学习驾驶证明具有同等效力。申请人可以通过互联网交通安全综合服务管理平台打印或者下载学习驾驶证明。

"第三十九条　申请人在道路上学习驾驶，应当随身携带学习驾驶证明，使用教练车或者学车专用标识签注的自学用车，在教练员或者学车专用标识签注的指导人员随车指导下，按照公安机关交通管理部门指定的路线、时间进行。

"申请人为自学直考人员的，在道路上学习驾驶时，应当在自学用车上按规定放置、粘贴学车专用标识，自学用车不得搭载随车指导人员以外的其他人员。"

十七、将原第三十三条、第三十四条、第三十七条中的"驾驶技能准考证明"修改为"学习驾驶证明"。

十八、在原三十七条之后增加一条，作为第四十五条："车辆管理所组织考试前应当使用全国统一的计算机系统当日随机选配考试员，随机安排考生分组，随机选取考试路线。"

十九、将原第三十八条第一款修改为："从事考试工作的人员，应当持有省级公安机关交通管理部门颁发的资格证书。公安机关交通管理部门应当在车辆管理所公安民警中选拔足够数量的专职考试员，可以在公安机关交通管理部门公安民警、文职人员中配置兼职考试员。可以聘用运输企业驾驶人、警风警纪监督员等人员承担考试辅助评判和监督职责。”

二十、将原第三十九条修改为：“考试员、考试辅助和监管人员及考场工作人员应当严格遵守考试工作纪律，不得为不符合机动车驾驶许可条件、未经考试、考试不合格人员签注合格考试成绩，不得减少考试项目、降低评判标准或者参与、协助、纵容考试作弊，不得参与或者变相参与驾驶培训机构经营活动，不得收取驾驶培训机构、教练员、申请人的财物。”

二十一、将原第四十条修改为：“直辖市、设区的市或者相当于同级的公安机关交通管理部门应当根据本地考试需求建设考场，配备足够数量的考试车辆。对考场布局、数量不能满足本地考试需求的，应当采取政府购买服务等方式使用社会考场，并按照公平竞争、择优选定的原则，依法通过公开招标等程序确定。

“考试场地建设、路段设置、车辆配备、设施设备配置以及考试项目、评判要求应当符合相关标准。考试场地、考试设备和考试系统应当经省级公安机关交通管理部门验收合格后方可使用。公安机关交通管理部门应当加强对辖区考场的监督管理，定期开展考试场地、考试车辆、考试设备和考场管理情况的监督检查。”

二十二、在原第四十一条之前增加一条，作为第四十九条：“车辆管理所应当在办事大厅、候考场所和互联网公开各考场的考试能力、预约计划、预约人数和约考结果等情况，公布考场布局、考试路线和流程。考试预约计划应当至少在考试前十日在互联网上公开。

“车辆管理所应当在候考场所、办事大厅向群众直播考试视频，考生可以在考试结束后三日内查询自己的考试视频资料。”

二十三、将原第四十一条修改为：“车辆管理所应当对考试过程进行全程录音、录像，并实时监控考试过程，没有使用录音、录像设备的，不得组织考试。严肃考试纪律，规范考场秩序，对考场秩序混乱的，应当中止考试。考试过程中，考试员应当使用执法记录仪记录监考过程。

“车辆管理所应当建立音视频信息档案，存储录音、录像设备和执法记录仪记录的音像资料。建立考试质量抽查制度，每日抽查音视频信息档案，发现存在违反考试纪律、考场秩序混乱以及音视频信息缺失或者不完整的，应当进行调查处理。

“省级公安机关交通管理部门应当定期抽查音视频信息档案，及时通报、纠正、查处发现的问题。”

二十四、将原第四十一条第二款和原第四十三条合并，作为第五十一条，并修改为:“车辆管理所应当根据考试场地、考试设备、考试车辆、考试员数量等实际情况,核定每个考场、每个考试员每日最大考试量。

“车辆管理所应当对驾驶培训机构教练员、教练车、训练场地等情况进行备案。”

二十五、在原第四十五条增加一款,作为第三款:“公安机关交通管理部门发现考场、考试设备生产销售企业存在组织或者参与考试舞弊、伪造或者篡改考试系统数据的,不得继续使用该考场或者采购该企业考试设备;构成犯罪的,依法追究刑事责任。”

二十六、将原第四十八条、第五十条、第五十一条、第五十二条第一款、第五十四条中的“机动车驾驶证核发地车辆管理所”修改为“机动车驾驶证核发地或者核发地以外的车辆管理所。”

二十七、将原第四十九条修改为:“机动车驾驶人户籍迁出原车辆管理所管辖区的,应当向迁入地车辆管理所申请换证。机动车驾驶人在核发地车辆管理所管辖区以外居住的,可以向居住地车辆管理所申请换证。申请时应当填写申请表,提交机动车驾驶人的身份证明和机动车驾驶证,并申报身体条件情况。”

二十八、在原第五十四条后增加一条,作为第六十四条:“机动车驾驶人向核发地以外的车辆管理所申请办理第五十七条、第五十九条、第六十条、第六十一条第一款、第六十三条规定的换证、补证业务时,应当同时按照第五十八条规定办理。”

二十九、将原第六十条第五款修改为:“机动车驾驶人可以在机动车驾驶证核发地或者核发地以外的地方参加审验、提交身体条件证明。”

三十、将原第六十二条第一款修改为:“年龄在70周岁以上的机动车驾驶人,应当每年进行一次身体检查,在记分周期结束后三十日内,提交县级或者部队团级以上医疗机构出具的有关身体条件的证明。”

三十一、将原第六十七条修改为:“机动车驾驶人具有下列情形之一的,车辆管理所应当注销其机动车驾驶证:

“(一)死亡的;

“(二)提出注销申请的;

“(三)丧失民事行为能力,监护人提出注销申请的;

“(四)身体条件不适合驾驶机动车的;

“(五)有器质性心脏病、癫痫病、美尼尔氏症、眩晕症、癔病、震颤麻痹、精神病、痴呆以及影响肢体活动的神经系统疾病等妨碍安全驾驶疾病的;

“(六)被查获有吸食、注射毒品后驾驶机动车行为,正在执行社区戒毒、强制隔离戒毒、社区康复措施，或者长期服用依赖性精神药品成瘾尚未戒除的；

“（七）超过机动车驾驶证有效期一年以上未换证的；

“（八）年龄在70周岁以上，在一个记分周期结束后一年内未提交身体条件证明的；或者持有残疾人专用小型自动挡载客汽车准驾车型，在三个记分周期结束后一年内未提交身体条件证明的；

“（九）年龄在60周岁以上，所持机动车驾驶证只具有无轨电车或者有轨电车准驾车型，或者年龄在70周岁以上，所持机动车驾驶证只具有低速载货汽车、三轮汽车、轮式自行机械车准驾车型的；

“（十）机动车驾驶证依法被吊销或者驾驶许可依法被撤销的。

“有第一款第二项至第十项情形之一，未收回机动车驾驶证的，应当公告机动车驾驶证作废。

“有第一款第七项情形被注销机动车驾驶证未超过二年的，机动车驾驶人参加道路交通安全法律、法规和相关知识考试合格后，可以恢复驾驶资格。

“有第一款第八项情形被注销机动车驾驶证，且机动车驾驶证在有效期内或者超过有效期不满一年的，机动车驾驶人提交身体条件证明后，可以恢复驾驶资格。

“有第一款第二项至第八项情形之一，按照第二十四条规定申请机动车驾驶证，有道路交通安全违法行为或者交通事故未处理记录的，应当将道路交通安全违法行为、交通事故处理完毕。”

三十二、在原第六十八条增加一款，作为第三款：“机动车驾驶人办理降级换证业务后，申请增加被注销的准驾车型的，应当在本记分周期和申请前最近一个记分周期没有记满12分记录，且没有发生造成人员死亡承担同等以上责任的交通事故。”

三十三、将原第六十九条第一款修改为：“机动车驾驶人在实习期内发生道路交通安全违法行为被记满12分的，注销其实习的准驾车型驾驶资格。被注销的驾驶资格不属于最高准驾车型的，还应当按照第七十八条第一款规定，注销其最高准驾车型驾驶资格。”

三十四、删除原第七十三条第三项。

三十五、将原第七十四条修改为：“公安机关交通管理部门自受理申请之日起五日内审查提交的证明、凭证，并向所在地县级公安机关核查，确认申请人无犯罪、吸毒行为记录。对符合条件的，在机动车驾驶证上签注准许驾驶校车及相应车型，并通报教育行政部门；不符合条件的，应当书面说明理由。”

三十六、在原第七十八条之后增加五条，作为第八十九条至第九十三条：“第八十九条　申请人在教练员或者学车专用标识签注的指导人员随车指导下,使用符合规定的机动车学习驾驶中有道路交通安全违法行为或者发生交通事故的,按照《道路交通安全法实施条例》第二十条规定,由教练员或者随车指导人员承担责任。

“第九十条　申请人在道路上学习驾驶时,未按照第三十九条规定随身携带学习驾驶证明,由公安机关交通管理部门处二十元以上二百元以下罚款。

“第九十一条　申请人在道路上学习驾驶时,有下列情形之一的,由公安机关交通管理部门对教练员或者随车指导人员处二十元以上二百元以下罚款:

“(一)未按照公安机关交通管理部门指定的路线、时间进行的;

“(二)未按照第三十九条规定放置、粘贴学车专用标识的。

“第九十二条　申请人在道路上学习驾驶时,有下列情形之一的,由公安机关交通管理部门对教练员或者随车指导人员处二百元以上五百元以下罚款:

“(一)未使用符合规定的机动车的;

“(二)自学用车搭载随车指导人员以外的其他人员的。

“第九十三条　申请人在道路上学习驾驶时,有下列情形之一的,由公安机关交通管理部门按照《道路交通安全法》第九十九条第一款第一项规定予以处罚:

“(一)未取得学习驾驶证明的;

“(二)学习驾驶证明超过有效期的;

“(三)没有教练员或者随车指导人员的;

“(四)由不符合规定的人员随车指导的。

“将机动车交由有前款规定情形之一的申请人驾驶的,由公安机关交通管理部门按照《道路交通安全法》第九十九条第一款第二项规定予以处罚。”

三十七、将原第八十二条修改为:“交通警察有下列情形之一的,按照有关规定给予纪律处分;聘用人员有下列情形之一的予以解聘。构成犯罪的,依法追究刑事责任:

“(一)为不符合机动车驾驶许可条件、未经考试、考试不合格人员签注合格考试成绩或者核发机动车驾驶证的;

“(二)减少考试项目、降低评判标准或者参与、协助、纵容考试作弊的;

“(三)为不符合规定的申请人发放学习驾驶证明、学车专用标识的;

“(四)与非法中介串通谋取经济利益的;

“(五)违反规定侵入机动车驾驶证管理系统,泄漏、篡改、买卖系统数据,或者泄漏系统密码的;

“（六）参与或者变相参与驾驶培训机构经营活动的；

“（七）收取驾驶培训机构、教练员、申请人或者其他相关人员财物的。

“交通警察未按照第五十条第一款规定使用执法记录仪的，根据情节轻重，按照有关规定给予纪律处分。

“公安机关交通管理部门有本条第一款所列行为之一的，按照国家有关规定对直接负责的主管人员和其他直接责任人员给予相应的处分。”

三十八、将原第八十五条修改为：“机动车驾驶证和学习驾驶证明的式样、规格按照中华人民共和国公共安全行业标准《中华人民共和国机动车驾驶证件》执行。”

三十九、在原第八十五条之后增加一条，作为第一百零一条：“身体条件证明自出具之日起6个月内有效。”

四十、将原第八十七条第一项修改为：“（一）身份证明是指：

“1、居民的身份证明，是《居民身份证》或者《临时居民身份证》。在户籍地以外居住的内地居民，按照第十九条、第二十一条、第二十二条、第八十三条规定提交的身份证明，是《居民身份证》或者《临时居民身份证》，以及公安机关核发的居住证明；

“2、现役军人（含武警）的身份证明，是《居民身份证》或者《临时居民身份证》。在未办理《居民身份证》前，是军队有关部门核发的《军官证》、《文职干部证》、《士兵证》、《离休证》、《退休证》等有效军人身份证件，以及其所在的团级以上单位出具的本人住所证明；

“3、香港、澳门特别行政区居民的身份证明，是其入境时所持有的《港澳居民来往内地通行证》或者外交部核发的《中华人民共和国旅行证》，香港、澳门特别行政区《居民身份证》和公安机关核发的住宿登记证明；

“4、台湾地区居民的身份证明，是其所持有的公安机关核发的五年有效的《台湾居民来往大陆通行证》或者外交部核发的《中华人民共和国旅行证》和公安机关核发的住宿登记证明；

“5、华侨的身份证明，是《中华人民共和国护照》和公安机关核发的住宿登记证明；

“6、外国人的身份证明，是其入境时所持有的护照或者其他旅行证件、居（停）留期为三个月以上的有效签证或者停留、居留证件，以及公安机关核发的住宿登记证明；

“7、外国驻华使馆、领馆人员、国际组织驻华代表机构人员的身份证明，是外交部核发的有效身份证件。”

四十一、将原第八十七条第二项第三目修改为：“境外人员的住址，是公安机关核发的住宿登记证明记载的地址；”

四十二、将原第八十七条第三项修改为：“境外机动车驾驶证是指外国、香港、澳门特别行政区、台湾地区核发的具有单独驾驶资格的机动车驾驶证。”

四十三、将附件1中残疾人专用小型自动挡载客汽车准驾的机动车修改为“残疾人专用小型、微型自动挡载客汽车（允许上肢、右下肢或者双下肢残疾人驾驶）”。

四十四、增加“学习驾驶证明式样”作为附件2，增加“学车专用标识式样”作为附件3。

四十五、《机动车驾驶证申领和使用规定》的条文、附件序号根据本决定作相应调整。

本决定自2016年4月1日起施行。

《机动车驾驶证申领和使用规定》根据本决定作相应修改，重新公布。

附件 1

准驾车型及代号

准驾车型	代号	准驾的车辆	准予驾驶的其他准驾车型
大型客车	A1	大型载客汽车	A3、B1、B2、C1、C2、C3、C4、M
牵引车	A2	重型、中型全挂、半挂汽车列车	B1、B2、C1、C2、C3、C4、M
城市公交车	A3	核载 10 人以上的城市公共汽车	C1、C2、C3、C4
中型客车	B1	中型载客汽车(含核载 10 人以上、19 人以下的城市公共汽车)	C1、C2、C3、C4、M
大型货车	B2	重型、中型载货汽车;重型、中型专项作业车	
小型汽车	C1	小型、微型载客汽车以及轻型、微型载货汽车;轻型、微型专项作业车	C2、C3、C4
小型自动挡汽车	C2	小型、微型自动挡载客汽车以及轻型、微型自动挡载货汽车	
低速载货汽车	C3	低速载货汽车	C4
三轮汽车	C4	三轮汽车	
残疾人专用小型自动挡载客汽车	C5	残疾人专用小型、微型自动挡载客汽车(允许上肢、右下肢或者双下肢残疾人驾驶)	
普通三轮摩托车	D	发动机排量大于 50ml 或者最大设计车速大于 50km/h 的三轮摩托车	E、F
普通二轮摩托车	E	发动机排量大于 50ml 或者最大设计车速大于 50km/h 的二轮摩托车	F
轻便摩托车	F	发动机排量小于等于 50ml,最大设计车速小于等于 50km/h 的摩托车	
轮式自行机械车	M	轮式自行机械车	
无轨电车	N	无轨电车	
有轨电车	P	有轨电车	

附件 2

学习驾驶证明式样
（纸质）

学习驾驶证明

编号№：

姓名：		相片
性别：		
出生日期：		
身份证明号码：		
准驾车型代号：		二维码
有效期起始日期：	年 月 日	
有效期截止日期：	年 月 日	

XX省XX市公安局交通警察支队
车辆管理所
业务专用章

提示：

1. 学习驾驶证明是在有资格的人员随车指导下准许学习驾驶技能的凭证。

2. 学员在道路上学习驾驶应当按照公安机关交通管理部门指定的路线、时间，使用符合规定的机动车，在有资格的人员随车指导下进行，并随身携带本证明。

3. 在学习驾驶证明有效期内，科目二和科目三道路驾驶技能考试预约考试的次数不得超过五次。第五次预约考试仍不合格的，已考试合格的其他科目成绩作废。

注：使用 A4 纸打印。

学习加强证明式样
（电子）

< 学习驾驶证明

照 片

编号：

姓名

性别

出生日期

身份证明号码

准驾车型代号

有效期起

有效期止

提示信息：

1. 学习驾驶证明是在有资格的人员随车指导下准许学习驾驶技能的凭证。

2. 学员在道路上学习驾驶应当按照公安机关交通管理部门指定的路线、时间，使用符合规定的机动车，在有资格的人员随车指导下进行，并随身携带本证明。

3. 在学习驾驶证明有效期内，科目二和科目三道路驾驶技能考试预约考试的次数不得超过五次。第五次预约考试仍不合格的，已考试合格的其他科目成绩作废。

附件 3

学车专用标识式样

（正面）

注：1、学车专用标识的主色为大红色 M100Y100，配色为黄色 Y100；

2、“学”字用大小为400磅的粗楷体，描边12磅；

3、学车专用标识共2张，分别放置在车内前挡风玻璃右下角、粘贴在车辆尾部。

学车专用标识式样

（背面）

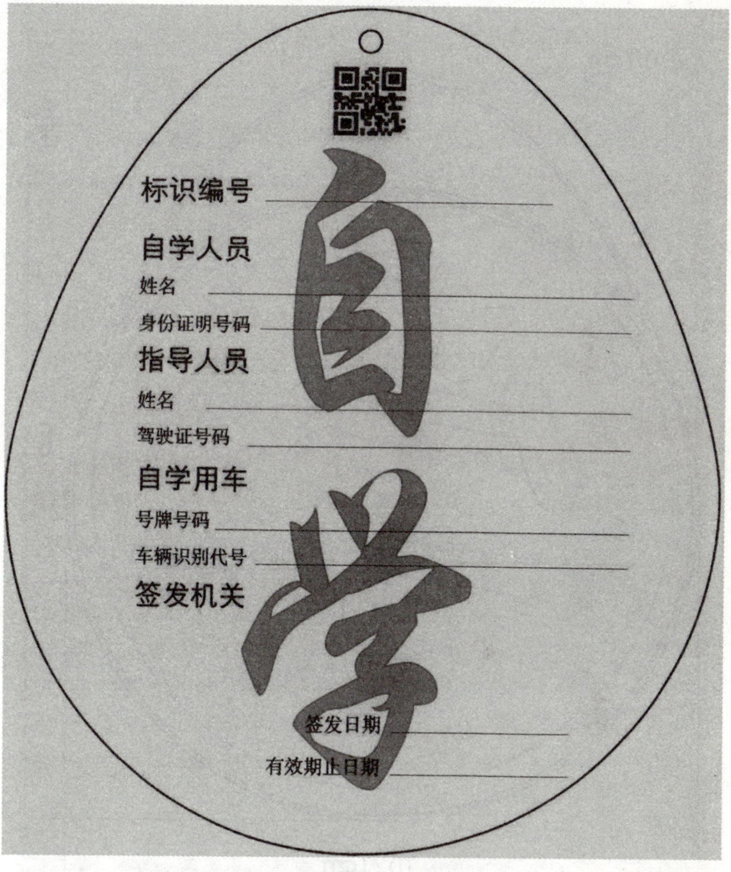
自学
标识编号
自学人员
姓名
身份证明号码
指导人员
姓名
驾驶证号码
自学用车
号牌号码
车辆识别代号
签发机关
签发日期
有效期止日期

学车专用标识式样

（规格）

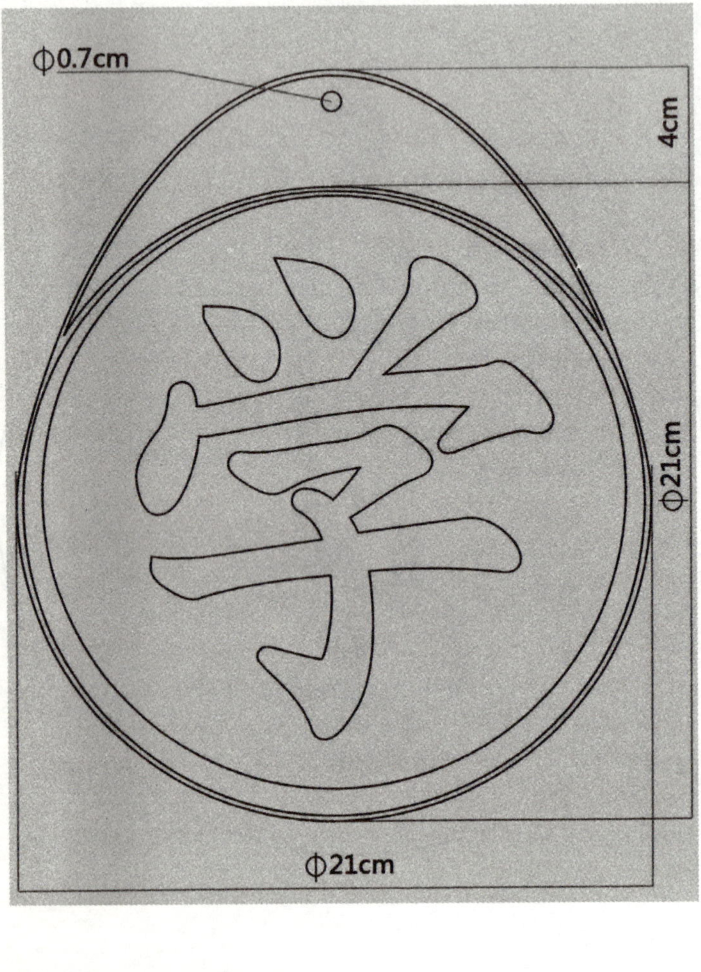

机动车驾驶证申领和使用规定

（2012年9月12日公安部令第123号公布　根据2016年1月29日公安部令第139号修改）

目　录

第一章　总　　则

第一条　根据《中华人民共和国道路交通安全法》及其实施条例、《中华人民共和国行政许可法》，制定本规定。

第二条　本规定由公安机关交通管理部门负责实施。

省级公安机关交通管理部门负责本省（自治区、直辖市）机动车驾驶证业务工作的指导、检查和监督。直辖市公安机关交通管理部门车辆管理所、设区的市或者相当于同级的公安机关交通管理部门车辆管理所负责办理本行政辖区内机动车驾驶证业务。

县级公安机关交通管理部门车辆管理所可以办理本行政辖区内低速载货汽车、三轮汽车、摩托车驾驶证业务，以及其他机动车驾驶证换发、补发、审验、提交身体条件证明等业务。条件具备的，可以办理小型汽车、小型自动挡汽车、残疾人专用小型自动挡载客汽车驾驶证业务，以及其他机动车驾驶证的道路交通安全法律、法规和相关知识考试业务。具体业务范围和办理条件由省级公安机关交通管理部门确定。

第三条　车辆管理所办理机动车驾驶证业务，应当遵循严格、公开、公正、便民的原则。

车辆管理所办理机动车驾驶证业务，应当依法受理申请人的申请，审核申请人提交的材料。对符合条件的，按照规定的标准、程序和期限办理机动车驾驶证。对申请材料不齐全或者不符合法定形式的，应当一次书面告知申请人需要补正的全部内容。对不符合条件的，应当书面告知理由。

车辆管理所应当将法律、行政法规和本规定的有关办理机动车驾驶证的事项、条件、依据、程序、期限以及收费标准、需要提交的全部材料的目录和申请表示范文本等在办公场所公示。

省级、设区的市或者相当于同级的公安机关交通管理部门应当在互联网上建立主页，发布信息，便于群众查阅办理机动车驾驶证的有关规定，查询驾驶证使用状态、交通违法及记分等情况，下载、使用有关表格。

第四条　申请办理机动车驾驶证业务的人，应当如实向车辆管理所提交规定的材料，如实申告规定的事项，并对其申请材料实质内容的真实性负责。

第五条　公安机关交通管理部门应当建立对车辆管理所办理机动车驾驶证业务的监督制度，加强对驾驶人考试、驾驶证核发和使用的监督管理。

第六条　车辆管理所应当使用机动车驾驶证计算机管理系统核发、打印机动车驾驶证，不使用计算机管理系统核发、打印的机动车驾驶证无效。

机动车驾驶证计算机管理系统的数据库标准和软件全国统一，能够完整、准确地记录和存储申请受理、科目考试、机动车驾驶证核发等全过程和经办人员信息，并能够实时将有关信息传送到全国公安交通管理信息系统。

第七条　车辆管理所应当使用互联网交通安全综合服务管理平台，按规定办理机动车驾驶证业务。

互联网交通安全综合服务管理平台信息管理系统数据库标准和软件全国统一。

申请人使用互联网交通安全综合服务管理平台办理机动车驾驶证业务的，经过身份验证后，可以通过网上提交申请。

第二章 机动车驾驶证申请

第一节 机动车驾驶证

第八条 驾驶机动车,应当依法取得机动车驾驶证。

第九条 机动车驾驶人准予驾驶的车型顺序依次分为:大型客车、牵引车、城市公交车、中型客车、大型货车、小型汽车、小型自动挡汽车、低速载货汽车、三轮汽车、残疾人专用小型自动挡载客汽车、普通三轮摩托车、普通二轮摩托车、轻便摩托车、轮式自行机械车、无轨电车和有轨电车(附件1)。

第十条 机动车驾驶证记载和签注以下内容:

(一)机动车驾驶人信息:姓名、性别、出生日期、国籍、住址、身份证明号码(机动车驾驶证号码)、照片;

(二)车辆管理所签注内容:初次领证日期、准驾车型代号、有效期限、核发机关印章、档案编号。

第十一条 机动车驾驶证有效期分为六年、十年和长期。

第二节 申　　请

第十二条 申请机动车驾驶证的人,应当符合下列规定:

(一)年龄条件:

1、申请小型汽车、小型自动挡汽车、残疾人专用小型自动挡载客汽车、轻便摩托车准驾车型的,在18周岁以上、70周岁以下;

2、申请低速载货汽车、三轮汽车、普通三轮摩托车、普通二轮摩托车或者轮式自行机械车准驾车型的,在18周岁以上,60周岁以下;

3、申请城市公交车、大型货车、无轨电车或者有轨电车准驾车型的,在20周岁以上,50周岁以下;

4、申请中型客车准驾车型的,在21周岁以上,50周岁以下;

5、申请牵引车准驾车型的,在24周岁以上,50周岁以下;

6、申请大型客车准驾车型的,在26周岁以上,50周岁以下;

7、接受全日制驾驶职业教育的学生,申请大型客车、牵引车准驾车型的,在20周岁以上,50周岁以下。

(二)身体条件:

1、身高:申请大型客车、牵引车、城市公交车、大型货车、无轨电车准驾车型的,身高为155厘米以上。申请中型客车准驾车型的,身高为150厘米以上;

2、视力：申请大型客车、牵引车、城市公交车、中型客车、大型货车、无轨电车或者有轨电车准驾车型的，两眼裸视力或者矫正视力达到对数视力表5.0以上。申请其他准驾车型的，两眼裸视力或者矫正视力达到对数视力表4.9以上。单眼视力障碍，优眼裸视力或者矫正视力达到对数视力表5.0以上，且水平视野达到150度的，可以申请小型汽车、小型自动挡汽车、低速载货汽车、三轮汽车、残疾人专用小型自动挡载客汽车准驾车型的机动车驾驶证；

3、辨色力：无红绿色盲；

4、听力：两耳分别距音叉50厘米能辨别声源方向。有听力障碍但佩戴助听设备能够达到以上条件的，可以申请小型汽车、小型自动挡汽车准驾车型的机动车驾驶证；

5、上肢：双手拇指健全，每只手其他手指必须有三指健全，肢体和手指运动功能正常。但手指末节残缺或者左手有三指健全，且双手手掌完整的，可以申请小型汽车、小型自动挡汽车、低速载货汽车、三轮汽车准驾车型的机动车驾驶证；

6、下肢：双下肢健全且运动功能正常，不等长度不得大于5厘米。但左下肢缺失或者丧失运动功能的，可以申请小型自动挡汽车准驾车型的机动车驾驶证；

7、躯干、颈部：无运动功能障碍；

8、右下肢、双下肢缺失或者丧失运动功能但能够自主坐立，且上肢符合本项第5目规定的，可以申请残疾人专用小型自动挡载客汽车准驾车型的机动车驾驶证。一只手掌缺失，另一只手拇指健全，其他手指有两指健全，上肢和手指运动功能正常，且下肢符合本项第6目规定的，可以申请残疾人专用小型自动挡载客汽车准驾车型的机动车驾驶证。

第十三条 有下列情形之一的，不得申请机动车驾驶证：

（一）有器质性心脏病、癫痫病、美尼尔氏症、眩晕症、癔病、震颤麻痹、精神病、痴呆以及影响肢体活动的神经系统疾病等妨碍安全驾驶疾病的；

（二）三年内有吸食、注射毒品行为或者解除强制隔离戒毒措施未满三年，或者长期服用依赖性精神药品成瘾尚未戒除的；

（三）造成交通事故后逃逸构成犯罪的；

（四）饮酒后或者醉酒驾驶机动车发生重大交通事故构成犯罪的；

（五）醉酒驾驶机动车或者饮酒后驾驶营运机动车依法被吊销机动车驾驶证未满五年的；

（六）醉酒驾驶营运机动车依法被吊销机动车驾驶证未满十年的；

（七）因其他情形依法被吊销机动车驾驶证未满二年的；

（八）驾驶许可依法被撤销未满三年的；

（九）法律、行政法规规定的其他情形。

未取得机动车驾驶证驾驶机动车，有第一款第五项至第七项行为之一的，在规定期限内不得申请机动车驾驶证。

第十四条 初次申领机动车驾驶证的，可以申请准驾车型为城市公交车、大型货车、小型汽车、小型自动挡汽车、低速载货汽车、三轮汽车、残疾人专用小型自动挡载客汽车、普通三轮摩托车、普通二轮摩托车、轻便摩托车、轮式自行机械车、无轨电车、有轨电车的机动车驾驶证。

已持有机动车驾驶证，申请增加准驾车型的，可以申请增加的准驾车型为大型客车、牵引车、城市公交车、中型客车、大型货车、小型汽车、小型自动挡汽车、低速载货汽车、三轮汽车、普通三轮摩托车、普通二轮摩托车、轻便摩托车、轮式自行机械车、无轨电车、有轨电车。

第十五条 已持有机动车驾驶证，申请增加准驾车型的，应当在本记分周期和申请前最近一个记分周期内没有记满 12 分记录。申请增加中型客车、牵引车、大型客车准驾车型的，还应当符合下列规定：

（一）申请增加中型客车准驾车型的，已取得驾驶城市公交车、大型货车、小型汽车、小型自动挡汽车、低速载货汽车或者三轮汽车准驾车型资格三年以上，并在申请前最近连续三个记分周期内没有记满 12 分记录；

（二）申请增加牵引车准驾车型的，已取得驾驶中型客车或者大型货车准驾车型资格三年以上，或者取得驾驶大型客车准驾车型资格一年以上，并在申请前最近连续三个记分周期内没有记满 12 分记录；

（三）申请增加大型客车准驾车型的，已取得驾驶城市公交车、中型客车或者大型货车准驾车型资格五年以上，或者取得驾驶牵引车准驾车型资格二年以上，并在申请前最近连续五个记分周期内没有记满 12 分记录。

正在接受全日制驾驶职业教育的学生，已在校取得驾驶小型汽车准驾车型资格，并在本记分周期和申请前最近一个记分周期内没有记满 12 分记录的，可以申请增加大型客车、牵引车准驾车型。

第十六条 有下列情形之一的，不得申请大型客车、牵引车、城市公交车、中型客车、大型货车准驾车型：

（一）发生交通事故造成人员死亡，承担同等以上责任的；

（二）醉酒后驾驶机动车的；

（三）被吊销或者撤销机动车驾驶证未满十年的。

第十七条 持有军队、武装警察部队机动车驾驶证，或者持有境外机动车驾驶证，符合本规定的申请条件，可以申请相应准驾车型的机动车驾驶证。

第十八条　申领机动车驾驶证的人,按照下列规定向车辆管理所提出申请:

(一)在户籍所在地居住的,应当在户籍所在地提出申请;

(二)在户籍所在地以外居住的,可以在居住地提出申请;

(三)现役军人(含武警),应当在居住地提出申请;

(四)境外人员,应当在居留地或者居住地提出申请;

(五)申请增加准驾车型的,应当在所持机动车驾驶证核发地提出申请;

(六)接受全日制驾驶职业教育,申请增加大型客车、牵引车准驾车型的,应当在接受教育地提出申请。

第十九条　初次申请机动车驾驶证,应当填写申请表,并提交以下证明:

(一)申请人的身份证明;

(二)县级或者部队团级以上医疗机构出具的有关身体条件的证明。属于申请残疾人专用小型自动挡载客汽车的,应当提交经省级卫生主管部门指定的专门医疗机构出具的有关身体条件的证明。

第二十条　申请增加准驾车型的,应当填写申请表,提交第十九条规定的证明和所持机动车驾驶证。属于接受全日制驾驶职业教育,申请增加大型客车、牵引车准驾车型的,还应当提交学校出具的学籍证明。

第二十一条　持军队、武装警察部队机动车驾驶证的人申请机动车驾驶证,应当填写申请表,并提交以下证明、凭证:

(一)申请人的身份证明。属于复员、转业、退伍的人员,还应当提交军队、武装警察部队核发的复员、转业、退伍证明;

(二)县级或者部队团级以上医疗机构出具的有关身体条件的证明;

(三)军队、武装警察部队机动车驾驶证。

第二十二条　持境外机动车驾驶证的人申请机动车驾驶证,应当填写申请表,并提交以下证明、凭证:

(一)申请人的身份证明;

(二)县级以上医疗机构出具的有关身体条件的证明。属于外国驻华使馆、领馆人员及国际组织驻华代表机构人员申请的,按照外交对等原则执行;

(三)所持机动车驾驶证。属于非中文表述的,还应当出具中文翻译文本。

申请人属于内地居民的,还应当提交申请人的护照或者《内地居民往来港澳通行证》、《大陆居民往来台湾通行证》。

第二十三条　实行小型汽车、小型自动挡汽车驾驶证自学直考的地方,申请人可以使用加装安全辅助装置的自备机动车,在具备安全驾驶经历等条件的人员随车指导下,按照公安机关交通管理部门指定的路线、时间学习驾驶技能，按照第十九条或者第二十条的规定申请相应准驾车型的驾驶证。

小型汽车、小型自动挡汽车驾驶证自学直考管理制度由公安部另行规定。

第二十四条 申请机动车驾驶证的人，符合本规定要求的驾驶许可条件，具有下列情形之一的，可以按照第十四条第一款和第十九条的规定直接申请相应准驾车型的机动车驾驶证考试：

（一）原机动车驾驶证因超过有效期未换证被注销的；

（二）原机动车驾驶证因未提交身体条件证明被注销的；

（三）原机动车驾驶证由本人申请注销的；

（四）原机动车驾驶证因身体条件暂时不符合规定被注销的；

（五）原机动车驾驶证因其他原因被注销的，但机动车驾驶证被吊销或者被撤销的除外；

（六）持有的军队、武装警察部队机动车驾驶证超过有效期的；

（七）持有的境外机动车驾驶证超过有效期的。

有前款第六项、第七项规定情形之一的，还应当提交超过有效期的机动车驾驶证。

第二十五条 申请人提交的证明、凭证齐全、符合法定形式的，车辆管理所应当受理，并按规定审核申请人的机动车驾驶证申请条件。属于第二十二条第二款规定情形的，还应当核查申请人的出入境记录；属于第二十四条第一款第一项至第五项规定情形之一的，还应当核查申请人的驾驶经历。

对于符合申请条件的，车辆管理所应当按规定安排预约考试；不需要考试的，一日内核发机动车驾驶证。

第二十六条 车辆管理所对申请人的申请条件及提交的材料、申告的事项有疑义的，可以对实质内容进行调查核实。

调查时，应当询问申请人并制作询问笔录，向证明、凭证的核发机关核查。

经调查，申请人不符合申请条件的，不予办理；有违法行为的，依法予以处理。

第三章 机动车驾驶人考试

第一节 考试内容和合格标准

第二十七条 机动车驾驶人考试内容分为道路交通安全法律、法规和相关知识考试科目（以下简称“科目一”）、场地驾驶技能考试科目（以下简称“科目二”）、道路驾驶技能和安全文明驾驶常识考试科目（以下简称“科目三”）。

第二十八条 考试内容和合格标准全国统一，根据不同准驾车型规定相应的考试项目。

第二十九条 科目一考试内容包括：道路通行、交通信号、交通安全违法行为和交通事故处理、机动车驾驶证申领和使用、机动车登记等规定以及其他道路交通安全法律、法规和规章。

第三十条 科目二考试内容包括：

（一）大型客车、牵引车、城市公交车、中型客车、大型货车考试桩考、坡道定点停车和起步、侧方停车、通过单边桥、曲线行驶、直角转弯、通过限宽门、通过连续障碍、起伏路行驶、窄路掉头；以及模拟高速公路、连续急弯山区路、隧道、雨（雾）天、湿滑路、紧急情况处置；

（二）小型汽车、小型自动挡汽车、残疾人专用小型自动挡载客汽车和低速载货汽车考试倒车入库、坡道定点停车和起步、侧方停车、曲线行驶、直角转弯；

（三）三轮汽车、普通三轮摩托车、普通二轮摩托车和轻便摩托车考试桩考、坡道定点停车和起步、通过单边桥；

（四）轮式自行机械车、无轨电车、有轨电车的考试内容由省级公安机关交通管理部门确定。

对第一款第一项、第二项规定的准驾车型，省级公安机关交通管理部门可以根据实际增加考试内容。

第三十一条 科目三道路驾驶技能考试内容包括：大型客车、牵引车、城市公交车、中型客车、大型货车、小型汽车、小型自动挡汽车、低速载货汽车和残疾人专用小型自动挡载客汽车考试上车准备、起步、直线行驶、加减挡位操作、变更车道、靠边停车、直行通过路口、路口左转弯、路口右转弯、通过人行横道线、通过学校区域、通过公共汽车站、会车、超车、掉头、夜间行驶；其他准驾车型的考试内容，由省级公安机关交通管理部门确定。

大型客车、中型客车考试里程不少于20公里，其中白天考试里程不少于10公里，夜间考试里程不少于5公里。牵引车、城市公交车、大型货车考试里程不少于10公里，其中白天考试里程不少于5公里，夜间考试里程不少于3公里。小型汽车、小型自动挡汽车、低速载货汽车、残疾人专用小型自动挡载客汽车考试里程不少于3公里，在白天考试时，应当进行模拟夜间灯光考试。

对大型客车、牵引车、城市公交车、中型客车、大型货车，省级公安机关交通管理部门应当根据实际增加山区、隧道、陡坡等复杂道路驾驶考试内容。对其他汽车准驾车型，省级公安机关交通管理部门可以根据实际增加考试内容。

第三十二条 科目三安全文明驾驶常识考试内容包括：安全文明驾驶操

作要求、恶劣气象和复杂道路条件下的安全驾驶知识、爆胎等紧急情况下的临危处置方法以及发生交通事故后的处置知识等。

第三十三条 持军队、武装警察部队机动车驾驶证的人申请大型客车、牵引车、城市公交车、中型客车、大型货车准驾车型机动车驾驶证的，应当考试科目一和科目三；申请其他准驾车型机动车驾驶证的，免予考试核发机动车驾驶证。

第三十四条 持境外机动车驾驶证申请机动车驾驶证的，应当考试科目一。申请准驾车型为大型客车、牵引车、城市公交车、中型客车、大型货车机动车驾驶证的，还应当考试科目三。

内地居民持有境外机动车驾驶证，取得该机动车驾驶证时在核发国家或者地区连续居留不足三个月的，应当考试科目一、科目二和科目三。

属于外国驻华使馆、领馆人员及国际组织驻华代表机构人员申请的，应当按照外交对等原则执行。

第三十五条 各科目考试的合格标准为：

（一）科目一考试满分为100分，成绩达到90分的为合格；

（二）科目二考试满分为100分，考试大型客车、牵引车、城市公交车、中型客车、大型货车准驾车型的，成绩达到90分的为合格，其他准驾车型的成绩达到80分的为合格；

（三）科目三道路驾驶技能和安全文明驾驶常识考试满分分别为100分，成绩分别达到90分的为合格。

第二节 考试要求

第三十六条 车辆管理所应当按照预约的考场和时间安排考试。申请人科目一考试合格后，可以预约科目二或者科目三道路驾驶技能考试。有条件的地方，申请人可以同时预约科目二、科目三道路驾驶技能考试，预约成功后可以连续进行考试。科目二、科目三道路驾驶技能考试均合格后，申请人可以当日参加科目三安全文明驾驶常识考试。

申请人预约科目二、科目三道路驾驶技能考试，车辆管理所在六十日内不能安排考试的，可以选择省（自治区、直辖市）内其他考场预约考试。

车辆管理所应当使用全国统一的考试预约系统，采用互联网、电话、服务窗口等方式供申请人预约考试。

第三十七条 初次申请机动车驾驶证或者申请增加准驾车型的，科目一考试合格后，车辆管理所应当在一日内核发学习驾驶证明（附件2）。

属于自学直考的，车辆管理所还应当按规定发放学车专用标识（附件3）。

第三十八条 申请人在场地和道路上学习驾驶，应当按规定取得学习驾驶证明。学习驾驶证明的有效期为三年，申请人应当在有效期内完成科目二和科目三考试。未在有效期内完成考试的，已考试合格的科目成绩作废。

学习驾驶证明可以采用纸质或者电子形式，纸质学习驾驶证明和电子学习驾驶证明具有同等效力。申请人可以通过互联网交通安全综合服务管理平台打印或者下载学习驾驶证明。

第三十九条 申请人在道路上学习驾驶，应当随身携带学习驾驶证明，使用教练车或者学车专用标识签注的自学用车，在教练员或者学车专用标识签注的指导人员随车指导下，按照公安机关交通管理部门指定的路线、时间进行。

申请人为自学直考人员的，在道路上学习驾驶时，应当在自学用车上按规定放置、粘贴学车专用标识，自学用车不得搭载随车指导人员以外的其他人员。

第四十条 初次申请机动车驾驶证或者申请增加准驾车型的，申请人预约考试科目二，应当符合下列规定：

（一）报考小型汽车、小型自动挡汽车、低速载货汽车、三轮汽车、残疾人专用小型自动挡载客汽车、轮式自行机械车、无轨电车、有轨电车准驾车型的，在取得学习驾驶证明满十日后预约考试；

（二）报考大型客车、牵引车、城市公交车、中型客车、大型货车准驾车型的，在取得学习驾驶证明满二十日后预约考试。

第四十一条 初次申请机动车驾驶证或者申请增加准驾车型的，申请人预约考试科目三，应当符合下列规定：

（一）报考低速载货汽车、三轮汽车、轮式自行机械车、无轨电车、有轨电车准驾车型的，在取得学习驾驶证明满二十日后预约考试；

（二）报考小型汽车、小型自动挡汽车、残疾人专用小型自动挡载客汽车准驾车型的，在取得学习驾驶证明满三十日后预约考试；

（三）报考大型客车、牵引车、城市公交车、中型客车、大型货车准驾车型的，在取得学习驾驶证明满四十日后预约考试。

第四十二条 持军队、武装警察部队或者境外机动车驾驶证申请机动车驾驶证的，应当自车辆管理所受理之日起三年内完成科目考试。

第四十三条 申请人因故不能按照预约时间参加考试的，应当提前一日申请取消预约。对申请人未按照预约考试时间参加考试的，判定该次考试不合格。

第四十四条 每个科目考试一次，考试不合格的，可以补考一次。不参加补考或者补考仍不合格的，本次考试终止，申请人应当重新预约考试，但科目二、科目三考试应当在十日后预约。科目三安全文明驾驶常识考试不合格的，已通过的道路驾驶技能考试成绩有效。

在学习驾驶证明有效期内，科目二和科目三道路驾驶技能考试预约考试的次数不得超过五次。第五次预约考试仍不合格的，已考试合格的其他科目成绩作废。

第四十五条 车辆管理所组织考试前应当使用全国统一的计算机系统当日随机选配考试员，随机安排考生分组，随机选取考试路线。

第四十六条 从事考试工作的人员，应当持有省级公安机关交通管理部门颁发的资格证书。公安机关交通管理部门应当在车辆管理所公安民警中选拔足够数量的专职考试员，可以在公安机关交通管理部门公安民警、文职人员中配置兼职考试员。可以聘用运输企业驾驶人、警风警纪监督员等人员承担考试辅助评判和监督职责。

考试员应当认真履行考试职责，严格按照规定考试，接受社会监督。在考试前应当自我介绍，讲解考试要求，核实申请人身份；考试中应当严格执行考试程序，按照考试项目和考试标准评定考试成绩；考试后应当当场公布考试成绩，讲评考试不合格原因。

每个科目的考试成绩单应当有申请人和考试员的签名。未签名的不得核发机动车驾驶证。

第四十七条 考试员、考试辅助和监管人员及考场工作人员应当严格遵守考试工作纪律，不得为不符合机动车驾驶许可条件、未经考试、考试不合格人员签注合格考试成绩，不得减少考试项目、降低评判标准或者参与、协助、纵容考试作弊，不得参与或者变相参与驾驶培训机构经营活动，不得收取驾驶培训机构、教练员、申请人的财物。

第四十八条 直辖市、设区的市或者相当于同级的公安机关交通管理部门应当根据本地考试需求建设考场，配备足够数量的考试车辆。对考场布局、数量不能满足本地考试需求的，应当采取政府购买服务等方式使用社会考场，并按照公平竞争、择优选定的原则，依法通过公开招标等程序确定。

考试场地建设、路段设置、车辆配备、设施设备配置以及考试项目、评判要求应当符合相关标准。考试场地、考试设备和考试系统应当经省级公安机关交通管理部门验收合格后方可使用。公安机关交通管理部门应当加强对辖区考场的监督管理，定期开展考试场地、考试车辆、考试设备和考场管理情况的监督检查。

第三节　考试监督管理

第四十九条　车辆管理所应当在办事大厅、候考场所和互联网公开各考场的考试能力、预约计划、预约人数和约考结果等情况，公布考场布局、考试路线和流程。考试预约计划应当至少在考试前十日在互联网上公开。

车辆管理所应当在候考场所、办事大厅向群众直播考试视频，考生可以在考试结束后三日内查询自己的考试视频资料。

第五十条　车辆管理所应当对考试过程进行全程录音、录像，并实时监控考试过程，没有使用录音、录像设备的，不得组织考试。严肃考试纪律，规范考场秩序，对考场秩序混乱的，应当中止考试。考试过程中，考试员应当使用执法记录仪记录监考过程。

车辆管理所应当建立音视频信息档案，存储录音、录像设备和执法记录仪记录的音像资料。建立考试质量抽查制度，每日抽查音视频信息档案，发现存在违反考试纪律、考场秩序混乱以及音视频信息缺失或者不完整的，应当进行调查处理。

省级公安机关交通管理部门应当定期抽查音视频信息档案，及时通报、纠正、查处发现的问题。

第五十一条　车辆管理所应当根据考试场地、考试设备、考试车辆、考试员数量等实际情况，核定每个考场、每个考试员每日最大考试量。

车辆管理所应当对驾驶培训机构教练员、教练车、训练场地等情况进行备案。

第五十二条　车辆管理所应当每周通过计算机系统对机动车驾驶人考试和机动车驾驶证业务办理情况进行监控、分析。省级公安机关交通管理部门应当建立全省（自治区、直辖市）机动车驾驶人考试监管系统，每月对机动车驾驶人考试、机动车驾驶证业务办理情况进行监控、分析，及时查处、通报发现的问题。

车辆管理所存在为未经考试或者考试不合格人员核发机动车驾驶证等严重违规办理机动车驾驶证业务情形的，上级公安机关交通管理部门可以暂停该车辆管理所办理相关业务或者指派其他车辆管理所人员接管业务。

第五十三条　直辖市、设区的市或者相当于同级的公安机关交通管理部门应当每月向社会公布车辆管理所考试员考试质量情况、三年内驾龄驾驶人交通违法率和交通肇事率等信息。

直辖市、设区的市或者相当于同级的公安机关交通管理部门应当每月向社会公布辖区内驾驶培训机构的考试合格率、三年内驾龄驾驶人交通违法率和交通肇事率等信息,按照考试合格率对驾驶培训机构培训质量公开排名,并通报培训主管部门。

第五十四条 对三年内驾龄驾驶人发生一次死亡3人以上交通事故且负主要以上责任的,省级公安机关交通管理部门应当倒查车辆管理所考试、发证情况,向社会公布倒查结果。对三年内驾龄驾驶人发生一次死亡1至2人的交通事故且负主要以上责任的,直辖市、设区的市或者相当于同级的公安机关交通管理部门应当组织责任倒查。

直辖市、设区的市或者相当于同级的公安机关交通管理部门发现驾驶培训机构及其教练员存在缩短培训学时、减少培训项目以及贿赂考试员、以承诺考试合格等名义向学员索取财物、参与违规办理驾驶证或者考试舞弊行为的,应当通报培训主管部门,并向社会公布。

公安机关交通管理部门发现考场、考试设备生产销售企业存在组织或者参与考试舞弊、伪造或者篡改考试系统数据的,不得继续使用该考场或者采购该企业考试设备;构成犯罪的,依法追究刑事责任。

第四章 发证、换证、补证

第五十五条 申请人考试合格后,应当接受不少于半小时的交通安全文明驾驶常识和交通事故案例警示教育,并参加领证宣誓仪式。

车辆管理所应当在申请人参加领证宣誓仪式的当日核发机动车驾驶证。属于申请增加准驾车型的,应当收回原机动车驾驶证。属于复员、转业、退伍的,应当收回军队、武装警察部队机动车驾驶证。

第五十六条 机动车驾驶人在机动车驾驶证的六年有效期内,每个记分周期均未记满12分的,换发十年有效期的机动车驾驶证;在机动车驾驶证的十年有效期内,每个记分周期均未记满12分的,换发长期有效的机动车驾驶证。

第五十七条 机动车驾驶人应当于机动车驾驶证有效期满前九十日内,向机动车驾驶证核发地或者核发地以外的车辆管理所申请换证。申请时应当填写申请表,并提交以下证明、凭证:

(一)机动车驾驶人的身份证明;

(二)机动车驾驶证;

(三)县级或者部队团级以上医疗机构出具的有关身体条件的证明。属于申请残疾人专用小型自动挡载客汽车的,应当提交经省级卫生主管部门指定的专门医疗机构出具的有关身体条件的证明。

第五十八条 机动车驾驶人户籍迁出原车辆管理所管辖区的，应当向迁入地车辆管理所申请换证。机动车驾驶人在核发地车辆管理所管辖区以外居住的，可以向居住地车辆管理所申请换证。申请时应当填写申请表，提交机动车驾驶人的身份证明和机动车驾驶证，并申报身体条件情况。

第五十九条 年龄在60周岁以上的，不得驾驶大型客车、牵引车、城市公交车、中型客车、大型货车、无轨电车和有轨电车；持有大型客车、牵引车、城市公交车、中型客车、大型货车驾驶证的，应当到机动车驾驶证核发地或者核发地以外的车辆管理所换领准驾车型为小型汽车或者小型自动挡汽车的机动车驾驶证。

年龄在70周岁以上的，不得驾驶低速载货汽车、三轮汽车、普通三轮摩托车、普通二轮摩托车和轮式自行机械车；持有普通三轮摩托车、普通二轮摩托车驾驶证的，应当到机动车驾驶证核发地或者核发地以外的车辆管理所换领准驾车型为轻便摩托车的机动车驾驶证。

申请时应当填写申请表，并提交第五十七条规定的证明、凭证。

机动车驾驶人自愿降低准驾车型的，应当填写申请表，并提交机动车驾驶人的身份证明和机动车驾驶证。

第六十条 具有下列情形之一的，机动车驾驶人应当在三十日内到机动车驾驶证核发地或者核发地以外的车辆管理所申请换证：

（一）在车辆管理所管辖区域内，机动车驾驶证记载的机动车驾驶人信息发生变化的；

（二）机动车驾驶证损毁无法辨认的。

申请时应当填写申请表，并提交机动车驾驶人的身份证明和机动车驾驶证。

第六十一条 机动车驾驶人身体条件发生变化，不符合所持机动车驾驶证准驾车型的条件，但符合准予驾驶的其他准驾车型条件的，应当在三十日内到机动车驾驶证核发地或者核发地以外的车辆管理所申请降低准驾车型。申请时应当填写申请表，并提交机动车驾驶人的身份证明、机动车驾驶证、县级或者部队团级以上医疗机构出具的有关身体条件的证明。

机动车驾驶人身体条件发生变化，不符合第十二条第二项规定或者具有第十三条规定情形之一，不适合驾驶机动车的，应当在三十日内到机动车驾驶证核发地车辆管理所申请注销。申请时应当填写申请表，并提交机动车驾驶人的身份证明和机动车驾驶证。

机动车驾驶人身体条件不适合驾驶机动车的，不得驾驶机动车。

第六十二条 车辆管理所对符合第五十七条至第六十条、第六十一条第一款规定的，应当在一日内换发机动车驾驶证。对符合第六十一条第二款规定的，应当在一日内注销机动车驾驶证。其中，对符合第五十八条至第六十一条规定的，还应当收回原机动车驾驶证。

第六十三条 机动车驾驶证遗失的，机动车驾驶人应当向机动车驾驶证核发地或者核发地以外的车辆管理所申请补发。申请时应当填写申请表，并提交以下证明、凭证：

（一）机动车驾驶人的身份证明；

（二）机动车驾驶证遗失的书面声明。

符合规定的，车辆管理所应当在一日内补发机动车驾驶证。

机动车驾驶人补领机动车驾驶证后，原机动车驾驶证作废，不得继续使用。

机动车驾驶证被依法扣押、扣留或者暂扣期间，机动车驾驶人不得申请补发。

第六十四条 机动车驾驶人向核发地以外的车辆管理所申请办理第五十七条、第五十九条、第六十条、第六十一条第一款、第六十三条规定的换证、补证业务时，应当同时按照第五十八条规定办理。

第五章 机动车驾驶人管理

第一节 记 分

第六十五条 道路交通安全违法行为累积记分周期（即记分周期）为12个月，满分为12分，从机动车驾驶证初次领取之日起计算。

依据道路交通安全违法行为的严重程度，一次记分的分值为：12分、6分、3分、2分、1分五种（附件4）。

第六十六条 对机动车驾驶人的道路交通安全违法行为，处罚与记分同时执行。

机动车驾驶人一次有两个以上违法行为记分的，应当分别计算，累加分值。

第六十七条 机动车驾驶人对道路交通安全违法行为处罚不服，申请行政复议或者提起行政诉讼后，经依法裁决变更或者撤销原处罚决定的，相应记分分值予以变更或者撤销。

第六十八条 机动车驾驶人在一个记分周期内累积记分达到12分的，公安机关交通管理部门应当扣留其机动车驾驶证。

机动车驾驶人应当在十五日内到机动车驾驶证核发地或者违法行为地公安机关交通管理部门参加为期七日的道路交通安全法律、法规和相关知识学习。机动车驾驶人参加学习后，车辆管理所应当在二十日内对其进行道路交通安全法律、法规和相关知识考试。考试合格的，记分予以清除，发还机动车驾驶证；考试不合格的，继续参加学习和考试。拒不参加学习，也不接受考试的，由公安机关交通管理部门公告其机动车驾驶证停止使用。

机动车驾驶人在一个记分周期内有两次以上达到 12 分或者累积记分达到 24 分以上的，车辆管理所还应当在道路交通安全法律、法规和相关知识考试合格后十日内对其进行道路驾驶技能考试。接受道路驾驶技能考试的，按照本人机动车驾驶证载明的最高准驾车型考试。

第六十九条 机动车驾驶人在一个记分周期内记分未达到 12 分，所处罚款已经缴纳的，记分予以清除；记分虽未达到 12 分，但尚有罚款未缴纳的，记分转入下一记分周期。

第二节 审 验

第七十条 机动车驾驶人应当按照法律、行政法规的规定，定期到公安机关交通管理部门接受审验。

机动车驾驶人按照本规定第五十七条、第五十八条换领机动车驾驶证时，应当接受公安机关交通管理部门的审验。

持有大型客车、牵引车、城市公交车、中型客车、大型货车驾驶证的驾驶人，应当在每个记分周期结束后三十日内到公安机关交通管理部门接受审验。但在一个记分周期内没有记分记录的，免予本记分周期审验。

持有本条第三款规定以外准驾车型驾驶证的驾驶人，发生交通事故造成人员死亡承担同等以上责任未被吊销机动车驾驶证的，应当在本记分周期结束后三十日内到公安机关交通管理部门接受审验。

机动车驾驶人可以在机动车驾驶证核发地或者核发地以外的地方参加审验、提交身体条件证明。

第七十一条 机动车驾驶证审验内容包括：

（一）道路交通安全违法行为、交通事故处理情况；

（二）身体条件情况；

（三）道路交通安全违法行为记分及记满 12 分后参加学习和考试情况。

持有大型客车、牵引车、城市公交车、中型客车、大型货车驾驶证一个记分周期内有记分的，以及持有其他准驾车型驾驶证发生交通事故造成人员死亡承担同等以上责任未被吊销机动车驾驶证的驾驶人，审验时应当参加不少于三小时的道路交通安全法律法规、交通安全文明驾驶、应急处置等知识学习，并接受交通事故案例警示教育。

对交通违法行为或者交通事故未处理完毕的、身体条件不符合驾驶许可条件的、未按照规定参加学习、教育和考试的，不予通过审验。

第七十二条 年龄在70周岁以上的机动车驾驶人，应当每年进行一次身体检查，在记分周期结束后三十日内，提交县级或者部队团级以上医疗机构出具的有关身体条件的证明。

持有残疾人专用小型自动挡载客汽车驾驶证的机动车驾驶人，应当每三年进行一次身体检查，在记分周期结束后三十日内，提交经省级卫生主管部门指定的专门医疗机构出具的有关身体条件的证明。

机动车驾驶人按照本规定第七十条第三款、第四款规定参加审验时，应当申报身体条件情况。

第七十三条 机动车驾驶人因服兵役、出国（境）等原因，无法在规定时间内办理驾驶证期满换证、审验、提交身体条件证明的，可以向机动车驾驶证核发地车辆管理所申请延期办理。申请时应当填写申请表，并提交机动车驾驶人的身份证明、机动车驾驶证和延期事由证明。

延期期限最长不超过三年。延期期间机动车驾驶人不得驾驶机动车。

第三节 监督管理

第七十四条 机动车驾驶人初次申请机动车驾驶证和增加准驾车型后的12个月为实习期。

新取得大型客车、牵引车、城市公交车、中型客车、大型货车驾驶证的，实习期结束后三十日内应当参加道路交通安全法律法规、交通安全文明驾驶、应急处置等知识考试，并接受不少于半小时的交通事故案例警示教育。

在实习期内驾驶机动车的，应当在车身后部粘贴或者悬挂统一式样的实习标志（附件5）。

第七十五条 机动车驾驶人在实习期内不得驾驶公共汽车、营运客车或者执行任务的警车、消防车、救护车、工程救险车以及载有爆炸物品、易燃易爆化学物品、剧毒或者放射性等危险物品的机动车；驾驶的机动车不得牵引挂车。

驾驶人在实习期内驾驶机动车上高速公路行驶，应当由持相应或者更高准驾车型驾驶证三年以上的驾驶人陪同。其中，驾驶残疾人专用小型自动挡载客汽车的，可以由持有小型自动挡载客汽车以上准驾车型驾驶证的驾驶人陪同。

在增加准驾车型后的实习期内，驾驶原准驾车型的机动车时不受上述限制。

第七十六条 持有准驾车型为残疾人专用小型自动挡载客汽车的机动车驾驶人驾驶机动车时，应当按规定在车身设置残疾人机动车专用标志（附件6）。

有听力障碍的机动车驾驶人驾驶机动车时，应当佩戴助听设备。

第七十七条 机动车驾驶人具有下列情形之一的，车辆管理所应当注销其机动车驾驶证：

（一）死亡的；

（二）提出注销申请的；

（三）丧失民事行为能力，监护人提出注销申请的；

（四）身体条件不适合驾驶机动车的；

（五）有器质性心脏病、癫痫病、美尼尔氏症、眩晕症、癔病、震颤麻痹、精神病、痴呆以及影响肢体活动的神经系统疾病等妨碍安全驾驶疾病的；

（六）被查获有吸食、注射毒品后驾驶机动车行为，正在执行社区戒毒、强制隔离戒毒、社区康复措施，或者长期服用依赖性精神药品成瘾尚未戒除的；

（七）超过机动车驾驶证有效期一年以上未换证的；

（八）年龄在70周岁以上，在一个记分周期结束后一年内未提交身体条件证明的；或者持有残疾人专用小型自动挡载客汽车准驾车型，在三个记分周期结束后一年内未提交身体条件证明的；

（九）年龄在60周岁以上，所持机动车驾驶证只具有无轨电车或者有轨电车准驾车型，或者年龄在70周岁以上，所持机动车驾驶证只具有低速载货汽车、三轮汽车、轮式自行机械车准驾车型的；

（十）机动车驾驶证依法被吊销或者驾驶许可依法被撤销的。

有第一款第二项至第十项情形之一，未收回机动车驾驶证的，应当公告机动车驾驶证作废。

有第一款第七项情形被注销机动车驾驶证未超过二年的，机动车驾驶人参加道路交通安全法律、法规和相关知识考试合格后，可以恢复驾驶资格。

有第一款第八项情形被注销机动车驾驶证，机动车驾驶证在有效期内或者超过有效期不满一年的，机动车驾驶人提交身体条件证明后，可以恢复驾驶资格。

有第一款第二项至第八项情形之一，按照第二十四条规定申请机动车驾驶证，有道路交通安全违法行为或者交通事故未处理记录的，应当将道路交通安全违法行为、交通事故处理完毕。

第七十八条 持有大型客车、牵引车、城市公交车、中型客车、大型货车驾驶证的驾驶人有下列情形之一的，车辆管理所应当注销其最高准驾车型驾驶资格，并通知机动车驾驶人在三十日内办理降级换证业务：

(一)发生交通事故造成人员死亡，承担同等以上责任，未构成犯罪的；

(二)在一个记分周期内有记满 12 分记录的；

(三)连续三个记分周期不参加审验的。

机动车驾驶人在规定时间内未办理降级换证业务的，车辆管理所应当公告注销的准驾车型驾驶资格作废。

机动车驾驶人办理降级换证业务后，申请增加被注销的准驾车型的，应当在本记分周期和申请前最近一个记分周期没有记满 12 分记录，且没有发生造成人员死亡承担同等以上责任的交通事故。

第七十九条 机动车驾驶人在实习期内发生道路交通安全违法行为被记满 12 分的，注销其实习的准驾车型驾驶资格。被注销的驾驶资格不属于最高准驾车型的，还应当按照第七十八条第一款规定，注销其最高准驾车型驾驶资格。

持有大型客车、牵引车、城市公交车、中型客车、大型货车驾驶证的驾驶人在一年实习期内记 6 分以上但未达到 12 分的，实习期限延长一年。在延长的实习期内再次记 6 分以上但未达到 12 分的，注销其实习的准驾车型驾驶资格。

第八十条 机动车驾驶人联系电话、联系地址等信息发生变化，以及持有大型客车、牵引车、城市公交车、中型客车、大型货车驾驶证的驾驶人从业单位等信息发生变化的，应当在信息变更后三十日内，向驾驶证核发地车辆管理所备案。

第八十一条 道路运输企业应当定期将聘用的机动车驾驶人向所在地公安机关交通管理部门备案，督促及时处理道路交通安全违法行为、交通事故和参加机动车驾驶证审验。

公安机关交通管理部门应当每月向辖区内交通运输主管部门、运输企业通报机动车驾驶人的道路交通违法行为、记分和交通事故等情况。

第四节　校车驾驶人管理

第八十二条 校车驾驶人应当依法取得校车驾驶资格。

取得校车驾驶资格应当符合下列条件：

(一)取得相应准驾车型驾驶证并具有三年以上驾驶经历，年龄在 25 周岁以上、不超过 60 周岁；

（二）最近连续三个记分周期内没有被记满 12 分记录；

（三）无致人死亡或者重伤的交通事故责任记录；

（四）无酒后驾驶或者醉酒驾驶机动车记录，最近一年内无驾驶客运车辆超员、超速等严重交通违法行为记录；

（五）无犯罪记录；

（六）身心健康，无传染性疾病，无癫痫病、精神病等可能危及行车安全的疾病病史，无酗酒、吸毒行为记录。

第八十三条 机动车驾驶人申请取得校车驾驶资格，应当向县级或者设区的市级公安机关交通管理部门提出申请，填写申请表，并提交以下证明、凭证：

（一）申请人的身份证明；

（二）机动车驾驶证；

（三）县级或者部队团级以上医疗机构出具的有关身体条件的证明。

第八十四条 公安机关交通管理部门自受理申请之日起五日内审查提交的证明、凭证，并向所在地县级公安机关核查，确认申请人无犯罪、吸毒行为记录。对符合条件的，在机动车驾驶证上签注准许驾驶校车及相应车型，并通报教育行政部门；不符合条件的，应当书面说明理由。

第八十五条 校车驾驶人应当在每个记分周期结束后三十日内到公安机关交通管理部门接受审验。审验时，应当提交县级或者部队团级以上医疗机构出具的有关身体条件的证明，参加不少于三小时的道路交通安全法律法规、交通安全文明驾驶、应急处置等知识学习，并接受交通事故案例警示教育。

第八十六条 公安机关交通管理部门应当与教育行政部门和学校建立校车驾驶人的信息交换机制，每月通报校车驾驶人的交通违法、交通事故和审验等情况。

第八十七条 校车驾驶人具有下列情形之一的，公安机关交通管理部门应当注销其校车驾驶资格，通知机动车驾驶人换领机动车驾驶证，并通报教育行政部门和学校：

（一）提出注销申请的；

（二）年龄超过 60 周岁的；

（三）在致人死亡或者重伤的交通事故负有责任的；

（四）有酒后驾驶或者醉酒驾驶机动车，以及驾驶客运车辆超员、超速等严重交通违法行为的；

（五）有记满 12 分或者犯罪记录的；

（六）有传染性疾病，癫痫病、精神病等可能危及行车安全的疾病，有酗酒、吸毒行为记录的。

未收回签注校车驾驶许可的机动车驾驶证的，应当公告其校车驾驶资格作废。

第六章 法律责任

第八十八条 隐瞒有关情况或者提供虚假材料申领机动车驾驶证的，申请人在一年内不得再次申领机动车驾驶证。

申请人在考试过程中有贿赂、舞弊行为的，取消考试资格，已经通过考试的其他科目成绩无效；申请人在一年内不得再次申领机动车驾驶证。

申请人以欺骗、贿赂等不正当手段取得机动车驾驶证的，公安机关交通管理部门收缴机动车驾驶证，撤销机动车驾驶许可；申请人在三年内不得再次申领机动车驾驶证。

第八十九条 申请人在教练员或者学车专用标识签注的指导人员随车指导下，使用符合规定的机动车学习驾驶中有道路交通安全违法行为或者发生交通事故的，按照《道路交通安全法实施条例》第二十条规定，由教练员或者随车指导人员承担责任。

第九十条 申请人在道路上学习驾驶时，未按照第三十九条规定随身携带学习驾驶证明，由公安机关交通管理部门处二十元以上二百元以下罚款。

第九十一条 申请人在道路上学习驾驶时，有下列情形之一的，由公安机关交通管理部门对教练员或者随车指导人员处二十元以上二百元以下罚款：

（一）未按照公安机关交通管理部门指定的路线、时间进行的；

（二）未按照第三十九条规定放置、粘贴学车专用标识的。

第九十二条 申请人在道路上学习驾驶时，有下列情形之一的，由公安机关交通管理部门对教练员或者随车指导人员处二百元以上五百元以下罚款：

（一）未使用符合规定的机动车的；

（二）自学用车搭载随车指导人员以外的其他人员的。

第九十三条 申请人在道路上学习驾驶时，有下列情形之一的，由公安机关交通管理部门按照《道路交通安全法》第九十九条第一款第一项规定予以处罚：

（一）未取得学习驾驶证明的；

（二）学习驾驶证明超过有效期的；

（三）没有教练员或者随车指导人员的；

（四）由不符合规定的人员随车指导的。

将机动车交由有前款规定情形之一的申请人驾驶的，由公安机关交通管理部门按照《道路交通安全法》第九十九条第一款第二项规定予以处罚。

第九十四条 机动车驾驶人有下列行为之一的，由公安机关交通管理部门处二十元以上二百元以下罚款：

（一）机动车驾驶人补领机动车驾驶证后，继续使用原机动车驾驶证的；

（二）在实习期内驾驶机动车不符合第七十五条规定的；

（三）驾驶机动车未按规定粘贴、悬挂实习标志或者残疾人机动车专用标志的；

（四）持有大型客车、牵引车、城市公交车、中型客车、大型货车驾驶证的驾驶人，未按照第八十条规定申报变更信息的。

有第一款第一项规定情形的，由公安机关交通管理部门收回原机动车驾驶证。

第九十五条 机动车驾驶人有下列行为之一的，由公安机关交通管理部门处二百元以上五百元以下罚款：

（一）机动车驾驶证被依法扣押、扣留或者暂扣期间，采用隐瞒、欺骗手段补领机动车驾驶证的；

（二）机动车驾驶人身体条件发生变化不适合驾驶机动车，仍驾驶机动车的；

（三）逾期不参加审验仍驾驶机动车的。

有第一款第一项、第二项规定情形之一的，由公安机关交通管理部门收回机动车驾驶证。

第九十六条 伪造、变造或者使用伪造、变造的机动车驾驶证的，由公安机关交通管理部门予以收缴，依法拘留，并处二千元以上五千元以下罚款；构成犯罪的，依法追究刑事责任。

第九十七条 交通警察有下列情形之一的，按照有关规定给予纪律处分；聘用人员有下列情形之一的予以解聘。构成犯罪的，依法追究刑事责任：

（一）为不符合机动车驾驶许可条件、未经考试、考试不合格人员签注合格考试成绩或者核发机动车驾驶证的；

（二）减少考试项目、降低评判标准或者参与、协助、纵容考试作弊的；

（三）为不符合规定的申请人发放学习驾驶证明、学车专用标识的；

（四）与非法中介串通谋取经济利益的；

（五）违反规定侵入机动车驾驶证管理系统，泄漏、篡改、买卖系统数据，或者泄漏系统密码的；

（六）参与或者变相参与驾驶培训机构经营活动的；

（七）收取驾驶培训机构、教练员、申请人或者其他相关人员财物的。

交通警察未按照第五十条第一款规定使用执法记录仪的，根据情节轻重，按照有关规定给予纪律处分。

公安机关交通管理部门有本条第一款所列行为之一的，按照国家有关规定对直接负责的主管人员和其他直接责任人员给予相应的处分。

第七章 附 则

第九十八条 国家之间对机动车驾驶证有互相认可协议的，按照协议办理。

国家之间签订有关协定涉及机动车驾驶证的，按照协定执行。

第九十九条 机动车驾驶人可以委托代理人代理换证、补证、提交身体条件证明、延期办理和注销业务。代理人申请机动车驾驶证业务时，应当提交代理人的身份证明和机动车驾驶人与代理人共同签字的申请表或者身体条件证明。

第一百条 机动车驾驶证和学习驾驶证明的式样、规格按照中华人民共和国公共安全行业标准《中华人民共和国机动车驾驶证件》执行。

第一百零一条 身体条件证明自出具之日起6个月内有效。

第一百零二条 拖拉机驾驶证的申领和使用另行规定。拖拉机驾驶证式样、规格应当符合中华人民共和国公共安全行业标准《中华人民共和国机动车驾驶证件》的规定。

第一百零三条 本规定下列用语的含义：

（一）身份证明是指：

1、居民的身份证明，是《居民身份证》或者《临时居民身份证》。在户籍地以外居住的内地居民，按照第十九条、第二十一条、第二十二条、第八十三条规定提交的身份证明，是《居民身份证》或者《临时居民身份证》，以及公安机关核发的居住证明；

2、现役军人（含武警）的身份证明，是《居民身份证》或者《临时居民身份证》。在未办理《居民身份证》前，是军队有关部门核发的《军官证》、《文职干部证》、《士兵证》、《离休证》、《退休证》等有效军人身份证件，以及其所在的团级以上单位出具的本人住所证明；

3、香港、澳门特别行政区居民的身份证明，是其入境时所持有的《港澳居民来往内地通行证》或者外交部核发的《中华人民共和国旅行证》，香港、澳门特别行政区《居民身份证》和公安机关核发的住宿登记证明；

4、台湾地区居民的身份证明，是其所持有的公安机关核发的五年有效的《台湾居民来往大陆通行证》或者外交部核发的《中华人民共和国旅行证》和公安机关核发的住宿登记证明；

5、华侨的身份证明，是《中华人民共和国护照》和公安机关核发的住宿登记证明；

6、外国人的身份证明，是其入境时所持有的护照或者其他旅行证件、居（停）留期为三个月以上的有效签证或者停留、居留证件，以及公安机关核发的住宿登记证明；

7、外国驻华使馆、领馆人员、国际组织驻华代表机构人员的身份证明，是外交部核发的有效身份证件。

（二）住址是指：

1、居民的住址，是《居民身份证》或者《临时居民身份证》记载的住址；

2、现役军人（含武警）的住址，是《居民身份证》或者《临时居民身份证》记载的住址。在未办理《居民身份证》前，是其所在的团级以上单位出具的本人住所证明记载的住址；

3、境外人员的住址，是公安机关核发的住宿登记证明记载的地址；

4、外国驻华使馆、领馆人员及国际组织驻华代表机构人员的住址，是外交部核发的有效身份证件记载的地址。

（三）境外机动车驾驶证是指外国、香港、澳门特别行政区、台湾地区核发的具有单独驾驶资格的机动车驾驶证。

第一百零四条 本规定所称“以上”、“以下”均包含本数在内。

本规定所称“一日”、“五日”、“七日”、“十日”、“十五日”，是指工作日，不包括节假日。

第一百零五条 本规定自2013年1月1日起施行，第五章第四节自发布之日起施行。2006年12月20日发布的《机动车驾驶证申领和使用规定》（公安部令第91号）和2009年12月7日发布的《公安部关于修改〈机动车驾驶证申领和使用规定〉的决定》（公安部令第111号）同时废止。本规定生效后，公安部以前制定的规定与本规定不一致的，以本规定为准。

附件：1. 准驾车型及代号
2. 学习驾驶证明式样
3. 学车专用标识式样
4. 道路交通安全违法行为记分分值
5. 实习标志式样
6. 残疾人机动车专用标志

附件 1

准驾车型及代号

准驾车型	代号	准驾的车辆	准予驾驶的其他准驾车型
大型客车	A1	大型载客汽车	A3、B1、B2、C1、C2、C3、C4、M
牵引车	A2	重型、中型全挂、半挂汽车列车	B1、B2、C1、C2、C3、C4、M
城市公交车	A3	核载 10 人以上的城市公共汽车	C1、C2、C3、C4
中型客车	B1	中型载客汽车(含核载 10 人以上、19 人以下的城市公共汽车)	C1、C2、C3、C4、M
大型货车	B2	重型、中型载货汽车;重型、中型专项作业车	
小型汽车	C1	小型、微型载客汽车以及轻型、微型载货汽车;轻型、微型专项作业车	C2、C3、C4
小型自动挡汽车	C2	小型、微型自动挡载客汽车以及轻型、微型自动挡载货汽车	
低速载货汽车	C3	低速载货汽车	C4
三轮汽车	C4	三轮汽车	
残疾人专用小型自动挡载客汽车	C5	残疾人专用小型、微型自动挡载客汽车(允许上肢、右下肢或者双下肢残疾人驾驶)	
普通三轮摩托车	D	发动机排量大于 50ml 或者最大设计车速大于 50km/h 的三轮摩托车	E、F
普通二轮摩托车	E	发动机排量大于 50ml 或者最大设计车速大于 50km/h 的二轮摩托车	F
轻便摩托车	F	发动机排量小于等于 50ml,最大设计车速小于等于 50km/h 的摩托车	
轮式自行机械车	M	轮式自行机械车	
无轨电车	N	无轨电车	
有轨电车	P	有轨电车	

附件 2

学习驾驶证明式样
（纸质）

学习驾驶证明

编号№：

姓名：		相片
性别：		
出生日期：		
身份证明号码：		
准驾车型代号：		二维码
有效期起始日期：	年　月　日	
有效期截止日期：	年　月　日	

×省××市公安局交通警察支队
车辆管理所
业务专用章

提示：

1. 学习驾驶证明是在有资格的人员随车指导下准许学习驾驶技能的凭证。
2. 学员在道路上学习驾驶应当按照公安机关交通管理部门指定的路线、时间，使用符合规定的机动车，在有资格的人员随车指导下进行，并随身携带本证明。
3. 在学习驾驶证明有效期内，科目二和科目三道路驾驶技能考试预约考试的次数不得超过五次。第五次预约考试仍不合格的，已考试合格的其他科目成绩作废。

注：使用 A4 纸打印。

学习加强证明式样
（电子）

＜ 学习驾驶证明

照 片

编号：

姓名

性别

出生日期

身份证明号码

准驾车型代号

有效期起

有效期止

提示信息：

1. 学习驾驶证明是在有资格的人员随车指导下准许学习驾驶技能的凭证。
2. 学员在道路上学习驾驶应当按照公安机关交通管理部门指定的路线、时间，使用符合规定的机动车，在有资格的人员随车指导下进行，并随身携带本证明。
3. 在学习驾驶证明有效期内，科目二和科目三道路驾驶技能考试预约考试的次数不得超过五次。第五次预约考试仍不合格的，已考试合格的其他科目成绩作废。

附件 3

学车专用标识式样
（正面）

注：1、学车专用标识的主色为大红色 M100Y100，配色为黄色 Y100；

2、“学”字用大小为400磅的粗楷体，描边12磅；

3、学车专用标识共2张，分别放置在车内前挡风玻璃右下角、粘贴在车辆尾部。

学车专用标识式样
（背面）

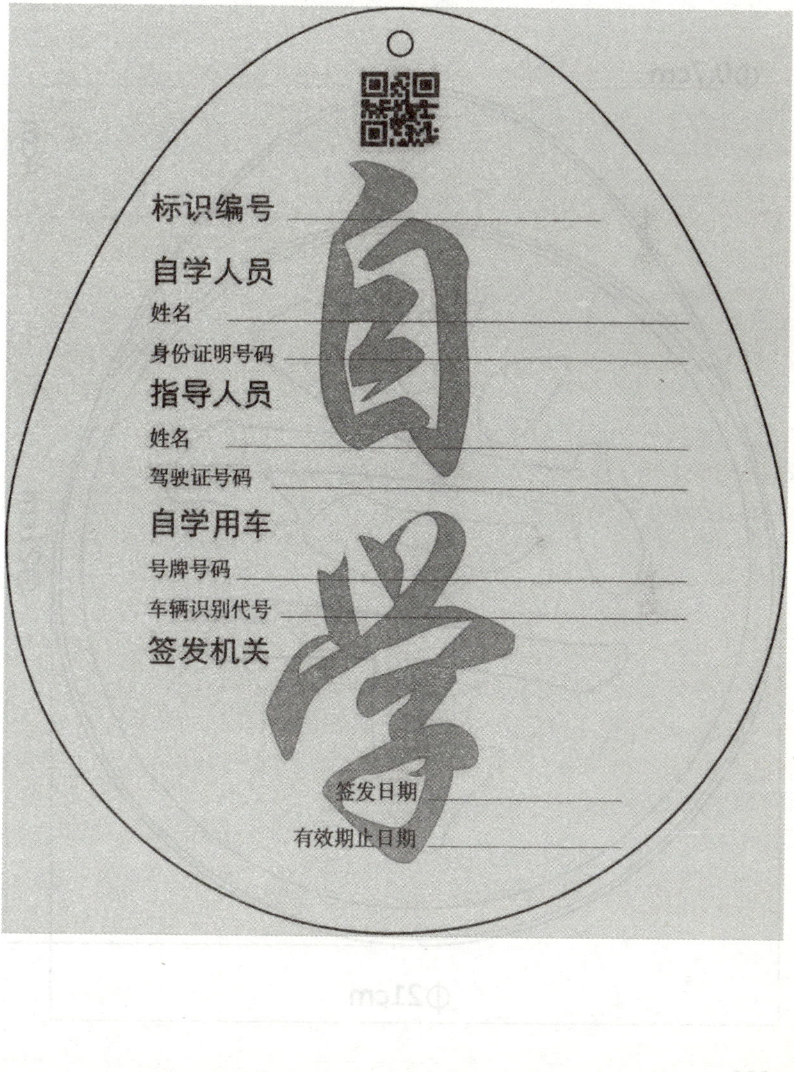
标识编号
自学人员
姓名
身份证明号码
指导人员
姓名
驾驶证号码
自学用车
号牌号码
车辆识别代号
签发机关
自学
签发日期
有效期止日期

学车专用标识式样
（规格）

附件 4

道路交通安全违法行为记分分值

一、机动车驾驶人有下列违法行为之一，一次记 12 分：

（一）驾驶与准驾车型不符的机动车的；

（二）饮酒后驾驶机动车的；

（三）驾驶营运客车（不包括公共汽车）、校车载人超过核定人数 20% 以上的；

（四）造成交通事故后逃逸，尚不构成犯罪的；

（五）上道路行驶的机动车未悬挂机动车号牌的，或者故意遮挡、污损、不按规定安装机动车号牌的；

（六）使用伪造、变造的机动车号牌、行驶证、驾驶证、校车标牌或者使用其他机动车号牌、行驶证的；

（七）驾驶机动车在高速公路上倒车、逆行、穿越中央分隔带掉头的；

（八）驾驶营运客车在高速公路车道内停车的；

（九）驾驶中型以上载客载货汽车、校车、危险物品运输车辆在高速公路、城市快速路上行驶超过规定时速 20% 以上或者在高速公路、城市快速路以外的道路上行驶超过规定时速 50% 以上，以及驾驶其他机动车行驶超过规定时速 50% 以上的；

（十）连续驾驶中型以上载客汽车、危险物品运输车辆超过 4 小时未停车休息或者停车休息时间少于 20 分钟的；

（十一）未取得校车驾驶资格驾驶校车的。

二、机动车驾驶人有下列违法行为之一，一次记 6 分：

（一）机动车驾驶证被暂扣期间驾驶机动车的；

（二）驾驶机动车违反道路交通信号灯通行的；

（三）驾驶营运客车（不包括公共汽车）、校车载人超过核定人数未达 20% 的，或者驾驶其他载客汽车载人超过核定人数 20% 以上的；

（四）驾驶中型以上载客载货汽车、校车、危险物品运输车辆在高速公路、城市快速路上行驶超过规定时速未达 20% 的；

（五）驾驶中型以上载客载货汽车、校车、危险物品运输车辆在高速公路、城市快速路以外的道路上行驶或者驾驶其他机动车行驶超过规定时速 20% 以上未达到 50% 的；

（六）驾驶货车载物超过核定载质量 30% 以上或者违反规定载客的；

（七）驾驶营运客车以外的机动车在高速公路车道内停车的；

（八）驾驶机动车在高速公路或者城市快速路上违法占用应急车道行驶的；

（九）低能见度气象条件下，驾驶机动车在高速公路上不按规定行驶的；

（十）驾驶机动车运载超限的不可解体的物品，未按指定的时间、路线、速度行驶或者未悬挂明显标志的；

（十一）驾驶机动车载运爆炸物品、易燃易爆化学物品以及剧毒、放射性等危险物品，未按指定的时间、路线、速度行驶或者未悬挂警示标志并采取必要的安全措施的；

（十二）以隐瞒、欺骗手段补领机动车驾驶证的；

（十三）连续驾驶中型以上载客汽车、危险物品运输车辆以外的机动车超过4小时未停车休息或者停车休息时间少于20分钟的；

（十四）驾驶机动车不按照规定避让校车的。

三、机动车驾驶人有下列违法行为之一，一次记3分：

（一）驾驶营运客车（不包括公共汽车）、校车以外的载客汽车载人超过核定人数未达20%的；

（二）驾驶中型以上载客载货汽车、危险物品运输车辆在高速公路、城市快速路以外的道路上行驶或者驾驶其他机动车行驶超过规定时速未达20%的；

（三）驾驶货车载物超过核定载质量未达30%的；

（四）驾驶机动车在高速公路上行驶低于规定最低时速的；

（五）驾驶禁止驶入高速公路的机动车驶入高速公路的；

（六）驾驶机动车在高速公路或者城市快速路上不按规定车道行驶的；

（七）驾驶机动车行经人行横道，不按规定减速、停车、避让行人的；

（八）驾驶机动车违反禁令标志、禁止标线指示的；

（九）驾驶机动车不按规定超车、让行的，或者逆向行驶的；

（十）驾驶机动车违反规定牵引挂车的；

（十一）在道路上车辆发生故障、事故停车后，不按规定使用灯光和设置警告标志的；

（十二）上道路行驶的机动车未按规定定期进行安全技术检验的。

四、机动车驾驶人有下列违法行为之一，一次记2分：

（一）驾驶机动车行经交叉路口不按规定行车或者停车的；

（二）驾驶机动车有拨打、接听手持电话等妨碍安全驾驶的行为的；

（三）驾驶二轮摩托车，不戴安全头盔的；

（四）驾驶机动车在高速公路或者城市快速路上行驶时，驾驶人未按规定系安全带的；

（五）驾驶机动车遇前方机动车停车排队或者缓慢行驶时，借道超车或者占用对面车道、穿插等候车辆的；

（六）不按照规定为校车配备安全设备，或者不按照规定对校车进行安全维护的；

（七）驾驶校车运载学生，不按照规定放置校车标牌、开启校车标志灯，或者不按照经审核确定的线路行驶的；

（八）校车上下学生，不按照规定在校车停靠站点停靠的；

（九）校车未运载学生上道路行驶，使用校车标牌、校车标志灯和停车指示标志的；

（十）驾驶校车上道路行驶前，未对校车车况是否符合安全技术要求进行检查，或者驾驶存在安全隐患的校车上道路行驶的；

（十一）在校车载有学生时给车辆加油，或者在校车发动机引擎熄灭前离开驾驶座位的。

五、机动车驾驶人有下列违法行为之一，一次记1分：

（一）驾驶机动车不按规定使用灯光的；

（二）驾驶机动车不按规定会车的；

（三）驾驶机动车载货长度、宽度、高度超过规定的；

（四）上道路行驶的机动车未放置检验合格标志、保险标志，未随车携带行驶证、机动车驾驶证的。

附件 5

实习标志式样

一、汽车实习标志式样

注：1. 实习标志的主色为黄色 Y100，配色为桔红色 M80Y100
2. “实习”两字用大小为250磅的粗楷体
3. 在实习期内驾驶机动车的，应当在车身后部粘贴或悬挂实习标志

二、摩托车实习标志式样

注：1．实习标志的主色为黄色 ■ Y100，配色为桔红色 ■ M80Y100
2．“实习”两字用大小为130磅的粗楷体
3．在实习期内驾驶机动车的，应当在车身后部粘贴或悬挂实习标志

附件 6

残疾人机动车专用标志

式样

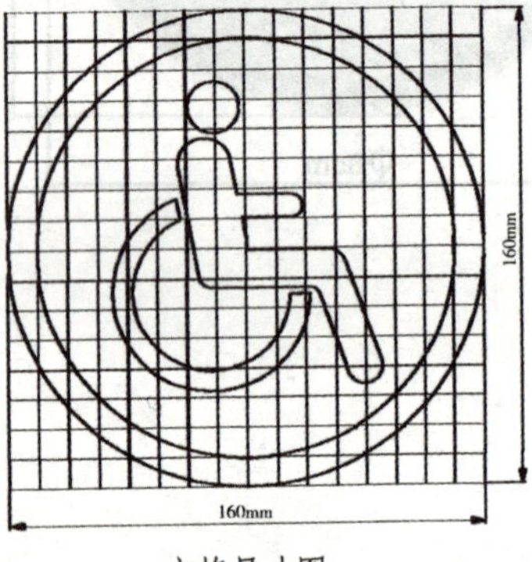

方格尺寸图

颜色值：

C = 100, M = 80, Y = 5, K = 0

使用规定：

1. 残疾人驾驶机动车时，应当在车身前部和后部分别设置专用标志。
2. 专用标志应当设置在车身距离地面 0.4m 以上 1.2m 以下的位置。

工伤保险辅助器具配置管理办法

（2016 年 2 月 16 日人力资源和社会保障部、民政部、国家卫生和计划生育委员会令第 27 号公布 自 2016 年 4 月 1 日起施行）

第一章 总 则

第一条 为了规范工伤保险辅助器具配置管理，维护工伤职工的合法权益，根据《工伤保险条例》，制定本办法。

第二条 工伤职工因日常生活或者就业需要，经劳动能力鉴定委员会确认，配置假肢、矫形器、假眼、假牙和轮椅等辅助器具的，适用本办法。

第三条 人力资源社会保障行政部门负责工伤保险辅助器具配置的监督管理工作。民政、卫生计生等行政部门在各自职责范围内负责工伤保险辅助器具配置的有关监督管理工作。

社会保险经办机构（以下称经办机构）负责对申请承担工伤保险辅助器具配置服务的辅助器具装配机构和医疗机构（以下称工伤保险辅助器具配置机构）进行协议管理，并按照规定核付配置费用。

第四条 设区的市级（含直辖市的市辖区、县）劳动能力鉴定委员会（以下称劳动能力鉴定委员会）负责工伤保险辅助器具配置的确认工作。

第五条 省、自治区、直辖市人力资源社会保障行政部门负责制定工伤保险辅助器具配置机构评估确定办法。

经办机构按照评估确定办法，与工伤保险辅助器具配置机构签订服务协议，并向社会公布签订服务协议的工伤保险辅助器具配置机构（以下称协议机构）名单。

第六条 人力资源社会保障部根据社会经济发展水平、工伤职工日常生活和就业需要等，组织制定国家工伤保险辅助器具配置目录，确定配置项目、适用范围、最低使用年限等内容，并适时调整。

省、自治区、直辖市人力资源社会保障行政部门可以结合本地区实际，在国家目录确定的配置项目基础上，制定省级工伤保险辅助器具配置目录，适当增加辅助器具配置项目，并确定本地区辅助器具配置最高支付限额等具体标准。

第二章　确认与配置程序

第七条　工伤职工认为需要配置辅助器具的，可以向劳动能力鉴定委员会提出辅助器具配置确认申请，并提交下列材料：

（一）《工伤认定决定书》原件和复印件，或者其他确认工伤的文件；

（二）居民身份证或者社会保障卡等有效身份证明原件和复印件；

（三）有效的诊断证明、按照医疗机构病历管理有关规定复印或者复制的检查、检验报告等完整病历材料。

工伤职工本人因身体等原因无法提出申请的，可由其近亲属或者用人单位代为申请。

第八条　劳动能力鉴定委员会收到辅助器具配置确认申请后，应当及时审核；材料不完整的，应当自收到申请之日起 5 个工作日内一次性书面告知申请人需要补正的全部材料；材料完整的，应当在收到申请之日起 60 日内作出确认结论。伤情复杂、涉及医疗卫生专业较多的，作出确认结论的期限可以延长 30 日。

第九条　劳动能力鉴定委员会专家库应当配备辅助器具配置专家，从事辅助器具配置确认工作。

劳动能力鉴定委员会应当根据配置确认申请材料，从专家库中随机抽取 3 名或者 5 名专家组成专家组，对工伤职工本人进行现场配置确认。专家组中至少包括 1 名辅助器具配置专家、2 名与工伤职工伤情相关的专家。

第十条　专家组根据工伤职工伤情，依据工伤保险辅助器具配置目录有关规定，提出是否予以配置的确认意见。专家意见不一致时，按照少数服从多数的原则确定专家组的意见。

劳动能力鉴定委员会根据专家组确认意见作出配置辅助器具确认结论。其中，确认予以配置的，应当载明确认配置的理由、依据和辅助器具名称等信息；确认不予配置的，应当说明不予配置的理由。

第十一条　劳动能力鉴定委员会应当自作出确认结论之日起 20 日内将确认结论送达工伤职工及其用人单位，并抄送经办机构。

第十二条　工伤职工收到予以配置的确认结论后，及时向经办机构进行登记，经办机构向工伤职工出具配置费用核付通知单，并告知下列事项：

（一）工伤职工应当到协议机构进行配置；

（二）确认配置的辅助器具最高支付限额和最低使用年限；

（三）工伤职工配置辅助器具超目录或者超出限额部分的费用，工伤保险基金不予支付。

第十三条 工伤职工可以持配置费用核付通知单，选择协议机构配置辅助器具。

协议机构应当根据与经办机构签订的服务协议，为工伤职工提供配置服务，并如实记录工伤职工信息、配置器具产品信息、最高支付限额、最低使用年限以及实际配置费用等配置服务事项。

前款规定的配置服务记录经工伤职工签字后，分别由工伤职工和协议机构留存。

第十四条 协议机构或者工伤职工与经办机构结算配置费用时，应当出具配置服务记录。经办机构核查后，应当按照工伤保险辅助器具配置目录有关规定及时支付费用。

第十五条 工伤职工配置辅助器具的费用包括安装、维修、训练等费用，按照规定由工伤保险基金支付。

经经办机构同意，工伤职工到统筹地区以外的协议机构配置辅助器具发生的交通、食宿费用，可以按照统筹地区人力资源社会保障行政部门的规定，由工伤保险基金支付。

第十六条 辅助器具达到规定的最低使用年限的，工伤职工可以按照统筹地区人力资源社会保障行政部门的规定申请更换。

工伤职工因伤情发生变化，需要更换主要部件或者配置新的辅助器具的，经向劳动能力鉴定委员会重新提出确认申请并经确认后，由工伤保险基金支付配置费用。

第三章　管理与监督

第十七条 辅助器具配置专家应当具备下列条件之一：

（一）具有医疗卫生中高级专业技术职务任职资格；

（二）具有假肢师或者矫形器师职业资格；

（三）从事辅助器具配置专业技术工作5年以上。

辅助器具配置专家应当具有良好的职业品德。

第十八条 工伤保险辅助器具配置机构的具体条件，由省、自治区、直辖市人力资源社会保障行政部门会同民政、卫生计生行政部门规定。

第十九条 经办机构与工伤保险辅助器具配置机构签订的服务协议，应当包括下列内容：

（一）经办机构与协议机构名称、法定代表人或者主要负责人等基本信息；

（二）服务协议期限；
（三）配置服务内容；
（四）配置费用结算；
（五）配置管理要求；
（六）违约责任及争议处理；
（七）法律、法规规定应当纳入服务协议的其他事项。

第二十条 配置的辅助器具应当符合相关国家标准或者行业标准。统一规格的产品或者材料等辅助器具在装配前应当由国家授权的产品质量检测机构出具质量检测报告，标注生产厂家、产品品牌、型号、材料、功能、出品日期、使用期和保修期等事项。

第二十一条 协议机构应当建立工伤职工配置服务档案，并至少保存至服务期限结束之日起两年。经办机构可以对配置服务档案进行抽查，并作为结算配置费用的依据之一。

第二十二条 经办机构应当建立辅助器具配置工作回访制度，对辅助器具装配的质量和服务进行跟踪检查，并将检查结果作为对协议机构的评价依据。

第二十三条 工伤保险辅助器具配置机构违反国家规定的辅助器具配置管理服务标准，侵害工伤职工合法权益的，由民政、卫生计生行政部门在各自监管职责范围内依法处理。

第二十四条 有下列情形之一的，经办机构不予支付配置费用：
（一）未经劳动能力鉴定委员会确认，自行配置辅助器具的；
（二）在非协议机构配置辅助器具的；
（三）配置辅助器具超目录或者超出限额部分的；
（四）违反规定更换辅助器具的。

第二十五条 工伤职工或者其近亲属认为经办机构未依法支付辅助器具配置费用，或者协议机构认为经办机构未履行有关协议的，可以依法申请行政复议或者提起行政诉讼。

第四章 法律责任

第二十六条 经办机构在协议机构管理和核付配置费用过程中收受当事人财物的，由人力资源社会保障行政部门责令改正，对直接负责的主管人员和其他直接责任人员依法给予处分；情节严重，构成犯罪的，依法追究刑事责任。

第二十七条 从事工伤保险辅助器具配置确认工作的组织或者个人有下

列情形之一的，由人力资源社会保障行政部门责令改正，处2000元以上1万元以下的罚款；情节严重，构成犯罪的，依法追究刑事责任：

（一）提供虚假确认意见的；

（二）提供虚假诊断证明或者病历的；

（三）收受当事人财物的。

第二十八条 协议机构不按照服务协议提供服务的，经办机构可以解除服务协议，并按照服务协议追究相应责任。

经办机构不按时足额结算配置费用的，由人力资源社会保障行政部门责令改正；协议机构可以解除服务协议。

第二十九条 用人单位、工伤职工或者其近亲属骗取工伤保险待遇，辅助器具装配机构、医疗机构骗取工伤保险基金支出的，按照《工伤保险条例》第六十条的规定，由人力资源社会保障行政部门责令退还，处骗取金额2倍以上5倍以下的罚款；情节严重，构成犯罪的，依法追究刑事责任。

第五章 附 则

第三十条 用人单位未依法参加工伤保险，工伤职工需要配置辅助器具的，按照本办法的相关规定执行，并由用人单位支付配置费用。

第三十一条 本办法自2016年4月1日起施行。

煤矿企业安全生产许可证实施办法

（2016年2月16日国家安全生产监督管理总局令第86号公布 自2016年4月1日起施行）

第一章 总 则

第一条 为了规范煤矿企业安全生产条件，加强煤矿企业安全生产许可证的颁发管理工作，根据《安全生产许可证条例》和有关法律、行政法规，制定本实施办法。

第二条 煤矿企业必须依照本实施办法的规定取得安全生产许可证。未取得安全生产许可证的，不得从事生产活动。

煤层气地面开采企业安全生产许可证的管理办法，另行制定。

第三条 煤矿企业除本企业申请办理安全生产许可证外，其所属矿（井、露天坑)也应当申请办理安全生产许可证,一矿(井、露天坑)一证。

煤矿企业实行多级管理的,其上级煤矿企业也应当申请办理安全生产许可证。

第四条 安全生产许可证的颁发管理工作实行企业申请、两级发证、属地监管的原则。

第五条 国家煤矿安全监察局指导、监督全国煤矿企业安全生产许可证的颁发管理工作,负责符合本办法第三条规定的中央管理的煤矿企业总部(总公司、集团公司)安全生产许可证的颁发和管理。

省级煤矿安全监察局负责前款规定以外的其他煤矿企业安全生产许可证的颁发和管理;未设立煤矿安全监察机构的省、自治区,由省、自治区人民政府指定的部门(以下与省级煤矿安全监察局统称省级安全生产许可证颁发管理机关)负责本行政区域内煤矿企业安全生产许可证的颁发和管理。

国家煤矿安全监察局和省级安全生产许可证颁发管理机关统称安全生产许可证颁发管理机关。

第二章 安全生产条件

第六条 煤矿企业取得安全生产许可证,应当具备下列安全生产条件:

(一)建立、健全主要负责人、分管负责人、安全生产管理人员、职能部门、岗位安全生产责任制;制定安全目标管理、安全奖惩、安全技术审批、事故隐患排查治理、安全检查、安全办公会议、地质灾害普查、井下劳动组织定员、矿领导带班下井、井工煤矿入井检身与出入井人员清点等安全生产规章制度和各工种操作规程;

(二)安全投入满足安全生产要求,并按照有关规定足额提取和使用安全生产费用;

(三)设置安全生产管理机构,配备专职安全生产管理人员;煤与瓦斯突出矿井、水文地质类型复杂矿井还应设置专门的防治煤与瓦斯突出管理机构和防治水管理机构;

(四)主要负责人和安全生产管理人员的安全生产知识和管理能力经考核合格;

(五)参加工伤保险,为从业人员缴纳工伤保险费;

(六)制定重大危险源检测、评估和监控措施;

(七)制定应急救援预案,并按照规定设立矿山救护队,配备救护装备;不具备单独设立矿山救护队条件的,与邻近的专业矿山救护队签订救护协议;

（八）制定特种作业人员培训计划、从业人员培训计划、职业危害防治计划；

（九）法律、行政法规规定的其他条件。

第七条 煤矿除符合本实施办法第六条规定的条件外，还必须符合下列条件：

（一）特种作业人员经有关业务主管部门考核合格，取得特种作业操作资格证书；

（二）从业人员进行安全生产教育培训，并经考试合格；

（三）制定职业危害防治措施、综合防尘措施，建立粉尘检测制度，为从业人员配备符合国家标准或者行业标准的劳动防护用品；

（四）依法进行安全评价；

（五）制定矿井灾害预防和处理计划；

（六）依法取得采矿许可证，并在有效期内。

第八条 井工煤矿除符合本实施办法第六条、第七条规定的条件外，其安全设施、设备、工艺还必须符合下列条件：

（一）矿井至少有 2 个能行人的通达地面的安全出口，各个出口之间的距离不得小于 30 米；井下每一个水平到上一个水平和各个采（盘）区至少有两个便于行人的安全出口，并与通达地面的安全出口相连接；采煤工作面有两个畅通的安全出口，一个通到进风巷道，另一个通到回风巷道。在用巷道净断面满足行人、运输、通风和安全设施及设备安装、检修、施工的需要；

（二）按规定进行瓦斯等级、煤层自燃倾向性和煤尘爆炸危险性鉴定；

（三）矿井有完善的独立通风系统。矿井、采区和采掘工作面的供风能力满足安全生产要求，矿井使用安装在地面的矿用主要通风机进行通风，并有同等能力的备用主要通风机，主要通风机按规定进行性能检测；生产水平和采区实行分区通风；高瓦斯和煤与瓦斯突出矿井、开采容易自燃煤层的矿井、煤层群联合布置矿井的每个采区设置专用回风巷，掘进工作面使用专用局部通风机进行通风，矿井有反风设施；

（四）矿井有安全监控系统，传感器的设置、报警和断电符合规定，有瓦斯检查制度和矿长、技术负责人瓦斯日报审查签字制度，配备足够的专职瓦斯检查员和瓦斯检测仪器；按规定建立瓦斯抽采系统，开采煤与瓦斯突出危险煤层的有预测预报、防治措施、效果检验和安全防护的综合防突措施；

（五）有防尘供水系统，有地面和井下排水系统；有水害威胁的矿井还应有专用探放水设备；

（六）制定井上、井下防火措施；有地面消防水池和井下消防管路系统，井上、井下有消防材料库；开采容易自燃和自燃煤层的矿井还应有防灭火专项设计和综合预防煤层自然发火的措施；

（七）矿井有两回路电源线路；严禁井下配电变压器中性点直接接地；井下电气设备的选型符合防爆要求，有短路、过负荷、接地、漏电等保护，掘进工作面的局部通风机按规定采用专用变压器、专用电缆、专用开关，实现风电、瓦斯电闭锁；

（八）运送人员的装置应当符合有关规定。使用检测合格的钢丝绳；带式输送机采用非金属聚合物制造的输送带的阻燃性能和抗静电性能符合规定，设置安全保护装置；

（九）有通信联络系统，按规定建立人员位置监测系统；

（十）按矿井瓦斯等级选用相应的煤矿许用炸药和电雷管，爆破工作由专职爆破工担任；

（十一）不得使用国家有关危及生产安全淘汰目录规定的设备及生产工艺；使用的矿用产品应有安全标志；

（十二）配备足够数量的自救器，自救器的选用型号应与矿井灾害类型相适应，按规定建立安全避险系统；

（十三）有反映实际情况的图纸：矿井地质图和水文地质图，井上下对照图，巷道布置图，采掘工程平面图，通风系统图，井下运输系统图，安全监控系统布置图和断电控制图，人员位置监测系统图，压风、排水、防尘、防火注浆、抽采瓦斯等管路系统图，井下通信系统图，井上、下配电系统图和井下电气设备布置图，井下避灾路线图。采掘工作面有符合实际情况的作业规程。

第九条 露天煤矿除符合本实施办法第六条、第七条规定的条件外，其安全设施、设备、工艺还必须符合下列条件：

（一）按规定设置栅栏、安全挡墙、警示标志；

（二）露天采场最终边坡的台阶坡面角和边坡角符合最终边坡设计要求；

（三）配电线路、电动机、变压器的保护符合安全要求；

（四）爆炸物品的领用、保管和使用符合规定；

（五）有边坡工程、地质勘探工程、岩土物理力学试验和稳定性分析，有边坡监测措施；

（六）有防排水设施和措施；

（七）地面和采场内的防灭火措施符合规定；开采有自然发火倾向的煤层或者开采范围内存在火区时，制定专门防灭火措施；

（八）有反映实际情况的图纸：地形地质图，工程地质平面图、断面图、综合水文地质图，采剥、排土工程平面图和运输系统图，供配电系统图，通信系统图，防排水系统图，边坡监测系统平面图，井工采空区与露天矿平面对照图。

第三章　安全生产许可证的申请和颁发

第十条　煤矿企业依据本实施办法第五条的规定向安全生产许可证颁发管理机关申请领取安全生产许可证。

第十一条　申请领取安全生产许可证应当提供下列文件、资料：

（一）煤矿企业提供的文件、资料：

1. 安全生产许可证申请书；

2. 主要负责人安全生产责任制材料（复制件），各分管负责人、安全生产管理人员以及职能部门负责人安全生产责任制目录清单；

3. 安全生产规章制度目录清单；

4. 设置安全生产管理机构、配备专职安全生产管理人员的文件（复制件）；

5. 主要负责人、安全生产管理人员安全生产知识和管理能力考核合格的证明材料；

6. 特种作业人员培训计划，从业人员安全生产教育培训计划；

7. 为从业人员缴纳工伤保险费的有关证明材料；

8. 重大危险源检测、评估和监控措施；

9. 事故应急救援预案，设立矿山救护队的文件或者与专业救护队签订的救护协议。

（二）煤矿提供的文件、资料和图纸：

1. 安全生产许可证申请书；

2. 采矿许可证（复制件）；

3. 主要负责人安全生产责任制（复制件），各分管负责人、安全生产管理人员以及职能部门负责人安全生产责任制目录清单；

4. 安全生产规章制度和操作规程目录清单；

5. 设置安全生产管理机构和配备专职安全生产管理人员的文件（复制件）；

6. 矿长、安全生产管理人员安全生产知识和管理能力考核合格的证明材料；

7. 特种作业人员操作资格证书的证明材料；

8. 从业人员安全生产教育培训计划和考试合格的证明材料；

9. 为从业人员缴纳工伤保险费的有关证明材料；

10. 具备资质的中介机构出具的安全评价报告；

11. 矿井瓦斯等级鉴定文件；高瓦斯、煤与瓦斯突出矿井瓦斯参数测定报告，煤层自燃倾向性和煤尘爆炸危险性鉴定报告；

12. 矿井灾害预防和处理计划；

13. 井工煤矿采掘工程平面图，通风系统图；

14. 露天煤矿采剥工程平面图，边坡监测系统平面图；

15. 事故应急救援预案，设立矿山救护队的文件或者与专业矿山救护队签订的救护协议；

16. 井工煤矿主要通风机、主提升机、空压机、主排水泵的检测检验合格报告。

第十二条 安全生产许可证颁发管理机关对申请人提交的申请书及文件、资料，应当按照下列规定处理：

（一）申请事项不属于本机关职权范围的，即时作出不予受理的决定，并告知申请人向有关行政机关申请；

（二）申请材料存在可以当场更正的错误的，允许或者要求申请人当场更正，并即时出具受理的书面凭证，通过互联网申请的，符合要求后即时提供电子受理回执；

（三）申请材料不齐全或者不符合要求的，应当当场或者在 5 个工作日内一次告知申请人需要补正的全部内容，逾期不告知的，自收到申请材料之日起即为受理；

（四）申请材料齐全、符合要求或者按照要求全部补正的，自收到申请材料或者全部补正材料之日起为受理。

第十三条 煤矿企业应当对其向安全生产许可证颁发管理机关提交的文件、资料和图纸的真实性负责。

从事安全评价、检测检验的机构应当对其出具的安全评价报告、检测检验结果负责。

第十四条 对已经受理的申请，安全生产许可证颁发管理机关应当指派有关人员对申请材料进行审查；对申请材料实质内容存在疑问，认为需要到现场核查的，应当到现场进行核查。

第十五条 负责审查的有关人员提出审查意见。

安全生产许可证颁发管理机关应当对有关人员提出的审查意见进行讨论，并在受理申请之日起 45 个工作日内作出颁发或者不予颁发安全生产许可证的决定。

对决定颁发的，安全生产许可证颁发管理机关应当自决定之日起 10 个工作日内送达或者通知申请人领取安全生产许可证;对不予颁发的,应当在10个工作日内书面通知申请人并说明理由。

第十六条 经审查符合本实施办法规定的,安全生产许可证颁发管理机关应当分别向煤矿企业及其所属煤矿颁发安全生产许可证。

第十七条 安全生产许可证的有效期为3年。安全生产许可证有效期满需要延期的,煤矿企业应当于期满前3个月按照本实施办法第十条的规定,向原安全生产许可证颁发管理机关提出延期申请,并提交本实施办法第十一条规定的文件、资料和安全生产许可证正本、副本。

第十八条 对已经受理的延期申请,安全生产许可证颁发管理机关应当按照本实施办法的规定办理安全生产许可证延期手续。

第十九条 煤矿企业在安全生产许可证有效期内符合下列条件,在安全生产许可证有效期届满时,经原安全生产许可证颁发管理机关同意,不再审查,直接办理延期手续:

(一)严格遵守有关安全生产的法律法规和本实施办法;

(二)接受安全生产许可证颁发管理机关及煤矿安全监察机构的监督检查;

(三)未因存在严重违法行为纳入安全生产不良记录"黑名单"管理;

(四)未发生生产安全死亡事故;

(五)煤矿安全质量标准化等级达到二级及以上。

第二十条 煤矿企业在安全生产许可证有效期内有下列情形之一的,应当向原安全生产许可证颁发管理机关申请变更安全生产许可证:

(一)变更主要负责人的;

(二)变更隶属关系的;

(三)变更经济类型的;

(四)变更煤矿企业名称的;

(五)煤矿改建、扩建工程经验收合格的。

变更本条第一款第一、二、三、四项的,自工商营业执照变更之日起10个工作日内提出申请;变更本条第一款第五项的,应当在改建、扩建工程验收合格后10个工作日内提出申请。

申请变更本条第一款第一项的,应提供变更后的工商营业执照副本和主要负责人任命文件(或者聘书);申请变更本条第一款第二、三、四项的,应提供变更后的工商营业执照副本;申请变更本条第一款第五项的,应提供改建、扩建工程安全设施及条件竣工验收合格的证明材料。

第二十一条 对于本实施办法第二十条第一款第一、二、三、四项的变更申请,安全生产许可证颁发管理机关在对申请人提交的相关文件、资料审核后,即可办理安全生产许可证变更。

对于本实施办法第二十条第一款第五项的变更申请,安全生产许可证颁发管理机关应当按照本实施办法第十四条、第十五条的规定办理安全生产许可证变更。

第二十二条 经安全生产许可证颁发管理机关审查同意延期、变更安全生产许可证的,安全生产许可证颁发管理机关应当收回原安全生产许可证正本,换发新的安全生产许可证正本;在安全生产许可证副本上注明延期、变更内容,并加盖公章。

第二十三条 煤矿企业停办、关闭的,应当自停办、关闭决定之日起10个工作日内向原安全生产许可证颁发管理机关申请注销安全生产许可证,并提供煤矿开采现状报告、实测图纸和遗留事故隐患的报告及防治措施。

第二十四条 安全生产许可证分为正本和副本,具有同等法律效力,正本为悬挂式,副本为折页式。

安全生产许可证颁发管理机关应当在安全生产许可证正本、副本上载明煤矿企业名称、主要负责人、注册地址、隶属关系、经济类型、有效期、发证机关、发证日期等内容。

安全生产许可证正本、副本的式样由国家煤矿安全监察局制定。

安全生产许可证相关的行政许可文书由国家煤矿安全监察局规定统一的格式。

第四章　安全生产许可证的监督管理

第二十五条 煤矿企业取得安全生产许可证后,应当加强日常安全生产管理,不得降低安全生产条件。

第二十六条 煤矿企业不得转让、冒用、买卖、出租、出借或者使用伪造的安全生产许可证。

第二十七条 安全生产许可证颁发管理机关应当坚持公开、公平、公正的原则,严格依照本实施办法的规定审查、颁发安全生产许可证。

安全生产许可证颁发管理机关工作人员在安全生产许可证颁发、管理和监督检查工作中,不得索取或者接受煤矿企业的财物,不得谋取其他利益。

第二十八条 安全生产许可证颁发管理机关发现有下列情形之一的,应当撤销已经颁发的安全生产许可证:

(一)超越职权颁发安全生产许可证的;

（二）违反本实施办法规定的程序颁发安全生产许可证的；

（三）不具备本实施办法规定的安全生产条件颁发安全生产许可证的；

（四）以欺骗、贿赂等不正当手段取得安全生产许可证的。

第二十九条 取得安全生产许可证的煤矿企业有下列情形之一的，安全生产许可证颁发管理机关应当注销其安全生产许可证：

（一）终止煤炭生产活动的；

（二）安全生产许可证被依法撤销的；

（三）安全生产许可证被依法吊销的；

（四）安全生产许可证有效期满未申请办理延期手续。

第三十条 煤矿企业隐瞒有关情况或者提供虚假材料申请安全生产许可证的，安全生产许可证颁发管理机关不予受理，且在一年内不得再次申请安全生产许可证。

第三十一条 安全生产许可证颁发管理机关应当每年向社会公布一次煤矿企业取得安全生产许可证的情况。

第三十二条 安全生产许可证颁发管理机关应当将煤矿企业安全生产许可证颁发管理情况通报煤矿企业所在地市级以上人民政府及其指定的负责煤矿安全监管工作的部门。

第三十三条 安全生产许可证颁发管理机关应当建立、健全安全生产许可证档案管理制度。

第三十四条 省级安全生产许可证颁发管理机关应当于每年1月15日前将所负责行政区域内上年度煤矿企业安全生产许可证颁发和管理情况报国家煤矿安全监察局，同时通报本级安全生产监督管理部门。

第三十五条 任何单位或者个人对违反《安全生产许可证条例》和本实施办法规定的行为，有权向安全生产许可证颁发管理机关或者监察机关等有关部门举报。

第五章 罚 则

第三十六条 安全生产许可证颁发管理机关工作人员有下列行为之一的，给予降级或者撤职的处分；构成犯罪的，依法追究刑事责任：

（一）向不符合本实施办法规定的安全生产条件的煤矿企业颁发安全生产许可证的；

（二）发现煤矿企业未依法取得安全生产许可证擅自从事生产活动不依法处理的；

（三）发现取得安全生产许可证的煤矿企业不再具备本实施办法规定的安全生产条件不依法处理的；

（四）接到对违反本实施办法规定行为的举报后，不依法处理的；

（五）在安全生产许可证颁发、管理和监督检查工作中，索取或者接受煤矿企业的财物，或者谋取其他利益的。

第三十七条 承担安全评价、检测、检验工作的机构，出具虚假安全评价、检测、检验报告或者证明的，没收违法所得；违法所得在10万元以上的，并处违法所得2倍以上5倍以下的罚款，没有违法所得或者违法所得不足10万元的，单处或者并处10万元以上20万元以下的罚款，对其直接负责的主管人员和其他直接责任人员处2万元以上5万元以下的罚款；给他人造成损害的，与煤矿企业承担连带赔偿责任；构成犯罪的，依照刑法有关规定追究刑事责任。

对有前款违法行为的机构，依法吊销其相应资质。

第三十八条 安全生产许可证颁发管理机关应当加强对取得安全生产许可证的煤矿企业的监督检查，发现其不再具备本实施办法规定的安全生产条件的，应当责令限期整改，依法暂扣安全生产许可证；经整改仍不具备本实施办法规定的安全生产条件的，依法吊销安全生产许可证。

第三十九条 取得安全生产许可证的煤矿企业，倒卖、出租、出借或者以其他形式非法转让安全生产许可证的，没收违法所得，处10万元以上50万元以下的罚款，吊销其安全生产许可证；构成犯罪的，依法追究刑事责任。

第四十条 发现煤矿企业有下列行为之一的，责令停止生产，没收违法所得，并处10万元以上50万元以下的罚款；构成犯罪的，依法追究刑事责任：

（一）未取得安全生产许可证，擅自进行生产的；

（二）接受转让的安全生产许可证的；

（三）冒用安全生产许可证的；

（四）使用伪造安全生产许可证的。

第四十一条 在安全生产许可证有效期满未申请办理延期手续，继续进行生产的，责令停止生产，限期补办延期手续，没收违法所得，并处5万元以上10万元以下的罚款；逾期仍不申请办理延期手续，依照本实施办法第二十九条、第四十条的规定处理。

第四十二条 在安全生产许可证有效期内，主要负责人、隶属关系、经济类型、煤矿企业名称发生变化，未按本实施办法申请办理变更手续的，责令限期补办变更手续，并处1万元以上3万元以下罚款。

改建、扩建工程已经验收合格，未按本实施办法规定申请办理变更手续擅自投入生产的，责令停止生产，限期补办变更手续，并处1万元以上3万元以下罚款;逾期仍不办理变更手续,继续进行生产的,依照本实施办法第四十条的规定处罚。

第六章　附　　则

第四十三条　本实施办法规定的行政处罚,由安全生产许可证颁发管理机关决定。除吊销安全生产许可证外,安全生产许可证颁发管理机关可以委托有关省级煤矿安全监察局、煤矿安全监察分局实施行政处罚。

第四十四条　本实施办法自2016年4月1日起施行。原国家安全生产监督管理局(国家煤矿安全监察局)2004年5月17日公布、国家安全生产监督管理总局2015年6月8日修改的《煤矿企业安全生产许可证实施办法》同时废止。

纤维制品质量监督管理办法

(2016年2月23日国家质量监督检验检疫总局令第178号公布　自2016年3月31日起施行)

第一章　总　　则

第一条　为加强纤维制品质量监督管理,提高纤维制品质量,保障人身健康安全,根据《中华人民共和国产品质量法》等法律法规,制定本办法。

第二条　本办法调整的纤维制品指絮用纤维制品、学生服、纺织面料。

生产、销售、在经营性服务或者公益活动中使用纤维制品,以及对纤维制品实施监督管理,应当遵守本办法。

第三条　国家质量监督检验检疫总局(以下简称质检总局)主管全国纤维制品的质量监督工作,其所属的中国纤维检验局负责组织实施本办法规定的质量监督工作。

省、自治区、直辖市质量技术监督部门负责本行政区域内纤维制品质量监督工作。设有专业纤维检验机构的地方,由专业纤维检验机构在其管辖范围内对纤维制品质量实施监督;没有设立专业纤维检验机构的地方,由质量技术监督部门在其管辖范围内对纤维制品质量实施监督(地方质量技术监督部门和专业纤维检验机构统称纤维质量监督机构)。

第四条　生产、销售、在经营性服务或者公益活动中使用纤维制品的,应当对纤维制品质量负责,并履行本办法关于原辅材料质量、标注标识、检查验收记录等质量义务。

第五条 纤维制品质量监督工作建立信用评价机制,引导企业诚信经营。

第二章 质量义务

第六条 纤维制品质量应当符合以下要求:

(一)不存在危及人身、财产安全的不合理危险,有保障人体健康和人身、财产安全的国家标准、行业标准的,应当符合该标准;

(二)具备产品应当具备的使用性能,但是,对产品存在使用性能的瑕疵作出说明的除外;

(三)符合在产品或者其包装上注明采用的产品标准,符合以产品说明、实物样品等方式表明的质量状况。

第七条 禁止生产、销售以及在经营性服务或者公益活动中使用下列纤维制品:

(一)不符合保障人体健康和人身、财产安全的国家标准、行业标准的;

(二)掺杂、掺假,以假充真,以次充好的;

(三)以不合格产品冒充合格产品的;

(四)伪造、冒用质量标志或者其他质量证明文件的;

(五)伪造产地,伪造或者冒用他人的厂名、厂址的。

第八条 禁止将下列物质用于加工制作絮用纤维制品:

(一)医用纤维性废弃物;

(二)使用过的殡葬用纤维制品;

(三)来自传染病疫区无法证实其未被污染的纤维制品;

(四)国家禁止进口的废旧纤维制品以及其他被有毒有害物质污染的纤维和纤维制品等物质;

(五)国家规定的其他物质。

第九条 不得将下列物质作为生活用絮用纤维制品的填充物:

(一)被污染的纤维及纤维下脚;

(二)废旧纤维制品或其再加工纤维;

(三)二、三类棉短绒;

(四)经脱色漂白处理的纤维下脚、纤维制品下脚、再加工纤维;

(五)未洗净的动物纤维;

(六)发霉变质的絮用纤维;

（七）国家规定的其他物质。

第十条 不得将可能危及人体健康和人身安全的原辅材料用于生产纺织面料；织造、印染、整理等过程，不得使用对人体健康和人身安全存在不合理危险的染料、整理剂。

第十一条 纤维制品生产者应当对用于生产的原辅材料进行进货检查验收和记录，保证符合相关质量要求。记录保存时限不少于两年。

第十二条 生活用絮用纤维制品生产者应当对天然纤维、化学纤维及其加工成的絮片、垫毡等原辅材料进货检查验收和记录，验明原辅材料符合相关质量要求以及包装、标识等要求。

第十三条 学生服原辅材料验收记录内容应当包括：

（一）原辅材料名称、规格、数量、购进日期等；

（二）供货者名称、地址、联系方式等。

第十四条 纤维制品应当按照有关规定标注标识，包括：

（一）产品质量检验合格证明；

（二）生产者名称和地址；

（三）产品名称、规格、等级、产品标准编号；

（四）国家规定的其他内容。

第十五条 生活用絮用纤维制品应当标注有符合国家标准规定要求的标识；其中以纤维制品下脚或其再加工纤维作为铺垫物或填充物原料的，应当按照规定在标识中对所用原料予以明示说明。

非生活用絮用纤维制品除依法标注标识外，应当按照国家规定在显著位置加注“非生活用品”警示。

第十六条 学生服、纺织面料标识还应当包括：纤维成分、含量；安全类别。

纺织面料不能确定安全类别的，应当标注国家标准要求的甲醛含量、pH值、色牢度、异味、可分解致癌芳香胺染料、重金属含量等理化检验指标。

第十七条 学生服应当经具有法定资质的检验检测机构出厂检验合格后，方可向使用单位供货。

第十八条 销售者履行下列义务：

（一）建立健全并执行进货检查验收和记录制度，验明质量合格证明和其他标识；

（二）采取措施，保持销售纤维制品的质量。

第十九条 学生服使用单位应当提供质量合格的学生服。

学生服使用单位应当履行检查验收和记录义务，验明并留存产品出厂检验报告，确认产品标识符合国家规定要求。

学生服使用单位应当委托具有法定资质的检验检测机构对学生服进行检验。

第二十条 将生活用絮用纤维制品用于经营性服务或者公益活动的，应当建立并执行进货检查验收和记录制度，并保证产品合格。

将生活用絮用纤维制品用于经营性服务的，还应当定期进行质量检查，对存在危及人体健康和人身安全不合理危险的或者已经不符合保障人体健康和人身安全标准的制品，应当及时更换。

第三章 质量监督

第二十一条 纤维质量监督机构依法对纤维制品质量实施监督检查。

对生产企业生产学生服、用于经营性服务或者公益活动的生活用絮用纤维制品的原辅材料、设备、加工过程等加强监督检查。

对公益活动中使用纤维制品，不符合本办法规定的，向有关主管部门进行通报。

第二十二条 纤维质量监督机构在纤维制品生产销售相对集中地区，根据业户数量、产品种类、生产规模和质量状况，确定重点区域场所名单，增加监督检查频次和检查项目，加强重点区域产品的质量监督。

第二十三条 质检总局可以根据纤维制品的整体质量状况，发布质量安全风险警示。

第二十四条 中国纤维检验局统一组织建立纤维制品生产企业的质量档案。

第二十五条 纤维质量监督机构可以根据监督检查结果、违法行为查处等情况，按照国家相关规定进行质量信用评价并依法公开。

纤维质量监督机构根据质量信用评价结果，通过调整对生产企业的监督检查频次，实行分级动态管理。

第二十六条 根据已经取得的违法嫌疑证据或者举报，纤维质量监督机构对涉嫌违反本办法规定的行为进行现场检查时，依法行使法律、法规、规章规定的职权。

第二十七条 对纤维制品质量进行检验时，检验检测机构应当执行相关标准、技术规范和有关规定，客观、公正、及时地出具检验结果，保证检验结果合法、有效。

第二十八条 任何单位和个人不得包庇、纵容纤维制品质量违法行为，或者拒绝、阻挠、干预纤维质量监督机构依法对违反本办法行为的查处。

第二十九条 纤维质量监督机构对纤维制品质量进行监督检查，不得滥用职权，玩忽职守，徇私舞弊。

第四章 法律责任

第三十条 在生产、销售活动中，违反本办法第七条第(一)项规定的，依据《中华人民共和国产品质量法》第四十九条进行处罚；违反本办法第七条第(二)项、第(三)项规定的，依据《中华人民共和国产品质量法》第五十条进行处罚；违反本办法第七条第(四)项、第(五)项规定的，依据《中华人民共和国产品质量法》第五十三条进行处罚。

在经营性服务中违反本办法第七条第(一)项、第(二)项、第(三)项规定的，依据《中华人民共和国产品质量法》第六十二条规定进行处罚。

在公益活动中违反本办法第七条规定的，责令改正；逾期未改或改正后仍不符合要求的，处一千元以下罚款。

第三十一条 违反本办法第八条、第九条、第十条，使用国家禁止使用的原辅材料生产纤维制品的，依据《中华人民共和国产品质量法》第四十九条规定进行处罚。

第三十二条 违反本办法第十一条、第十二条、第十三条，未对原辅材料进行进货检查验收记录，或者未验明原辅材料符合相关质量要求以及包装、标识等要求进行生产的，责令改正，并处以三万元以下罚款。

第三十三条 违反本办法第十四条、第十五条、第十六条，未按有关规定标注标识的，依据《中华人民共和国产品质量法》第五十四条进行处罚。

第三十四条 学生服使用单位违反本办法第十九条，未履行检查验收和记录义务或未按规定委托送检的，责令改正，并处以一万元以下罚款。

第三十五条 纤维质量监督机构、检验检测机构，违反《中华人民共和国产品质量法》等法律法规的规定，构成违法行为的，依法追究法律责任。

第五章 附 则

第三十六条 本办法所称纤维制品是指以天然纤维和化学纤维为主要原料，经一定工艺加工而成的制品。

絮用纤维制品是指以天然纤维、化学纤维及其加工成的絮片、垫毡等作为填充物、铺垫物的制品；包括生活用絮用纤维制品和非生活用絮用纤维制品。

生活用絮用纤维制品是指日常生活中与人体密切接触的絮用纤维制品。

非生活用絮用纤维制品是指生活用絮用纤维制品以外的絮用纤维制品。如建筑用保温材料、农用保温材料、运输用包装材料、建筑隔音材料等。

再加工纤维是指纤维制品或纤维制品下脚经开松等方式再加工而形成的纤维。

纤维下脚是指纤维或纤维制品生产加工过程中掉落的、排除的、剥离的单纤维或束状纤维。

纤维制品下脚是指纤维制品生产加工过程中产生的纤维下脚以外的线头及织物、絮片、垫毡等的边角碎料。

第三十七条 本办法所称学生服是指托幼机构和各级各类学校组织购置统一要求穿着的服装。

上款中的托幼机构和各级各类学校统称为学生服使用单位。

第三十八条 本办法所称的纺织面料是指可用来制作纺织品、服装的织物。

第三十九条 纤维制品的监督抽查由各级质量技术监督部门依据《产品质量监督抽查管理办法》执行。

第四十条 本办法由质检总局负责解释。

第四十一条 本办法自2016年3月31日起实施。2006年6月14日国家质检总局令第89号发布的《絮用纤维制品质量监督管理办法》同时废止。

客运索道安全监督管理规定

(2016年2月25日国家质量监督检验检疫总局令第179号公布 自2016年4月1日起施行)

第一章 总 则

第一条 为了加强客运索道安全监督管理工作,预防和减少事故,保障人身和财产安全,根据《中华人民共和国特种设备安全法》等法律、行政法规,制定本规定。

第二条 客运索道的设计、制造、安装、改造、修理、使用、检验、检测和监督管理,应当遵守本规定。

第三条 国家质量监督检验检疫总局(以下简称质检总局)负责全国客运索道安全监督管理工作的统一管理。县级以上地方特种设备安全监督管理部门按照职责分工对本行政区域内客运索道安全实施监督管理。

第四条 鼓励推行客运索道相关责任保险制度，提高事故应急处置和赔付能力。

第二章 制 造

第五条 客运索道制造单位应当依法取得制造许可，方可从事相应的制造活动。

客运索道制造许可实施分级管理，具体要求按照有关安全技术规范等规定执行。

第六条 客运索道设计完成后，设计文件应当由制造单位按照有关安全技术规范要求依法向特种设备检验机构申请鉴定，经鉴定符合要求后，方可用于制造。

第七条 客运索道制造单位应当按照设计文件、有关标准、安全技术规范等要求进行制造。

客运索道制造单位委托加工零部件或者外购零部件的，应当按照安全技术规范与本单位质量体系的要求，加强质量控制并依法承担责任。

第八条 按照安全技术规范的要求，应当进行型式试验的客运索道产品、部件或者试制的客运索道新产品、新部件，应当依法向特种设备检验机构申请进行型式试验。

第九条 客运索道出厂时，应当随附安全技术规范要求的设计文件、产品质量合格证明（以部件出厂的应提供部件产品质量合格证明）、安装图纸及说明、使用维护保养说明、型式试验合格证明、无损检测报告等。

客运索道使用维护保养说明书应当明示使用条件、技术参数、操作规程、试运行检查项目、人员要求、设备日常检查和定期检查项目、维护保养项目和要求、常见故障及排除方法、事故应急处置措施、主要受力部件检测和易损件更换的周期和方法等。

第十条 客运索道采用新材料、新技术、新工艺，与安全技术规范的要求不一致，或者安全技术规范未作要求、可能对安全性能有重大影响的，客运索道制造单位应当向质检总局申报，由质检总局及时委托安全技术咨询机构或者相关专业机构进行技术评审，评审结果经质检总局批准，方可投入制造、使用。

第三章 安装、改造、修理

第十一条 客运索道安装、改造、修理单位应当依法取得许可,方可从事相应的安装、改造、修理活动。

客运索道安装、改造许可实施分级管理,具体要求按照有关安全技术规范等规定执行。

第十二条 客运索道安装单位在客运索道安装施工前,应当确认设备基础、预埋件等符合客运索道安装和土建工程质量要求。

第十三条 客运索道安装、改造、修理单位应当在施工前,按照安全技术规范要求将相关情况通过信函、电报、电传、传真、电子数据交换和电子邮件等书面方式,告知作业所在地的特种设备安全监督管理部门,告知后即可施工。

第十四条 客运索道安装、改造、修理单位应当按照设计文件、标准、安全技术规范、施工方案等进行作业,加强现场施工质量和安全管理。

第十五条 客运索道的安装、改造、重大修理过程,应当经特种设备检验机构按照安全技术规范的要求进行监督检验;未经监督检验或者监督检验不合格的不得交付使用。

第十六条 客运索道安装、改造、修理单位应当在验收后三十日内将安全技术规范要求的出厂文件、监督检验证明、无损检测报告以及竣工报告、调试及试运行记录、自检报告等安装、改造、修理相关技术资料和文件移交使用单位存档。

第四章 使 用

第十七条 客运索道在投入使用前或者投入使用后三十日内,使用单位应当按照规定到登记部门办理使用登记。

第十八条 客运索道使用单位发生变更、客运索道报废的,应当按照安全技术规范等规定要求办理使用登记变更、注销。

第十九条 客运索道使用单位停用客运索道的,应当按照安全技术规范等规定执行,并到登记部门办理相关停用手续。

第二十条 客运索道使用单位不得使用未经监督检验、定期检验或者监督检验、定期检验不合格的客运索道。

第二十一条 客运索道使用单位主要负责人对客运索道安全使用负责。使用单位负责人应按照安全技术规范要求,定期对安全管理情况进行检查,发现问题应当立即处理。

第二十二条 客运索道使用单位安全管理人员应当履行以下职责：

（一）负责建立安全管理制度并检查各项制度的落实情况；

（二）做好本单位客运索道的安全监督管理工作，负责组织设备自检，申报使用登记和定期检验；

（三）对客运索道使用状况进行检查，发现问题应当立即处理；情况紧急时，可以决定停止使用并及时报告本单位有关负责人；

（四）组织应急救援演习，协助事故调查处理；

（五）组织本单位人员的安全教育和培训；

（六）督促落实技术档案的管理；

（七）法律法规及安全技术规范等规定的其他内容。

第二十三条 客运索道使用单位应当按照安全技术规范等要求，配备作业人员，并加强对服务人员岗前培训教育，使其掌握基本的应急技能，协助作业人员进行应急处置。

作业人员应当履行以下职责：

（一）严格执行有关操作规程和操作人员守则；

（二）负责设备使用状况日常检查、维护保养，对日常检查、日常维护保养、故障排除情况如实记录，保证设备正常运行；

（三）每次运行前应当对保护乘客的安全装置进行检查确认；

（四）作业过程中发现事故隐患或者其他不安全因素，应当立即向安全管理人员和本单位有关负责人报告；

（五）熟悉应急救援流程，发现设备运行不正常时，应当按照操作规程采取措施保证安全；

（六）法律法规及安全技术规范等规定的其他内容。

第二十四条 使用单位应当建立健全以下安全管理制度：

（一）技术档案管理制度；

（二）安全操作规程；

（三）日常检查与定期自行检查制度；

（四）维护保养制度；

（五）定期报检制度；

（六）作业和服务人员守则；

（七）作业人员及相关服务人员安全培训考核制度；

（八）应急救援演练制度；

（九）意外事件和事故处理制度；

（十）法律法规及安全技术规范等规定的其他制度。

第二十五条 使用单位应对每条客运索道建立技术档案，并妥善保存，依法管理。

技术档案的内容包括：

（一）出厂文件；

（二）监督检验报告；

（三）使用登记相关文件；

（四）改造、重大修理技术资料和文件；

（五）年度自行检查记录；

（六）定期检验报告；

（七）应急救援演练记录；

（八）运行、维护保养、设备故障与事故处理记录；

（九）作业人员培训、考核和证书管理记录；

（十）法律法规及安全技术规范等规定的其他内容。

第二十六条 客运索道使用单位应当按照安全技术规范的要求，在定期检验周期届满前一个月向特种设备检验机构提出定期检验要求。

客运索道定期检验分为全面检验和年度检验，客运架空索道和客运缆车在安装监督检验合格后每三年进行一次全面检验，期间的两个年度，每年进行一次年度检验。客运拖牵索道每年进行一次年度检验。

第二十七条 客运索道使用单位应当按照安全技术规范和使用维护说明书的要求，开展设备运营前试运行检查、日常检查和维护保养、定期自行检查，并如实记录。对日常维护保养和试运行检查等自行检查中发现的异常情况，应当及时处理。在国家法定节假日或者开展大型活动等客运索道乘坐人员高峰期前，使用单位应当对客运索道进行全面检查维护，并加强日常检查和安全值班。

客运索道使用单位进行本单位设备的维护保养工作，应当按照有关安全技术规范要求配备人员、工具和设备。

第二十八条 客运索道使用单位应当在客运索道等待乘坐区域设置乘客引导标志，及时做好乘客引导工作，保证乘客出入畅通。

在客运索道的出入口处等显著位置应当张贴乘客须知、安全使用说明、安全注意事项，内容应包括乘客适应范围、禁忌事宜等，并按照安全技术规范和有关标准的要求悬挂警示标志。

第二十九条 客运索道使用单位应当制定应急专项预案，建立应急救援指挥机构，配备相应的救援人员以及相应数量的营救设备、急救物品。

客运索道使用单位应当加强营救设备、急救物品的存放和管理，对救援人员定期进行专业培训，每年至少组织一次应急救援演练。

第三十条 客运索道发生故障或者发生异常情况，使用单位应当立即停止使用，对其进行全面检查，消除事故隐患，经试运行正常后方可继续使用。

第三十一条 客运索道发生事故，使用单位应当立即停止使用，并按照应急预案采取措施，组织抢救，并及时向事故发生地特种设备安全监督管理部门和有关部门报告。

第五章 监督管理

第三十二条 特种设备安全监督管理部门依照《中华人民共和国特种设备安全法》等法律、行政法规和本规定，对客运索道的设计、制造、安装、改造、修理、使用、检验、检测实施监督检查。

第三十三条 特种设备安全监督管理部门发现重大违法行为或者客运索道存在严重事故隐患时，应当责令有关单位立即停止违法行为、采取措施消除事故隐患，并及时向上级特种设备安全监督管理部门报告。接到报告的特种设备安全监督管理部门应当采取必要措施，及时予以处理。

对违法行为、严重事故隐患的处理需要当地人民政府和有关部门的支持、配合时，特种设备安全监督管理部门应当报告当地人民政府，并通知有关部门。当地人民政府和有关部门应当采取必要措施，及时予以处理。

第三十四条 客运索道事故的调查处理，按照相关法律法规等规定执行。

第六章 法律责任

第三十五条 违反本规定要求，构成《中华人民共和国特种设备安全法》等法律、行政法规规定的违法行为的，按照其规定实施处罚。

第三十六条 客运索道使用单位未按照本规定开展应急救援演练的，责令限期改正；逾期未改正的，处三万元罚款。

第七章 附 则

第三十七条 本规定下列用语的含义是：

使用单位，是指从事客运索道经营管理，向登记部门办理使用登记的单位。

维护保养，是指根据使用维护说明书的要求，对客运索道设备进行清洁、润滑、检查、调试、紧固连接件、更换易损件等，但不改变客运索道主体结构和性能参数的活动。

修理，是指通过设备部件拆解，更换、修复主要受力部件，以恢复设备功能或者提高设备的安全性能，但不改变客运索道主体结构、性能参数的活动。

重大修理，是指根据相关安全技术规范、标准要求，通过设备整体拆解，进行检查维护、无损检测或者零部件更换，以确保客运索道所有主要受力部件得到安全检查，但不改变客运索道主体结构、性能参数的活动。

改造，是指通过改变客运索道主要设备结构及其布局、传动方式、制动方式、运行参数、线路设计、电气控制系统等，致使客运索道主体结构、性能参数发生变化的活动。

第三十八条 本规定由质检总局负责解释。

第三十九条 本规定自2016年4月1日起实施。

国家企业技术中心认定管理办法

（2016年2月26日国家发展和改革委员会、科学技术部、财政部、海关总署、国家税务总局令第34号公布 自2016年4月1日起实施）

第一章 总 则

第一条 为深入实施创新驱动发展战略，贯彻落实《中共中央国务院关于深化科技体制改革加快国家创新体系建设的意见》，进一步强化企业技术创新主体地位，引导和支持企业增强技术创新能力，健全技术创新市场导向机制，规范国家企业技术中心管理，依据《中华人民共和国科学技术进步法》，特制定本办法。

第二条 本办法所称企业技术中心，是指企业根据市场竞争需要设立的技术研发与创新机构，负责制定企业技术创新规划、开展产业技术研发、创造运用知识产权、建立技术标准体系、凝聚培养创新人才、构建协同创新网络、推进技术创新全过程实施。

第三条 国家鼓励和支持企业建立技术中心，发挥企业在技术创新中的主体作用，建立健全企业主导产业技术研发创新的体制机制。国家根据创新驱动发展要求和经济结构调整需要，对创新能力强、创新机制好、引领示范作用大、符合条件的企业技术中心予以认定，并给予政策支持，鼓励引导行业骨干企业带动产业技术进步和创新能力提高。

第四条 国家发展改革委、科技部、财政部、海关总署、税务总局负责指导协调国家企业技术中心相关工作。国家发展改革委牵头开展国家企业技术中心的认定与运行评价。

各省、自治区、直辖市、计划单列市及新疆生产建设兵团发展改革部门或地方人民政府指定的部门会同同级管理部门，负责国家企业技术中心的申报、管理等事项。

第二章 国家企业技术中心认定

第五条 国家企业技术中心的认定，原则上每年进行一次。地方政府主管部门根据国家发展改革委通知要求报送申请材料，受理截止日期为当年5月31日。

第六条 国家企业技术中心应当具备以下基本条件：

（一）企业在行业中具有显著的发展优势和竞争优势，具有行业领先的技术创新能力和水平；

（二）企业具有较好的技术创新机制，企业技术中心组织体系健全，创新效率和效益显著；

（三）有较高的研究开发投入，年度研究与试验发展经费支出额不低于1500万元；拥有技术水平高、实践经验丰富的技术带头人，专职研究与试验发展人员数不少于150人；

（四）具有比较完善的研究、开发、试验条件，技术开发仪器设备原值不低于2000万元；有较好的技术积累，重视前沿技术开发，具有开展高水平技术创新活动的能力；

（五）具有省级企业技术中心资格两年以上。

企业在申请受理截止日期前三年内，不得存在下列情况：

（一）因违反海关法及有关法律、行政法规，构成走私行为，受到刑事、行政处罚，或因严重违反海关监管规定受到行政处罚；

（二）因违反税收征管法及有关法律、行政法规，构成偷税、骗取出口退税等严重税收违法行为；

（三）司法、行政机关认定的其他严重违法失信行为。

第七条 地方政府主管部门会同同级管理部门，根据本办法及当年国家发展改革委发布的通知，推荐符合条件的企业技术中心，并将推荐企业技术中心名单及其申请材料(一式二份)报送国家发展改革委。

申请材料主要包括企业技术中心申请报告、评价表及必要的证明材料。

第八条 母公司技术中心已是国家企业技术中心的,地方政府主管部门不得再推荐其下属子公司申请国家企业技术中心。但从事业务领域与母公司不同的子公司,可推荐其申请母公司国家企业技术中心分中心。

子公司技术中心已是国家企业技术中心的,地方政府主管部门在推荐其母公司申请国家企业技术中心时,应在推荐意见中明确提出将其子公司国家企业技术中心调整为分中心或撤销的意见。

国家企业技术中心分中心的申请程序和要求与国家企业技术中心相同。

第九条 国家发展改革委委托第三方机构,依据评价指标体系对地方政府主管部门推荐的企业技术中心申请材料进行初评,并根据初评结果委托第三方机构组织专家评审。

国家发展改革委会同科技部、财政部、海关总署、税务总局,根据专家评审意见以及国家产业政策、国家进口税收税式支出的总体原则及年度方案等综合评估,确认认定结果,并通过国家发展改革委官方网站予以公示。

第十条 国家发展改革委会同科技部、财政部、海关总署、税务总局,在受理地方政府主管部门申报材料之日起 90 个工作日之内联合发文,向地方政府主管部门及同级管理部门通报认定结果。

第三章 运行评价

第十一条 国家发展改革委会同科技部、财政部、海关总署、税务总局,原则上每两年组织一次国家企业技术中心运行评价。国家发展改革委于评价年度下发评价通知。

地方政府主管部门对国家企业技术中心评价材料真实性出具意见,并于评价年度的 5 月 31 日前将评价材料报送国家发展改革委。

评价材料主要包括国家企业技术中心工作总结、评价表及必要的证明材料。

第十二条 国家发展改革委委托第三方机构,依据评价指标体系,对地方政府主管部门报送的评价材料进行评价,并形成评价结果和评价报告。

第十三条 评价结果分为优秀、良好、基本合格和不合格:

(一)评价得分 90 分及以上为优秀;

(二)评价得分 65 分至 90 分(不含 90 分)为良好;

(三)评价得分 60 分至 65 分(不含 65 分)为基本合格;

（四）评价得分低于60分为不合格。

第十四条 国家发展改革委会同科技部、财政部、海关总署、税务总局对评价结果进行确认。国家发展改革委在受理评价材料之日起70个工作日内，向地方政府主管部门通报评价结果。

第四章 鼓励政策

第十五条 国家企业技术中心和国家企业技术中心分中心进口科技开发用品按照国家相关税收政策执行。

经海关确认后，国家企业技术中心可按有关规定，将免税进口的科技开发用品放置在其异地非独立法人分支机构使用。

第十六条 国家发展改革委结合企业技术中心创新能力建设、高技术产业化、战略性新兴产业发展等工作，对国家企业技术中心予以支持。

第十七条 国家支持国家企业技术中心承担中央财政科技计划（专项、基金等）的研发任务。

第五章 监督管理

第十八条 地方政府主管部门应于每年8月30日前，将国家企业技术中心所在企业发生更名、重组等变更情况报送国家发展改革委，同时抄送地方同级管理部门。

第十九条 国家发展改革委会同科技部、财政部、海关总署、税务总局，每年对地方政府主管部门报送的企业变更情况进行确认。其中，对经确认取消国家企业技术中心资格的，自该国家企业技术中心所在企业发生更名、重组等变更之日起，停止享受科技开发用品免征进口税收政策。

第二十条 自国家企业技术中心所在企业发生更名、重组等变更之日起，该企业所属国家企业技术中心进口的有关科技开发用品，经海关审核符合有关规定，可办理凭税款担保放行手续。待国家企业技术中心所在企业更名情况确认后，根据确认结果办理已凭税款担保放行的有关进口科技开发用品的税款征免手续。

第二十一条 母公司技术中心已认定为国家企业技术中心的，其子公司原有国家企业技术中心的资格应予调整。其中，从事业务领域与母公司不同的，可调整为其母公司国家企业技术中心分中心；业务领域与母公司一致的，取消其国家企业技术中心资格。

地方政府主管部门推荐母公司申请国家企业技术中心时，没有提出对其子公司国家企业技术中心调整意见的，视同母公司与子公司业务领域相同。

第二十二条 地方政府主管部门报送的企业材料和数据应当真实可靠。企业提供虚假材料和数据的行为，经核实，将纳入国家统一的信用信息平台。

第二十三条 有下列情况之一的，撤销国家企业技术中心资格：

（一）运行评价不合格；

（二）逾期未报送评价材料；

（三）提供虚假材料和数据；

（四）主要由于技术原因发生重大质量、安全事故；

（五）因违反海关法及有关法律、行政法规，构成走私行为，受到刑事、行政处罚，或因严重违反海关监管规定受到行政处罚；

（六）因违反税收征管法及有关法律、行政法规，构成偷税、骗取出口退税等严重税收违法行为；

（七）司法、行政机关认定的其他严重违法失信行为；

（八）企业被依法终止。

第二十四条 因本办法第二十三条第（一）、（二）项所列原因被撤销国家企业技术中心资格的，自撤销之日起，地方政府主管部门两年内不得再次推荐该企业。

因本办法第二十三条第（三）~（七）项所列原因被撤销国家企业技术中心资格的，自撤销之日起，地方政府主管部门三年内不得再次推荐该企业。

地方政府主管部门负责指导和督促评价基本合格的国家企业技术中心改进工作。

第二十五条 各直属海关对推荐申请国家企业技术中心的企业和国家企业技术中心所在企业是否存在本办法第六条第二款第（一）项、第二十三条第（五）项所列情况进行核查，具体核查要求由海关总署另行确定。

税务机关对推荐申请国家企业技术中心的企业和国家企业技术中心所在企业是否存在本办法第六条第二款第（二）项、第二十三条第（六）项情况进行核查，具体核查要求由税务总局另行确定。

第二十六条 国家发展改革委会同科技部、财政部、海关总署、税务总局联合发文，向地方政府主管部门及同级管理部门通报国家企业技术中心调整、撤销和更名结果。

第六章　附　　则

第二十七条 各地方政府主管部门可参考本办法，结合本地实际，在职责范围内依法制定相应政策,支持企业技术中心建设。

第二十八条 本办法涉及的申请材料、评价材料和评价指标体系的内容和要求,由国家发展改革委商科技部、财政部、海关总署、税务总局后另行发布并适时调整。

第二十九条 依据《中华人民共和国政府信息公开条例》,国家企业技术中心认定的相关信息向社会公开。国家企业技术中心的认定、运行评价等,逐步实现网上办理。

第三十条 本办法自2016年4月1日起施行。《鼓励和支持大型企业和企业集团建立技术中心暂行办法》(国经贸〔1993〕261号)和《国家认定企业技术中心管理办法》(第53号令)同时废止。

第三十一条 本办法由国家发展改革委会同科技部、财政部、海关总署、税务总局负责解释。

能源效率标识管理办法

(2016年2月29日国家发展和改革委员会、国家质量监督检验检疫总局令第35号公布 自2016年6月1日起施行)

第一章 总 则

第一条 为加强节能管理,推动节能技术进步,提高用能产品能源效率,依据《中华人民共和国节约能源法》、《中华人民共和国产品质量法》、《中华人民共和国进出口商品检验法》及其实施条例、《中华人民共和国认证认可条例》,制定本办法。

第二条 本办法所称能源效率标识(以下简称能效标识),是指表示用能产品能源效率等级等性能指标的一种信息标识,属于产品符合性标志的范畴。

第三条 国家对节能潜力大、使用面广的用能产品实行能效标识管理。具体产品实行目录管理。

国家发展和改革委员会(以下简称国家发展改革委)、国家质量监督检验检疫总局(以下简称国家质检总局)和国家认证认可监督管理委员会(以下简称国家认监委)负责能效标识管理制度的建立并组织实施。国家发展改革委会同国家质检总局、国家认监委制定并公布《中华人民共和国实行能源效率标识的产品目录》(以下简称《目录》),规定统一适用的产品能效标准、实施规则、能效标识样式和规格。

第四条 地方各级人民政府管理节能工作的部门(以下简称地方节能主管部门)、地方各级质量技术监督部门和出入境检验检疫机构(以下简称地方质检部门),在各自职责范围内对所辖区域内能效标识的使用实施监督管理。

第五条 列入《目录》的用能产品生产者和进口商应当向国家质检总局和国家发展改革委授权的中国标准化研究院(以下简称授权机构)备案能效标识及相关信息。

第二章 能效标识的实施

第六条 生产者和进口商应当对列入《目录》的用能产品标注能效标识,根据国家统一规定的能效标识样式、规格以及标注规定印制和使用能效标识,并在产品包装物上或者使用说明书中予以说明。

列入《目录》的用能产品通过网络交易的,还应当在产品信息展示主页面醒目位置展示相应的能效标识。

在产品包装物、说明书、网络交易产品信息展示主页面以及广告宣传中使用的能效标识,可按比例放大或者缩小,并清晰可辨。

第七条 能效标识的名称为"中国能效标识"(英文名称为 China Energy Label),能效标识应当包括以下基本内容:

(一)生产者名称或者简称;

(二)产品规格型号;

(三)能效等级;

(四)能效指标;

(五)依据的能源效率强制性国家标准编号;

(六)能效信息码。

列入国家能效"领跑者"目录的产品,还应当包括能效"领跑者"相关信息。

第八条 列入《目录》的用能产品生产者和进口商,可以利用自有检测实验室或者委托依法取得资质认定的第三方检验检测机构,对产品进行检测,并依据能源效率强制性国家标准,确定产品能效等级。

企业自有检测实验室应当依据相关产品能源效率强制性国家标准规定的检测方法和要求进行检测,如实出具产品能效检测报告。

第三方检验检测机构接受生产者和进口商的委托,应当依据相关产品能源效率强制性国家标准规定的检测方法和要求进行检测,保证检测结果客观公正、真实准确,保守受检产品和企业的商业秘密,并承担相应法律责任。

第九条 利用自有检测实验室检测确定能效等级的生产者和进口商,应当保证其检测实验室具备按照能源效率强制性国家标准进行检测的能力,并鼓励其取得国家认可机构的认可。

利用自有检测实验室检测确定能效等级的生产者和进口商,对其检测实验室出具的产品能效检测报告负责,并承担相应法律责任。

第十条 列入《目录》的用能产品,生产者应当于出厂前、进口商应当于进口前向授权机构申请备案。能效标识备案应当提交以下材料:

(一)生产者营业执照或者登记注册证明复制件;进口商营业执照以及与境外生产者订立的相关合同复制件;

(二)产品能效检测报告;

(三)能效标识样本;

(四)产品基本配置清单等有关材料;

(五)利用自有检测实验室进行检测的,应当提供实验室检测能力证明材料(包括实验室人员能力、设备能力和检测管理规范),已经获得国家认可机构认可的,还应当提供相应认可证书复制件;利用第三方检验检测机构进行检测的,应当提供检验检测机构的资质认定证书复制件;

(六)由代理人提交备案材料的,应当有生产者或者进口商的委托代理文件等。

上述材料应当真实、准确、完整。

外文材料应当附有中文译本,并以中文文本为准。

第十一条 进境的列入《目录》的用能产品符合下列情形之一的,可以免于标注能效标识及备案:

(一)外国驻华使馆、领事馆或者国际组织驻华机构及其外交人员的自用物品;

(二)香港、澳门特别行政区政府驻大陆官方机构及其工作人员的自用物品;

(三)入境人员随身从境外带入境内的自用物品;

(四)外国政府援助、赠送的物品;

(五)为科研、测试所需的产品;

(六)为考核技术引进生产线所需的零部件;

(七)直接为最终用户维修目的所需的产品;

(八)工厂生产线、成套生产线配套所需的设备和部件(不包含办公用品)。

第十二条 能效标识内容发生变化的,应当重新备案。

第十三条 授权机构应当对生产者和进口商使用的能效标识及产品能效检测报告进行核验。

第十四条 授权机构应当自收到完整备案材料之日起10个工作日内完成能效标识的备案工作,并于备案完成之日起5个工作日内公告备案的能效标识样本。

能效标识备案不收取费用。

第十五条 生产者和进口商应当对其标注的能效标识及相关信息的准确性负责。

第十六条 销售者(含网络商品经营者)应当建立并执行进货检查验收制度,验明列入《目录》的用能产品能效标识,不得销售应当标注而未标注能效标识的产品。

第三方交易平台(场所)经营者对通过平台(场所)销售的列入《目录》的用能产品应当建立能效标识检查监控制度,发现违反本办法规定行为的,应当及时采取措施制止。

第十七条 任何单位和个人不得伪造、冒用能效标识或者利用能效标识进行虚假宣传。

第三章 监督管理

第十八条 国家质检总局负责组织实施对能效标识使用的监督检查、专项检查和验证管理。

地方质检部门负责对所辖区域内能效标识的使用实施监督检查、专项检查和验证管理,发现有违反本办法规定行为的,通报同级节能主管部门,并通知授权机构。

第十九条 授权机构应当撤销能效不合格产品生产者或者进口商的相关备案信息并及时公告。

第二十条 列入《目录》的用能产品生产者、进口商、销售者(含网络商品经营者)、第三方交易平台(场所)经营者、企业自有检测实验室和第三方检验检测机构应当接受监督检查、专项检查和验证管理。

企业自有检测实验室、第三方检验检测机构在能效检测中,伪造检验检测结果或者出具虚假能效检测报告的,授权机构自发现之日起一年内不再采信其检验检测结果。

第二十一条 授权机构应当建立规范的工作制度,客观、公正开展备案工作,保守备案产品和企业的商业秘密。

第二十二条 任何单位和个人对违反本办法规定的行为，可以向地方节能主管部门、地方质检部门举报。地方节能主管部门、地方质检部门应当及时调查处理，并为举报人保密，授权机构应当予以配合。

第二十三条 国家发展改革委、国家质检总局和国家认监委对违反本办法规定的行为建立信用记录，并纳入全国统一的信用信息共享交互平台。

第四章 罚 则

第二十四条 地方节能主管部门、地方质检部门依据《中华人民共和国节约能源法》等相关法律法规，在各自的职责范围内对违反本办法规定的行为进行处罚。

第二十五条 生产、进口、销售不符合能源效率强制性国家标准的用能产品，依据《中华人民共和国节约能源法》第七十条予以处罚。

第二十六条 在用能产品中掺杂、掺假，以假充真、以次充好，以不合格品冒充合格品的，或者进口属于掺杂、掺假，以假充真、以次充好，以不合格品冒充合格品的用能产品的，依据《中华人民共和国产品质量法》第五十条、《中华人民共和国进出口商品检验法》第三十五条的规定予以处罚。

第二十七条 违反本办法规定，应当标注能效标识而未标注的，未办理能效标识备案的，使用的能效标识不符合有关样式、规格等标注规定的（包括不符合网络交易产品能效标识展示要求的），伪造、冒用能效标识或者利用能效标识进行虚假宣传的，依据《中华人民共和国节约能源法》第七十三条予以处罚。

第二十八条 违反本办法规定，企业自有检测实验室、第三方检验检测机构在能效检测中，伪造检验检测结果或者出具虚假能效检测报告的，依据《中华人民共和国产品质量法》、《检验检测机构资质认定管理办法》予以处罚。

第二十九条 从事能效标识管理的国家工作人员及授权机构工作人员，玩忽职守、滥用职权或者包庇纵容违法行为的，依法予以处分；构成犯罪的，依法追究刑事责任。

第五章 附 则

第三十条 本办法由国家发展改革委、国家质检总局负责解释。

第三十一条 本办法自2016年6月1日起施行。2004年8月13日国家发展改革委、国家质检总局令第17号发布的《能源效率标识管理办法》同时废止。

住房城乡建设部　国家发展改革委 人力资源社会保障部关于修改《房地产经纪管理办法》的决定

（2016 年 3 月 1 日住房城乡建设部、国家发展改革委、人力资源社会保障部令第 29 号公布　自 2016 年 4 月 1 日起施行）

住房城乡建设部、国家发展改革委、人力资源社会保障部决定将《房地产经纪管理办法》（住房城乡建设部　国家发展改革委员会　人力资源社会保障部令第 8 号）第十条修改为："房地产经纪人协理和房地产经纪人职业资格实行全国统一大纲、统一命题、统一组织的考试制度，由房地产经纪行业组织负责管理和实施考试工作，原则上每年举行一次考试。国务院住房城乡建设主管部门、人力资源社会保障部门负责对房地产经纪人协理和房地产经纪人职业资格考试进行指导、监督和检查。"

本决定自 2016 年 4 月 1 日起施行。《房地产经纪管理办法》根据本决定作相应的修改，重新发布。

司法鉴定程序通则

（2016 年 3 月 2 日司法部令第 132 号公布　自 2016 年 5 月 1 日起施行）

第一章　总　　则

第一条　为了规范司法鉴定机构和司法鉴定人的司法鉴定活动，保障司法鉴定质量，保障诉讼活动的顺利进行，根据《全国人民代表大会常务委员会关于司法鉴定管理问题的决定》和有关法律、法规的规定，制定本通则。

第二条　司法鉴定是指在诉讼活动中鉴定人运用科学技术或者专门知识对诉讼涉及的专门性问题进行鉴别和判断并提供鉴定意见的活动。司法鉴定程序是指司法鉴定机构和司法鉴定人进行司法鉴定活动的方式、步骤以及相关规则的总称。

第三条 本通则适用于司法鉴定机构和司法鉴定人从事各类司法鉴定业务的活动。

第四条 司法鉴定机构和司法鉴定人进行司法鉴定活动,应当遵守法律、法规、规章,遵守职业道德和执业纪律,尊重科学,遵守技术操作规范。

第五条 司法鉴定实行鉴定人负责制度。司法鉴定人应当依法独立、客观、公正地进行鉴定,并对自己作出的鉴定意见负责。司法鉴定人不得违反规定会见诉讼当事人及其委托的人。

第六条 司法鉴定机构和司法鉴定人应当保守在执业活动中知悉的国家秘密、商业秘密,不得泄露个人隐私。

第七条 司法鉴定人在执业活动中应当依照有关诉讼法律和本通则规定实行回避。

第八条 司法鉴定收费执行国家有关规定。

第九条 司法鉴定机构和司法鉴定人进行司法鉴定活动应当依法接受监督。对于有违反有关法律、法规、规章规定行为的,由司法行政机关依法给予相应的行政处罚;对于有违反司法鉴定行业规范行为的,由司法鉴定协会给予相应的行业处分。

第十条 司法鉴定机构应当加强对司法鉴定人执业活动的管理和监督。司法鉴定人违反本通则规定的,司法鉴定机构应当予以纠正。

第二章 司法鉴定的委托与受理

第十一条 司法鉴定机构应当统一受理办案机关的司法鉴定委托。

第十二条 委托人委托鉴定的,应当向司法鉴定机构提供真实、完整、充分的鉴定材料,并对鉴定材料的真实性、合法性负责。司法鉴定机构应当核对并记录鉴定材料的名称、种类、数量、性状、保存状况、收到时间等。

诉讼当事人对鉴定材料有异议的,应当向委托人提出。

本通则所称鉴定材料包括生物检材和非生物检材、比对样本材料以及其他与鉴定事项有关的鉴定资料。

第十三条 司法鉴定机构应当自收到委托之日起七个工作日内作出是否受理的决定。对于复杂、疑难或者特殊鉴定事项的委托,司法鉴定机构可以与委托人协商决定受理的时间。

第十四条 司法鉴定机构应当对委托鉴定事项、鉴定材料等进行审查。对属于本机构司法鉴定业务范围,鉴定用途合法,提供的鉴定材料能够满足鉴定需要的，应当受理。

对于鉴定材料不完整、不充分，不能满足鉴定需要的，司法鉴定机构可以要求委托人补充；经补充后能够满足鉴定需要的，应当受理。

第十五条 具有下列情形之一的鉴定委托，司法鉴定机构不得受理：

（一）委托鉴定事项超出本机构司法鉴定业务范围的；

（二）发现鉴定材料不真实、不完整、不充分或者取得方式不合法的；

（三）鉴定用途不合法或者违背社会公德的；

（四）鉴定要求不符合司法鉴定执业规则或者相关鉴定技术规范的；

（五）鉴定要求超出本机构技术条件或者鉴定能力的；

（六）委托人就同一鉴定事项同时委托其他司法鉴定机构进行鉴定的；

（七）其他不符合法律、法规、规章规定的情形。

第十六条 司法鉴定机构决定受理鉴定委托的，应当与委托人签订司法鉴定委托书。司法鉴定委托书应当载明委托人名称、司法鉴定机构名称、委托鉴定事项、是否属于重新鉴定、鉴定用途、与鉴定有关的基本案情、鉴定材料的提供和退还、鉴定风险，以及双方商定的鉴定时限、鉴定费用及收取方式、双方权利义务等其他需要载明的事项。

第十七条 司法鉴定机构决定不予受理鉴定委托的，应当向委托人说明理由，退还鉴定材料。

第三章 司法鉴定的实施

第十八条 司法鉴定机构受理鉴定委托后，应当指定本机构具有该鉴定事项执业资格的司法鉴定人进行鉴定。

委托人有特殊要求的，经双方协商一致，也可以从本机构中选择符合条件的司法鉴定人进行鉴定。

委托人不得要求或者暗示司法鉴定机构、司法鉴定人按其意图或者特定目的提供鉴定意见。

第十九条 司法鉴定机构对同一鉴定事项，应当指定或者选择二名司法鉴定人进行鉴定；对复杂、疑难或者特殊鉴定事项，可以指定或者选择多名司法鉴定人进行鉴定。

第二十条 司法鉴定人本人或者其近亲属与诉讼当事人、鉴定事项涉及的案件有利害关系，可能影响其独立、客观、公正进行鉴定的，应当回避。

司法鉴定人曾经参加过同一鉴定事项鉴定的，或者曾经作为专家提供过咨询意见的，或者曾被聘请为有专门知识的人参与过同一鉴定事项法庭质证的，应当回避。

第二十一条 司法鉴定人自行提出回避的，由其所属的司法鉴定机构决定；委托人要求司法鉴定人回避的，应当向该司法鉴定人所属的司法鉴定机构提出，由司法鉴定机构决定。

委托人对司法鉴定机构作出的司法鉴定人是否回避的决定有异议的，可以撤销鉴定委托。

第二十二条 司法鉴定机构应当建立鉴定材料管理制度，严格监控鉴定材料的接收、保管、使用和退还。

司法鉴定机构和司法鉴定人在鉴定过程中应当严格依照技术规范保管和使用鉴定材料，因严重不负责任造成鉴定材料损毁、遗失的，应当依法承担责任。

第二十三条 司法鉴定人进行鉴定，应当依下列顺序遵守和采用该专业领域的技术标准、技术规范和技术方法：

（一）国家标准；

（二）行业标准和技术规范；

（三）该专业领域多数专家认可的技术方法。

第二十四条 司法鉴定人有权了解进行鉴定所需要的案件材料，可以查阅、复制相关资料，必要时可以询问诉讼当事人、证人。

经委托人同意，司法鉴定机构可以派员到现场提取鉴定材料。现场提取鉴定材料应当由不少于二名司法鉴定机构的工作人员进行，其中至少一名应为该鉴定事项的司法鉴定人。现场提取鉴定材料时，应当有委托人指派或者委托的人员在场见证并在提取记录上签名。

第二十五条 鉴定过程中，需要对无民事行为能力人或者限制民事行为能力人进行身体检查的，应当通知其监护人或者近亲属到场见证；必要时，可以通知委托人到场见证。

对被鉴定人进行法医精神病鉴定的，应当通知委托人或者被鉴定人的近亲属或者监护人到场见证。

对需要进行尸体解剖的，应当通知委托人或者死者的近亲属或者监护人到场见证。

到场见证人员应当在鉴定记录上签名。见证人员未到场的，司法鉴定人不得开展相关鉴定活动，延误时间不计入鉴定时限。

第二十六条 鉴定过程中，需要对被鉴定人身体进行法医临床检查的，应当采取必要措施保护其隐私。

第二十七条 司法鉴定人应当对鉴定过程进行实时记录并签名。记录可以采取笔记、录音、录像、拍照等方式。记录应当载明主要的鉴定方法和过程，检查、检验、检测结果，以及仪器设备使用情况等。记录的内容应当真实、客观、准确、完整、清晰，记录的文本资料、音像资料等应当存入鉴定档案。

第二十八条 司法鉴定机构应当自司法鉴定委托书生效之日起三十个工作日内完成鉴定。

鉴定事项涉及复杂、疑难、特殊技术问题或者鉴定过程需要较长时间的，经本机构负责人批准，完成鉴定的时限可以延长，延长时限一般不得超过三十个工作日。鉴定时限延长的，应当及时告知委托人。

司法鉴定机构与委托人对鉴定时限另有约定的，从其约定。

在鉴定过程中补充或者重新提取鉴定材料所需的时间，不计入鉴定时限。

第二十九条 司法鉴定机构在鉴定过程中，有下列情形之一的，可以终止鉴定：

（一）发现有本通则第十五条第二项至第七项规定情形的；

（二）鉴定材料发生耗损，委托人不能补充提供的；

（三）委托人拒不履行司法鉴定委托书规定的义务、被鉴定人拒不配合或者鉴定活动受到严重干扰，致使鉴定无法继续进行的；

（四）委托人主动撤销鉴定委托，或者委托人、诉讼当事人拒绝支付鉴定费用的；

（五）因不可抗力致使鉴定无法继续进行的；

（六）其他需要终止鉴定的情形。

终止鉴定的，司法鉴定机构应当书面通知委托人，说明理由并退还鉴定材料。

第三十条 有下列情形之一的，司法鉴定机构可以根据委托人的要求进行补充鉴定：

（一）原委托鉴定事项有遗漏的；

（二）委托人就原委托鉴定事项提供新的鉴定材料的；

（三）其他需要补充鉴定的情形。

补充鉴定是原委托鉴定的组成部分，应当由原司法鉴定人进行。

第三十一条 有下列情形之一的，司法鉴定机构可以接受办案机关委托进行重新鉴定：

（一）原司法鉴定人不具有从事委托鉴定事项执业资格的；

（二）原司法鉴定机构超出登记的业务范围组织鉴定的；

（三）原司法鉴定人应当回避没有回避的；

（四）办案机关认为需要重新鉴定的；

（五）法律规定的其他情形。

第三十二条 重新鉴定应当委托原司法鉴定机构以外的其他司法鉴定机构进行；因特殊原因，委托人也可以委托原司法鉴定机构进行，但原司法鉴定机构应当指定原司法鉴定人以外的其他符合条件的司法鉴定人进行。

接受重新鉴定委托的司法鉴定机构的资质条件应当不低于原司法鉴定机构，进行重新鉴定的司法鉴定人中应当至少有一名具有相关专业高级专业技术职称。

第三十三条 鉴定过程中，涉及复杂、疑难、特殊技术问题的，可以向本机构以外的相关专业领域的专家进行咨询，但最终的鉴定意见应当由本机构的司法鉴定人出具。

专家提供咨询意见应当签名，并存入鉴定档案。

第三十四条 对于涉及重大案件或者特别复杂、疑难、特殊技术问题或者多个鉴定类别的鉴定事项，办案机关可以委托司法鉴定行业协会组织协调多个司法鉴定机构进行鉴定。

第三十五条 司法鉴定人完成鉴定后，司法鉴定机构应当指定具有相应资质的人员对鉴定程序和鉴定意见进行复核；对于涉及复杂、疑难、特殊技术问题或者重新鉴定的鉴定事项，可以组织三名以上的专家进行复核。

复核人员完成复核后，应当提出复核意见并签名，存入鉴定档案。

第四章 司法鉴定意见书的出具

第三十六条 司法鉴定机构和司法鉴定人应当按照统一规定的文本格式制作司法鉴定意见书。

第三十七条 司法鉴定意见书应当由司法鉴定人签名。多人参加的鉴定，对鉴定意见有不同意见的，应当注明。

第三十八条 司法鉴定意见书应当加盖司法鉴定机构的司法鉴定专用章。

第三十九条 司法鉴定意见书应当一式四份，三份交委托人收执，一份由司法鉴定机构存档。司法鉴定机构应当按照有关规定或者与委托人约定的方式，向委托人发送司法鉴定意见书。

第四十条 委托人对鉴定过程、鉴定意见提出询问的，司法鉴定机构和司法鉴定人应当给予解释或者说明。

第四十一条 司法鉴定意见书出具后，发现有下列情形之一的，司法鉴定机构可以进行补正：

（一）图像、谱图、表格不清晰的；

（二）签名、盖章或者编号不符合制作要求的；

（三）文字表达有瑕疵或者错别字，但不影响司法鉴定意见的。

补正应当在原司法鉴定意见书上进行，由至少一名司法鉴定人在补正处签名。必要时，可以出具补正书。

对司法鉴定意见书进行补正，不得改变司法鉴定意见的原意。

第四十二条 司法鉴定机构应当按照规定将司法鉴定意见书以及有关资料整理立卷、归档保管。

第五章 司法鉴定人出庭作证

第四十三条 经人民法院依法通知，司法鉴定人应当出庭作证，回答与鉴定事项有关的问题。

第四十四条 司法鉴定机构接到出庭通知后，应当及时与人民法院确认司法鉴定人出庭的时间、地点、人数、费用、要求等。

第四十五条 司法鉴定机构应当支持司法鉴定人出庭作证，为司法鉴定人依法出庭提供必要条件。

第四十六条 司法鉴定人出庭作证，应当举止文明，遵守法庭纪律。

第六章 附 则

第四十七条 本通则是司法鉴定机构和司法鉴定人进行司法鉴定活动应当遵守和采用的一般程序规则，不同专业领域对鉴定程序有特殊要求的，可以依据本通则制定鉴定程序细则。

第四十八条 本通则所称办案机关，是指办理诉讼案件的侦查机关、审查起诉机关和审判机关。

第四十九条 在诉讼活动之外，司法鉴定机构和司法鉴定人依法开展相关鉴定业务的，参照本通则规定执行。

第五十条 本通则自 2016 年 5 月 1 日起施行。司法部 2007 年 8 月 7 日发布的《司法鉴定程序通则》（司法部第 107 号令）同时废止。

外国航空运输企业航线经营许可规定

（2016 年 3 月 4 日交通运输部令 2016 年第 4 号公布　自 2016 年 4 月 4 日起施行）

第一章　总　　则

第一条　为了规范对外国航空运输企业经营外国地点和中华人民共和国地点间规定航线的管理，根据《中华人民共和国民用航空法》，制定本规定。

第二条　外国航空运输企业（以下简称“外航”）申请经营外国地点和中华人民共和国地点间规定航线，应当符合中外双方政府民用航空运输协定或者有关协议的规定，并先经其本国政府通过外交途径对其进行指定，双方航空运输协定或有关协议另有规定的除外。

第三条　中国民用航空局（以下简称“民航局”）负责外航航线经营许可的统一管理。

外航应当在其本国政府通过外交途径对其正式指定后依据本规定向民航局申请经营外国地点和中华人民共和国地点间规定航线的经营许可。

民航地区管理局负责对本地区运营的外航航线航班进行监督管理。

第四条　民航局审批外航经营许可实行互惠对等的原则。外国政府航空主管部门对中华人民共和国航空运输企业申请经营中华人民共和国地点和外国地点间规定航线的经营许可进行不合理限制的，民航局采取对等措施。

第二章　经营许可申请程序

第五条　外航申请经营许可应当在计划开航之日六十日前向民航局提出。

外航申请经营许可不符合时限规定的，民航局不予受理，但双方航空运输协定或有关协议另有规定的除外。

第六条　外航申请经营许可应当向民航局递交由该外航总部法定代表人或者经其书面授权的人员使用中文或者英文签发的申请书及其附带材料。

申请书应当包括以下内容：计划开通的外国地点和中华人民共和国地点间的规定航线、开航日期、航班号和代码共享航班号、每周班次和班期、本企业所有或者以湿租方式租赁的飞机机型和航空器登记号。

外航随申请书一并提交的附带材料包括：

（一）外国政府指定该外航经营外国地点和中华人民共和国地点间规定航线的文件复印件；

（二）外国政府航空主管部门为该外航颁发的从事公共航空运输的航空经营人许可证（AOC）复印件；

（三）企业注册证明复印件；

（四）企业章程或由法定企业登记机构出具的，载有企业主要营业地、企业性质（国有或者私有）、股份结构、投资方国籍及董事会成员姓名和国籍的证明文件；

（五）企业的客、货运输条件；

（六）企业的正式中、英文名称，企业简介（包括成立时间、机队规模、航线网络等），总部及在中华人民共和国境内的联系人及其地址、电话、传真、电子邮件地址，国际民航组织为该公司指定的三字代码和国际航空运输协会为该公司指定的两字代码；

（七）使用湿租的航空器的，还应当提供湿租协议复印件以及双方航空运输协定或有关协议就使用湿租航空器经营的问题要求提供的文件；

（八）民航局根据法律、法规、双边协议要求外航提交的其他资料或者文件。

第七条 外航根据民航局颁发的经营许可开始经营外国地点和中华人民共和国地点间规定航线后要求经营新航线的，应当向民航局申请新航线的经营许可。

外航申请新航线经营许可的，可不提供本规定第六条第（二）、（三）、（四）、（五）、（六）项规定的资料或者文件。

第八条 外航根据民航局颁发的经营许可经营规定航线或者在申请新航线经营许可的过程中，本规定第六条第（二）、（三）、（四）、（五）、（六）、（七）项中的内容发生变更的，应当自变更之日起三十日内书面通知民航局或者在提交新航线经营许可的申请时书面通知民航局。

第九条 外航委托代理机构代表其向民航局申请经营许可的，应当委托具有办理相应业务能力的代理机构，并应当出具正式委托书。

第三章 经营许可的审查和批准

第十条 民航局对外航提交的申请材料进行形式审查。民航局认为必要的，可以进行实质性审查。

外航对其所提交的全部申请材料的真实性负责。

第十一条 申请材料齐全、符合法定形式的，民航局受理外航的申请。申请材料不齐全或者不符合法定形式的，民航局在五个工作日内一次性通知该外航需要补充的全部内容，逾期不通知的，自收到申请材料之日起即为受理。

外航按要求补齐全部材料后，民航局受理申请，申请材料经补正后仍不符合要求的，民航局不予受理，并出具不予受理的书面凭证。

第十二条 除双方航空运输协定或有关协议另有规定外，民航局自受理申请之日起二十个工作日内做出是否批准的决定。民航局在二十个工作日内不能做出决定的，经民航局局长批准，可以延长十个工作日，并将延长期限的理由告知外航。

第十三条 民航局依法做出批准决定后，自做出批准决定之日起十个工作日内向外航颁发经营许可。民航局依法做出不予批准决定的，向外航出具书面决定并说明理由。

第四章 经营许可的延长和变更

第十四条 外航应当在经营许可规定的有效期满前三十日向民航局提出延长经营许可的申请。逾期提出且没有正当理由的，民航局做出不予受理的书面决定。外航在经营许可有效期满后未提出延续申请的，民航局注销其经营许可。

第十五条 外航申请延长经营许可，应当提供下列文件：

（一）需延长的经营许可复印件；

（二）外国地点和中华人民共和国地点间规定航线的航线表。

第十六条 外航申请改变所持经营许可内容的，应当以书面形式向民航局提出，并详细列明需要改变的内容及原因。

第十七条 民航局对外航提出延长或者变更经营许可的申请，在本规定第十二条、第十三条规定的期限内做出决定。

第五章 经营许可的管理

第十八条 外航应当在经营许可允许的范围和有效期内经营外国地点和中华人民共和国地点间规定航线。

第十九条 外航应当采取有效措施，妥善保管民航局颁发的经营许可，防止损坏或者遗失。

第二十条 外航损坏或者遗失经营许可的,应当立即向民航局书面报告,并提出补发经营许可的申请。

第二十一条 外航不得涂改、转让、租赁、买卖民航局颁发的经营许可。经涂改、转让、租赁、买卖的经营许可无效。

第六章 航班计划申请和批准

第二十二条 外航依照民航局颁发的经营许可经营航线的过程中,应当按照夏秋和冬春两个航季申请航班计划,并在每个航季开始前六十日按规定的格式及内容向民航局提出。民航局根据本规定对航班计划进行审核后,做出批准或者不批准的决定。外航未按规定时限提出航班计划申请的,按照停航处理。

第二十三条 航班计划包括航线、班次、班期、航班号、机型、是否使用湿租航空器及是否利用代码共享的方式经营航班等内容。

第二十四条 外航在每个航季的航班经营过程中,不得随意更改航班计划。因商业原因需要更改航班计划的,外航应当在拟更改日三十日前向民航局提出申请,获得批准后方可执行。

第二十五条 因天气、飞机故障等原因需要临时更改航班计划的,外航应当立即向民航局提出申请,获得批准后方可执行。

第二十六条 外航应当按照民航局批准的航班计划经营外国地点和中华人民共和国地点间的规定航线。外航因商业原因计划停止执行全部或部分规定航线的,应当书面通知民航局并说明理由。外航擅自停航的,民航局对其提出的新航季航班计划不予批准。

第二十七条 因市场需求需要安排临时加班飞行的,外航应当在拟加班日五个工作日前向民航局提出申请,获得批准后方可经营,双方航空运输协定或有关协议另有规定的除外。

除特殊情况外,外航申请的每周加班数量不得超过定期航班的数量。民航局不批准外航提出的固定加班的申请。

第七章 运输业务量统计资料

第二十八条 外航依照经营许可的规定开始经营规定航线后,应当在每月十五日前按本规定附件《外国航空公司运输业务量统计表》的要求,向民航局提供上月航线运输业务量统计资料，并对资料内容的准确性、真实性和完整性负责。

第八章　法律责任

第二十九条　外航以欺骗、贿赂等不正当手段取得经营许可的，民航局撤销该项许可，给予警告并处以三万元以下罚款，该申请人自被撤销许可之日起三年内不得重新申请；构成犯罪的，依法追究刑事责任。

第三十条　违反本规定第八条规定，外航没有按时书面通知变更信息的，民航局依法给予警告，或者处以三万元以下罚款。

第三十一条　违反本规定第二十一条规定，外航涂改、转让、租赁、买卖经营许可的，民航局依法给予警告，并处以三万元以下罚款；情节严重的，暂停或者吊销其经营许可；构成犯罪的，依法追究其刑事责任。

第三十二条　违反本规定第二十四条规定，外航未经批准擅自更改航班计划的，民航局依法给予警告，并处以三万元以下罚款；情节严重的，暂停或者吊销其经营许可。

第三十三条　违反本规定第二十八条相关规定，外航向民航局迟报、瞒报有关情况，提供虚假材料或者拒绝提供反映其经营活动的情况或者资料的，民航局依法给予警告，并处以三万元以下罚款；情节严重的，暂停或者吊销其经营许可；构成犯罪的，依法追究其刑事责任。

第三十四条　外航有违反法律、法规、规章规定的其他行为的，按照有关规定予以处理。

第九章　附　　则

第三十五条　中华人民共和国香港特别行政区、澳门特别行政区和台湾地区的航空运输企业申请经营许可，参照本规定执行。

第三十六条　中华人民共和国香港特别行政区、澳门特别行政区和台湾地区与外国之间的定期飞行，按相关法律和程序办理。

第三十七条　本规定自2016年4月4日起施行。1996年3月2日发布的《外国航空公司经营许可的申请程序（暂行）》（民航运函〔1996〕243号）同时废止。

公共航空旅客运输飞行中安全保卫规则

（2016年3月4日交通运输部令2016年第5号公布　自2016年4月4日起施行）

第一章　总　　则

第一条　为规范民用航空器旅客运输飞行中的安全保卫工作，保障民用航空飞行安全，根据《中华人民共和国民用航空法》和《中华人民共和国民用航空安全保卫条例》，制定本规则。

第二条　本规则适用于在中华人民共和国境内依法设立的公共航空运输企业从事旅客运输的航空器飞行中客舱和驾驶舱的安全保卫工作。

前款规定的公共航空运输企业及其机组人员和旅客应当遵守本规则。

第三条　中国民用航空局（以下简称民航局）统一监督管理公共航空旅客运输飞行中的安全保卫工作。

民用航空地区管理局（以下简称地区管理局）根据民航局的规定，具体负责监督、检查辖区内公共航空旅客运输飞行中的安全保卫工作。

第四条　本规则使用的部分术语定义如下：

飞行中，是指航空器从装载完毕、机舱外部各门均已关闭时起，直至打开任一机舱门以便卸载时为止。航空器强迫降落时，在主管当局接管对该航空器及其所载人员和财产的责任前，应当被认为仍在飞行中。

机组人员，是指飞行期间在航空器上执行任务的航空人员，包括机长和其他空勤人员。

扰乱行为，是指在航空器上不遵守行为规范，或不听从机组人员指示，从而扰乱航空器上良好秩序和纪律的行为。

非法干扰行为，是指诸如危害民用航空和航空运输安全的行为或未遂行为，即：

（一）非法劫持飞行中的航空器；

（二）非法劫持地面上的航空器；

（三）在航空器上或机场扣留人质；

（四）强行闯入航空器、机场或航空设施场所；

（五）为犯罪目的而将武器或危险装置或材料带入航空器或机场；

（六）散布诸如危害飞行中或地面上的航空器、机场或民航设施场所内的旅客、机组、地面人员或大众安全的虚假信息。

值勤期，是指航空安全员在接受公共航空运输企业安排的飞行任务后，从为了完成该次任务而到指定地点签到时刻开始（不包括从居住地或驻地到报到地点所用的地面时间），到解除任务签出时刻为止的连续时间段。在一个值勤期内，如果航空安全员能在有睡眠条件的场所得到休息，则该休息时间可以不计入该值勤期的值勤时间。

休息期，是指从航空安全员到达驻地起，到为执行下一次任务离开驻地为止的连续时间段，在该段时间内，公共航空运输企业不得为该航空安全员安排任何工作和给予任何干扰。

第二章　飞行中安全保卫职责

第五条　公共航空运输企业负责旅客运输飞行中航空器的安全保卫工作。

公共航空运输企业应当设置负责航空安全员管理的机构，配备足够的管理人员、后勤保障人员和资源。

公共航空运输企业应当按照《航空安全员合格审定规则》（CCAR—69）和民航局其他相关规定派遣航空安全员。

公共航空运输企业应当根据本规则制定执行程序，并纳入本企业安全保卫方案。

公共航空运输企业可以对所属航空安全员实行技术等级制度。

公共航空运输企业应当积极配合民航局或地区管理局实施的监督检查，按照要求提供相关材料。

第六条　机长在执行职务时，为保护航空器、所载人员和财产的安全，维护航空器内的良好秩序，可以行使下列权力：

（一）在航空器起飞前，发现有关方面对航空器未采取必需的安全保卫措施的，可以拒绝起飞；

（二）对航空器上的扰乱行为，可以要求航空安全员及其他机组人员对行为人采取必要的管束措施或者强制其离机；

（三）对航空器上的非法干扰行为等严重危害飞行安全的行为，可以要求航空安全员及其他机组人员启动相应处置程序，采取必要的制止、制服措施；

（四）对航空器上的扰乱行为或者非法干扰行为等严重危害飞行安全行为，必要时还可以请求旅客协助；

（五）在航空器上出现扰乱行为或者非法干扰行为等严重危害飞行安全行为时，根据需要改变原定飞行计划或对航空器做出适当处置。

第七条 航空安全员在机长的领导下负责维护航空器内的秩序，制止威胁民用航空飞行安全的行为，保护所载人员和财产的安全，依法履行下列职责：

（一）对航空器客舱实施保安检查；

（二）根据需要检查旅客登机牌及相关证件；

（三）对受到威胁的航空器进行搜查，妥善处置发现的爆炸物、燃烧物和其他可疑物品；

（四）制止未经授权的人员或物品进入驾驶舱；

（五）对航空器上的扰乱行为人采取必要的管束措施或者强制其离机；

（六）防范和制止非法干扰行为等严重危害飞行安全的行为；

（七）法律、行政法规规定的其他职责。

航空安全员在执勤时应当严格执行执勤程序，不得从事可能影响其履行职责的活动。

第八条 其他机组人员应当服从机长的统一指挥，按照分工维护客舱正常秩序，发现航空器上可疑情况及时通知航空安全员，协助机长和航空安全员妥善处置飞行中出现的扰乱行为或者非法干扰行为等严重危害飞行安全行为。

第九条 旅客应当遵守民用航空相关规定，保持航空器内的良好秩序；发现航空器上可疑情况时，可以向本航班机组人员举报，并有权了解处理结果。旅客在协助机长和航空安全员处置扰乱行为或者非法干扰行为等严重危害飞行安全行为时，应当听从机长指挥。

第三章　勤务一般规定

第十条 公共航空运输企业应当建立航空安全员值班备勤制度，在其各航空安全员派出地设立值班备勤部门，配备必需的通信联系设备和工作人员，保证信息传递畅通。

公共航空运输企业应当安排充足的航空安全员作为备勤人员，确保可以随时根据需要增派航空安全员。

第十一条 公共航空运输企业应当按照民航局的有关要求，为航空安全员配备符合标准的器械。

公共航空运输企业应当对器械实施统一管理，明确器械管理责任，妥善保管器械，对器械及其领取、移交和交回进行登记，严防丢失；定期对器械进行检查，对损坏或失效的器械及时维护或更新。

航空安全员在执勤时应当携带按规定配备的器械，并对值勤期内器械的使用和保管负责。

航空安全员使用制服性器械应当以制止违法犯罪行为为限度，当违法犯罪行为得到制止时，应当立即停止使用。

第十二条 公共航空运输企业运行的航空器上应当携带航空器客舱保安资料，包括：

（一）适合本机型的客舱保安搜查单；

（二）发现爆炸物或可疑物时的处置程序；

（三）航空器上最低风险爆炸位置的相关资料。

第十三条 航空安全员在执勤时，应当携带以下证件及资料：

（一）航空安全员执照；

（二）体格检查合格证书；

（三）中国民航空勤登机证；

（四）航空器客舱保安检查单；

（五）航空安全员执勤日志；

（六）机上事件移交单。

第十四条 公共航空运输企业应当为执勤的航空安全员在航空器上预留座位，座位的安排以便于航空安全员执勤为原则。

第十五条 航空安全员在饮用含酒精饮料之后的 8 小时之内，或处在酒精作用之下，血液中酒精含量等于或者大于 0.04%，或受到药物影响损及工作能力时，不得在航空器上履行航空安全员职责。公共航空运输企业在明知该航空安全员存在上述情况时，不得允许其在航空器上履行航空安全员职责。

公共航空运输企业应当严格控制航空器上含酒精饮料的供应量，避免机上人员饮酒过量。

第十六条 航空安全员及其他机组成员应当按照航空器客舱保安检查单，对执勤的航空器，在旅客下机后、登机前进行客舱保安检查，确保航空器上没有未经授权的武器、爆炸物以及其他危险物品。

航空安全员在旅客登机前实施的保安检查，还应当填写客舱保安检查单，与执勤日志一并提交。

第十七条 航空安全员应当对飞行中的航空器驾驶舱采取保护措施，监护驾驶舱门，防止未经授权的人员和与飞行无关的物品进入驾驶舱。

除下列人员外，任何人不得进入飞行中的航空器驾驶舱：

（一）机组人员；

（二）正在执行任务的民航局或者地区管理局的监察员或委任代表；

（三）得到机长允许并且其进入驾驶舱对于安全运行是必需或者有益的人员；

（四）经机长同意，并经公共航空运输企业特别批准的其他人员。

第十八条 在接到有关部门关于押解或遣返人员乘坐航空器的通知后，公共航空运输企业应当采取以下措施：

（一）及时将该信息通知该航班机长，以便采取适当的保护措施；

（二）要求被押解或遣返人员在其他旅客登机之前登机，在其他旅客下机之后下机；

（三）不得向被押解或遣返人员提供金属餐具和含酒精饮料；

（四）由航空安全员对被押解或遣返人员实施全程监控，严防失控。

第十九条 当携带武器人员乘坐航空器时，公共航空运输企业应当采取以下措施：

（一）在携带武器人员登机前，告知其相关规定；

（二）要求机长在接到通知后，将携带武器人员的数量和座位位置通知航空安全员及其他机组人员；

（三）不得向携带武器人员提供含酒精饮料。

第二十条 公共航空运输企业应当建立航空安全员执勤日志制度，记录飞行的安全保卫情况。

航空安全员应当在飞行结束后填写本次飞行的执勤日志，并在执勤结束后将其提交值班备勤部门妥善保存。

第四章 扰乱行为以及非法干扰行为等严重危害飞行安全行为的处置程序

第二十一条 飞行中的航空器上出现扰乱行为时，航空安全员应当按照本企业制定的扰乱行为管理程序对其进行管理。对下列扰乱行为，应当口头予以制止；制止无效的，应当采取约束性措施予以管束：

（一）违反规定使用手机或者其他禁止使用的电子设备的；

（二）使用明火或者吸烟的；

（三）强占座位、行李架的；

（四）盗窃、故意损坏、擅自移动航空器设备的；

（五）妨碍机组人员履行职责或者煽动旅客妨碍机组人员履行职责的；

（六）打架斗殴、寻衅滋事的；

（七）危及民用航空安全和扰乱客舱秩序的其他行为。

第二十二条 飞行中的航空器上出现下列严重危害飞行安全的行为时，航空安全员应当按照公共航空运输企业制定的处置程序立即采取措施予以制止：

（一）非法干扰行为；

（二）强行冲击驾驶舱；

（三）放火、爆炸、杀人等其他严重威胁飞行安全和他人人身安全的行为；

（四）破坏航空器设备，对飞行安全构成严重威胁的行为；

（五）以暴力方法抗拒或者阻碍航空安全员执行任务或者暴力袭击航空安全员，危及航空安全员生命安全的行为。

第二十三条 遇有炸弹威胁，需要对航空器客舱进行保安搜查时，航空安全员及其他机组成员应当按照航空器客舱保安搜查单实施搜查。发现爆炸物或可疑物时，航空安全员应当按照发现爆炸物或可疑物时的处置程序进行处置。

第二十四条 在对航空器上出现的扰乱行为或者非法干扰行为等严重危害飞行安全行为处置结束后，机长应当责成航空安全员填写机上事件移交单。经机长签字确认后，航空安全员应当将行为人与有关证据一并移交有管辖权的机场公安机关调查处理。对于航空器起飞后发生的事件，移交最先降落地机场公安机关；航空器未起飞时发生的事件，移交起飞地机场公安机关。

国际民用航空运输中发生的扰乱行为或者非法干扰行为等严重危害飞行安全行为的移交程序按照有关国际条约或协定办理。

第二十五条 国内民用航空运输中发生的非法干扰行为等严重危害飞行安全行为，公共航空运输企业应当立即向民航局和地区管理局报告，并在处置结束后20个日历日内将书面报告提交地区管理局。航空器起飞后发生的事件，提交给最先降落地机场所在地地区管理局；航空器未起飞时发生的事件，提交给起飞地机场所在地地区管理局。

国际民用航空运输中发生的非法干扰事件等严重危害飞行安全行为，公共航空运输企业应当立即报告民航局，并在处置结束后20个日历日内将书面报告提交给民航局。

第五章　训　　练

第二十六条 公共航空运输企业应当按照民航局规定的训练大纲，制定相应的训练实施方案，为所有航空安全员和其他机组人员提供充分的安全保卫训练。

第二十七条 《航空安全员合格审定规则》(CCAR—69)规定的日常训练由公共航空运输企业负责实施。实施日常训练时应当提供:

(一)必需的场地、设施和设备;

(二)现行有效的教材、指南和考试复习题。

《航空安全员合格审定规则》(CCAR—69)规定的其他训练应当由符合民航局要求的训练机构实施。

航空安全员的训练和考试应当由符合《航空安全员合格审定规则》(CCAR—69)规定的教员或考官实施。

第二十八条 公共航空运输企业应当为其航空安全员建立个人技术档案,档案内容主要包括:各种训练及考试记录、飞行记录、其造成的事故及事故征候结论以及奖惩记录等。

公共航空运输企业应当在航空安全员及其他机组人员所服务的基地保存航空安全员技术档案和其他机组人员安全保卫训练记录。航空安全员及其他机组人员不再服务于该企业时,公共航空运输企业应当及时按照档案管理制度移交相关材料。

第六章 航空安全员值勤期、休息期和飞行时间要求

第二十九条 航空安全员的值勤期和休息期要求如下:

(一)航空安全员的值勤期在14小时以内的,值勤期后应当安排至少连续9小时的休息期;

(二)航空安全员的值勤期超过14小时的,值勤期后应当安排至少连续12小时的休息期;

(三)航空安全员的值勤期不得超过20小时。但由于运行延误,所安排的飞行没有按预计时间到达目的地,导致值勤期超出了限制时间的,不认为该航空安全员超出了值勤期限制;

(四)如果飞行的终止地点所在时区与航空安全员驻地所在时区之间有6个或6个小时以上时差,值勤期后应当安排至少连续48小时的休息期;

(五)休息期应当安排在该值勤期结束时刻与下一值勤期开始时刻之间。公共航空运输企业将航空安全员运送到执行飞行任务的机场,或者将其从解除任务的机场运送回驻地的,在途时间不得计入休息期。

第三十条 除民航局另有要求外,公共航空运输企业在为航空安全员安排飞行时,应当保证航空安全员的总飞行时间符合以下规定:

(一)在任何连续7个日历日内不超过40小时;

（二）任一日历月内不得超过 120 小时；

（三）任一日历年内不得超过 1300 小时。

航空安全员在航空器上履行其他职责的时间应当计入航空安全员的飞行时间。

第三十一条 公共航空运输企业不得派遣航空安全员在超出本章规定的航空安全员值勤期限制、飞行时间限制和不符合休息要求的情况下执勤，航空安全员也不得接受超出这些限制和要求的执勤指派。

第七章 法律责任

第三十二条 公共航空运输企业存在下列行为之一的，由民航局或地区管理局责令改正，并处以警告或者人民币 1 万元以上 3 万元以下罚款：

（一）未按照本规则第五条第一款、第二款、第四款或第六款的规定履行职责的；

（二）违反本规则第三章的勤务相关规定，影响安全的；

（三）违反本规则第四章的规定，未及时按照程序处置扰乱行为以及非法干扰行为等严重危害飞行安全行为，或者未及时提交书面报告的；

（四）未按照本规则第五章的规定实施训练的；

（五）违反本规则第三十一条关于值勤期、休息期或者飞行时间限制的规定，派遣航空安全员执勤的。

第三十三条 违反本规则第五条第三款规定，公共航空运输企业派遣未取得有效航空安全员执照的人员执行飞行任务的，由民航局或者地区管理局责令改正，并处以 5 万元以上 20 万元以下罚款。

第三十四条 机组人员未按照本规则规定履行安全保卫职责的，由民航局或地区管理局处以警告或 1000 元以下罚款。

第三十五条 对于扰乱行为人或者非法干扰行为等严重危害飞行安全的行为人，由具有管辖权的公安机关在调查结束后，依据《中华人民共和国治安管理处罚法》给予处罚；构成犯罪的，依法追究刑事责任。

第八章 附 则

第三十六条 本规定自 2016 年 4 月 4 日起施行。

1997 年 12 月 31 日颁布的《航空安全员管理规定》（民航总局令第 72 号）及与本规则不一致的其他规定，自本规则施行之日起废止。

大型飞机公共航空运输承运人运行合格审定规则

（1999年5月5日民航总局令第140号公布　2000年7月18日第一次修订　2005年2月25日第二次修订　2006年10月30日第三次修订　2016年3月4日第四次修订　2016年3月4日交通运输部令2016年第6号公布　自2016年4月4日起施行）

目　录

第 121.355 条　使用特殊导航方法的运行所用的设备
第 121.356 条　机载防撞系统
第 121.357 条　机载气象雷达设备要求
第 121.358 条　低空风切变系统的设备要求
第 121.359 条　驾驶舱话音记录器
第 121.360 条　近地警告/下滑道偏离警告系统
第 121.361 条　飞机标记和标牌的文字要求

L 章　飞机维修

第 121.362 条　总则
第 121.363 条　适航性责任
第 121.365 条　合格证持有人的维修系统
第 121.366 条　维修工程管理手册
第 121.367 条　飞机维修方案
第 121.368 条　可靠性方案
第 121.371 条　维修系统的机构和人员
第 121.372 条　培训大纲和人员技术档案
第 121.373 条　飞机的修理和改装
第 121.375 条　飞机的适航性检查
第 121.379 条　飞机放行
第 121.380 条　维修记录

M 章　机组成员和其他航空人员的要求

第 121.381 条　航空人员的条件及限制
第 121.383 条　飞行机组的组成
第 121.385 条　飞行机械员
第 121.387 条　领航员和特殊导航设备
第 121.389 条　飞行通信员
第 121.391 条　客舱乘务员
第 121.393 条　在经停站旅客不下飞机时对机组成员的要求
第 121.395 条　飞行签派员
第 121.397 条　紧急情况和应急撤离职责

N 章　训练大纲

第 121.401 条　训练的基本要求
第 121.402 条　实施训练的特殊规定
第 121.403 条　训练大纲的制订要求

第 121.535 条　运行通告
第 121.537 条　运行时刻表
第 121.538 条　客舱乘务员机型数量的限制
第 121.539 条　飞行机组成员的值勤要求
第 121.541 条　在操作位置上的飞行机组成员
第 121.543 条　操纵装置的控制
第 121.545 条　进入驾驶舱的人员的限制
第 121.547 条　局方监察员进入驾驶舱的权力
第 121.549 条　飞行装具
第 121.550 条　机场运行最低标准
第 121.551 条　国内、国际定期载客运行的运行限制或者暂停运行
第 121.552 条　补充运行的运行限制或者暂停运行
第 121.553 条　国内、国际定期载客运行对批准航路和限制的遵守
第 121.555 条　最低油量的宣布
第 121.556 条　国内、国际定期载客运行的紧急情况
第 121.557 条　危险天气和地面设施与导航设施不正常的报告
第 121.558 条　补充运行的紧急情况
第 121.559 条　机械故障的报告
第 121.561 条　发动机不工作时的着陆和报告
第 121.563 条　仪表进近程序和仪表飞行规则着陆最低标准
第 121.565 条　飞机互换
第 121.567 条　飞机应急撤离的能力
第 121.569 条　起飞前对旅客的简介
第 121.571 条　延伸跨水运行中对旅客的简介
第 121.573 条　便携式电子设备的禁用和限制
第 121.574 条　旅客医用氧气
第 121.575 条　在机上饮用含酒精饮料的限制
第 121.576 条　航空卫生保障
第 121.577 条　禁止使用和携带毒品、麻醉药品和精神药品
第 121.579 条　饮用含酒精饮料后的值勤限制
第 121.581 条　客舱和驾驶舱内大件物品的固定
第 121.583 条　飞机地面移动、起飞和着陆期间食品、饮料和旅客服务设施的固定
第 121.585 条　客舱臭氧浓度

民用航空气象探测设施及探测环境管理办法

（2016 年 3 月 4 日交通运输部令 2016 年第 7 号公布　2016 年 4 月 4 日起施行）

第一章　总　则

第一条　为了规范民用航空气象探测设施管理和气象探测环境保护工作，保证气象探测信息的代表性、准确性和连续性，根据《中华人民共和国气象法》、《民用机场管理条例》和《气象设施和气象探测环境保护条例》，制定本办法。

第二条　本办法适用于民用航空气象探测设施建设和探测环境的选择、保护工作。

第三条　民用航空气象探测设施，是指下列用于民用航空气象探测的场所、设备和满足设备运行环境要求的设施：

（一）气象观测平台、气象观测场；

（二）自动气象观测系统、自动气象站及其设备；

（三）天气雷达；

（四）风温廓线雷达；

（五）其他用于民用航空气象探测的设备。

第四条　民用航空气象探测环境，是指为避开各种干扰，保证民用航空气象探测设施准确获得气象探测信息所必需的最小距离构成的环境空间。

第五条　中国民用航空局（以下简称民航局）对全国民用航空气象探测设施建设及探测环境实施监督管理。

中国民用航空地区管理局（以下简称地区管理局）负责本辖区民用航空气象探测设施建设及探测环境的监督管理工作。

第六条　民用航空气象探测设施的建设应当符合民航建设规划，民用机场区域内的气象探测设施建设应当纳入民用机场总体规划。

第七条　民用航空气象探测设施应当符合国家和民航相关的技术要求。不符合技术要求的气象探测设施不得用于与民用航空气象服务有关的活动。

第八条 民用航空气象探测设施位置应当保持稳定，任何单位或者个人不得擅自迁移民用航空气象探测设施。

第九条 任何单位和个人都有义务保护民用航空气象探测设施和气象探测环境，并有权对破坏气象探测设施和气象探测环境的行为进行举报。

第二章 民用航空气象探测设施建设

第一节 建设内容

第十条 民用运输机场应当建设气象观测平台、气象观测场、自动气象观测系统。

第十一条 民用运输机场应当配置以下基本气象观测设备，以满足探测云、垂直能见度、跑道视程、气象光学视程、地面风、气压、气温、湿度、最高气温、最低气温和降水量等气象要素的需要。

民用运输机场应当配备移动式综合气象观测设备，以满足温度、湿度、风向风速、气压的需要。

第十二条 民用运输机场可以综合机场地形地貌、气候特点、重要天气预报预警的需要、飞行量以及运行的可行性等因素，选择配置以下非基本配置的气象探测设备：

（一）天气雷达；

（二）风温廓线雷达；

（三）其他用于民用航空气象探测的非基本气象探测设备。

第十三条 民用通用机场应当能够获取本机场实时地面风向、风速、温度、湿度、气压等气象要素。

第二节 建设要求

第十四条 民用航空气象探测设施建设单位在编制可行性研究报告之前应当完成相关的需求分析、环境分析、建设必要性分析等。

配置非基本配置的气象探测设备的应当对一个或以上拟选场址的地理环境、空间环境进行分析。

第十五条 民用航空气象探测设施建设项目可行性研究报告应当至少包括以下内容：

（一）建设的主要内容、探测环境选择、供电环境、通讯环境、防雷环境、功能、投资匡算、运行的可行性；

（二）更新、改扩建项目应当增加探测设施现状、存在的问题分析；

（三）配置非基本配置的气象探测设备的应当增加地形地貌、气候特点、运行需求、气象服务需求、选址报告，偏离规定要求的场址，还应当有论证评估报告。

第十六条 民用航空气象探测设施建设项目初步设计报告应当符合相关规定的要求。

第十七条 民用航空气象探测设施设备工艺安装应当符合设备的环境、供电、防静电、防雷等相关要求。

第十八条 民用航空气象探测设施建设项目应当按照有关规定进行验收。

第三章 民用航空气象探测环境的选择

第一节 探测环境选择要求

第十九条 气象观测平台应当紧邻观测值班室设立，观测平台与机场标高的高度差应当小于20米。在观测平台上观测员应当能够目视至少一条跑道及其航空器最后进近区域。

第二十条 气象观测场的探测环境应当符合下列规定：

（一）应当视野开阔、地势平坦、保证气流畅通，四周10米范围内不应当有1米以上障碍物；

（二）与周围大部分地区的自然地理条件基本相同，土壤性质与附近地区的基本一致，海拔高度应当尽可能地接近机场跑道的海拔高度；

（三）应当避开飞机发动机尾部气流和其他非自然气流经常性的影响，不应当选择在大面积的水泥地面附近；

（四）空间应当满足场内观测设备的安装和观测气象要素的要求。

第二十一条 自动气象观测设备的安装应当符合下列规定：

（一）大气透射仪或前向散射仪应当安装在跑道接地地带、停止端和中间地带。其安装位置距跑道中心线一侧不超过120米但不小于90米，距跑道入口处和跑道停止端各向内约300米处及跑道中间地带；

如果使用大气透射仪测量跑道视程（RVR），距跑道入口处的距离应当以大气透射仪的接收端为准；

（二）温度、湿度、气压传感器应当安装在跑道接地地带和跑道停止端，且距跑道中心线一侧不超过120米但不小于90米、距跑道入口处和停止端处各向内约300米处；

（三）降水和天气现象传感器应当安装在跑道接地地带，且距跑道中心线一侧不超过120米但不小于90米、距跑道入口处向内约300米处，但降水传感器距其他设备不应当小于3米；

（四）云高仪应当安装在机场中指点标台附近或者跑道中线延长线900至1200米处，如果不能安装在该处，可以安装在航空器接地地带，但应当符合升降带的安全要求；

（五）风向风速仪应当安装在跑道接地地带、停止端和中间地带，且距跑道中心线一侧不超过120米但不小于90米、距跑道入口处和跑道停止端各向内约300米处及跑道中间地带；

（六）自动气象观测设备各传感器的安装应当满足机场建设相关规定。

第二十二条 自动气象观测设备与四周孤立障碍物的距离应当不小于该障碍物高度的3倍或者障碍物遮挡仰角不大于18.44度；与四周成排障碍物的距离应当不小于该障碍物高度的10倍或者障碍物遮挡仰角不大于5.71度。

第二十三条 用于测量跑道视程的大气透射仪传感器发射和接收镜头相对跑道面高度为2.5米；测量跑道视程的前向散射仪发射和接收光路交叉点的高度相对跑道面高度为2.5米；温度和湿度、气压传感器相对地面高度为1.5米；降水传感器筒口相对地面高度为0.7米；风向风速传感器相对地面高度为10米。

第二十四条 自动气象观测设备各传感器安装地带下垫面应当与周围大部分地区的自然地理条件基本相同。

第二十五条 天气雷达应当能够探测影响本机场主要天气系统的来向、影响本机场的重要天气和主降区域。

第二十六条 机场天气雷达选址应当符合下列地理环境要求：

（一）机场天气雷达站址应当避开洪水、泥石流、山体滑坡等自然灾害频发地点，避开腐蚀性气体、工业污染的高发地；

（二）机场天气雷达站址应当选择无地质断裂结构、地质稳定性好、地表坚硬的地点。

第二十七条 机场天气雷达选址应当符合下列净空环境要求：

（一）所选站址四周应当开阔，距其较近处无高山、铁塔、较高大树林以及高大建筑物等的遮挡，安装点应平坦；

（二）在雷达主要探测方向上（服务重点地区、天气系统的主要来向）的遮挡物对雷达天线的遮挡仰角应当小于1度；在非主要探测方向50公里范围内，非孤立障碍物对雷达天线遮挡仰角小于2度的方向应当不小于50%；障碍物对天气雷达造成的回波强度损失应当不大于20%；

（三）海拔3公里高度的雷达射束能够覆盖重要天气频发区及上游地区。

第二十八条 机场天气雷达的天线及雷达附属设施不应当穿透仪表着陆系统障碍物评价面。

第二十九条 机场天气雷达选址应当符合下列电磁环境要求：

（一）所选站址应当尽量避开高压线、风站、电站、电台、工业干扰源等；

（二）以天线为中心半径450米的范围以内，不应有金属建筑物、密集的居民楼、高压输电线塔等，半径800米的范围内，不应有能产生有源干扰的电气设施；

（三）不可避免的有源干扰造成的雷达接收机灵敏度损失应当不大于20%。

第三十条 机场天气雷达站址应当选择在通信环境与通信传输条件良好的地点，便于建立与运输机场的宽带通信链路，以确保雷达探测数据和遥控信息的实时、可靠传输。

第三十一条 机场天气雷达选址应当符合下列基础环境要求：

（一）机场天气雷达站址水、电、路等基础设施应当具备建设条件；

（二）所选站址的供电质量应当满足雷达系统用电需求，供电系统的负荷应当有足够的冗余。

第三十二条 机场天气雷达的无线电工作频率应当得到机场所在地无线电管理机构的批准。

第三十三条 风温廓线雷达选址应当符合下列要求：

（一）四周的障碍物对风温廓线雷达的阵面遮蔽角应当小于15度；

（二）距离无线电发射塔和其他微波发射源应当大于1公里；

（三）风温廓线雷达的天线及雷达附属设施不应当穿透仪表着陆系统障碍物评价面。

第三十四条 风温廓线雷达的无线电工作频率应当得到机场所在地无线电管理机构的批准。

第三十五条 其他民用航空气象探测设施探测环境选择应当符合相关地理环境、净空环境、通信环境、基础环境和电磁环境的要求，并最大限度满足实际探测需求。

第二节 探测环境选择管理

第三十六条 新建、迁建民用航空气象探测设施，项目立项（代可研）报告批复后，项目法人单位应当将气象探测环境选择的相关材料报地区管理局备案，非基本配置的气象探测设备探测环境的选择应当编制选址报告一并备案。

第三十七条 新建或迁建自动气象观测系统、自动气象站的备案材料应当包括《自动气象观测系统、自动气象站探测环境备案表》（见附件一）。

第三十八条　新建或迁建天气雷达的备案材料应当包括：

（一）天气雷达选址的探测环境符合性说明材料；

（二）天气雷达的天线及雷达附属设施未穿透仪表着陆系统障碍物评价面的说明材料；

（三）具有测量资质的机构出具的天气雷达10000米范围内障碍物遮蔽角计算表（见附件二）；

（四）天气雷达站环境平面图（见附件三）；

（五）具有测量资质的机构出具的天气雷达站全向遮蔽角图（见附件四）；

（六）等射束高度图（见附件五）；

（七）具有电磁环境测量资质的机构出具的电磁环境测量报告；

（八）机场所在地无线电管理机构关于天气雷达频率使用的证明文件；

（九）所选择探测环境偏离本规章规定的，应当提交探测环境对探测和服务的影响论证评估结果及相关材料；

（十）关于影响本机场主要天气系统和影响本机场重要天气的观测及论证报告。

第三十九条　新建或迁建风温廓线雷达的备案材料应当包括：

（一）机场所在地无线电管理机构关于风温廓线雷达频率使用的证明文件；

（二）所选场址四周障碍物对风温廓线雷达阵面形成的遮蔽角；

（三）所选场址与周围无线电发射塔和其他微波发射源的距离；

（四）所选场址风温廓线雷达的天线及雷达附属设施未穿透仪表着陆系统障碍物评价面的说明材料；

（五）所选择探测环境偏离本规章规定的，应当提交探测环境对探测和服务的影响论证评估结果及相关材料。

第四十条　新建或迁建其他气象探测设施的备案材料应当包括相应探测环境选择报告及相关说明材料，涉及无线电频率的应当提供机场所在地无线电管理机构关于频率使用的证明文件。

第四十一条　民用航空气象探测设施建设单位应当根据观测和探测的具体目标选择其他气象探测设施的场址或探测环境。

第四十二条　民用航空气象探测设施建设单位所选择的气象探测环境偏离本规章规定的，应当由项目建设单位组织论证，根据项目审批权限由民航局或地区管理局组织评估，地区管理局组织的评估应当报民航局核准。

第四章　民用航空气象探测环境的保护

第四十三条　民用航空气象探测设施所属单位应当在气象探测设施附近

显著位置设立保护标志，标明保护要求。

第四十四条 在民用航空气象探测环境保护范围内实施建设工程的，建设项目法人应当就建设工程对气象探测环境的影响组织论证评估。未组织论证评估或不采取有效补救措施的，有关部门不得批准其开工建设。

第四十五条 禁止实施下列危害民用航空气象探测设施的行为：

（一）侵占、损毁、擅自移动气象探测设施或者侵占气象探测设施用地；

（二）在气象设施周边进行危及气象探测设施安全的爆破、钻探、采石、挖砂、取土等活动；

（三）挤占、干扰依法设立的气象无线电台（站）、频率；

（四）设置影响民用航空气象探测设施使用的干扰源；

（五）法律、行政法规和行业规定的其他危害气象探测设施的行为。

第四十六条 禁止实施下列危害民用航空气象探测环境的行为：

（一）设置危害民用航空气象探测环境的障碍物；

（二）进行危害民用航空气象探测环境的取土、焚烧、放牧等活动；

（三）设置影响民用航空气象探测设施工作效能的电磁辐射装置；

（四）其他危害民用航空气象探测环境的行为。

第五章　法律责任

第四十七条 未按照本规章规定配置民用航空气象探测设施的，由民航局或地区管理局责令限期改正；逾期未改正的，对气象服务机构所在单位处以警告或者1万元以上3万元以下罚款。

第四十八条 使用不符合技术要求的民用航空气象探测设施进行与民用航空气象服务有关活动的，由民航局或地区管理局责令其限期改正；逾期未改正的，对民用航空气象服务机构所在单位处以警告或者1万元以下罚款；造成严重后果的，对民用航空气象服务机构所在单位处以1万元以上3万元以下罚款。

第四十九条 民用航空气象探测环境不符合本规章有关要求的，由民航局或地区管理局责令建设单位或民用航空气象服务机构所在单位限期改正；逾期未改正的，对相关单位处以警告或者1万元以下罚款；造成严重后果的，对相关单位处以1万元以上3万元以下罚款。

第五十条 所选择的机场天气雷达、风温廓线雷达探测环境不符合本规章规定且不能探测影响机场的重要天气或主降区域而建设的，由民航局或地区管理局责令其限期改正；逾期未改正的，对建设单位处以1万元以上3万元以下罚款。

第五十一条 民用航空气象设施探测环境选择未向地区管理局备案的，由民航局或地区管理局责令项目法人单位改正；逾期未改正的，处以警告或者1万元以下罚款。

第五十二条 危害民航气象探测设施或民航气象探测环境的，由民航局或地区管理局责令限期改正；逾期未改正的，对造成危害的单位处以1万元以上3万元以下罚款，对造成危害的个人处以200元以上1000元以下罚款。

第六章 附 则

第五十三条 本办法自2016年4月4日起施行。

附件1

自动气象观测系统、自动气象站探测环境备案表

<table>
<tr><td>机场类型</td><td></td><td>跑道标号</td><td></td></tr>
<tr><td>跑道方位</td><td></td><td>跑道长度(米)</td><td></td></tr>
<tr><td>设备型号</td><td colspan="3"></td></tr>
<tr><td colspan="2">大气透射仪基线长度(米)</td><td colspan="2"></td></tr>
<tr><td>设备配置</td><td colspan="3"></td></tr>
<tr><td>各传感器相对于跑道的位置</td><td colspan="3"></td></tr>
</table>

附件 2

天气雷达 10000 米范围内障碍物遮蔽角计算表

名　　称	真方位（度）	海拔高度（米）	离地高度（米）	与雷达距离（米）	天线中心遮蔽仰角（度）	水平张角（度）

注：障碍物水平张角只填写 5000 米范围内的。

附件 3

天气雷达站环境平面图

台站名称		天线位置地理坐标	东经________ 北纬________	天线位置海拔高度	________米

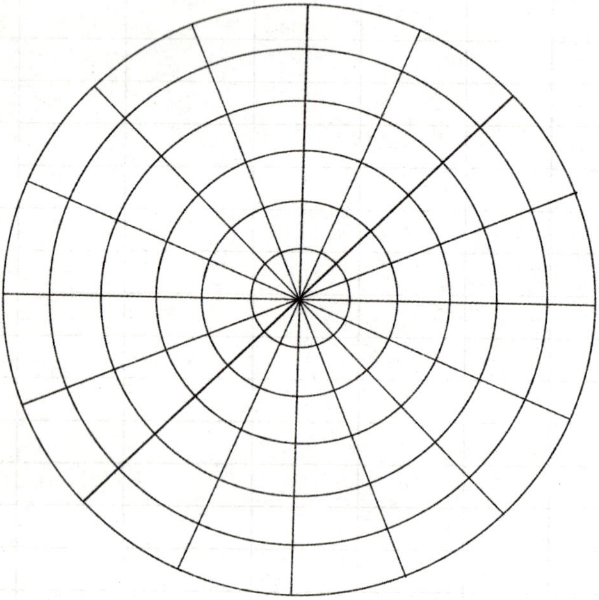

备　　注	

填报说明：

1. 天气雷达站场地环境平面图的方位标线统一用真方位角表示，每隔 22.5 度标出一条；距离标线为每圈 1 公里。

2. 图中按国家标准规定的地图标号，标出雷达站周围的主要建筑物、公路、铁路、机场跑道、金属架空线缆、山脉等。

3. 地形地物所占的水平张角，应按实测数据标出。

附件 4

天气雷达站全向遮蔽角图

台站名称		天线位置	东经______ 北纬______	天线高度	标高______米 距地面高度______

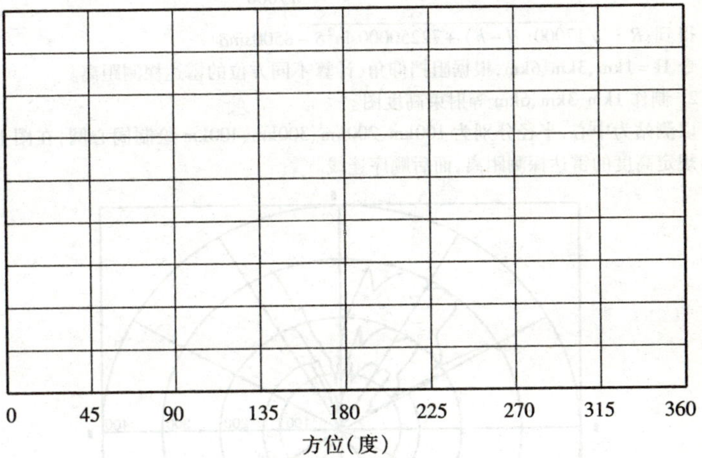

备　　注	雷达天线中心位置磁偏角

填报说明：

1. 根据附件 2 的计算结果填报本图。统一方位(真方位)上有多个遮蔽物时取得最大遮蔽角。

2. 遮蔽角的观测点为雷达天线的中心点，每隔 2～5 度(视遮蔽角变动的剧烈程度而定)测量一点；遇到孤立障碍物，应测出其最大遮蔽角及水平张角；最终将各测量点连成曲线。遮蔽角刻度可根据各站点的环境自行确定。

3. 对于明显的遮蔽角，应在图上注明构成遮蔽角的障碍物的性质，如山峰、铁塔、建筑群等。

附件 5

等射束高度图

1. 计算各方向上指定高度的雷达探测距离。

根据标准大气时的雷达测高公式：

$$H = h + R\sin\delta + \frac{R^2}{17000}$$

得到：$R = \sqrt{17000(H-h) + 72250000\sin^2\delta} - 8500\sin\delta$

令 H = 1km、3km、6km，根据阻挡仰角，计算不同方位的雷达探测距离。

2. 制作 1km、3km、6km 等射束高度图。

以测站为中心，半径分别为 100km、200km、300km、400km 绘制同心圆，在图上依次标出规定高度的雷达探测距离，而后顺序连线。

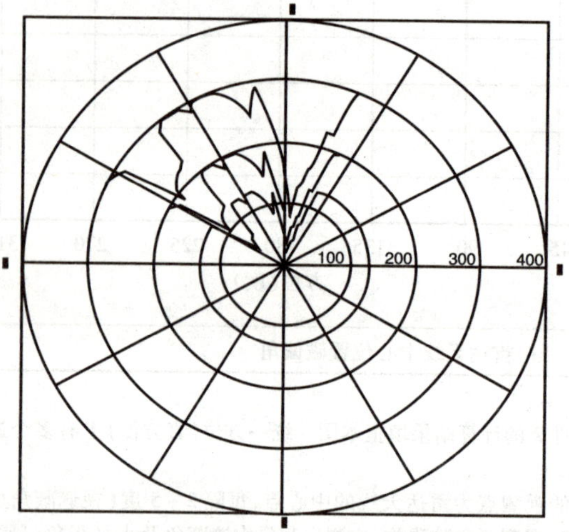

等射束高度图样式

民用航空安全信息管理规定

（2016 年 3 月 4 日交通运输部令 2016 年第 8 号公布　自 2016 年 4 月 4 日起施行）

第一章　总　则

第一条　为了规范民用航空安全信息收集、分析和应用，实现安全信息共享，推进安全管理体系建设，及时发现安全隐患，控制风险，预防民用航空事故，根据《中华人民共和国安全生产法》、《中华人民共和国民用航空法》等国家法律、行政法规，制定本规定。

第二条　本规定适用于中国民用航空局（以下简称民航局）、中国民用航空地区管理局（以下简称地区管理局）、中国民用航空安全监督管理局、中国民用航空安全监督运行办公室（以下统称监管局）、在中华人民共和国境内注册的民用航空企事业单位（以下简称企事业单位）及其从业人员的民用航空安全信息管理。

在中华人民共和国境内实施运行的外国公共航空运输承运人（以下简称外国航空公司）和个人的民用航空安全信息管理也应当遵守本规定。

第三条　本规定所称民用航空安全信息是指事件信息、安全监察信息和综合安全信息。

（一）事件信息，是指在民用航空器运行阶段或者机场活动区内发生航空器损伤、人员伤亡或者其他影响飞行安全的情况。主要包括：民用航空器事故（以下简称事故）、民用航空器事故征候（以下简称事故征候）以及民用航空器一般事件（以下简称一般事件）信息；

（二）安全监察信息，是指地区管理局和监管局各职能部门组织实施的监督检查和其他行政执法工作信息；

（三）综合安全信息，是指企事业单位安全管理和运行信息，包括企事业单位安全管理机构及其人员信息、飞行品质监控信息、安全隐患信息和飞行记录器信息等。

第四条　民用航空安全信息工作实行统一管理、分级负责的原则。

民航局民用航空安全信息主管部门负责统一监督管理全国民用航空安全信息工作，负责组织建立用于民用航空安全信息收集、分析和发布的中国民用航空安全信息系统。

地区管理局、监管局的民用航空安全信息主管部门负责监督管理本辖区民用航空安全信息工作。

第五条 企事业单位负责管理本单位民用航空安全信息工作，制定包括自愿报告在内的民用航空安全信息管理程序，建立具备收集、分析和发布功能的民用航空安全信息机制。企事业单位的民用航空安全信息管理程序应当报所属地监管局备案。

第六条 民航局支持中国民用航空安全自愿报告系统建设，鼓励个人积极报告航空系统的安全缺陷和隐患。

第七条 民航局支持开展民用航空安全信息收集、分析和应用的技术研究，对在民用航空安全信息管理工作中做出突出贡献的单位和个人，给予表彰和奖励。

第八条 局方和企事业单位应当充分利用收集到的民用航空安全信息，评估安全状况和趋势，实现信息驱动的安全管理。民用航空安全信息量不作为评判一个单位安全状况的唯一标准。

第九条 地区管理局应当依据本规定，根据辖区实际情况，制定民用航空安全信息的管理办法，并报民航局民用航空安全信息主管部门批准。

第十条 事发相关单位和人员应当按照规定如实报告事件信息，不得隐瞒不报、谎报或者迟报。

第二章 人员和设备管理

第十一条 局方和企事业单位应当指定满足下列条件的人员负责民用航空安全信息管理工作，且人员数量应当满足民用航空安全信息管理工作的需要：

（一）参加民航局组织的民用航空安全信息管理人员培训，考核合格；

（二）每两年参加一次民航局组织的安全管理人员复训，考核合格。

第十二条 局方和企事业单位应当为民用航空安全信息管理人员配备工作必需设备，并保持设备正常运转。设备包括但不限于：便携式计算机、网络通讯设备、移动存储介质、传真机和录音笔等。

第三章 民用航空安全信息收集

第十三条 事件信息收集分为紧急事件报告和非紧急事件报告，实行分类管理。紧急事件报告样例和非紧急事件报告样例包含在事件样例中，事件样例由民航局另行制定。

第十四条 在我国境内发生的事件按照以下规定报告：

（一）紧急事件发生后，事发相关单位应当立即通过电话向事发地监管局报告事件信息（空管单位向所属地监管局报告）；监管局在收到报告事件信息后，应当立即报告所属地区管理局；地区管理局在收到事件信息后，应当立即报告民航局民用航空安全信息主管部门；

（二）紧急事件发生后，事发相关单位应当在事件发生后12小时内，按规范如实填报民用航空安全信息报告表，主报事发地监管局，抄报事发地地区管理局、所属地监管局及地区管理局；

（三）非紧急事件发生后，事发相关单位（外国航空公司除外）应当参照事件样例在事发后48小时内，按规范如实填报民用航空安全信息报告表，主报事发地监管局，抄报事发地地区管理局、所属地监管局及地区管理局。

第十五条 在我国境外发生的事件按照以下规定报告：

（一）紧急事件发生后，事发相关单位应当立即通过电话向所属地监管局报告事件信息；监管局在收到报告事件信息后，应当立即报告给所属地区管理局；地区管理局在收到事件信息后，应当立即报告民航局民用航空安全信息主管部门；

（二）紧急事件发生后，事发相关单位应当在事件发生后24小时内，按规范如实填报民用航空安全信息报告表，主报所属地监管局，抄报所属地区管理局；

（三）非紧急事件发生后，事发相关单位应当在事发后48小时内，按规范如实填报民用航空安全信息报告表，主报所属地监管局，抄报所属地区管理局。

本条规定不适用于外国航空公司。

第十六条 报告的事件信息按照以下程序处理：

（一）对已上报的事件，事发相关单位获得新的信息时，应当及时补充填报民用航空安全信息报告表，并配合局方对事件信息的调查核实。如事实简单，责任清楚，事发相关单位可直接申请结束此次事件报告；

（二）负责组织调查的地区管理局和监管局应当及时对事件信息进行审核，完成事件初步定性工作；

（三）对初步定性为事故的事件，负责组织调查的单位应当提交阶段性调查信息，说明事件调查进展情况，并应当在事件发生后12个月内上报事件的最终调查信息，申请结束此次事件报告；

（四）对初步定性为严重事故征候的事件，负责组织调查的地区管理局应当在事件发生后30日内上报事件的最终调查信息，申请结束此次事件报告；

（五）对初步定性为一般事故征候的事件，负责组织调查的地区管理局应当在事件发生后15日内上报事件的最终调查信息，申请结束此次事件报告；

（六）当事件初步定性为一般事件，事发相关单位应当在事件发生后10日内上报事件的最终调查信息，负责组织调查的地区管理局应当在事件发生后15日内完成最终调查信息的审核，并申请结束此次事件报告；

（七）在规定期限内不能完成初步定性或不能按规定时限提交最终调查信息，负责调查的单位应当向民航局民用航空安全信息主管部门申请延期报告，并按要求尽快上报事件的最终调查信息，申请结束此次事件报告。

第十七条 民用航空安全信息报告表应当使用中国民用航空安全信息系统上报。当该系统不可用时，可以使用传真等方式上报；当系统恢复后3日内，应当使用该系统补报。

第十八条 向国务院安全生产主管部门报告事件信息，按照国务院的有关规定执行。

第十九条 向国际民航组织和境外相关机构通报事件信息，按照以下规定执行：

（一）当事件定性为事故或严重事故征候时，民航局民用航空安全信息主管部门通知登记国、运营人所在国、设计国、制造国和国际民航组织，内容包括事发时间和地点、运营人、航空器型别、国籍登记号、飞行过程、机组和旅客信息、人员伤亡情况、航空器受损情况和危险品载运情况等；

（二）事故调查结束后，民航局民用航空安全信息主管部门向国际民航组织送交一份事故调查最终报告副本；

（三）事故发生后30日内，民航局民用航空安全信息主管部门向国际民航组织提交初步报告。事故调查结束后，民航局民用航空安全信息主管部门尽早将事故资料报告提交国际民航组织。

第二十条 各企事业单位和个人应当妥善保护与事故、事故征候、一般事件以及举报事件有关的所有文本、影音、数据以及其他资料。

第二十一条 组织事故、事故征候以及一般事件调查的单位负责对调查的文件、资料、证据等进行审核、整理和保存。

第二十二条 地区管理局和监管局各职能部门应当按照民航局的相关要求报告安全监察信息。

第二十三条 企事业单位应当按照所属地区管理局的相关要求报告综合安全信息。

第四章 自愿报告的民用航空安全信息处理

第二十四条 民航局支持第三方机构建立中国民用航空安全自愿报告系统，并委托第三方机构负责该系统的运行。

第二十五条 中国民用航空安全自愿报告系统运行的基本原则是自愿性、保密性和非处罚性。

第二十六条 任何人可以通过信件、传真、电子邮件、网上填报和电话的方式向中国民用航空安全自愿报告系统提交报告。

第二十七条 中国民用航空安全自愿报告系统收集的报告内容如下：

(一)涉及航空器不良的运行环境、设备设施缺陷的报告；

(二)涉及到执行标准、飞行程序困难的事件报告；

(三)除事故、事故征候和一般事件以外其他影响航空安全的事件报告。

第二十八条 中国民用航空安全自愿报告系统收到的报告，按以下步骤处理：

(一)接收到报告后，确定是否符合中国民用航空安全自愿报告系统收集的报告内容，通知报告人受理情况；

(二)核查报告内容，视情联系报告人补充信息；

(三)去除报告中涉及的识别信息，编写分析报告，提出安全建议；

(四)视情向相关单位提供信息，发布告警信息、信息简报和信息通告。

第五章 举报的民用航空安全信息处理

第二十九条 举报人的合法权益受法律保护。除法律、法规另有规定外，任何单位和个人不得将举报情况透露给其他单位和个人。

第三十条 举报的民用航空安全信息按照以下规定进行处理：

(一)地区管理局或监管局负责调查、处理涉及本辖区的举报的民用航空安全信息；

(二)在收到举报的民用航空安全信息3日内，应当向举报人反馈受理情况；

(三)举报的民用航空安全信息经调查构成事故、事故征候或一般事件的，负责调查的单位应当在调查结束后3日内，向民航局民用航空安全信息主管部门填报民用航空安全信息报告表。

第三十一条 举报的民用航空安全信息调查结束后5日内，受理单位应当向被举报单位和举报人反馈查处结果。

第六章 民用航空安全信息分析与应用

第三十二条 局方和企事业单位应当建立民用航空安全信息分析和发布制度，促进民用航空安全信息共享和应用。

第三十三条 民航局通过分析民用航空安全信息，评估行业总体安全状况。地区管理局和监管局通过分析民用航空安全信息，评估辖区总体安全状况，明确阶段性安全监管重点。

第三十四条 企事业单位应当定期分析本单位民用航空安全信息，评估本单位安全状况和趋势，制定改进措施。

第三十五条 民用航空安全信息的发布应当以不影响信息报告的积极性为原则，并遵守国家和民航局的有关规定。

第三十六条 民航局负责发布全国范围的民用航空安全信息；地区管理局和监管局负责发布辖区的民用航空安全信息。

第三十七条 局方和企事业单位应当根据民用航空安全信息分析情况，开展安全警示、预警工作，适时发布航空安全文件。

第七章 法律责任

第三十八条 企事业单位有下列行为之一的，由局方给予警告，并责令限期改正，逾期不改正的，处3万元以下的罚款：

（一）违反本规定第五条，未按要求制定民用航空安全信息程序和机制的；

（二）违反本规定第十一条，配备的民用航空安全信息管理人员不符合相关条件的或数量不满足工作需要的；

（三）违反本规定第十二条，未配备民用航空安全信息管理人员必需设备，或配备的设备无法正常使用的；

（四）违反本规定第三十二条，未建立民用航空安全信息分析和发布制度的。

第三十九条 企事业单位有下列行为之一的，由局方给予警告，或处1万元的罚款；情节严重的，处2万元以上3万元以下的罚款：

（一）违反本规定第十条，未按规定报告事件信息的；

（二）违反本规定第十四条，未按规定报告在我国境内发生的事件的；

（三）违反本规定第十五条，未按规定报告在境外发生的事件的；

（四）违反本规定第十六条，未按规定对已上报的事件进行处理的；

（五）违反本规定第十七条，未按规定途径上报民用航空安全信息报告表的；

（六）违反本规定第二十条，未妥善保护与事故、事故征候、一般事件以及举报事件有关的所有文本、影音、数据以及其他资料的；

（七）违反本规定第二十二条，未遵守地区管理局制定的民用航空安全信息管理办法中综合信息和监察信息的相关要求；

（八）违反本规定第二十九条，未按规定保护举报人合法权益的；

（九）违反本规定第三十四条，未按要求定期分析民用航空安全信息的；

（十）违反本规定第三十七条，未按规定开展安全警示、预警工作的。

第四十条 个人有下列行为之一的，由局方处1000元以下的罚款：

（一）违反本规定第十条，未按规定报告事件信息的；

（二）违反本规定第二十条，未妥善保护与事故、事故征候、一般事件以及举报事件有关的所有文本、影音、数据以及其他资料的；

（三）违反本规定第二十九条，未按规定保护举报人合法权益的。

第四十一条 外国航空公司违反本规定第十四条或第十六条由局方给予警告，或处1万元的罚款；情节严重的，处2万元以上3万元以下的罚款。

第八章 附 则

第四十二条 本规定涉及相关定义如下：

（一）本规定所称事故按《民用航空器事故和飞行事故征候调查规定》的定义执行；

（二）本规定所称事故征候按《民用航空器事故征候》的定义和标准执行。严重事故征候是指《民用航空器事故征候》中的运输航空严重事故征候；一般事故征候是指《民用航空器事故征候》中的运输航空一般事故征候、通用航空事故征候和航空器地面事故征候；

（三）本规定所称一般事件是指在民用航空器运行阶段或者机场活动区内发生航空器损伤、人员伤亡或者其他影响飞行安全的情况，但其严重程度未构成事故征候的事件；

（四）本规定所称局方是指民航局、地区管理局以及监管局；

（五）本规定所称企事业单位是指与航空器运行和保障有关的飞行、维修、空中交通管理、机场和油料等单位；

（六）本规定所称事发相关单位是指与所发生事件有关的、能提供事件直

接信息的航空器运营人(含分、子公司)和航空运行保障单位;

(七)本规定所称所属地是指民航企事业单位注册所在地;

(八)本规定所称航空器运行阶段、机场活动区、受损定义参见《民用航空器事故征候》标准;

(九)本规定中所称"日"均指"日历日"。

第四十三条 国际民用航空公约附件13修正案颁布后,民航局将对其进行评估,决定采纳的,及时修订本规定;需要保留差异的,及时将差异通报国际民航组织。

第四十四条 涉及香港、澳门特别行政区、台湾地区的民航安全信息管理,参照本规定有关外国航空公司的规定执行。

第四十五条 本规定自2016年4月4日起施行。

交通运输部关于修改《公路水运工程安全生产监督管理办法》的决定

(2016年3月7日交通运输部令2016年第9号公布 自2016年3月7日起施行)

交通运输部决定对《公路水运工程安全生产监督管理办法》(交通部令2007年第1号)作如下修改:

一、将第九条修改为:"省级交通运输主管部门负责组织公路水运工程施工单位安全生产三类人员的考核发证工作。"

二、将第十条中的"考核合格的,由交通部或省级交通主管部门颁发《安全生产考核合格证书》"修改为"考核合格的,由省级交通运输主管部门颁发《安全生产考核合格证书》"。

三、将条文中所有"交通部"统一修改为"交通运输部",所有"交通主管部门"统一修改为"交通运输主管部门"。

本决定自2016年3月7日起施行。

《公路水运工程安全生产监督管理办法》根据本决定作相应修正,重新发布。

公路水运工程安全生产监督管理办法

（2007 年 2 月 14 日交通部令 2007 年第 1 号发布　根据 2016 年 3 月 7 日《交通运输部关于修改〈公路水运工程安全生产监督管理办法〉的决定》修正）

第一章　总　　则

第一条　为加强公路水运工程安全生产监督管理工作，保障人身及财产安全，根据《中华人民共和国安全生产法》、《建设工程安全生产管理条例》、《安全生产许可证条例》，制定本办法。

第二条　公路水运工程建设活动的安全生产行为及对其实施监督管理，应当遵守本办法。

第三条　本办法所称公路水运工程，是指列入国家和地方基本建设计划的公路、水运基础设施新建、改建、扩建以及拆除、加固等建设项目。

本办法所称从业单位，是指从事公路水运工程建设、勘察、设计、监理、施工、检验检测、安全评价等工作的单位。

第四条　公路水运工程安全生产监督管理应当坚持安全第一、预防为主、综合治理的方针。

第五条　公路水运工程安全生产监督管理实行统一监管、分级负责。

交通运输部负责全国公路水运工程安全生产的监督管理工作。

县级以上地方人民政府交通运输主管部门负责本行政区域内的公路水运工程安全生产监督管理工作，但长江干流航道工程安全生产监督管理工作由交通运输部设在长江干流的航务管理机构负责。

交通运输部和县级以上地方人民政府交通运输主管部门，可以委托其设置的安全监督机构负责具体工作，法律、行政法规规定不能委托的事项除外。

依照本条规定承担公路水运工程安全生产监督管理职能的部门或者机构，统称为公路水运工程安全生产监督管理部门。

第六条　公路水运工程安全生产监督管理部门的主要职责：

（一）宣传、贯彻、执行有关安全生产的法律、法规，按照法定权限制定公路水运工程安全生产管理规章和技术标准；

（二）依法对公路水运工程从业单位安全生产条件实施监督管理，组织施工单位的主要负责人、项目负责人、专职安全生产管理人员的考核管理工作；

（三）建立公路水运工程安全生产应急管理机制，制定重大生产安全事故应急预案；

（四）建立公路水运工程从业单位安全生产信用体系，作为交通行业信用体系建设的一部分，对从业单位和人员实施安全生产动态管理；

（五）受理公路水运工程安全生产方面的举报和投诉，依法对公路水运工程安全生产实施监督检查和相应的行政处罚；

（六）依法组织或者参与调查处理生产安全事故，按照职责权限对公路水运工程生产安全事故进行统计分析，发布公路水运工程安全生产动态信息。省级交通运输主管部门负责向交通运输部和国务院其他有关部门报送事故信息；

（七）指导下级交通运输主管部门开展公路水运工程安全生产监督管理工作；

（八）组织公路水运工程安全生产技术研究和先进技术推广应用；

（九）开展公路水运工程安全生产经验交流，普及安全生产知识；

（十）法律、法规规定的其他职责。

第二章　安全生产条件

第七条　从业单位从事公路水运工程建设活动，应当具备法律、行政法规规定的安全生产条件。任何单位和个人不得降低安全生产条件。

第八条　施工单位应当取得安全生产许可证，施工单位的主要负责人、项目负责人、专职安全生产管理人员（以下简称安全生产三类人员）必须取得考核合格证书，方可参加公路水运工程投标及施工。

施工单位主要负责人，是指对本企业日常生产经营活动和安全生产工作全面负责、有生产经营决策权的人员，包括企业法定代表人、企业安全生产工作的负责人等。

项目负责人，是指由企业法定代表人授权，负责公路水运工程项目施工管理的负责人。包括项目经理、项目副经理和项目总工。

专职安全生产管理人员，是指在企业专职从事安全生产管理工作的人员，包括企业安全生产管理机构的负责人及其工作人员和施工现场专职安全员。

第九条　省级交通运输主管部门负责组织公路水运工程施工单位安全生产三类人员的考核发证工作。

第十条　施工单位安全生产三类人员考核分为安全生产知识考试和安全管理能力考核两部分。考核合格的，由省级交通运输主管部门颁发《安全生产考核合格证书》。

第十一条 施工单位的垂直运输机械作业人员、施工船舶作业人员、爆破作业人员、安装拆卸工、起重信号工、电工、焊工等国家规定的特种作业人员，必须按照国家规定经过专门的安全作业培训，并取得特种作业操作资格证书后，方可上岗作业。

第十二条 施工单位在工程中使用施工起重机械和整体提升式脚手架、滑模爬模、架桥机等自行式架设设施前，应当组织有关单位进行验收，或者委托具有相应资质的检验检测机构进行验收。使用承租的机械设备和施工机具及配件的，由承租单位、出租单位和安装单位共同进行验收，验收合格的方可使用。验收合格后30日内，应当向当地交通运输主管部门登记。

第十三条 从业单位应当对从业人员进行安全生产教育和培训，保证从业人员具备必要的安全生产知识，熟悉有关的安全生产规章制度和安全操作规程，掌握本岗位的安全操作技能。未经安全生产教育和培训合格的从业人员，不得上岗作业。

第三章 安全责任

第十四条 建设单位在编制工程招标文件时，应当确定公路水运工程项目安全作业环境及安全施工措施所需的安全生产费用。

安全生产费用由建设单位根据监理工程师对工程安全生产情况的签字确认进行支付。

第十五条 建设单位在公路水运工程施工招标文件中应当按照法律、法规的规定对施工单位的安全生产条件、安全生产信用情况、安全生产的保障措施等提出明确要求。

建设单位不得对咨询、勘察、设计、监理、施工、设备租赁、材料供应、检测等单位提出不符合工程安全生产法律、法规和工程建设强制性标准规定的要求。不得随意压缩合同规定的工期。

第十六条 勘察单位应当按照法律、法规和工程建设强制性标准进行勘察，重视地质环境对安全的影响，提交的勘察文件应当真实、准确，满足公路水运工程安全生产的需要。

勘察单位应当对有可能引发公路水运工程安全隐患的地质灾害提出防治建议。

勘察单位及勘察人员对勘察结论负责。

第十七条 设计单位应当按照法律、法规和工程建设强制性标准进行设计，防止因设计不合理导致安全生产隐患或者生产安全事故的发生。

采用新结构、新材料、新工艺的工程和特殊结构的工程，设计单位应当在设计文件中提出保障施工作业人员安全和预防生产安全事故的措施建议。

设计单位和设计人员应当对其设计负责。

第十八条 监理单位应当按照法律、法规和工程建设强制性标准进行监理，对工程安全生产承担监理责任。应当编制安全生产监理计划，明确监理人员的岗位职责、监理内容和方法等。对危险性较大的工程作业应当加强巡视检查。

监理单位应当审查施工组织设计中的安全技术措施或者专项施工方案是否符合工程建设强制性标准。监理单位在实施监理过程中，发现存在安全事故隐患的，应当要求施工单位整改，必要时，可下达施工暂停指令并向建设单位和有关部门报告。

监理单位应当填报安全监理日志和监理月报。

第十九条 为公路水运工程提供施工机械设备、设施和产品的单位，应确保配备齐全有效的保险、限位等安全装置，提供有关安全操作的说明，保证其提供的机械设备和设施等产品的质量和安全性能达到国家有关标准。所提供的机械设备、设施和产品应当具有生产（制造）许可证、产品合格证或者法定检验检测合格证明。对于尚无相关国家标准或者行业标准的设备和设施，应当保障其质量和安全性能。

第二十条 施工单位应当对施工安全生产承担责任。

施工单位主要负责人依法对本单位的安全生产工作全面负责。施工单位应当建立健全安全生产责任制度和安全生产教育培训制度及安全生产技术交底制度，制定安全生产规章制度和操作规程，保证本单位安全生产条件所需资金的投入，对所承担的公路水运工程进行定期和专项安全检查，并做好安全检查记录。

施工单位的项目负责人依法对项目的安全施工负责，落实安全生产各项制度，确保安全生产费用的有效使用，并根据工程特点组织制定安全施工措施，消除安全事故隐患，及时、如实报告生产安全事故。

本条所称安全生产技术交底制度，是指公路水运工程每项工程实施前，施工单位负责项目管理的技术人员对有关安全施工的技术要求向施工作业班组、作业人员详细说明，并由双方签字确认的制度。

第二十一条 施工单位应当设立安全生产管理机构，配备专职安全生产管理人员。施工现场应当按照每 5000 万元施工合同额配备一名的比例配备专职安全生产管理人员，不足 5000 万元的至少配备一名。

专职安全生产管理人员负责对安全生产进行现场监督检查，并做好检查记录，发现生产安全事故隐患，应当及时向项目负责人和安全生产管理机构报告；对违章指挥、违章操作和违反劳动纪律的，应当立即制止。

第二十二条 施工单位在工程报价中应当包含安全生产费用，一般不得低于投标价的1%，且不得作为竞争性报价。

安全生产费用，应当用于施工安全防护用具及设施的采购和更新、安全施工措施的落实、安全生产条件的改善，不得挪作他用。

第二十三条 施工单位应当在施工组织设计中编制安全技术措施和施工现场临时用电方案，对下列危险性较大的工程应当编制专项施工方案，并附安全验算结果，经施工单位技术负责人、监理工程师审查同意签字后实施，由专职安全生产管理人员进行现场监督：

（一）不良地质条件下有潜在危险性的土方、石方开挖；

（二）滑坡和高边坡处理；

（三）桩基础、挡墙基础、深水基础及围堰工程；

（四）桥梁工程中的梁、拱、柱等构件施工等；

（五）隧道工程中的不良地质隧道、高瓦斯隧道、水底海底隧道等；

（六）水上工程中的打桩船作业、施工船作业、外海孤岛作业、边通航边施工作业等；

（七）水下工程中的水下焊接、混凝土浇注、爆破工程等；

（八）爆破工程；

（九）大型临时工程中的大型支架、模板、便桥的架设与拆除；桥梁、码头的加固与拆除；

（十）其他危险性较大的工程。

必要时，施工单位对前款所列工程的专项施工方案，还应当组织专家进行论证、审查。

第二十四条 施工单位应当在施工现场出入口或者沿线各交叉口、施工起重机械、拌和场、临时用电设施、爆破物及有害危险气体和液体存放处以及孔洞口、隧道口、基坑边沿、脚手架、码头边沿、桥梁边沿等危险部位，设置明显的安全警示标志或者必要的安全防护设施。

施工单位应当根据不同施工阶段和周围环境及季节、气候的变化，在施工现场采取相应的安全施工措施。施工现场暂时停止施工的，施工单位应当做好现场防护。因施工单位安全生产隐患原因造成工程停工的，所需费用由施工单位承担，其他原因按照合同约定执行。

第二十五条 施工单位应当将施工现场的办公、生活区与作业区分开设置，并保持安全距离；办公、生活区的选址应当符合安全性要求。职工的膳食、饮水、休息场所、医疗救助设施等应当符合卫生标准。

施工现场临时搭建的建筑物应当符合安全使用要求。施工现场使用的装配式活动房屋应当具有生产（制造）许可证、产品合格证。

第二十六条 施工单位应当在施工现场建立消防安全责任制度，确定消防安全责任人，制定用火、用电、使用易燃易爆材料等各项消防管理制度和操作规程，设置消防通道，配备相应的消防设施和灭火器材。

第二十七条 施工单位应当向作业人员提供必需的安全防护用具和安全防护服装，书面告知危险岗位的操作规程并确保其熟悉和掌握有关内容和违章操作的危害。

作业人员有权对施工现场的作业条件、作业程序和作业方式中存在的安全问题提出批评、检举和控告，有权拒绝违章指挥和强令冒险作业。

在施工中发生可能危及人身安全的紧急情况时，作业人员有权立即停止作业或者在采取必要的应急措施后撤离危险区域。

第二十八条 作业人员应当遵守安全施工的工程建设强制性标准、规章制度，正确使用安全防护用具、机械设备等。

第二十九条 施工单位采购、租赁的安全防护用具、机械设备、施工机具及配件，应当具有生产（制造）许可证、产品合格证，并在进入施工现场前由专职安全管理人员进行查验。

施工现场的安全防护用具、机械设备、施工机具及配件必须由专人管理，定期进行检查、维修和保养，建立相应的资料档案，并按照国家有关规定及时报废。

第三十条 施工单位应当对管理人员和作业人员进行每年不少于两次的安全生产教育培训，其教育培训情况记入个人工作档案。

施工单位在采用新技术、新工艺、新设备、新材料时，应当对作业人员进行相应的安全生产教育培训。

新进人员和作业人员进入新的施工现场或者转入新的岗位前，施工单位应当对其进行安全生产培训考核。

未经安全生产教育培训考核或者培训考核不合格的人员，不得上岗作业。

第三十一条 施工单位应当为施工现场的人员办理意外伤害保险，意外伤害保险费应由施工单位支付。实行施工总承包的，由总承包单位支付意外伤害保险费。

第三十二条 建设工程实行施工总承包的，由总承包单位对施工现场的安全生产负总责。总承包单位依法将建设工程分包给其他单位的，分包合同中应当明确各自的安全生产方面的权利、义务。总承包单位对分包工程的安全生产承担连带责任。

分包单位应当服从总承包单位的安全生产管理,分包单位不服从管理导致生产安全事故的,由分包单位承担主要责任。

第三十三条 建设单位、施工单位应当针对本工程项目特点制定生产安全事故应急预案,定期组织演练。发生生产安全事故,施工单位应当立即向建设单位、监理单位和事故发生地的公路水运工程安全生产监督管理部门以及地方安全监督部门报告。建设单位、施工单位应当立即启动事故应急预案,组织力量抢救,保护好事故现场。

第四章 监督检查

第三十四条 公路水运工程安全生产监督管理部门在职责范围内履行安全生产监督检查职责时,有权采取下列措施:

(一)要求被检查单位提供有关安全生产的文件和资料;

(二)进入被检查单位施工现场进行检查;

(三)纠正施工中违反安全生产要求的行为,依法实施行政处罚。

第三十五条 公路水运工程安全生产监督管理部门对从业单位安全生产监督检查的内容主要有:

(一)从业单位安全生产条件的符合情况;

(二)施工单位安全生产三类人员和特种作业人员具备上岗资格情况;

(三)从业单位执行安全生产法律、法规、规章和工程建设强制性标准的情况;

(四)从业单位对安全生产管理制度、安全责任制度和各项应急预案的建立和落实情况;

(五)安全生产管理机构或者专职安全生产管理人员的设置和履行职责情况;

(六)员工的安全教育培训情况;

(七)其他应当监督检查的情况。

第三十六条 公路水运工程安全生产监督管理部门应当对公路水运工程下列施工现场的安全生产情况进行监督检查:

(一)现场驻地;

(二)施工作业点(面);

(三)危险品存放地;

(四)预制厂、半成品加工厂;

(五)非标施工设备组装厂。

公路水运工程安全生产监督管理部门对易发生生产安全事故的危险工程及施工作业环节应当进行重点监督检查。

第三十七条 公路水运工程安全生产监督管理部门对监督检查中发现的安全问题，应当作出如下处理：

（一）从业单位存在安全管理问题需要整改的，以书面方式通知存在问题单位限期整改；

（二）从业单位存在严重安全事故隐患的，责令立即排除；

（三）重大安全事故隐患在排除前或者在排除过程中无法保证安全的，责令其从危险区域内撤出作业人员或者暂时停止施工；

（四）建设单位违反安全管理规定造成重大生产安全事故的，对全部或者部分使用国有资金的建设项目，暂停资金拨付；

（五）建设单位未列建设工程安全生产费用的，责令其限期改正并不得办理监督手续；逾期未改正的，责令该建设工程停止施工并通报批评。

被检查单位应当立即落实处理决定，并将整改结果书面报检查单位。责令停工的，应当经复查合格后，方可复工。

第三十八条 公路水运工程安全生产监督管理部门应当建立从业单位信用档案，并将监督检查情况和处理结果及时登录在安全生产信用管理系统中。

第三十九条 从业单位整改不力，多次整改仍然存在安全问题的，公路水运工程安全生产监督管理部门将其列入安全监督检查重点名单，登录在安全生产信用管理系统中，并向有关部门通报。

对存在重大安全事故隐患但拒绝整改或者整改效果不明显或者发生重特大安全事故等不再具备安全生产条件的，公路水运工程安全生产监督管理部门应当向安全生产许可证颁发部门通报，建议暂扣或者吊销安全生产许可证，同时向有关资质证书颁发部门建议降低资质等级。

第四十条 公路水运工程安全生产监督管理部门可委托具备国家规定资质条件的机构对容易发生重特大生产安全事故的工程项目和危险性较大的工程施工进行安全评价和监测。

第四十一条 公路水运工程安全生产监督管理部门应当健全内部管理制度，加强对监督管理人员的教育培训，提高执法水平。监督管理人员应当忠于职守，秉公办事，坚持原则，清正廉洁。与监督检查对象有利害关系的监督人员，应当回避。

第四十二条 公路水运工程安全生产监督管理部门应当建立举报制度，及时受理对公路水运工程生产安全事故或者事故隐患以及监督检查人员违法行为的检举、控告和投诉。

第五章　附　则

第四十三条　违反本办法规定，按照《中华人民共和国安全生产法》、《建设工程安全生产管理条例》、《安全生产许可证条例》的相关规定，给予行政处罚。

第四十四条　本办法自2007年3月1日起施行。

住房城乡建设部、公安部关于废止《城市出租汽车管理办法》的决定

（2016年3月16日住房和城乡建设部、公安部令第30号公布　自发布之日起施行）

住房城乡建设部、公安部决定废止《城市出租汽车管理办法》（建设部、公安部令第63号）。现予发布，自发布之日起施行。

流通领域商品质量监督管理办法

（2016年3月17日国家工商行政管理总局令第85号公布　自2016年5月1日起施行）

第一章　总　则

第一条　为加强流通领域商品质量监督管理，保护消费者合法权益，维护社会经济秩序，根据《中华人民共和国消费者权益保护法》《中华人民共和国产品质量法》等法律、行政法规，制定本办法。

第二条　县级以上工商行政管理部门（包括履行工商行政管理职责的市场监督管理部门，下同）依照法律、法规以及本办法的规定，对本行政区域内的流通领域商品质量进行监督管理，依法查处商品质量违法行为。

第三条　工商行政管理部门对流通领域商品质量实行以抽查为主要方式的监督检查制度，加强商品质量监督管理，督促经营者履行商品质量义务，保护消费者合法权益。

第四条 工商行政管理部门建立情况通报、信息共享、案件移送、监管联动的机制,加强执法协作,提高监管执法效能。

第五条 工商行政管理部门对商品质量违法行为实施行政处罚,应当依照公正、公开、及时的原则,坚持处罚与教育相结合,教育和督促经营者自觉履行法定义务。

第二章 经营者的商品质量义务

第六条 销售者应当建立健全进货检查验收、停止销售及退换货等商品质量管理制度,保障商品质量,按照法律、法规以及本办法的规定和对消费者的承诺履行商品质量义务,承担商品质量责任。

第七条 销售者应当严格执行进货检查验收制度,如实记录进货检查验收情况,并根据商品特点采取必要的保管措施,保持所销售商品的质量。

检查验收的内容主要包括:

(一)供货商的主体资格;

(二)商品合格证明和其他标识;

(三)对依照法律、法规规定实行生产许可证或者强制性产品认证制度的商品,查验其许可证、认证证书。

第八条 销售的商品或者其包装上的标识应当真实、准确、便于识别,不得误导消费者,并符合下列要求:

(一)有商品质量检验合格证明;

(二)有中文标明的商品名称、生产厂厂名和厂址;

(三)根据商品的特点和使用要求,需要标明的商品规格、等级、所含主要成分、含量以及其他需要事先让消费者知晓的内容;

(四)限期使用的商品应当在显著位置清晰标明生产日期和安全使用期或者失效日期;

(五)使用不当,容易造成商品本身损坏或者可能危及人身、财产安全的商品,应当有明确的警示标志或者中文警示说明;

(六)其他法律、法规及强制性标准规定应当标明的内容。

销售者销售的使用自己的商标、委托他人生产的商品,应当按照本条前款的规定进行标注。

根据商品的特点难以附加标识的裸装商品,可以不附加商品标识。

第九条 销售的进口商品应当符合下列要求:

(一)有中文标明的商品名称、产地以及进口商或者总经销者名称和地址;

（二）关系人体健康和人身、财产安全或者对使用、维护有特殊要求的商品，应当附有中文说明书；

（三）限期使用的商品，应当有中文注明的失效日期；

（四）用进口散件组装或者分装的商品，商品或者包装上应当有中文注明的组装或者分装厂厂名、厂址。

第十条 销售者不得销售下列商品：

（一）不符合保障人体健康和人身、财产安全的国家标准、行业标准的商品；

（二）不符合在商品或者其包装上标注采用的产品标准的商品，不符合以商品说明、实物样品等方式表明的质量状况的商品，不具备应当具备的使用性能的商品；

（三）国家明令淘汰并禁止销售的商品；

（四）伪造产地，伪造或者冒用他人的厂名、厂址，伪造或者冒用认证标志等质量标志的商品；

（五）失效、变质的商品；

（六）篡改生产日期的商品。

第十一条 销售者销售商品，不得掺杂、掺假，不得以假充真、以次充好，不得以不合格商品冒充合格商品。

第十二条 销售的商品存在使用性能的瑕疵但不违反法律强制性规定的，销售者应当在商品、包装或者销售场所的显著位置清晰地标明“处理品”、“残次品”、“等外品”等，并以告示等方式如实说明商品的瑕疵或者实际质量状况。

第十三条 销售者不得购进或者销售无厂名、厂址等来源不明的商品。

第十四条 奖品、赠品等视同销售的商品，应当符合本办法第八条至第十三条规定。

第十五条 服务业的经营者不得将本办法第十条、第十一条规定禁止销售的商品用于经营性服务。

第十六条 销售者销售的商品不符合质量要求的，应当依照国家规定、当事人约定履行退货、更换、修理等义务。没有国家规定和当事人约定的，消费者可以自收到商品之日起七日内退货；七日后符合法定解除合同条件的，消费者可以及时退货，不符合法定解除合同条件的，可以要求经营者履行更换、修理等义务。

对依法经有关行政部门认定为不合格的商品，消费者要求退货的，销售者应当负责退货。

第十七条 销售者采用网络、电视、电话、邮购等方式销售商品的,消费者有权自收到商品之日起七日内退货。销售者应当依照法律规定承担无理由退货义务。

第十八条 销售者应当及时履行商品修理、重作、更换、退货、补足商品数量、退还货款和服务费用或者赔偿损失等义务,不得故意拖延或者无理拒绝。

第十九条 销售者发现其提供的商品存在缺陷,有危及人身、财产安全危险的,应当立即向工商行政管理部门报告和告知消费者,并采取停止销售、警示等措施。

第二十条 经营者对知道或者应当知道属于本办法第十条、第十一条规定禁止销售的商品,不得为其提供运输、保管、仓储等便利条件。

第二十一条 商品经营柜台出租者、商品展销会举办者、网络交易平台提供者、广播电视购物平台经营者,应当对申请进入其经营场所或者平台销售商品的经营者的主体资格履行审查登记义务。

商品经营柜台出租者、商品展销会举办者、网络交易平台提供者、广播电视购物平台经营者接到工商行政管理部门责令停止销售通知或者公告后,应当要求并监督销售者停止销售相关商品,及时停止为相关商品提供入场经营或者平台服务,配合工商行政管理部门做好监督管理工作。

第三章 商品质量的监督检查

第二十二条 工商行政管理部门应当按照法律、法规、本办法规定以及随机抽查实施方案的统一安排,随机抽查辖区内经营者,随机选派执法人员,对销售的商品以及经营性服务中使用的商品进行监督检查。

随机抽查的内容主要包括:进货检查验收制度执行情况,商品的质量检验合格证明、说明书以及生产厂厂名、厂址、警示标志等标识标注情况,其他应当向消费者提供的商品信息。

工商行政管理部门对消费者、有关组织、大众传播媒介反映的以及行政执法中发现有质量问题的商品,应当开展重点检查。

第二十三条 工商行政管理部门应当按照流通领域商品质量抽查检验有关规定开展抽查检验工作,运用大数据分析等手段,科学确定线上线下抽查检验的重点,制定抽查检验计划和实施方案,不得随意抽查检验。

抽查检验应当依据法律、法规、强制性标准和其他有关规定,以及商品或者其包装上注明采用的产品标准或者商品说明、实物样品等方式表明的质量状况进行商品质量判定。

抽查检验结果应当及时向社会公布。

第二十四条 工商行政管理部门依据监督检查职权或者通过投诉、举报、其他机关移送、上级机关交办等途径发现、查处商品质量违法行为，并通过企业信用信息公示系统向社会公示行政处罚信息。

第二十五条 工商行政管理部门对涉嫌商品质量违法行为进行查处时，依法行使下列职权：

（一）对当事人涉嫌从事违法活动的场所实施现场检查；

（二）向当事人的法定代表人、主要负责人、其他有关人员以及相关经营者调查、了解与涉嫌违法活动有关的情况；

（三）查阅、复制当事人有关的合同、发票、进货台账、销售台账、财务账簿以及其他有关资料；

（四）对有根据认为不符合保障人体健康和人身、财产安全的国家标准、行业标准的商品或者有其他严重质量问题的商品，以及直接用于销售该商品的原辅材料、包装物、专用工具，予以查封或者扣押；

（五）法律、法规规定的其他职权。

第二十六条 对经抽查检验并依法认定的不合格商品，工商行政管理部门应当责令销售者立即停止销售。对发现销售有不符合保障人体健康和人身、财产安全的国家标准、行业标准的商品的，应当责令辖区内销售者立即停止销售同一商标的同一规格型号的商品，及时对该商品的供货者进行追查；供货者不在本辖区的，应当将相关线索通报供货者所在地工商行政管理部门。属于生产者责任引起的商品质量违法行为，应当将相关线索通报生产者所在地相关行政部门。

第二十七条 工商行政管理部门根据市场监督检查情况，适时发布商品质量安全风险警示和消费提示。

第二十八条 工商行政管理部门在法定职权范围内，可以对经营者实施行政指导，综合运用建议、约谈、示范等方式引导经营者合法规范经营。

第二十九条 经营者对工商行政管理部门依法进行的监督检查应当配合，不得拒绝。

第四章 法律责任

第三十条 销售者违反本办法第八条和第九条规定的，依照《中华人民共和国产品质量法》第五十四条的规定予以处罚；销售者违反本办法第十条第（一）项至第（五）项、第十一条、第十二条和第十四条规定的，依照《中华人民共和国产品质量法》第四十九条至第五十三条的规定予以处罚；经营者违反本办法第十条第（六）项、第十六条、第十七条、第十八条、第十九条规定的，依照《中华人民共和国消费者权益保护法》第五十六条的规定予以处罚；经营者违反本办法第二十条规定的，依照《中华人民共和国产品质量法》第六十一条的规定予以处罚；经营者违反本办法第十五条规定的，依照《中华人民共和国产品质量法》第六十二条的规定予以处罚；经营者违反本办法第二十九条规定的，依照《中华人民共和国产品质量法》第五十六条的规定予以处罚。

第三十一条 对为销售者提供不符合保障人体健康和人身、财产安全的国家标准、行业标准的商品的供货者，依照《中华人民共和国产品质量法》第四十九条的规定，责令停止销售，没收违法销售的商品，并处违法销售商品（包括已售出和未售出的商品）货值金额等值以上三倍以下的罚款；有违法所得的，并处没收违法所得；情节严重的，吊销营业执照。

第三十二条 销售者违反本办法第十三条规定的，责令改正，处违法所得三倍以下但不超过三万元的罚款；没有违法所得的，处一万元以下的罚款。

第三十三条 商品经营柜台出租者、商品展销会举办者、网络交易平台提供者、广播电视购物平台经营者对申请进入其经营场所或者平台销售商品的经营者的主体资格未履行审查登记义务，或者拒绝协助工商行政管理部门对涉嫌违法行为采取措施、开展调查的，责令改正；拒不改正的，处一万元以上三万元以下的罚款。

第三十四条 销售者主动消除或者减轻商品质量违法行为危害后果，采取退市等措施，自觉解决消费纠纷的，应当依法从轻或者减轻处罚。

销售者有充分证据证明其不知道所销售的商品为禁止销售的商品并如实说明进货来源的，可以依法从轻或者减轻处罚。

第三十五条 经营者对工商行政管理部门作出的行政处罚决定不服的，可以依法申请行政复议或者提起行政诉讼。

第三十六条 工商行政管理执法人员滥用职权、玩忽职守、徇私舞弊的，依法给予行政处分；情节严重构成犯罪的，依法移送司法机关。

第五章 附 则

第三十七条 本办法所称的销售包括销售者通过实体店、网络、电视、电话、邮购、直销等方式提供商品。

第三十八条 本办法由国家工商行政管理总局负责解释。

第三十九条 本办法自 2016 年 5 月 1 日起施行。

司法解释

最高人民法院关于进一步加强刑事冤错案件国家赔偿工作的意见

（2015年1月12日　法〔2015〕12号）

为进一步提升刑事冤错案件国家赔偿工作质效，切实加强人权司法保护，促进国家机关及其工作人员依法行使职权，根据《中华人民共和国国家赔偿法》，结合工作实际，提出如下意见。

一、坚持依法赔偿。各级人民法院要认真贯彻落实党的十八大和十八届三中、四中全会精神，紧紧围绕习近平总书记提出的“努力让人民群众在每一个司法案件中都感受到公平正义”的目标，认真做好刑事冤错案件的国家赔偿工作。要坚持依法赔偿原则，恪守职权法定、范围法定、程序法定和标准法定的要求，依法、及时、妥善地处理刑事冤错案件引发的国家赔偿纠纷。坚持公开公正原则，严格依法办案，规范工作流程，加强司法公开，自觉接受监督。坚持司法为民原则，不断创新和完善工作机制，延伸国家赔偿工作职能。

二、做好刑事审判与国家赔偿的衔接。各级人民法院要建立健全刑事冤错案件宣告无罪与国家赔偿工作的内部衔接机制，做到关口前移、联合会商、提前应对。对于拟宣告无罪并可能引发国家赔偿的案件，刑事审判（含审判监督）部门要在宣判前及时通知本院国家赔偿办案机构，国家赔偿办案机构接到通知后要及时形成赔偿工作预案，必要时要共同做好整体工作方案。对再审改判宣告无罪并依法享有申请国家赔偿权利的当事人，人民法院要在宣判的同时依照刑事诉讼法司法解释的规定告知其在判决发生法律效力后有依法申请国家赔偿的权利。

三、加强对赔偿请求人的诉权保护和法律释明。各级人民法院要坚持以法治思维、法治方式审查处理刑事冤错案件引发的国家赔偿纠纷，切实依法保障赔偿请求人申请赔偿的权利。要依法做好立案工作，准确把握立案的法定条件，畅通求偿渠道，不得以实体审理标准代替立案审查标准。要认真贯彻执行《最高人民法院、司法部关于加强国家赔偿法律援助工作的意见》，切实为经济困难的赔偿请求人申请赔偿提供便利。要认真对待赔偿请求人提出的各项权利诉求，引导其依法、理性求偿，发现赔偿请求明显超出法律规定的范围或者依法应当赔偿而赔偿请求人没有主张的，人民法院要依法、及时予以释明。

四、提升执法办案的规范性和透明度。各级人民法院要严格执行国家赔偿法和相关司法解释的规定，确保程序合法公正。要不断创新和完善工作机制，加强审判管理，进一步提升立案、审理、决定、执行等各环节的规范化水平。要针对国家赔偿案件的特点，创新司法公开的形式，拓展司法公开的广度和深度，自觉接受人大、政协、检察机关和社会各界的监督。要加强直接、实时监督，对于重大、疑难、复杂案件决定组织听证或者质证的，可以邀请人大代表、政协委员、检察机关代表、律师代表、群众代表等参与旁听，也可以通过其他适当方式公开听证或者质证的过程，进一步提升刑事冤错案件国家赔偿工作的透明度。

五、严格依法开展协商和作出决定。各级人民法院要充分运用国家赔偿法规定的协商机制，与赔偿请求人就赔偿方式、赔偿项目和赔偿数额进行协商。经协商达成协议的，依法制作国家赔偿决定书确认协议内容；协商不成的，依法作出国家赔偿决定。针对具体赔偿项目，有明确赔偿标准的，严格执行法定赔偿标准；涉及精神损害赔偿的，按照《最高人民法院关于人民法院赔偿委员会审理国家赔偿案件适用精神损害赔偿若干问题的意见》办理。要注意加强文书说理，充分说明认定的案件事实和依据，准确援引法律和司法解释规定，确保说理全面、透彻、准确，语言通俗易懂，增强人民群众对国家赔偿决定的认同感。

六、加强国家赔偿决定执行工作。各级人民法院要积极协调、督促财政部门等做好生效国家赔偿决定的执行工作，共同维护生效法律文书的法律权威。赔偿请求人向作为赔偿义务机关的人民法院申请支付赔偿金的，被申请法院要依法审查并及时将审查结果通知赔偿请求人。人民法院受理赔偿请求人的支付申请后，要严格依照预算管理权限在七日内向财政部门提出支付申请。财政部门受理后超过法定期限未拨付赔偿金的，人民法院要积极协调催办并将进展情况及时反馈给赔偿请求人。赔偿请求人就决定执行、赔偿金支付等事宜进行咨询的，人民法院要及时予以回应。

七、积极推进善后安抚和追偿追责等工作。各级人民法院要在依法、及时、妥善处理刑事赔偿案件的同时，根据案件具体情况，沟通协调政府职能部门或者有关社会组织，促进法定赔偿与善后安抚、社会帮扶救助的衔接互补，推动形成刑事冤错案件国家赔偿纠纷的多元、实质化解机制。要深入研究和完善国家赔偿法规定的追偿追责制度，严格依法开展刑事冤错案件的追偿追责工作。积极回应人民群众关切，既要做好正面宣传引导工作，又要根据舆情进展情况，动态、及时、主动、客观地进行回应，为刑事冤错案件的国家赔偿工作营造良好的社会氛围。

八、加强对新情况新问题的调查研究。各级人民法院要不断总结刑事冤错案件国家赔偿工作经验，密切关注重大、疑难、敏感问题和典型案件。对工作中发现的新情况新问题，要认真梳理提炼，深入分析研究，尽早提出对策，必要时及时层报最高人民法院。

最高人民法院　公安部关于刑事被告人或上诉人出庭受审时着装问题的通知

（2015年2月10日　法〔2015〕45号）

各省、自治区、直辖市高级人民法院、公安厅（局），解放军军事法院，新疆维吾尔自治区高级人民法院生产建设兵团分院、公安局：

为进一步加强刑事被告人人权保障，彰显现代司法文明，人民法院开庭时，刑事被告人或上诉人不再穿着看守所的识别服出庭受审。人民法院到看守所提解在押刑事被告人或上诉人的，看守所应当将穿着正装或便装的在押刑事被告人或上诉人移交人民法院。

特此通知，请遵照执行。

最高人民法院、国家民族事务委员会关于印发《关于进一步加强和改进民族地区民汉双语法官培养及培训工作的意见》的通知

（2015年4月3日　法〔2015〕80号）

各省、自治区、直辖市高级人民法院，民（宗）委（厅、局），广西、西藏、新疆民语委（办），新疆维吾尔自治区高级人民法院生产建设兵团分院，新疆生产建设兵团民宗局：

为贯彻落实中央关于加强和改进民族工作的相关部署，大力推进少数民

族地区双语法官队伍建设，现将《关于进一步加强和改进民族地区民汉双语法官培养及培训工作的意见》印发给你们，请结合实际，认真贯彻执行。

关于进一步加强和改进民族地区民汉双语法官培养及培训工作的意见

为进一步加强和改进民族地区民汉双语（国家通用语言文字与当地少数民族语言文字，下同）法官培养及培训工作，依法保障民族地区公民的基本权利和诉讼权利，根据《中华人民共和国宪法》《中华人民共和国民族区域自治法》以及《关于加强和改进新形势下民族工作的意见》《2013－2017年全国干部教育培训规划》等文件精神，结合工作实际，制定本意见。

一、总体要求

1. 指导思想。坚持以邓小平理论、“三个代表”重要思想、科学发展观为指导，深入贯彻落实党的十八大、十八届三中、四中全会以及中央民族工作会议精神，认真贯彻习近平总书记系列重要讲话精神，以落实全面依法治国要求为引领，紧紧围绕“让人民群众在每一个司法案件中感受到公平正义”工作目标，牢牢把握司法为民公正司法工作主线，自觉践行社会主义核心价值观和社会主义法治理念，不断推进双语法官培养制度机制改革，切实提高双语法官培训的统筹性针对性实效性，为提高民族地区法官队伍的司法能力，促进民族地区人民法院各项工作全面发展，努力实现中华民族伟大复兴的中国梦提供坚强有力的人才支持和组织保障。

2. 基本原则。坚持按需培养、服务审判。根据当前人民法院审判执行工作的实际需求和双语法官的成长规律，合理确定双语法官培养和培训的类别和规模。坚持突出重点、统筹兼顾。重点向地处边远、经济欠发达少数民族聚居地区的基层人民法院审判一线法官倾斜。坚持循序渐进、合理规划。从解决当前问题入手，注重长远发展，区分轻重缓急，分层次、分阶段、有步骤地开展工作。坚持全面支持、自主培养。认真落实国家民族政策，积极争取当地相关职能部门的支持和配合，充分发挥民族地区人民法院主体作用和创新精神，开拓渠道、积极作为、争创特色。

3. 工作目标。完善双语法官培养机制，提高培训质效，逐步建立起一支政治立场坚定、业务素质过硬、数量比较充足，能够满足民族地区审判工作需要的双语法官队伍。到2020年前，基本解决民族地区人民法院双语法官短缺问题；各民族地区人民法院共培养出双语法官1500名；涉双语案件较多的民族地区人民法院，要力争培养4名左右既精通审判业务又能熟练运用国家通用语言文字和当地少数民族语言文字的专家型法官。

二、加强思想政治教育，坚持正确政治方向

4. 开展理想信念教育。要将信念坚定、政治过硬作为双语法官队伍建设的首要标准，深入开展马克思列宁主义基本原理、毛泽东思想、中国特色社会主义理论体系、党史国史国情、民族法律法规、民族宗教政策，特别是习近平总书记系列重要讲话精神的学习教育，着力强化爱国主义教育，积极培育国家意识和中华民族共同体意识，牢固树立正确的国家观、民族观、宗教观、历史观、文化观，不断增强对中国特色社会主义的道路自信、理论自信、制度自信，自觉维护祖国统一和民族团结。

5. 加强职业忠诚教育。深入开展社会主义核心价值观、社会主义法治理念、司法良知、法官职业道德、行为规范和廉洁司法教育，坚定信仰法治、坚守法治的职业操守，强化职业忠诚度和凝聚力，确保严守政治纪律、组织纪律和政治规矩，切实改进司法作风，培养忠于党、忠于国家、忠于人民、忠于法律的双语法官队伍。在双语法官培训中，理想信念教育和职业忠诚教育内容应不少于双语法官培训总学时的1/5。

三、加大培养力度，充分发挥双语法官重要作用

6. 拓宽招录渠道。各民族地区人民法院会同当地民委、民语委，积极协调组织人事部门，适当扩大双语人才的招录比例。少数民族聚居的贫困县和边远艰苦地区，可通过划定比例、单设岗位、定向录取、放宽条件等方式，原则上优先招录符合条件、通晓国家通用语言文字与当地少数民族语言文字的本地人员。最高人民法院会同国家民族事务委员会，共同探索开展定向培养的双语法律人才培养模式。

7. 注重双语法官的锻炼和使用。加强充实基层一线审判力量，有效发挥双语法官作用；有计划地组织双语法官到上级人民法院、党政部门挂职锻炼，或到东、中部地区人民法院进行培训、交流。

8. 重视优秀双语法官的培养和成长。坚持以人为本，为双语法官成长进步创造有利条件。对政治素质好、工作业绩突出、群众公认的双语法官，应纳入各级人民法院后备干部队伍；特别优秀的，要优先晋职晋级。民族地区各级人民法院、民委、民语委要积极协调当地有关部门，推动将优秀双语法官培养纳入当地民族干部队伍建设总体规划。

9. 加大对口支援力度。东、中部地区人民法院、民委、民语委要将双语法官培养作为对口支援的重要内容，有针对性地开展业务培训、交流学习等援助项目,积极帮助西部及经济欠发达的民族地区人民法院培养双语法官,切实提升受援地区双语法官的司法能力和业务水平。

四、加强双语法官培训工作,提高培训针对性和实效性

10.合理制定双语法官培训计划。最高人民法院根据审判工作实际和队伍发展需要,将双语法官培训纳入全国法院教育培训规划和年度法官培训计划;各民族地区高级人民法院根据本地情况制定本辖区双语法官培训计划;相关地区民委、民语委要将双语法官培训纳入当地民族干部教育培训规划,每年安排一定数量的班次和名额,专门用于培训双语法官。

11.规范双语法官培训工作。双语法官培训应以国家通用语言文字和当地少数民族语言文字对法律法规、审判专业术语的互通互译互用为主要内容,着重提高法官的语言表达能力、文字书写能力和交流沟通能力。要科学确定培训内容,创新培训方式,严格培训考核,努力提高双语法官培训中的信息化水平,充分运用网络、视频等方式,扩大培训范围,提高培训效果。鼓励支持民族地区汉族法官学习掌握当地少数民族语言文字。

12.加强双语培训师资队伍建设。最高人民法院建立双语法官培训师资库,纳入全国法官教学师资库管理,实现全国双语培训师资的共享使用。各民族地区人民法院要立足实际,借助本地资源优势,选好配强授课双语培训教师。相关地区民委、民语委要积极推荐、选派本系统内的知名专家担任双语法官培训的授课教师。

13.加强双语培训教材建设。根据最高人民法院的统一部署,相关民族地区高级人民法院要根据审判工作需要,组织编写针对性、指导性强的培训教材、教学参考资料和双语法律词典。相关地区民委、民语委要积极配合、支持双语法官培训教材编译工作,选派相关专家学者参与指导和审定。

14.加强双语培训基地建设。最高人民法院和国家民族事务委员会在相关民族院校设立“全国法院双语法官培训基地”。双语法官需求量较大的少数民族聚居地区人民法院,应依托当地省级法官培训机构或高等院校,建立双语法官培训基地;2017 年前,力争建成蒙古语文、藏语文、维吾尔语文、哈萨克语文、朝鲜语文、彝语文、壮语文的双语法官培训基地。

15.加强培训经费保障。合理编制双语法官培训经费预算,建立以省级财政为主、中央财政补贴的两级培训经费保障机制。要加大经费投入,对于涉双语案件较多的地区,双语法官培训经费应不低于同期本级法院培训经费的40%,并逐步建立正常的经费增长机制。加强培训经费的使用和监管,确保专款专用。

五、加强组织领导，确保双语法官培养及培训工作顺利开展

16. 各级人民法院、民委、民语委要从战略高度充分认识双语法官培养及培训工作的极端重要性和紧迫性，加强联系、密切协作、务求实效，不断推动双语法官培养及培训工作取得新进展。

17. 最高人民法院负责双语法官培养及培训工作的规划、统筹和指导工作，与国家民族事务委员会等中央国家机关建立双语法官培养及培训工作的协调、会商机制，定期会商双语法官培养和培训的重要事宜，集中研究解决工作中遇到的困难和问题。

18. 各级民委、民语委要充分发挥自身的职能作用，采取有效措施，积极配合、指导、支持双语法官培养及培训工作。

19. 各民族地区省级法官培训机构、国家民族事务委员会所属院校或培训机构，要积极开设双语法官培训班或进修班，认真组织实施好双语法官培训教学任务。对边远贫困地区的学员，要适当减免培训费用。

最高人民法院关于全面推进涉外商事海事审判精品战略为构建开放型经济体制和建设海洋强国提供有力司法保障的意见

（2015 年 7 月 14 日　法〔2015〕205 号）

涉外商事海事审判工作是人民法院民商事审判工作的重要组成部分，对于构建开放型经济新体制、增强国家核心竞争力，建设海洋强国、维护国家海洋权益，营造良好投资贸易环境，提升法治软实力，深化司法体制改革，全面推进依法治国具有重要作用。为深入实施涉外商事海事审判精品战略，充分发挥涉外商事海事审判职能作用，全面提高涉外商事海事审判的司法公信力，制定本意见。

一、认识和明确涉外商事海事审判精品战略的意义和奋斗目标

1. 深刻认识涉外商事海事审判精品战略的重大现实意义。为全面提升涉外商事海事审判的司法公信力，促进涉外商事海事审判科学长远发展，最高人民法院提出实施涉外商事海事审判精品战略的部署。当前，国际经济政治格局深刻调整，开放型经济和海洋经济深入发展，依法治国全面推进，涉外商事海事审判工作要承担争当司法公信的排头兵、司法改革的先行者、涉外法律工作的主力军的新使命。各级人民法院要充分认识实施涉外商事海事审判精品战略的重要性，增强大局意识、责任意识，切实提高工作的使命感和紧迫感。

2. 准确把握涉外商事海事审判精品战略的内涵。实施涉外商事海事审判精品战略是实现涉外商事海事审判科学发展的总体要求，强调以精取胜，注重品牌效应，实现案件办理精品化、人员素质精英化、法官视野国际化、体制机制创新化，着力提高我国涉外商事海事司法的公信力。

办案精品化。精品战略，首先要办精品案件。要实现程序规范化。牢固树立程序正义理念，管辖、送达、庭审以及合议等各个环节都要严守法定程序，充分保障当事人的合法诉讼权利。要强化庭审功能，推行当庭宣判。要提高裁判文书质量，规范裁判文书格式，增强论证说理。要统一法律适用标准，进一步加强司法解释和案例指导工作，规范自由裁量权，确保裁判尺度统一。

队伍精英化。实施精品战略，关键在人。要加强政治思想建设，始终将政治思想建设摆在首位，不断提高分辨大是大非问题的能力。要加强党风廉政建设和反腐败工作，切实改进司法作风，确保涉外商事海事审判队伍清正廉洁。要加强理想信念和职业道德教育，牢固树立职业尊荣感。要提升涉外商事海事审判队伍的正规化、专业化、职业化水平，着力培养一批既熟悉中国法律和相关国际条约、国际惯例，又掌握国际经贸航运知识，并具有丰富审判经验和较高外语水平的专家型、复合型法律人才。

视野国际化。开阔的国际视野是做好涉外商事海事审判工作的必然要求。要恪守条约义务，正确理解、准确适用国际条约、国际惯例，准确适用中外法律，平等保护中外当事人合法权益，以公正高效的审判赢得我国司法的国际公信力。要积极参与国际规则制定，高度重视协助相关部门进行条约谈判工作，在国际投资、贸易、航运规则的形成中充分发出中国司法的声音。要加强国际交流与合作，勇于登上国际司法舞台，充分利用各种机会，了解国外同行的成果经验，掌握国际司法的发展趋势，宣传、展示我国司法的立场和成就。

制度创新化。制度创新是实现精品战略的不竭动力。要主动服务司法体制改革。涉外商事海事审判工作要充分利用司法改革“天然试验田”的优势，继续发挥改革的示范和引领作用，争做司法体制改革的排头兵，根据中央统一部署，争取先行先试，进一步完善审判工作体制机制。完善海事法院管理体制及审判机制，拓展海事法院管辖范围。完善涉外商事案件管辖制度，完善国际、国内仲裁司法审查机制。

二、狠抓执法办案第一要务，全面提升审判工作质效

3. 树立程序正义理念。要更新审限观念，尽管涉外商事案件没有审限的硬性要求，但为提高审判效率，要积极采取措施，尽量缩短涉外商事案件的审理周期。对于不涉及域外送达、域外取证、公证认证以及外国法查明等情况的案件,要设置符合实际的内部审理时限,强化审限管理,避免案件久拖不决。要规范涉外送达工作。严格适用公告送达、邮寄送达的条件,在未穷尽其他送达途径前不得直接进行公告送达,切实保护域外当事人的程序权利。要慎重采用限制出境措施,严格适用条件,完善报批、审核和备案制度,规范操作,避免因措施不当引发外交纠纷。

4. 确立庭审中心主义。要做好庭前准备工作。认真审核外方当事人主体资格证明、授权委托书等需要履行公证认证手续的证据材料。对疑难复杂案件,应通过组织证据交换等方式明晰案件争议焦点,通过合议庭成员共同阅卷、召集庭前会议等方式做好审理前的准备工作。要高度重视庭审工作,切实提高庭审质量。法官应注意庭审言行举止,遵守司法礼仪;要平等保护中、外当事人的合法权益,落实好辩论原则、处分原则等民事诉讼基本原则;根据相关法律、司法解释规定,当事人可以选择涉外民事关系的法律适用的,要对法律适用问题征询当事人意见,并当庭作出归纳、阐释;对于当事人调查、收集证据或进行鉴定的申请,应当按照相关法律、司法解释的规定及时回应;对于缺席审理的案件,仍应调查主要事实,避免法庭调查流于形式;应制作全面、真实、准确、清晰地反映庭审全过程的庭审笔录。探索推进当庭宣判,逐步提高当庭宣判比例。

5. 积极拓展外国法的查明途径。着力打造外国法查明平台,进一步重视发挥“由中外法律专家提供”这一查明外国法途径的作用,加强与国内外法学科研机构的联系,开辟挑选中外法律专家的渠道。要有重点地结合主要投资贸易国家、地区开展查明外国法的基础性、前瞻性工作,逐步推动将外国法查明工作纳入统一平台体系中实施,并进一步发挥服务、保障作用。

6. 规范裁判文书制作。要规范裁判文书格式,重视程序性格式文书的规范制作,制定探索裁判文书的规范。要提高裁判文书制作水平,在准据法适用、证据认证、事实查明和争议焦点归纳、分析等文书的关键内容上下功夫,做到表述清晰、说理充分、逻辑严密、语言精练。

7. 深化司法公开。通过在各级人民法院门户网站提供诉讼指南、案件信息查询等方式,方便中外当事人诉讼,并通过发布审判白皮书、典型案例、召开新闻发布会等方式,提高涉外商事海事司法透明度。要加大庭审公开工作,创新公开方式,以视频、图文、微博等方式适时公开庭审过程。要做好裁判文书上网工作,进一步强化“中国涉外商事海事审判网”的裁判文书公开职能。要借助网络、媒体等平台及时发布审判动态信息,加强与公众之间的互动,增强社会认同感。

三、强化对下指导工作，统一司法裁判尺度

8.推广庭审示范工作。利用信息化技术将各级人民法院程序规范、驾驭娴熟、作风良好、质效双优的优秀庭审视频上传到网络平台，供辖区内法院学习参考。各级人民法院可以通过交流观摩、邀请社会各界相关人士观摩庭审等形式，积极开展公开示范性庭审活动，提高庭审质量。

9.推行案件质量评查制度。上级法院要定期对辖区内法院案件质量进行评查调研，肯定成绩，发现不足，通过座谈会集中反馈、下发评查报告等形式加强审判业务指导。

10.完善上下级法院沟通联系的工作机制。要坚持重要信息和重大案件报告制度。对工作中的重要举措、重大、敏感和新类型案件的审理情况应及时报送上级法院。要建立上下级法院之间有效、畅通、及时的沟通机制，做好改判、发回重审案件的沟通、定期评析、交流等制度，统一裁判尺度。

11.定期开展优秀裁判文书评选工作。要规范裁判文书格式，强调论证说理，定期开展优秀裁判文书评选工作。要推选出一批格式规范、说理透彻、逻辑严密、文字精练、适用法律准确的精品裁判文书，并汇编成册，发挥示范效应。

12.加强司法解释和指导性意见制定工作。要针对疑难、复杂问题及时调研，注重挖掘法官群体司法智慧，总结既往司法裁判思路，借鉴国际先进立法、司法经验，及时制定司法解释、指导性意见，保障司法的公正性、法律适用准确性和统一性。

13.加强案例指导工作。要积极推荐指导性案例。要筛选出部分典型案例，在人民法院公报、《涉外商事海事审判指导》、最高人民法院案例指导专刊及有关网站上发布。要定期发布年度十大涉外商事海事典型案例。要充分发挥指导性案例针对性强、法律论证充分、及时反映新情况、新问题的作用，与司法解释相互配合，为开拓办案思路、衡量价值判断和统一裁判标准提供具体指引。

四、加强调查研究，主动服务大局

14.善用法治思维主动研判大局。寻找构建创新型经济新体制、建设海洋强国与涉外商事海事审判的连接点，围绕“走出去”企业法律风险防范、我国海洋权益保护、国际海事司法中心建设、海洋生态文明司法保障、自贸区法治保障、“一带一路”法治保障、“两岸四地”经贸合作司法保障机制、边境贸易与区域经济合作司法保障、涉外民商事司法环境优化等新问题、新情况开展前瞻性、预判性调研，及时形成调研成果，通过制定司法解释、个案指导、向有关部门出具司法建议或立法建议、配合有关部门工作等多种方式，主动服务国家改革开放战略和建设海洋强国战略。

15. 密切关注相关改革措施对涉外商事海事审判工作的影响。当前，我国正处在全面深化改革的关键时期，要密切关注相关领域的改革对涉外商事海事审判产生的影响，适时调整裁判思路，适时出台或修改司法解释、指导性意见，保障相关改革的顺利进行。如密切关注国家行政审批制度改革尤其是外商投资审批制度改革对外商投资企业股权转让、并购纠纷处理思路的影响；外汇管理体制改革、金融业开放对跨境融资、对外担保以及国际金融衍生交易行为等法律行为效力认定思路的影响；深入研究因对赌条款、协议控制、多层级离岸公司控制权等国际资本运作产生的相关纠纷；及时研究制定海洋生态环境损害赔偿认定规则等。

16. 建立精品调研报告定期评选制度。最高人民法院、高级人民法院要建立精品调研报告定期评选制度，将优秀调研成果集结成册，并在条件成熟时，转化为司法解释、指导性意见和会议纪要等规范性文件。

五、加强队伍建设，增强司法能力

17. 强化法官的法治理念和法治思维。统筹国际国内两个大局，高度重视和创造性运用法治理念和法治思维方式，全面把握法律思维中规则思维、权利义务思维、程序性思维、价值权衡思维和建设性思维等特点，树立平等保护中外当事人的理念，依法处理好当前和长远、局部和全局、个体和普遍利益的关系，努力实现自由与秩序、公平与效率、安全与限制、平等与差别、生存与发展等不同价值追求的耦合与共赢。

18. 高度重视专门审判机构建设。各级人民法院要以专业化为目标，科学设置涉外商事审判机构，高级人民法院和中级人民法院应当成立专门的涉外商事审判庭；获得一审涉外商事案件管辖权的基层人民法院原则上也应成立专门的涉外商事审判庭，暂时不能单设审判庭的，必须成立涉外商事审判专业合议庭，保障涉外商事审判工作的顺利开展。

19. 建立人才培养的长效机制。要形成定期更新知识的长效培训和学习机制，高级人民法院、中级人民法院应确保每年一次对辖区范围内的涉外商事海事法官培训，培训要讲求实用性和针对性。加强与商务部门、海事部门等相关部门的合作、交流和信息共享，探索建立与高校、科研机构以专题授课、举办沙龙等形式进行前沿问题探讨的交流机制，拓展审判视野，提高理论和实务水平。鼓励法官到港澳台或国外学习、培训。

20. 鼓励法官积极参与国际交流与合作。鼓励、推荐法官参与国际公约、双边或多边条约的磋商谈判，参与各种国际贸易规则的起草，增加我国在国际经济关系中的话语权。

六、深化司法改革，完善涉外商事海事审判制度机制

21. 全面贯彻涉外商事案件集中管辖制度。各级人民法院要在立案、审判、执行等工作中正确把握涉外商事案件的标准。涉外商事案件的判断要从法律关系主体、标的物以及产生、变更或消灭民事关系的法律事实等三个方面是否具有涉外因素进行考察，只要其中之一具有涉外因素，即为涉外商事案件。要防止仅根据主体是否涉外为标准来识别涉外商事案件，从而使相当一部分涉外商事案件游离于涉外商事集中管辖制度之外。对于涉外商事案件管辖权异议、申请承认与执行外国仲裁裁决或法院民商事判决的案件，应当集中由涉外商事审判庭统一审查，避免分散审查。

22. 积极探索涉外商事审判庭审理部分新类型案件。各级人民法院要从涉外商事审判集中对口服务开放型经济、科学整合审判资源以及有利于裁判权统一行使的全局出发，研究探索由涉外商事审判庭集中受理除涉外商事案件外的另两类相关案件：与涉外商事案件在法律适用上基本趋同的国内商事案件，如国内信用证纠纷案件、国内银行保函纠纷案件、国内仲裁司法审查案件等；与开放型经济发展密切关联的其他商事案件，如涉外商投资企业商事纠纷案件、涉自贸区商事纠纷案件、边贸纠纷案件等。

23. 合理调整涉外商事案件集中管辖的格局。随着我国外向型经济的发展，最高人民法院研究将第一审涉外商事案件管辖权原则上下放至所有中级人民法院，并制定相应的级别管辖标准；逐步确立新类型案件、特殊类型案件、有普遍法律适用意义的疑难案件指定管辖、提级管辖制度。今后一段时期，高级人民法院辖区内已有较多基层人民法院具有第一审涉外商事案件管辖权的，原则上不再新增指定辖区内的其他基层人民法院。对于年均收结案量长期不足的基层人民法院，高级人民法院可以适时提出调整建议。

24. 推动完善海事案件专门管辖制度。要尽快调研启动修改现行海事法院收案范围的规定，将涉海涉船涉货民商事纠纷案件和海事行政案件统一纳入海事法院专门管辖范围。要密切关注海盗、走私、污染等海上违法犯罪状况和国家海洋维权形势，深入研究将海事刑事案件统一纳入海事法院专门管辖范围的必要性与可行性。当事人不得通过协议方式、地方法院不得改变案由排除海事法院专门管辖制度；地方法院不得以所谓“查封”船舶之名规避《海事诉讼特别程序法》的规定，受理当事人在诉讼前或者诉讼中提出的扣押船舶申请；地方法院为执行生效法律文书需要扣押和拍卖船舶的，应当委托船籍港所在地或者船舶所在地的海事法院执行。

25. 探索建立商事仲裁案件集中审查机制。为适应民事诉讼法修订后国内仲裁裁决与涉外仲裁裁决的司法审查标准逐步趋同的新形势，发挥涉外商

事审判庭长期办理仲裁司法审查案件的专业优势，应当将国内外仲裁司法审查案件统一归口到涉外商事审判庭审理，以解决当前各地人民法院存在的对仲裁司法审查案件重视不够、法院各部门之间审查职能交叉重合、审查程序缺乏规范、审查标准不统一、专业培训不足和该类案件的整体质量不高等问题。建立商事仲裁案件集中审查机制有利于优化审判资源配置，统一司法裁判尺度；有利于促进仲裁事业发展，推动仲裁制度完善；有利于促进我国早日形成国际影响力大、国际竞争力强的商事仲裁中心。

26. 进一步完善司法协助机制。要与外事、司法、行政等相关部门加强联络，探索建立域外送达、域外调查取证的信息网络平台，实现域外送达、域外调查取证工作各个环节的信息共享，加强信息反馈、分析和经验交流，提高域外送达、域外调查取证工作的效率和透明度。

七、切实加强组织领导，做好新闻宣传加强舆论引导工作。

27. 切实加强涉外商事海事审判精品战略的组织领导。各高级人民法院负责涉外商事海事审判工作的主管副院长要担任本地部署实施精品战略的第一责任人，要成立专门工作指导小组，进行长期指导。各地要因地制宜、合理定位。开放型经济发达的沿海省份法院，要加快实施精品战略，努力在全国发挥引领与示范作用；中西部省份法院要注意学习沿海省份法院的先进经验，稳步推进精品战略；边境地区法院要结合边贸和区域经济合作实际，突出实施精品战略的特色。要调研制定涉外商事海事审判精品战略的评价技术规范，科学建立收结案绩效、精品文书、调研成果和司法公开等工作的评价指标体系。要加强督促检查工作。上级法院要坚持每年对下开展精品战略实施情况的检查评估与指导整改工作，形成激励和倒逼机制，将精品战略落实到实处。

28. 积极引导涉外商事海事审判的新闻宣传和国际舆论。各级人民法院要充分认识涉外商事海事审判工作在对外宣传中的重要意义和窗口作用，要以信息化建设为依托，以媒体融合发展为契机，积极回应人民群众和国际社会对人民法院工作的关切和对公平正义的期待，自觉接受新闻媒体和社会各界监督，借助国际上有影响力、有传播力的媒体及时、准确地传递涉外商事海事审判工作信息，向国际社会充分展现我国司法的良好形象。

本意见自公布之日起实施。各高级人民法院可以结合本地工作实际制定落实措施报最高人民法院备案。

最高人民法院、中国银行业监督管理委员会关于联合下发《人民法院、银行业金融机构网络执行查控工作规范》的通知

（2015 年 11 月 13 日　法〔2015〕321 号）

各省、自治区、直辖市高级人民法院，解放军军事法院，新疆维吾尔自治区高级人民法院生产建设兵团分院；各银监局，各政策性银行、大型银行、股份制银行，邮储银行，各省级农村信用联社：

为全面落实《最高人民法院、中国银行业监督管理委员会关于人民法院与银行业金融机构开展网络执行查控和联合信用惩戒工作的意见》（法〔2014〕266 号），加快推进网络执行查控机制建设，依法规范人民法院与银行业金融机构（以下简称金融机构）之间的网络执行查控工作，最高人民法院与中国银行业监督管理委员会研究制定了《人民法院、银行业金融机构网络执行查控工作规范》，现联合下发给你们，请遵照执行。具体要求如下：

一、已与最高人民法院建立"总对总"网络执行查控系统的，应当在 2016 年 2 月底前完善网络查控功能；未建立的，各银行业金融机构总行应当在 2015 年 12 月底前通过最高人民法院与中国银行业监督管理委员会之间的专线完成本单位与最高人民法院的网络对接工作；2016 年 2 月底前网络查控功能上线。

二、各省、自治区、直辖市高级人民法院执行局，新疆维吾尔自治区高级人民法院生产建设兵团分院执行局，负责督促、落实总行设在本辖区的银行业金融机构与最高人民法院"总对总"网络执行查控系统建设的工作，并向最高人民法院报告进展情况。

三、各省、自治区、直辖市高级人民法院，解放军军事法院，新疆维吾尔自治区高级人民法院生产建设兵团分院；各银监局，各银行业金融机构总行，应当各指定一名主管领导、业务和技术人员，专门负责网络查控工作，并填报联系表（见后），于 2015 年 11 月 30 日前分别上报最高人民法院和中国银行业监督管理委员会。其中，各地方法人银行业金融机构应将联系表报当地银监局汇总后统一上报最高人民法院和中国银行业监督管理委员会。

请各银监局将本文转发至银监分局和辖区内法人银行业金融机构。

最高人民法院联系人:孙建国

联系电话:010-67557112,传真:010-67557108

中国银行业监督管理委员会联系人:曹妍

联系电话:010-66279613,传真:010-66299118

人民法院、银行业金融机构网络执行查控工作规范

为依法规范人民法院与银行业金融机构(以下简称金融机构)之间的网络执行查控工作,提高网络查询、冻结(包括续冻和解冻)、扣划、处置被执行人银行账户、银行卡、存款及其他金融资产等工作的效率,保护当事人、利害关系人的合法权益,根据《最高人民法院关于网络查询、冻结被执行人存款的规定》《最高人民法院、中国银行业监督管理委员会关于人民法院与银行业金融机构开展网络执行查控和联合信用惩戒工作的意见》(法〔2014〕266号)的规定,制定本规范。

1. 人民法院对被执行人的银行账户、银行卡、存款及其他金融资产采取查询、冻结、扣划等执行措施(以下简称查控措施),可以通过专线或金融网络等方式与金融机构进行网络连接,向金融机构发送采取查控措施的数据和电子法律文书,接收金融机构查询、冻结、扣划、处置等的结果数据和电子回执。

前款所述金融资产,指可以进行变价交易,并且交易价款及孳息可以存款的方式转入金融机构特定关联资金账户的各类财产。

2. 最高人民法院与金融机构总行建立"总对总"网络执行查控系统的,全国各级法院的查控数据和电子法律文书通过"总对总"网络执行查控系统实时向金融机构发送;金融机构完成协助查控事项后,查控结果数据及电子回执通过"总对总"网络执行查控系统实时向执行法院反馈。

各省(自治区、直辖市)高级人民法院与金融机构分行已经建立"点对点"网络执行查控系统的,金融机构总行应授权有关分行查询、冻结、扣划本行系统内全国账户及金融资产。

人民法院与金融机构的网络查控系统由最高人民法院和各省(自治区、直辖市)高级人民法院负责通过银行业监管机构金融专网通道分别与金融机构总行和省级分行建设,金融机构无需与各中、基层人民法院建立"点对点"网络

执行查控系统。最高人民法院和银行业监管机构鼓励和支持各级人民法院与辖区内金融机构建立更加便捷、高效的纠纷处置协调机制。

金融机构与最高人民法院建成“总对总”网络执行查控系统后，由最高人民法院和金融机构共同下发通知，停止运行对应的“点对点”网络执行查控系统。金融机构已与最高人民法院建立“总对总”网络执行查控系统的，金融机构无需再与各中、基层人民法院建立“点对点”网络执行查控系统。

3. 各级人民法院应当将执行人员的公务证件在网络执行查控系统中进行登记备案和存储扫描件。

执行法院采取网络执行查控措施时，由网络执行查控系统通过技术手段确认执行人员的用户身份，并向金融机构发送该执行人员的姓名、联系电话及公务证件扫描件。

4. 各级人民法院应当将执行款专户在网络执行查控系统中进行登记备案。

新增或变更执行款专户时，应当按规定审批后，在系统中修改相关信息。

5. 执行人员对被执行人采取网络执行查控措施前，应当对案件当事人姓名或名称、身份证件号码、统一社会信用代码或组织机构代码等基本信息进行核对，确保信息全面、准确。

执行人员发现案件当事人基本信息数据存在错误、遗漏的，应当将修改项目、内容、原因等情况按规定审批后，在案件管理系统中进行修改。

财产已被采取查控措施的被执行人，除被执行人发生合并、分立、变更姓名或名称以外，执行人员不得修改或删除其基本信息，但可以增加其他基本信息。

人民法院应当在案件管理系统中实现本条第二款、第三款信息修改流程，并保留修改的记录。

6. 执行法院通过网络执行查控系统查询被执行人银行账户、银行卡、存款及其他金融资产信息的，应当向金融机构发送被执行人的基本信息数据（包括被执行人姓名或名称、证件类型、证件号码或统一社会信用代码、组织机构代码）。与金融机构联网的人民法院应当制作电子协助执行通知书，并附电子查询清单（包括案号、执行法院名称、被执行人基本信息），实时向金融机构发送。

执行法院要求金融机构协助查询被执行人账户交易流水明细、交易对手姓名或名称、账号、开户银行等账户交易信息的，应当列明具体查询时间、区间等信息。

7. 金融机构协助人民法院采取网络查询措施的，应当根据所提供的被执行人基本信息数据，在本单位生产数据库或实时备份库中查询，并通过网络执行查控系统实时反馈查询结果。

被执行人有开立账户记录的,金融机构应反馈开户时间、开户行名称、户名、账号、账户性质、账户状态(含已注销的账户)、余额、联系电话、被有权机关冻结的情况等信息;被执行人有存款以外的其他金融资产的,金融机构应反馈关联资金账户、资产管理人等信息。

被执行人未开立账户,金融机构应反馈查无开户信息。

8. 金融机构协助人民法院查询的被执行人银行账户、银行卡、存款及其他金融资产信息,可以作为执行线索、拒不履行生效法律文书的证据或者结案依据使用。

金融机构应在收到查控措施数据及电子法律文书后,根据办理结果数据生成加盖电子印章(可以是单位公章或网络查控专用章)的协助执行结果回执,通过网络执行查控系统向执行法院反馈。

金融机构反馈信息,仅以当时协助办理查控事项的金融机构本行系统的数据为限。

9. 执行法院通过网络执行查控系统对被执行人采取冻结、续行冻结、解除冻结、扣划等执行措施的,应当向金融机构发送加盖电子印章的执行裁定书、协助执行通知书和执行人员的公务证件电子扫描件。

执行法院通过网络执行查控系统对被执行人采取冻结、续行冻结、解除冻结、扣划等执行措施的,应当有明确的银行账户及金额。

10. 金融机构协助冻结被执行人存款的,应当根据人民法院要求冻结的金额冻结指定账户,并向人民法院反馈冻结账户对应的应冻结金额(要求冻结的金额)、实际冻结金额、冻结起止时间等信息。

当被执行人账户中的可用余额(本次冻结前尚未被冻结的金额)小于应冻结金额时,金融机构应对指定账户按照人民法院要求冻结的金额进行限额冻结。

有权机关要求金融机构对指定账户进行轮候冻结的,金融机构应按有权机关要求的金额对指定账户冻结的限制额度叠加,进行限额冻结,并反馈冻结账户对应的应冻结金额(要求冻结的金额)、实际冻结金额、冻结起止时间以及先前顺序冻结记录等信息。

有权机关要求金融机构对指定账户进行继续冻结(即续冻)的,金融机构应按有权机关的要求延长原冻结事项的截止时间,并反馈冻结账户对应的应冻结金额(要求冻结的金额)、实际冻结金额、冻结起止时间以及前后顺序冻结记录等信息。

11. 有权机关要求冻结被执行人存款以外的其他金融资产的,应当在协助执行通知书中载明具体数额。金融机构应按要求冻结金融资产所对应的被执行人的银行账户，一律通过限额冻结完成该协助冻结事项。

12. 有权机关、金融机构或第三人对被执行人银行账户中的存款及其他金融资产享有质押权、保证金等优先受偿权的，金融机构应当将所登记的优先受偿权信息在查询结果中载明。执行法院可以采取冻结措施，金融机构反馈查询结果中载明优先受偿权人的，人民法院应在办理后五个工作日内，将采取冻结措施的情况通知优先受偿权人。优先受偿权人可向执行法院主张权利，执行法院应当依法审查处理。审查处理期间，执行法院不得强制扣划。

存款或金融资产的优先受偿权消灭前，其价值不计算在实际冻结总金额内；优先受偿权消灭后，执行法院可以依法采取扣划、强制变价等执行措施。

被执行人与案外人开设联名账户等共有账户，案外人对账户中的存款及其他金融资产享有共有权的，参照前两款规定处理。

13. 执行法院通过网络执行查控系统对被执行人的存款采取扣划措施的，应当将款项扣划至本院执行款专户；被执行人的存款为外币的，应当将款项扣划至本院外币执行款专户。

14. 执行法院通过网络执行查控系统对被执行人的存款采取扣划措施的，应当在协助执行通知书中载明扣划的账号、扣划金额、执行款专户信息（包括开户行名称、账号、户名）。金融机构应当按照协助执行通知书的要求，将被执行人的存款扣划至执行法院的执行款专户。

执行法院扣划被执行人已经被冻结的存款，无需先行解除原冻结措施。

15. 金融机构协助扣划被执行人存款的，反馈的回执中应当载明实际扣划金额、未扣划金额（执行法院对已冻结的存款部分扣划的，原冻结金额与本次实际扣划金额的差额）等内容。

16. 网络冻结、扣划等执行措施的电子法律文书等数据发送至网络查控系统的时间视为送达时间。

17. 金融机构接收查控数据及相关电子法律文书后，无法协助执行法院对被执行人的银行账户、银行卡、存款和其他金融资产采取查控措施的，应当在反馈回执中载明原因。

18. 人民法院和金融机构通过网络执行查控系统实施查询、冻结、扣划银行存款的，不受地域限制。

19. 金融机构依法协助人民法院办理网络执行查控措施，当事人向其提出异议的，金融机构可告知其应向执行法院提出异议，并将执行法院名称、案号、执行人员姓名告知当事人。

20. 最高人民法院与中国银行业监督管理委员会制定网络执行查控系统

的技术规范(包括数据格式、法律文书、查控结果回执样式等),作为本规范的附件。

各高级人民法院应当根据该技术规范,对本辖区法院的案件管理系统进行改造,开发与“总对总”或“点对点”网络查控系统进行对接的软件。

各金融机构应当根据该技术规范,对本行业务系统进行改造,开发与“总对总”或“点对点”网络查控系统进行对接的,具备自动接收、审核、处理查询、冻结、扣划及反馈查控结果等网络查控功能的软件。

21. 人民法院办理先予执行案件,适用本规范的规定。

人民法院在保全执行中,可以遵照本规范的规定,通过网络执行查控系统实施查控措施。

22. 最高人民法院与中国银行业监督管理委员会建立网络查控工作应急处理机制,负责解决人民法院与金融机构间因网络查控发生的一切事宜。

23.《人民法院、银行业金融机构网络执行查控工作技术规范》作为本规范的附件,人民法院和各金融机构应当按照该技术规范研发网络查控系统。

最高人民法院关于新形势下加强人民法院文化建设的指导意见

(2015 年 11 月 21 日　法发〔2015〕15 号)

2010 年以来,全国各级人民法院认真贯彻落实党中央关于社会主义文化建设的总体部署,按照《最高人民法院关于进一步加强人民法院文化建设的意见》要求,大力推进法院文化建设,取得了显著成效,促进了人民法院工作科学发展。党的十八大以来,围绕实现中华民族伟大复兴和建设社会主义文化强国的宏伟目标,党中央对文化建设作出一系列新的部署要求,习近平总书记对文化建设作出一系列重要论述,党的十八届三中、四中、五中全会都对文化建设提出了明确要求。根据中央关于文化建设的新精神新要求,结合人民法院面临的新形势新任务,现就进一步加强人民法院文化建设提出如下指导意见。

一、加强法院文化建设的总体思路和原则要求

(一)正确认识当前法院文化建设形势。当前,“四个全面”战略布局特别是全面依法治国深入推进,人民法院处在发展和改革的关键时期,执法办案、司法改革任务繁重艰巨,法院队伍建设面临许多新情况新问题,司法领域意识形态斗争形势复杂,更加需要法院文化的思想引领、精神激励和文化滋养。经

过全国各级法院共同努力，法院文化建设工作机制逐步健全，文化阵地和基础设施逐步完善，文化活动和载体不断丰富，形成许多优秀成果和宝贵经验，已从自发阶段进入自觉阶段，为向更高水平发展打下了良好基础。同时，法院文化建设中也存在功能定位不够准确、与审判工作联系不紧、发挥干警主体作用不够、法院文艺创作相对薄弱、信息化应用水平相对滞后、面向社会的传播力和影响力不强、服务国家法治建设不够有力等问题。为适应全面依法治国和人民法院发展改革的形势任务要求，需要深化和拓展取得的成果，加强和改进薄弱环节，进一步推进法院文化建设深入发展。

（二）加强法院文化建设的总体思路。高举中国特色社会主义伟大旗帜，以邓小平理论、"三个代表"重要思想、科学发展观为指导，深入学习贯彻习近平总书记系列重要讲话精神，坚持社会主义先进文化前进方向，以社会主义核心价值观和社会主义法治理念为引领，以司法为民、公正司法为灵魂和主线，以服务审判、服务干警、服务法治建设为目标，以培育法治信仰、弘扬法治精神为核心，坚持创新、协调、绿色、开放、共享的发展理念，全面深入推进法院文化建设，实现法院文化对内功能与对外功能协调发展，为人民法院发展改革和全面推进依法治国提供强大的价值引导力、文化凝聚力和精神推动力。

（三）加强法院文化建设的原则要求。

——坚持干警主体地位。树立以干警为中心的文化理念，坚持文化建设为了干警、依靠干警，准确把握干警精神文化需求，激励干警全员参与，增强干警文化自觉，使文化建设符合干警意愿、体现干警智慧、促进干警全面发展，让干警在文化建设中有更多获得感。

——强化引领激励功能。注重以文育人、以文铸魂，坚持以科学的理论武装人，以高尚的精神塑造人，以正确的舆论引导人，以优秀的作品鼓舞人，着力在坚定理想信念、坚定法治信仰、强化法治精神、塑造高尚人格上下功夫，自觉抵制各种错误思潮和观点的影响。

——注重渗透结合融入。把文化建设渗透到法院工作各个方面，与执法办案、审判管理、队伍建设、机关党建、廉政建设等工作有机结合、融合发展，把文化建设成效体现在提升队伍素质、提升审判质量、提升司法公信力上。

——法院内外共建共享。坚持以开放的理念发展法院文化，增强"请进来"和"走出去"意识，争取文化主管部门指导支持，借力社会文化资源提高法院文化建设水平，依托大众传媒和公共文化服务平台，增强法院文化面向社会的传播力影响力，服务国家法治建设。

二、培育和弘扬社会主义核心价值观

（四）深化核心价值观宣传教育。全面准确把握社会主义核心价值观的基本内涵和实践要求，结合法院实际进行科学阐释和解读，增强干警对社会主义核心价值观的理解和认同。布设法院文化环境、开展法院文化活动要突出社会主义核心价值观的思想内涵，形成鲜明导向和浓厚氛围，引导广大干警自觉做社会主义核心价值观的传播者、引领者、实践者。运用法院系统媒体及社会媒体，结合审判工作实践，大力传播社会主义核心价值观，做到全媒体宣传、全栏目融入、全方位覆盖。推进“用公开促公正、建设核心价值”主题教育常态化，持续深化核心价值观教育。

（五）强化核心价值观培育养成。大力弘扬以爱国主义为核心的民族精神和以改革开放为核心的时代精神，结合重大节日和重大主题活动，组织庄重严肃的典礼仪式和有教育意义的法院文化活动。规范和普及奏唱国歌和升国旗活动，增强干警国家意识和爱国情感。把法院文化活动与党史国情教育、革命传统教育、形势政策教育紧密结合起来，引导干警坚定理想信念。深化人民司法优良传统教育，培育和传承优良院风院训。广泛开展群众性精神文明创建活动，推动各级法院争创文明单位。组织干警参加学雷锋志愿服务，弘扬奉献、友爱、互助、进步的志愿精神，开展争创“青年文明号”活动。弘扬中华优秀传统文化，吸收借鉴地方特色文化，推广道德讲堂活动，强化干警道德教育。宣传表彰道德高尚的优秀干警，推荐参加各地道德模范评选。

（六）发挥审判职能促进核心价值观建设。认真贯彻落实《在人民法院工作中培育和践行社会主义核心价值观的若干意见》，充分发挥司法裁判对社会价值的规范、指导、评价、引领作用。坚持严格公正司法，明辨是非，惩恶扬善，真正使符合社会主义核心价值观的行为受到保护，使违背社会主义核心价值观的行为受到制裁。充分发挥调解、和解、协调等方式在解决纠纷中的重要作用，弘扬讲仁爱、重民本、守诚信、崇正义、尚和合、求大同的优秀传统文化，营造友善和睦的社会氛围。通过司法裁判鼓励诚信、制裁失信，引导人们自觉履行法定义务和社会责任，促进社会诚信体系建设。

三、发挥法院文化功能推进司法为民、公正司法

（七）坚定干警法治信仰。用法院文化引领干警价值追求，强化信仰法治、坚守法治的职业理想。采取多种文化形式和文化载体，引导干警强化对中国特色社会主义司法制度的高度认同，强化对公平正义的执着追求，强化对法治原则的坚定恪守，强化对司法事业的忠诚热爱，正确认识和积极支持司法改革，努力为建设中国特色社会主义法治国家而奋斗。制定人民法院落实宪法宣誓制度实施办法，认真组织实施宪法宣誓。明确法院文化环境布设要求，突出社会主义核心价值观、社会主义法治理念、人民法院工作目标和工作主题、宪法宣誓誓词等内容。完善“天平奖章”颁发办法，充分发挥职业荣誉激励作用。加强先进典型宣传表彰，深入开展向邹碧华等先进典型学习活动，弘扬先进典型信仰法治、坚守法治的崇高精神。

（八）强化干警职业操守。用法院文化提升干警职业道德素养，树立刚正不阿、执法如山、公正廉洁的法官形象。深入开展法官职业道德和司法良知教育，引导广大法官坚持以事实为依据、以法律为准绳，严格司法、公正司法，不偏不倚、不枉不纵，努力让人民群众在每一个司法案件中感受到公平正义。深入开展法官行为规范、人民法院司法责任制等制度规定的宣传教育，明确行为规范和权力边界，强化干警依法依规履行职责的自觉性。结合各地实际制定司法礼仪规程和文明用语规范，开展司法礼仪培训和日常检查，强化文明司法的日常养成。深入宣传、认真落实对领导干部干预司法和司法机关内部人员过问案件进行记录和问责的两个规定，形成支持法官坚持原则、公正司法的文化生态。

（九）提升干警司法能力。认真开展新法律法规和司法解释学习培训，组织干警加强法律条文和司法案例研究。围绕审判工作重点难点热点问题，举办法官论坛、法官沙龙、司法讲堂活动，深入开展研讨交流。开展示范庭审、精品案例、优秀裁判文书评选，激励干警提高审判业务能力，使庭审过程、裁判文书成为体现和传播法院文化的重要载体。充分发挥中国审判理论研究会、“一带一路”司法研究中心、中华司法研究会等组织的作用，加强应用法学理论、专业审判理论和司法文化研究。各级法院要从审判实践出发，因地制宜确定研究内容、组织课题攻关。加强各级法院与高等院校的合作，为干警提供更多学习深造机会，邀请法学专家讲授法学前沿知识。进一步提高审判业务类刊物办刊质量，更好地总结审判经验、交流研究成果。组织出版少数民族双语法官培训教材和法律词典，适应双语法官学习培训需要。

（十）促进干警廉洁司法。认真开展中国共产党廉洁自律准则、纪律处分条例和人民法院廉政制度规定的宣传教育，深入推进廉政文化创建活动，引导干警树立廉洁价值理念，坚守廉洁司法底线。坚持开展廉洁司法年度集中教育活动，运用反面典型案例强化警示教育。在法院机关内网创建廉政网页、开通廉政短信平台，采取知识竞赛、主题征文、格言征集、专题展览等形式开展廉政文化活动，形成以廉为荣、以贪为耻的文化氛围。开展家庭助廉、亲情促廉活动，增强干警拒腐防变的意识和能力。

四、发挥法院文化功能促进干警全面发展

（十一）营造浓厚学习氛围。大力倡导终身学习、全员学习理念，深入推进创建学习型法院、学习型党组织活动。加强各级法院图书馆、阅览室建设，按照审判工作需要和干警学习需求科学配备图书期刊，增强数字化服务能力，进一步提高服务效能。条件具备的地方可争取文化主管部门支持，协调公共图书馆在法院设立分馆或流通点，借力公共文化服务体系服务干警学习需求。民族地区法院图书馆要配备少数民族语言文字的法律图书。广泛开展院长荐书、专题阅读、读书交流，深入推进法院干警全员读书活动。组织干警搭建团队学习平台，健全团队学习机制。

（十二）丰富干警精神生活。根据干警需求成立业余文艺团队，加强工作指导，经常开展活动，为干警提高文化艺术修养创造条件。结合重大节日、重大活动、法院成立纪念日，组织开展文艺汇演、歌咏比赛、主题演讲、诗文朗诵等干警欢迎的文化活动，有条件的法院可举办主题文化节，增强队伍生机活力和凝聚力。适应干警精神文化需求，开展文化建设办实事活动。邀请相关专家举行文化艺术讲座，组织干警观看优秀电影作品、参观文化艺术展览，陶冶干警思想情操。

（十三）促进干警身心健康。结合法院实际开展群众性体育活动，促进干警增强体质、保持健康。完善室内外运动健身场所，为干警锻炼身体提供必要的服务保障，适时举行运动会、单项体育比赛及其他健身活动。认真落实体检、休假、疗养制度，建立干警健康档案，开展健康干预和健康促进活动。加强干警心理健康教育，有条件的法院可购买社会服务、配备必要设备，为干警提供心理健康服务。采取举办健康讲座、推送保健信息、印发宣传手册等形式，普及保健防病急救知识，提高干警健康意识和保健能力。

五、发挥法院文化功能服务国家法治建设

（十四）加强司法新闻宣传，提升全社会法治意识。推进法院系统传统媒体与新兴媒体融合发展，实现法院系统新闻出版单位转型升级，增强法院媒体的传播力、公信力和影响力。充分运用法院内外各类媒体，积极宣传人民法院的司法理念、司法政策和审判实践，面向社会传播法治精神和法律知识。坚持和完善新闻发布制度，加强司法解释、司法政策的宣传解读，及时发布典型案例和社会关注案件审理情况。加强各级法院同当地新闻宣传部门的合作，推动在各级主流媒体普遍设立法治宣传专栏。广泛开展“宪法日”“法院开放日”和法律进社区、进乡村等主题活动。编写出版通俗易懂的法治宣传图书，组织制作法治宣传公益广告。认真组织实施法律研修学者和法律实习生制度，让更多法学专业师生参与法院实际工作，增进对法院的深度认知和理解认同。

（十五）繁荣发展法院文艺，唱响法治建设主旋律。认真学习贯彻习近平总书记在文艺工作座谈会上的重要讲话精神和《中共中央关于繁荣发展社会主义文艺的意见》，坚持以人民为中心的创作导向，让中国精神成为法院文艺的灵魂,努力创作反映时代精神和法治精神的优秀文艺作品。注重从干警中发现和培养文化人才,鼓励干警立足审判实践创作文艺作品。充分发挥中国法官协会法院文化分会和最高人民法院影视中心的作用,推动法院文艺创作和文化交流。组织实施法院文艺作品创作工程,有条件的法院要加强与文化主管部门和文艺创作单位的合作,从审判实践中汲取素材、提炼主题,努力创作思想性与艺术性相统一的精品力作。加大法院题材文艺作品传播推广力度,分类开展全国法院优秀文艺作品评选推介工作,推动在主流媒体刊载播映、在公共文化场所演出、在网络平台传播。人民法院出版社要积极策划相关出版选题,努力推出高质量的法院文艺作品。

(十六)推进文化基础设施建设,传播弘扬法治文明。以各级法院公共区域和诉讼服务中心、立案大厅为重点,完善法院文化环境和诉讼服务设施建设,突出司法为民、公正司法的主题,使法院成为体现和传播法治文明的文化殿堂。强化国家法官学院的文化传播功能,将其建设成为高层次审判人才培训基地、法学理论与实践研究相结合的教学科研基地、司法案例研究基地和国际司法交流中心。建设中国一流、世界领先的中国法院博物馆,充分发挥法治教育基地、司法文化交流基地、人民司法研究基地、中华司法研究基地功能。建设中华法治名人堂,传承和弘扬中华司法文明。有条件的高级人民法院可因地制宜建设地方性法院博物馆。加强全国法院革命传统教育基地建设,丰富展览内容,优化布展形式,增强吸引力和影响力。完善各级法院院史展示内容,深入挖掘重要史实、重要案件、重大荣誉、重大典型的思想文化内涵。积极争取地方主管部门支持,利用不同历史时期司法机关旧址、法律名人故居,建设具有地方特色的法治教育基地。

六、提高法院文化建设信息化水平

(十七)推进法院文化网络平台建设。利用建设人民法院信息化3.0版的有利时机,加大网上法院文化阵地建设力度,进一步推进法院文化网上传播。依托联通四级法院的人民法院内网门户网站,探索建立中国法院文化网,搭建全国法院文化成果交流共享的网络平台。完善各级法院内网和政务网站建设,增强法治宣传、文化传播功能,使其成为展示法院形象的文化名片、传播法治精神的重要平台。开通最高人民法院英文网站,面向国际社会传播中国法院声音、讲好中国法治故事。进一步办好各级法院官方微博、微信和中国法院网、中国法院手机电视、"中国法治"客户端,充分运用新媒体增强法院文化传播力。加强法院官方微博、微信和干警微信公众号的管理引导,防止传播不实信息和不当言论。

(十八)运用网络平台开展文化工作。运用网络技术创新文化工作载体,通过法院内网开展知识竞赛、研讨交流、在线学习、问卷调查、心理咨询服务、文化才艺展示等活动。优化各级法院内网“法院文化”栏目,开设图书推荐、读书交流、影视评论、书画作品、诗文创作等专栏,活跃干警文化生活。推动法院自办刊物在内网发行传播,将院史馆、主题展览、宣传橱窗、法治教育基地、廉政教育基地展示内容数字化,积极建设网上院史馆、网上教育基地。在最高人民法院网站设立人民法院英模馆,集中展示全国法院系统重大典型的事迹和风采,在各地法院网站设立先进典型展示馆、优秀干警光荣榜。

(十九)依托网络平台实现资源共享。通过中国法官培训网、中国法院云端课堂等平台,汇集整合法官培训优质资源,供各级法院干警在线学习培训。遴选高质量的地方法院自办刊物,通过中国法院文化网扩大传播范围,让各个法院相互借鉴、各地干警都能阅读。利用中国法院文化网集中展示全国法院各类优秀文化作品,促进文化作品传播,实现文化成果共享。充分发挥国家图书馆人民法院分馆的作用,积极推进各级法院数字图书馆建设,增加图书容量,完善服务功能,更好地适应干警学习需求。

七、加强对法院文化建设的组织领导

(二十)坚持把法院文化建设摆在重要位置来抓。各级法院党组要牢固树立文化育人、文化兴院的责任意识,把法院文化建设摆上重要议事日程,纳入法院工作总体规划,深入研究新情况新特点和面临的问题,加强组织领导和工作指导。按照全面推进依法治国和人民法院发展改革的形势任务要求,制定和完善法院文化建设工作规划,加强顶层设计,狠抓工作落实。加强同各地宣传文化主管部门的沟通协调,把法院文化建设纳入当地文化建设总体格局,积极争取工作指导和政策支持。把法院文化建设经费纳入年度经费预算,加大投入力度,保障实际需要。

(二十一)构建共同推进法院文化建设的工作格局。建立健全法院党组统一领导、政工部门组织协调、机关各部门和直属单位共同参与的工作机制,构建“大文化”工作格局。各级法院政治部(处)负责法院文化建设的谋划部署、督促指导和重大活动的组织实施,机关党委(党总支)牵头抓好本院机关文化建设工作。充分发挥理论研究、新闻出版、教育培训、纪检监察、信息化建设等部门的职能作用和资源优势,在规划设计、工作实施、督促指导中加强统筹协调,搞好政策衔接和工作衔接。机关工会、团委、青联、妇委会、法官协会等群团组织要结合各自职能,积极配合做好文化建设工作。

(二十二)加强法院文化建设条线指导工作。加大上级法院对下级法院工作指导力度,健全考评激励机制,加强工作交流,促进法院文化建设上下联动、整体推进。充分发挥全国和省级法院文化建设示范单位的作用,及时总结推广好的经验做法。评选推广全国法院文化建设品牌项目，各高级人民法院制定符合本地实际的法院文化建设指导标准，促进法院文化建设水平整体提升。对于文化建设基础薄弱、发展滞后的中级和基层法院，上级法院要加强督促指导，给予必要支持。组织开展法院文化建设课题研究，探索把握工作特点规律，努力形成高质量研究成果，指导法院文化建设深入发展。

最高人民法院关于为长江经济带发展提供司法服务和保障的意见

（2016年2月24日　法发〔2016〕8号）

为深入贯彻落实党的十八届三中、四中、五中全会精神，协调推进“四个全面”战略布局，主动适应经济社会发展新形势新常态，充分发挥人民法院审判职能作用，公正高效服务和保障长江经济带发展国家战略，依据中共中央《关于制定国民经济和社会发展第十三个五年规划的建议》和国务院《关于依托黄金水道推动长江经济带发展的指导意见》，制定如下意见。

一、切实提高思想认识，增强为长江经济带发展国家战略提供司法服务和保障的责任感与使命感

1. 深刻认识长江经济带发展国家战略的重大意义和人民法院的历史使命。长江经济带发展是党中央、国务院在新的历史时期审时度势，谋划中国经济发展新格局作出的既有利于当前又惠及长远的一项重大国家区域发展战略，对于今后一个时期拓展区域发展空间、引领沿江沿线经济社会的发展，推进“十三五”规划战略布局，实现全面建成小康社会“第一个百年目标”具有重大的现实意义和深远的历史影响。各级人民法院要充分认识肩负的神圣职责和重要使命，切实增强为长江经济带发展提供司法服务和保障的自觉性、主动性。

2. 准确把握长江经济带发展的战略定位和基本内涵。牢固树立和贯彻落实五大发展理念，坚持生态优先、绿色发展，围绕中共中央《关于制定国民经济和社会发展第十三个五年规划的建议》提出的改善长江流域生态环境、高起点建设综合立体交通走廊、引导产业优化布局和分工协作的总体要求，充分发挥审判职能，公正高效审理相关案件，为把长江经济带发展成为生态文明建设的先行示范带、创新驱动带、协调发展带提供有力的司法保障。

3. 充分满足长江经济带发展的司法需求，结合审判实践和地方实际，找准为长江经济带发展提供司法服务和保障的切入点和契合面。从需求导向出发，在绿色发展、创新发展、协调发展大局中谋划法院工作。按照中共中央《关于制定国民经济和社会发展第十三个五年规划的建议》和国务院《关于依托黄金水道 推动长江经济带发展的指导意见》确定的思路、方向和重点，坚持能动司法，创新司法理念，积极探索区域内司法体制机制创新，优化区域内司法资源配置，对新情况、新问题加强预判，及早研究，统筹应对，全方位提升服务和保障长江经济带发展的能力和水平。

二、充分发挥审判职能作用，为长江经济带发展提供公正高效的司法服务和保障

4.依法惩处相关刑事犯罪，为长江经济带发展提供稳定的社会环境。大力加强涉及环境资源保护刑事案件的审判。依法惩治污染环境、河道非法采砂、滥伐盗伐林木、非法采矿及破坏性采矿、非法捕捞水产品、滥捕野生动物等违法犯罪行为。严厉惩治环境监管失职犯罪、造成环境污染严重后果的重大安全责任事故犯罪，为长江经济带绿色生态廊道筑牢司法保护屏障。依法惩治各类侵犯知识产权犯罪，保护创新发展。严惩各类干扰产业项目转移建设施工、毁坏财产等暴力犯罪案件，有效服务区域内产业优化布局和产业分工协作，促进区域经济的协调发展。

5.保障长江经济带的生态安全和绿色发展，依法审理环境资源保护民事案件。充分利用海事法院跨行政区划管辖的优势，妥善审理长江流域环境污染、生态破坏案件。加强对陆源及船舶排放、泄漏、倾倒油类、污水或者其他有害物质造成水域污染的损害责任纠纷案件的审理。大力推进水资源环境公益诉讼，探索建立长江流域水资源环境公益诉讼集中管辖制度。依法保障法定机关和有关组织的水资源环境公益诉权。

6.推进平安黄金水道建设，依法审理各类海事侵权案件。妥善审理发生在长江水域的船舶碰撞、触碰案件，船舶运输特别是危险品运输作业中侵害他人人身权益和财产权益案件，船舶产品质量责任纠纷案件，港口作业事故责任纠纷案件等，规范裁判标准，引导各类市场主体展开有序良性竞争，指引港口、航运、造船企业切实增强安全意识、质量意识，为平安黄金水道建设提供有力司法支撑。

7.打造涉外商事海事审判精品，提升涉外商事海事审判国际公信力和制度性话语权，增强为区域内企业全面参与全球经济合作和竞争保驾护航的能力和水平。妥善审理涉外商事海事纠纷，特别是国际经济合作和长江经济带投资领域发生的各种纠纷案件。准确适用国际条约，尊重国际惯例，加强外国法的查明和适用，严格适用国际公约承认与执行国际商事海事仲裁裁决，平等保护中外当事人的合法权益，营造长江经济带法治化、国际化、便利化的营商环境，为促进区域内更高层次的全面开放新格局提供有力的司法支持。

8. 依法审理相关水路货物运输、港口码头建设、船舶建造、仓储物流、货运代理、船员劳务等海商案件，维护区域内诚实守信、开放统一的市场。加强涉长江口造船基地建设相关案件的审理，促进现代化船舶产业链的健康有序发展。对于铁水、公水、空铁、水陆空等多式联运合同纠纷案件，通过准确查明案件事实，正确适用相关法律，促进安全便捷、绿色低碳、高起点综合立体交通走廊建设。推动长江经济带和“一带一路”建设的有机衔接。

9. 切实维护区域内金融安全与稳定，加强对船舶融资、港航金融保险等类型案件的审理。密切关注国内经济下行压力持续加大、产能过剩行业关停并转、“僵尸企业”清理整顿过程中对造船、港口、航运等行业的影响，注意及早发现区域性、系统性金融风险。适时提出相关司法建议。稳妥处理包括外商投资企业在内的相关企业的解散和清算案件。依法支持银行保险等金融机构为长江经济带发展推出的创新性金融产品，助推区域内航运金融中心的建设和发展，有效缓解区域内港航企业融资难问题。

10. 加强知识产权司法保护力度，激发创新动力、创造潜力、创业活力。加大对有利于节约能源资源、有利于保护生态环境和有利于长江经济带协调发展的高新技术、新产业和新商业模式相关知识产权的保护力度，激励创新、鼓励创业、保护创造。促进品牌培育创新并形成品牌竞争新优势，营造公平诚信的市场竞争环境，为把长江经济带建设成为我国创新驱动带提供有力司法保障。

11. 加强行政案件审判，监督支持行政机关依法行政。特别要加强对行政机关不履行环境违法违规行为查处职责案件的审理，督促行政机关尽责履职。依法审理区域内与重大生态工程修复、产业优化布局、分工协作有关的不动产征收、拆迁、改建、港口岸线行政确权等行政案件，为相关工程建设创建良好的法治环境。充分发挥海事法院跨行政区划管辖海事行政案件的职能，依法审查长江沿线海事行政机关作出的许可、确权、处罚、征收、检查等海事行政行为以及海事行政机关的不作为，对主要证据不足，适用法律、法规错误，违反法定程序，超越、滥用职权或明显不当的海事行政行为要依法予以撤销或者确认违法，维护行政相对人合法权益。

三、创新司法体制机制，最大限度实现长江经济带区域内司法资源的优化配置

12. 创新审判体制机制，以更科学的审判体制机制服务和保障长江经济带发展。认真总结海事审判跨行政区划管辖的实践经验，坚持改革创新，探索建立契合长江经济带区域发展大局的审判体制机制。加强区域内各地方法院之间、海事法院之间、地方法院和海事法院之间的工作协调机制，对于区域内重大共性司法政策和司法事项，以及重大疑难复杂法律适用问题，由最高人民法院召集，相关法院参加，共同协商研究解决。

13. 多渠道深层次推进司法公开，构建开放、动态、透明、便民的阳光司法机制，提升人民群众对司法的获得感。深入推进审判流程公开，充分发挥诉讼电子档案促进审判管理公开、便利当事人诉讼查询的功能。加强裁判文书说理。确保裁判文书上网常态化，方便全民检阅，实现看得见的公正司法。继续坚持海事审判白皮书年度发布制度，方便社会公众全面系统了解海事审判工作。

14. 大力推进区域内信息化建设。加强上下游、左右岸、干支流各法院之间的互联互通，推动区域内法院在云计算和大数据应用方面的合作，实现区域内法院信息资源共享。探索打造区域内法院“一站式”网上诉讼服务平台，便利沿江沿线当事人诉讼。注重审判管理方式的信息化创新，通过便利的信息管理系统、人性化的管理手段，最大限度提高审判质效，为公正高效服务长江经济带发展提供科技支撑。

15. 推动建立区域内法院执行协作机制。构建长江经济带执行指挥系统协作机制，逐步实现一体化执行指挥体系。执行法院可以委托异地法院协助查询、冻结、查封、调查或者送达法律文书等有关事项。船舶扣押、拍卖统一由海事法院办理。推动海事法院与长江经济带区域内有关海事行政机关、金融监管机构、有关财产登记机关之间的协作配合。

16. 多元化解，繁简分流，破解难题，高效服务和保障长江经济带发展。加强和各类调解组织、社团行业组织、行政执法机关、信访部门的工作联系，做好诉讼与非诉讼机制之间的有机衔接。对于因生态环境治理与经济社会发展之间的暂时矛盾引发的群体性纠纷，要积极依靠当地党委、政府，统筹社会各方力量，通过多方合力实现矛盾化解。探索推动群体性船员劳务纠纷案件、群体性水上人身伤亡案件的诉调对接，防范社会矛盾激化。依法支持仲裁机构在解决纠纷方面发挥更大作用。大力推进海事海商小额诉讼案件的审理，依法实行一审终审，快捷有效维护当事人合法权益。

人身安全保护令案件信息业务标准

（2016年2月29日 最高人民法院发布）

人身安全保护令申请审查案件

收案信息

本案案号	
收案来源	申请人申请
申请人	（姓名）
被申请人	（姓名）
双方社会关系	1 配偶 2 父母与子女 3 兄弟姐妹 4 祖父母与孙子女 5 外祖父母与外孙子女 6 家庭成员以外共同生活的人之间
受害人	（姓名）
代为提起申请人	1 学校、幼儿园及其工作人员 2 医疗机构及其工作人员 3 居民委员会、村民委员会及其工作人员 4 社会工作服务机构、救助管理机构、福利机构及其工作人员
收案日期	（申请日期）

人身安全保护令措施信息

保护令作出日期	
措施种类	1 禁止被申请人实施家庭暴力 2 禁止被申请人骚扰申请人及其相关近亲属 3 禁止被申请人跟踪申请人及其相关近亲属 4 禁止被申请人接触申请人及其相关近亲属 5 责令被申请人迁出申请人住所 255 其他措施 (可多选)
保护有效期(月数)	
保护有效期(天数)	

结案信息

结案方式	1 作出人身安全保护令 2 驳回人身安全保护令申请 3 准予撤回申请 4 按撤回申请处理 5 终结
结案日期	
结案文书	

人身安全保护令变更案件

收案信息

本案案号	
收案来源	申请人申请
申请人	(姓名)
变更申请事项	1 撤销人身安全保护令 2 变更人身安全保护令 3 延长人身安全保护令
申请审查案号	(针对的人身安全保护令申请审查案件)
收案日期	(申请变更日期)

结案信息

结案方式	1 撤销人身安全保护令 2 变更人身安全保护令 3 延长人身安全保护令
变更后措施种类	1 禁止被申请人实施家庭暴力 2 禁止被申请人骚扰申请人及其相关近亲属 3 禁止被申请人跟踪申请人及其相关近亲属 4 禁止被申请人接触申请人及其相关近亲属 5 责令被申请人迁出申请人住所 255 其他措施
延长期限(月数)	
延长期限(天数)	
结案日期	
结案文书	

《案件信息业务标准(2015)》中下列信息模块共用于上述两类案件:当事人或主要涉案人类型信息、自然人信息、律师基本信息、复议信息(在“复议事项”中增加6 保护令申请审查裁定)、审理执行期限管理信息。

最高人民法院关于审理侵犯专利权纠纷案件应用法律若干问题的解释(二)

(2016 年 1 月 25 日最高人民法院审判委员会第 1676 次会议通过　2016 年 3 月 21 日最高人民法院公告公布　自 2016 年 4 月 1 日起施行　法释〔2016〕1 号)

为正确审理侵犯专利权纠纷案件,根据《中华人民共和国专利法》《中华人民共和国侵权责任法》《中华人民共和国民事诉讼法》等有关法律规定,结合审判实践,制定本解释。

第一条　权利要求书有两项以上权利要求的,权利人应当在起诉状中载明据以起诉被诉侵权人侵犯其专利权的权利要求。起诉状对此未记载或者记载不明的,人民法院应当要求权利人明确。经释明,权利人仍不予明确的,人民法院可以裁定驳回起诉。

第二条　权利人在专利侵权诉讼中主张的权利要求被专利复审委员会宣

告无效的，审理侵犯专利权纠纷案件的人民法院可以裁定驳回权利人基于该无效权利要求的起诉。

有证据证明宣告上述权利要求无效的决定被生效的行政判决撤销的，权利人可以另行起诉。

专利权人另行起诉的，诉讼时效期间从本条第二款所称行政判决书送达之日起计算。

第三条 因明显违反专利法第二十六条第三款、第四款导致说明书无法用于解释权利要求，且不属于本解释第四条规定的情形，专利权因此被请求宣告无效的，审理侵犯专利权纠纷案件的人民法院一般应当裁定中止诉讼；在合理期限内专利权未被请求宣告无效的，人民法院可以根据权利要求的记载确定专利权的保护范围。

第四条 权利要求书、说明书及附图中的语法、文字、标点、图形、符号等存有歧义，但本领域普通技术人员通过阅读权利要求书、说明书及附图可以得出唯一理解的，人民法院应当根据该唯一理解予以认定。

第五条 在人民法院确定专利权的保护范围时，独立权利要求的前序部分、特征部分以及从属权利要求的引用部分、限定部分记载的技术特征均有限定作用。

第六条 人民法院可以运用与涉案专利存在分案申请关系的其他专利及其专利审查档案、生效的专利授权确权裁判文书解释涉案专利的权利要求。

专利审查档案，包括专利审查、复审、无效程序中专利申请人或者专利权人提交的书面材料，国务院专利行政部门及其专利复审委员会制作的审查意见通知书、会晤记录、口头审理记录、生效的专利复审请求审查决定书和专利权无效宣告请求审查决定书等。

第七条 被诉侵权技术方案在包含封闭式组合物权利要求全部技术特征的基础上增加其他技术特征的，人民法院应当认定被诉侵权技术方案未落入专利权的保护范围，但该增加的技术特征属于不可避免的常规数量杂质的除外。

前款所称封闭式组合物权利要求，一般不包括中药组合物权利要求。

第八条 功能性特征，是指对于结构、组分、步骤、条件或其之间的关系等，通过其在发明创造中所起的功能或者效果进行限定的技术特征，但本领域普通技术人员仅通过阅读权利要求即可直接、明确地确定实现上述功能或者效果的具体实施方式的除外。

与说明书及附图记载的实现前款所称功能或者效果不可缺少的技术特征相比，被诉侵权技术方案的相应技术特征是以基本相同的手段，实现相同的功能，达到相同的效果，且本领域普通技术人员在被诉侵权行为发生时无需经过创造性劳动就能够联想到的，人民法院应当认定该相应技术特征与功能性特征相同或者等同。

第九条 被诉侵权技术方案不能适用于权利要求中使用环境特征所限定的使用环境的，人民法院应当认定被诉侵权技术方案未落入专利权的保护范围。

第十条 对于权利要求中以制备方法界定产品的技术特征，被诉侵权产品的制备方法与其不相同也不等同的，人民法院应当认定被诉侵权技术方案未落入专利权的保护范围。

第十一条 方法权利要求未明确记载技术步骤的先后顺序，但本领域普通技术人员阅读权利要求书、说明书及附图后直接、明确地认为该技术步骤应当按照特定顺序实施的，人民法院应当认定该步骤顺序对于专利权的保护范围具有限定作用。

第十二条 权利要求采用"至少""不超过"等用语对数值特征进行界定，且本领域普通技术人员阅读权利要求书、说明书及附图后认为专利技术方案特别强调该用语对技术特征的限定作用，权利人主张与其不相同的数值特征属于等同特征的，人民法院不予支持。

第十三条 权利人证明专利申请人、专利权人在专利授权确权程序中对权利要求书、说明书及附图的限缩性修改或者陈述被明确否定的，人民法院应当认定该修改或者陈述未导致技术方案的放弃。

第十四条 人民法院在认定一般消费者对于外观设计所具有的知识水平和认知能力时，一般应当考虑被诉侵权行为发生时授权外观设计所属相同或者相近种类产品的设计空间。设计空间较大的，人民法院可以认定一般消费者通常不容易注意到不同设计之间的较小区别；设计空间较小的，人民法院可以认定一般消费者通常更容易注意到不同设计之间的较小区别。

第十五条 对于成套产品的外观设计专利，被诉侵权设计与其一项外观设计相同或者近似的，人民法院应当认定被诉侵权设计落入专利权的保护范围。

第十六条 对于组装关系唯一的组件产品的外观设计专利，被诉侵权设计与其组合状态下的外观设计相同或者近似的，人民法院应当认定被诉侵权设计落入专利权的保护范围。

对于各构件之间无组装关系或者组装关系不唯一的组件产品的外观设计专利，被诉侵权设计与其全部单个构件的外观设计均相同或者近似的，人民法院应当认定被诉侵权设计落入专利权的保护范围；被诉侵权设计缺少其单个构件的外观设计或者与之不相同也不近似的，人民法院应当认定被诉侵权设计未落入专利权的保护范围。

第十七条 对于变化状态产品的外观设计专利，被诉侵权设计与变化状态图所示各种使用状态下的外观设计均相同或者近似的，人民法院应当认定被诉侵权设计落入专利权的保护范围；被诉侵权设计缺少其一种使用状态下的外观设计或者与之不相同也不近似的，人民法院应当认定被诉侵权设计未落入专利权的保护范围。

第十八条 权利人依据专利法第十三条诉请在发明专利申请公布日至授权公告日期间实施该发明的单位或者个人支付适当费用的，人民法院可以参照有关专利许可使用费合理确定。

发明专利申请公布时申请人请求保护的范围与发明专利公告授权时的专利权保护范围不一致，被诉技术方案均落入上述两种范围的，人民法院应当认定被告在前款所称期间内实施了该发明；被诉技术方案仅落入其中一种范围的，人民法院应当认定被告在前款所称期间内未实施该发明。

发明专利公告授权后，未经专利权人许可，为生产经营目的使用、许诺销售、销售在本条第一款所称期间内已由他人制造、销售、进口的产品，且该他人已支付或者书面承诺支付专利法第十三条规定的适当费用的，对于权利人关于上述使用、许诺销售、销售行为侵犯专利权的主张，人民法院不予支持。

第十九条 产品买卖合同依法成立的，人民法院应当认定属于专利法第十一条规定的销售。

第二十条 对于将依照专利方法直接获得的产品进一步加工、处理而获得的后续产品，进行再加工、处理的，人民法院应当认定不属于专利法第十一条规定的“使用依照该专利方法直接获得的产品”。

第二十一条 明知有关产品系专门用于实施专利的材料、设备、零部件、中间物等，未经专利权人许可，为生产经营目的将该产品提供给他人实施了侵犯专利权的行为，权利人主张该提供者的行为属于侵权责任法第九条规定的帮助他人实施侵权行为的，人民法院应予支持。

明知有关产品、方法被授予专利权，未经专利权人许可，为生产经营目的的积极诱导他人实施了侵犯专利权的行为，权利人主张该诱导者的行为属于侵权责任法第九条规定的教唆他人实施侵权行为的，人民法院应予支持。

第二十二条 对于被诉侵权人主张的现有技术抗辩或者现有设计抗辩，人民法院应当依照专利申请日时施行的专利法界定现有技术或者现有设计。

第二十三条 被诉侵权技术方案或者外观设计落入在先的涉案专利权的保护范围，被诉侵权人以其技术方案或者外观设计被授予专利权为由抗辩不侵犯涉案专利权的，人民法院不予支持。

第二十四条 推荐性国家、行业或者地方标准明示所涉必要专利的信息，被诉侵权人以实施该标准无需专利权人许可为由抗辩不侵犯该专利权的，人民法院一般不予支持。

推荐性国家、行业或者地方标准明示所涉必要专利的信息，专利权人、被诉侵权人协商该专利的实施许可条件时，专利权人故意违反其在标准制定中承诺的公平、合理、无歧视的许可义务,导致无法达成专利实施许可合同,且被诉侵权人在协商中无明显过错的,对于权利人请求停止标准实施行为的主张,人民法院一般不予支持。

本条第二款所称实施许可条件,应当由专利权人、被诉侵权人协商确定。经充分协商,仍无法达成一致的,可以请求人民法院确定。人民法院在确定上述实施许可条件时,应当根据公平、合理、无歧视的原则,综合考虑专利的创新程度及其在标准中的作用、标准所属的技术领域、标准的性质、标准实施的范围和相关的许可条件等因素。

法律、行政法规对实施标准中的专利另有规定的,从其规定。

第二十五条 为生产经营目的使用、许诺销售或者销售不知道是未经专利权人许可而制造并售出的专利侵权产品,且举证证明该产品合法来源的,对于权利人请求停止上述使用、许诺销售、销售行为的主张,人民法院应予支持,但被诉侵权产品的使用者举证证明其已支付该产品的合理对价的除外。

本条第一款所称不知道,是指实际不知道且不应当知道。

本条第一款所称合法来源,是指通过合法的销售渠道、通常的买卖合同等正常商业方式取得产品。对于合法来源,使用者、许诺销售者或者销售者应当提供符合交易习惯的相关证据。

第二十六条 被告构成对专利权的侵犯,权利人请求判令其停止侵权行为的,人民法院应予支持,但基于国家利益、公共利益的考量,人民法院可以不判令被告停止被诉行为,而判令其支付相应的合理费用。

第二十七条 权利人因被侵权所受到的实际损失难以确定的,人民法院应当依照专利法第六十五条第一款的规定,要求权利人对侵权人因侵权所获得的利益进行举证;在权利人已经提供侵权人所获利益的初步证据,而与专利侵权行为相关的账簿、资料主要由侵权人掌握的情况下,人民法院可以责令侵权人提供该账簿、资料;侵权人无正当理由拒不提供或者提供虚假的账簿、资料的,人民法院可以根据权利人的主张和提供的证据认定侵权人因侵权所获得的利益。

第二十八条 权利人、侵权人依法约定专利侵权的赔偿数额或者赔偿计算方法,并在专利侵权诉讼中主张依据该约定确定赔偿数额的,人民法院应予支持。

第二十九条 宣告专利权无效的决定作出后,当事人根据该决定依法申请再审,请求撤销专利权无效宣告前人民法院作出但未执行的专利侵权的判决、调解书的,人民法院可以裁定中止再审审查,并中止原判决、调解书的执行。

专利权人向人民法院提供充分、有效的担保,请求继续执行前款所称判决、调解书的,人民法院应当继续执行;侵权人向人民法院提供充分、有效的反担保，请求中止执行的，人民法院应当准许。人民法院生效裁判未撤销宣告专利权无效的决定的，专利权人应当赔偿因继续执行给对方造成的损失；宣告专利权无效的决定被人民法院生效裁判撤销，专利权仍有效的，人民法院可以依据前款所称判决、调解书直接执行上述反担保财产。

第三十条 在法定期限内对宣告专利权无效的决定不向人民法院起诉或者起诉后生效裁判未撤销该决定，当事人根据该决定依法申请再审，请求撤销宣告专利权无效前人民法院作出但未执行的专利侵权的判决、调解书的，人民法院应当再审。当事人根据该决定，依法申请终结执行宣告专利权无效前人民法院作出但未执行的专利侵权的判决、调解书的，人民法院应当裁定终结执行。

第三十一条 本解释自2016年4月1日起施行。最高人民法院以前发布的相关司法解释与本解释不一致的，以本解释为准。

附：

一、2016 年 3 月份报国务院备案的地方性法规和地方政府规章目录

地方性法规

天津市

天津市水污染防治条例

（2016 年 1 月 29 日）

内蒙古自治区

内蒙古自治区食品生产加工小作坊和食品摊贩管理条例

（2015 年 5 月 22 日）

内蒙古自治区价格监督检查条例

（2015 年 5 月 22 日）

辽宁省

本溪市城市绿化管理条例

（2016 年 2 月 1 日）

黑龙江省

黑龙江省人民代表大会及其常务委员会立法条例（修订）

（2016 年 1 月 31 日）

上海市

上海市人大常委会关于修改《上海市人口与计划生育条例》的决定

（2016 年 2 月 23 日）

上海市人大常委会关于修改《上海市河道管理条例》等 7 件地方性法规的决定

（2016 年 2 月 23 日）

浙江省

浙江省人大常委会关于修改《浙江省人口与计划生育条例》的决定

（2016 年 1 月 14 日）

浙江省人民代表大会关于修改《浙江省地方立法条例》的决定

（2016 年 1 月 28 日）

杭州市人大常委会关于暂停施行《杭州市客运出租汽车管理条例》有关规定的决定

（2015 年 12 月 24 日）

杭州市文明行为促进条例

（2016 年 1 月 6 日）

杭州市第二水源千岛湖配水供水工程管理条例

（2016 年 1 月 6 日）

宁波市市政设施管理条例（修订）

（2016 年 1 月 13 日）

温州市市容和环境卫生管理条例

（2016 年 1 月 13 日）

福　建　省

福建省人大常委会关于修改《福建省人口与计划生育条例》的决定
(2016年2月19日)

厦门市人大常委会关于修改《厦门经济特区职工基本养老保险条例》等两部法规的决定
(2016年3月3日)

河　南　省

河南省地方立法条例
(2016年1月31日)

广　东　省

广东省法律援助条例(修订)
(2016年2月26日)

中山市水环境保护条例
(2016年2月29日)

四　川　省

四川省消毒管理条例修正案
(2015年4月1日)

陕　西　省

陕西省地方立法条例
(2016年1月29日)

宁夏回族自治区

宁夏回族自治区人大常委会关于修改《宁夏回族自治区农村集体经济承包合同管理条例》等三件地方性法规的决定
(2015年5月20日)

宁夏回族自治区人大常委会关于修改《宁夏回族自治区建筑管理条例》等五件地方性法规的决定
(2015年5月20日)

宁夏回族自治区实施《中华人民共和国水土保持法》办法(修订)
(2015年7月31日)

银川市人大常委会关于废止《银川市预算审查监督条例》等四件地方性法规的决定
(2015年8月5日)

地方政府规章

北京市

北京市人民政府关于废止《北京市大中型公共建筑停车场建设管理暂行规定》和《北京市公共场所禁止吸烟范围若干规定》的决定
(2015年12月31日)

辽　宁　省

沈阳市重大行政决策程序规定
(2016年2月29日)

沈阳市老年人权益保障办法
(2016年2月29日)

江　苏　省

江苏省行政许可监督管理办法
(2016年2月24日)

浙　江　省

浙江省通信设施建设和保护规定
(2016年2月25日)

浙江省土地节约集约利用办法
（2016年2月26日）

安 徽 省

安徽省人民政府关于修改《安徽省社会保障资金审计监督办法》的决定
（2016年1月15日）
安徽省女职工劳动保护特别规定
（2016年1月27日）
安徽省建设工程安全生产管理办法
（2016年2月15日）
安徽省药品和医疗器械使用监督管理办法（修订）
（2016年2月16日）
合肥市人民政府关于修改《合肥市控制性详细规划通则（试行）》的决定
（2016年2月16日）
合肥市开发区行政执法规定
（2016年2月16日）
合肥市畜产品质量安全监督管理办法
（2016年3月17日）

山 东 省

淄博市住房公积金管理办法
（2016年2月29日）

河 南 省

河南省实施《中华人民共和国保守国家秘密法》办法
（2016年2月20日）
河南省生产安全事故隐患排查治理办法
（2016年2月23日）

湖 北 省

湖北省行政问责办法
（2016年2月25日）
湖北省取水许可和水资源费征收管理办法
（2016年3月2日）

广 东 省

广东省人民政府关于废止《广东省无线电管理实施办法》和《广东省外国企业常驻代表机构聘用中国雇员管理规定》的决定
（2016年2月4日）
珠海市人民政府关于废止《珠海市城区住宅小区物业管理服务收费办法》的决定
（2016年2月19日）
汕头市人民政府拟定法规草案和制定规章听证规定
（2016年1月13日）

广西壮族自治区

南宁市建设工程质量和安全生产管理办法
（2016年2月2日）

重 庆 市

重庆市钓鱼城遗址保护办法
（2016年2月18日）
重庆市电信设施建设与保护办法
（2016年2月23日）

四 川 省

四川省城镇地下管线管理办法

（2016 年 3 月 17 日）

四川省生活饮用水卫生监督管理办法

（2016 年 3 月 17 日）

四川省人民政府关于修改《四川省道路旅客运输管理办法》等三部规章的决定

（2016 年 3 月 17 日）

贵 州 省

贵州省人民政府关于取消和调整一批行政审批项目的决定

（2015 年 6 月 12 日）

遵义市人民政府规章制定程序规定

（2016 年 2 月 1 日）

陕 西 省

陕西省民用运输机场管理办法

（2016 年 2 月 27 日）

甘 肃 省

甘肃省事业单位登记管理若干规定

（2016 年 2 月 19 日）

甘肃省肥料管理办法

（2016 年 2 月 20 日）

甘肃省拟定法规草案和制定规章程序规定

（2016 年 2 月 22 日）

宁夏回族自治区

银川市安全生产行政责任规定

（2015 年 4 月 3 日）

新疆维吾尔自治区

新疆维吾尔自治区水路交通运输监督管理办法

（2016 年 2 月 2 日）

乌鲁木齐市人民政府关于修改部分政府规章及废止部分规范性文件的决定

（2016 年 3 月 4 日）

二、2016 年 3 月份报国务院备案，本汇编未收的国务院部门规章目录

大型飞机公共航空运输承运人运行合格审定规则

（2016 年 3 月 4 日交通运输部令 2016 年第 6 号公布　自 2016 年 4 月 4 日起施行）

图书在版编目(CIP)数据

中华人民共和国新法规汇编. 2016年. 第4辑:总第230辑/国务院法制办公室编. —北京:中国法制出版社, 2016.4

ISBN 978-7-5093-7478-8

Ⅰ. ①中… Ⅱ. ①国… Ⅲ. ①法规-汇编-中国-2016 Ⅳ. ①D920.9

中国版本图书馆CIP数据核字(2016)第078526号

中华人民共和国新法规汇编

ZHONGHUA RENMIN GONGHEGUO XIN FAGUI HUIBIAN

(2016年第4辑)

编者/国务院法制办公室

经销/新华书店

印刷/涿州市新华印刷有限公司

开本/850毫米×1168毫米 32 **印张/11.75 字数/321千**

版次/2016年4月第1版 **2016年4月第1次印刷**

中国法制出版社出版

书号 ISBN 978-7-5093-7478-8 **定价:18.00元**

北京西单横二条2号 **值班电话:66026508**

邮政编码 100031 **传真:66031119**

网址:http://www.zgfzs.com **编辑部电话:66066621**

市场营销部电话:66033393 **邮购部电话:66033288**

(如有印装质量问题,请与本社编务印务管理部联系调换。电话:010-66032926)